말로 쓰는 talk talk 중국어 간체자

서재환 지음

번체자 포함

누구나 쉽고, 빠르며, 재미있게!
다양한 동영상 교재 출시

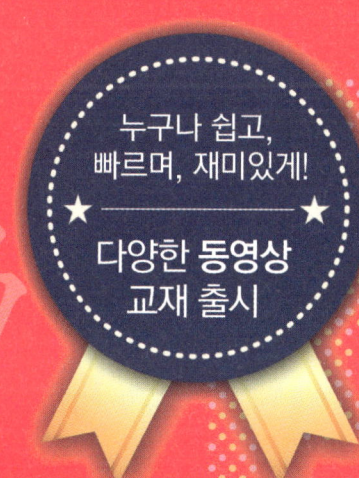

SLHI 종합언어·인문학연구원 · 청어

말로쓰는 톡톡 중국어 간체자

서재환 지음

발 행 처 · SLHI종합언어 · 인문학연구원
집 필 · 서재환
기 획 · 오 명
편 집 · 김명연
디 자 인 · 김민지 | 한송이
편집부장 · 류명오
등 록 · 2014년 9월 5일
(제C-2014-021916호)
주 소 · 서울특별시 강남구 강남대로 62길 18, 맥산빌딩 6층
대표전화 · 02)508-0154
팩시밀리 · 02)565-0154
홈페이지 · www.bobslhi.com

제작판매 · SLHI종합언어·인문학연구원 · 청어
대 표 · 이영철
대표전화 · 02)586-0477
홈페이지 · www.chungeobook.com

1판 1쇄 인쇄 · 2015년 10월 20일
1판 1쇄 발행 · 2015년 10월 26일

ISBN · 979-11-5860-366-3(14720)
     979-11-5860-361-8(14720) (세트)

이 책의 저작권은 저자와 도서출판 청어에 있습니다.
무단 전재 및 복제를 금합니다.

이 도서의 국립중앙도서관 출판시도서목록(CIP)은 서지정보유통지원시스템 홈페이지(http://seoji.nl.go.kr)와 국가자료공동목록시스템(http://www.nl.go.kr/kolisnet)에서 이용하실 수 있습니다.(CIP제어번호: CIP2015026816)

말로쓰는 톡톡 talk talk
중국어 간체자

머리말

최근 중국어에 대한 열풍이 일고 있다. 중국의 인구가 많고 영토가 넓으며 역사가 깊은 까닭도 있겠지만, 경제력과 군사력이 현저하게 신장되고 있는 것도 큰 이유일 것이다. 더구나 우리는 같은 동북아 국가이기에 여러 측면에서 밀접한 영향을 받을 수밖에 없다는 점도 또 다른 요소일 것이다.

수입·수출 등 경제적 의존도가 높고 향후 훨씬 증가할 것이라는 지극히 현실적인 문제에 봉착하여 개인이든 기업이든 생존 경쟁에서 이기기 위한 수단으로 중국어를 꼭 필요로 할 것이다. 물론 교양 차원에서 외국어의 일부로 학습하는 분들도 있을 것임은 두말할 필요가 없을 것이다.

초보자 입장에서 중국어를 공부하려고 할 때 제일 어렵게 느껴지는 것이 한자(간체자 포함)이고, 두 번째가 4성일 것이다. 누구나 그렇다. 주변 사람들로부터 들은 얘기가 있기 때문이다. 결론은 맞는 얘기다. 그래서 본 저자는 중국어 공부 시 여러 부문 중 가장 핵심적이고 어렵게 느껴지는 간체자를 누구나 쉽고 빠르며 재미있게 공부할 수 있도록, 책과 동영상 교재를 획기적으로 연구·개발하여 이번에 출시하였다.

그냥 딱딱하고 재미없게 공부하는 것이 아니라 누구나 자연스럽게 머리에 습득되도록 이야기화 했고, 간체자뿐만 아니라 해당 번체자까지 학습되도록 하였다. 즉, 주요 핵심 간체자와 해당 번체자가 동시에 습득되도록 했다는 것이다. 번체자를 먼저 쉽게 공부한 후 즉시 연계하여 간체자를 공부하면 반 정도는 바로 암기 되고 반은 이야기화해서 재미있게 공부할 수 있도록 하였다.

책으로만 공부해도 되지만 더 빨리 더 효율적으로 공부하기 위해 동영상 교재를 활용할 수도 있다. 책에서는 번체자와 간체자가 동시에 암기되도록 일정 원리에 의거해 풀어 설명하였고, 동영상 교재에서는 이를 획기적 라이브 강의를 통해 누구나 쉽고 빠르게 머리에 습득되도록 함은 물론 번체자와 간체자를 말로 설명할 수 있는 수준까지 가도록 하였다. 그러므로 빠르고 재미있으며 잘 잊어버리지 않게 되는 것이다. 말로 설명하는 과정에서 사고력과 화술이 지대하게 증대됨은 두말할 나위가 없을 것이다. 그래서 『말로 쓰는 중국어 간체자』인 것이다.

간체자와 번체자를 연계하여 동시에 암기되도록 일정 원리(조각 글자 원리, 음과 뜻의 원리, 단계적 설명 원리 등)에 따라 풀어서 이야기 하는 것과 강의(동영상)하는 것은 국내·외에서 독보적인 것이므로 당연히 저작권 등록을 완료하였다.

간체자의 중국어 음은 책에서는 한어 병음 부호를 명기하여 학습하도록 하였고 동영상 교재에서는 강의용 동영상 외에 발음 교재를 따로 두어 간체자뿐만 아니라 주요 비간체자까지 망라하여 한국어 음과 중국어 음이 동시에 학습되도록 하였다. 화면 자막을 보면서 한자(간체자+비간체자)의 한국어 음과 중국어 음을 공부할 수 있으며, 이미 공부한 한자의 확인 학습도 가능하다. 그러니까 책과 동영상 모두 강의용 교재와 발음용 교재로 나누어져 있는 것이다. 한자는 총 약 5만~6만 자라고 한다. 이 중 우리는 약 3,500자를 알면 한국어 공부에 큰 지장이 없다. 일본어 공부에도 이 정도면 될 것이다. 중국어 공부에는 약 5천~6천 자가 필요한데, 이 중 약 2,200자가 모양이 간략하게 바뀐 이른바 간체자(간자체)이다.

부수가 일정하게 바뀌어 간체화 된 것은 그 부수의 간체자만 알면 그 부수가 들어간 글자는 따로 공부하지 않아도 큰 불편은 없기에 생략하였고, 또한 우리가 사용하는 한자의 범주에서 크게 벗어난 것은 중국어 회화 학습 시 공부하기로 한다면, 꼭 미리 해 두어야 할 주요 핵심 간체자는 약 700자가 된다. 해당 번체자까지 하면 1,400자가 된다. 물론 동일 글자이지만 말이다. 본서에서는 이를 다루었다. 이 정도면 충분히 응용 가능할 것이고 나머진 회화나 단어 암기 시 공부해도 큰 애로사항은 없을 것이다.

끝으로 이 책의 출판에 도움을 주신 청어출판사 이영철 사장님과 감수에 힘써 주신 오명 SLHI 종합언어·인문학연구원 시험인증위원장님, 그리고 책의 가치와 특성상 지극히 복잡한 편집과정을 총괄한 류명오 시험인증부위원장, 김명연 대리, 정홍금 팀장, 김민지 주임, 한송이 주임에게 감사와 격려의 말을 전하며, 책의 최종 편집 마무리에 힘써준 출판사 방세화 편집장, 김바라 팀장 이하 팀원 여러분에게도 심심한 감사의 말을 전한다.

부디 여러분의 학습 성과가 극대화되길 간절히 기원하며……

SLHI 종합언어·인문학 연구소
대표 서재환

**말로 쓰는 톡톡
중국어
간체자**

머리말 ● 004

용어의 정의 및 이 책의 활용법 ● 008

기본 한어병음표 ● 010

간체자 학습 시 사전 암기 사항 ● 012

조각글자 ● 015

핵심 필수 중국어 간체자 ● 038

비간체자 발음편 ● 202

한자숙어 ● 274

고사성어 ● 369

색인 ● 393

용어의 정의 및 이 책의 활용방법

❖ **한어 병음부호** : 중국어 한자음을 로마자로 표기하는 발음부호, 한어병음(漢語拼音) 또는 주음부호(注音符號)라고 한다.
 [예] 漢(한수 한 / 한나라 한) : hàn

❖ **한글 발음기호** : 중국어 한자의 발음을 초보자들도 쉽게 따라할 수 있도록 한어병음부호와 함께 한글로도 표기한 기호이다.

 [예]　金(쇠 금)　한어 병음부호　jīn
 　　　　　　　　한글 발음기호　찐

❖ **조각글자** : 하나의 한자를 분해했을 때 그 한자와 관련된 의미를 포함하면서 한자를 구성하는 조각조각의 글자(우리가 흔히 알고 있는 '부' 또는 '부수').
 [예] 籤(제비 첨) : ⺮(대 죽)+韱(가늘 섬) → 가는 대나무로 만든 제비뽑기.
 　　　*韱(가늘 섬) : 韭(부추 구)+戈(창 과)+从(잘게 써는 모양)
 　　　　　　　　　　→부추를 창으로 잘게 자르니 가늘어짐.

❖ **간체자 조각글자** : 번체자가 간체화 될 때 거의 또는 어느 정도 일관되게 축약되는 규칙을 조각글자의 형태로 이 책에서 정리한 것이다.

❖ **번체자** : 우리가 흔히 알고 있는 한자. 정체자.

❖ **간체자** : 중국에서 자국민의 문맹률을 낮추기 위해 문자개혁을 통해 복잡한 한자의 획수 따위를 간단하게 표기할 수 있도록 고친 글자. 우리나라에서 쓰는 한자의 약어와 비슷하지만 약간씩 다르다.

❖ **비간체자** : 번체자 중에서 간체자가 따로 없는 한자를 '간체자'와 구분하기 위하여 이 책에서 정의한 용어이다.

❖ **핵심 필수 중국어 간체자** : 이 책의 주 내용으로서 독자들이 공부를 쉽고, 재미있게 할 수 있도록 원래의 번체자와 간체자를 풀어 설명하였고, '한어 병음부호'와 '한글 발음기호'를 표기했으며, 기본 한어병음 읽기표, 중국어 간체자 학습 시 사전 필수 암기사항, 조각글자 220자, 주요 간체자(번체자 포함) 700자, 주요 비간체자 1400자, 한자성어풀이 700개 등의 순서로 배열되어 있다.

❖ **비간체자 발음편** : 핵심 필수 간체자뿐만 아니라 비간체자의 발음까지 영상교재와 함께 쉽고 빠르게 공부할 수 있도록 수록하였다.

❖ **한자숙어 및 고사성어** : 기초적인 상식도 늘리고 중국인과의 수준 높은 대화를 위해 꼭 알아야 하는 숙어 및 고사성어를 수록했다. 특히, 숙어 1~100번까지는 앞서 배운 각각의 한자에 대한 중국어 발음을 숙어 단위로 응용하는 방법을 예시했으며, 곧 500개의 고사성어를 통해 4,500자의 한자와 중국어를 쉽게 배울 수 있는 교재를 발간할 예정이다.

❖ 한자숙어 및 고사성어를 공부하다 보면 해당 한자의 상단과 하단에 표기된 '음'이 서로 다른 경우가 있다. 이는 해당 한자 다음에 오는 글자의 초성의 영향을 받거나 두음법칙에 따른 것으로, 아래쪽에는 본디의 '훈과 음'을, 위에는 현재의 숙어나 고사성어 속에서 발음되는 '음'을 표기한 것이다.

[예]

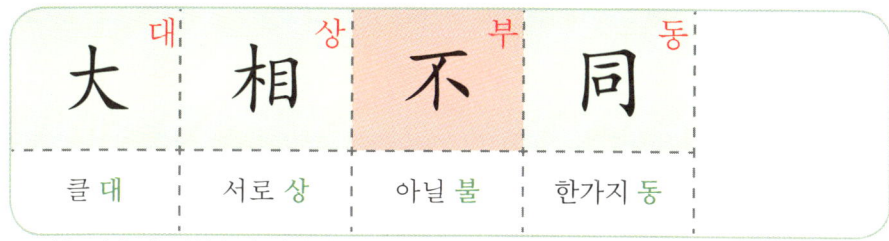

*'不(아닐 불)'은 'ㄷ'과 'ㅈ' 앞에서 '부'로 발음된다.

[예] 두음법칙이나 앞·뒤 글자의 영향을 받아 '음'이 변하는 경우

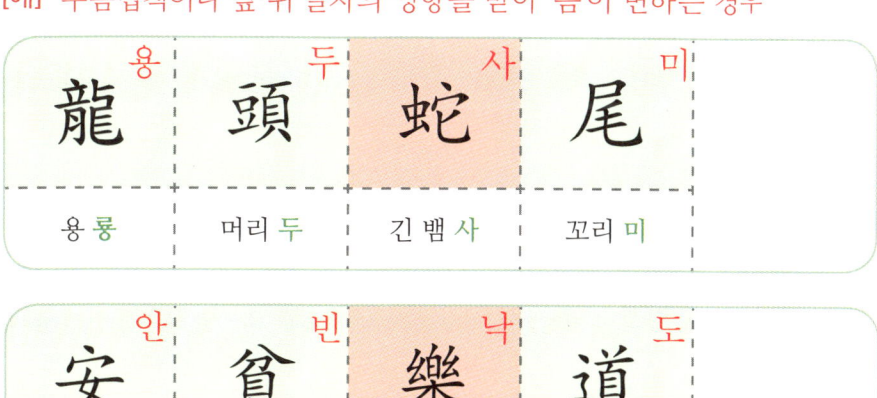

◆ 기본 한어 병음표

◎ 자음 병음표

병음	발음	병음	발음	병음	발음	병음	발음	병음	발음
b	ㅂ	p	ㅍ	m	ㅁ	f	'ㅍ'과 'ㅃ'의 중간음	d	ㄷ
t	ㅌ	l	ㄹ	g	ㄱ	k	ㅋ	h	ㅎ
j	ㅈ	q	ㅊ	x	ㅅ	zh	즈ㄹ	ch	츠ㄹ
sh	스ㄹ	r	르ㄹ	z	ㅉ	c	ㅊ	s	ㅆ

◎ 참고사항

- b, d, g, j, zh(i) → 1성과 4성일 때 경음.
  2성과 3성일 때 평음.

- sh(i) → 4성일 때 경음.
  1, 2, 3성일 때 평음.

- f → 'ㅍ'과 'ㅃ'의 중간 음인데 실제로는 영어의 'f' 발음과 유사하다.
  즉 'ㅎ' 발음이 약간 들어간 'ㅃ'으로 보면 될 것임.
  우리 'ㅃ'은 입술이 붙은 상태에서 떼면서 발음 하지만(빠) 중국어 'f'는 입술을 완전히 붙이지 않고 살짝 붙였다 떼면서 발음함. (빠 : 'ㅎ'음 추가)

- u → j(지), q(치), x(시), y(이) 다음엔 '위'로 발음하고 나머지 병음부호 다음엔 '우'로 발음함.

◎ 모음 병음표

병음	발음	병음	발음	병음	발음
a	아	o	오	e	으어
u	우	ü	위	ai	아이
ei	에이	ui	웨이 (우에이)	ao	아오
ou	어우	ia	야 (이아)	iao	야오 (이아오)
ie	예 (이에)	iou	여우 (이어우)	ua	와 (우아)
uai	와이 (우아이)	üei	웨이 (위에이)	ü	위에
an	안	en	언 (으언)	ang	앙
eng	엉	ong	옹	ian	얜 (이얜)
iang	양 (이양)	ing	잉	uan	완 (우안)
uen	원 (우언)	uang	왕 (우앙)	ueng	웡 (우엉)
üan	위앤	üen	위언	er	얼

◆ 간체자 학습 시 사전 암기 사항

◎ 거의 일정하게 축약되는 경우
독자적으로 쓸 경우 간체화 되지 않는 글자(☆)

言(말씀 언) ⇒ 讠 ☆	爿(조각널판 장/장수 장) ⇒ 丬 ☆
門(문 문) ⇒ 门	食(먹을 식) ⇒ 饣 ☆
糸(실 사) ⇒ 纟	馬(말 마) ⇒ 马
韋(가죽 위) ⇒ 韦	車(수레 차) ⇒ 车
貝(조개 패) ⇒ 贝	見(볼 견) ⇒ 见
風(바람 풍) ⇒ 风	龍(용 룡) ⇒ 龙
金(쇠 금) ⇒ 钅 ☆	鳥(새 조) ⇒ 鸟
頁(머리 혈) ⇒ 页	麥(보리 맥) ⇒ 麦
鹵(소금밭 로·염전 로) ⇒ 卤	齒(이 치) ⇒ 齿
黽(맹꽁이 맹/힘쓸 민) ⇒ 黾	魚(물고기 어) ⇒ 鱼

◎ 어느 정도 일정하게 축약되는 경우(다른 글자와 조합하여 많이 사용)
: 반드시 그렇지는 않음

昜(빛날 양) ⇒ 旸 ※예외 : 陽 → 阳 (볕 양)	熒(빛날 형) ⇒ 荧
責(꾸짖을 책) 𢆉(찰흙 시) ⇒ 只(다만 지)	幾(몇 기) ⇒ 几
䍃(질그릇 요) ⇒ 䍃	單(홑 단) ⇒ 单
壽(목숨 수) ⇒ 寿	來(올 래) ⇒ 来
睪(엿볼 역) ⇒ 𢆉	巠(물줄기 경) ⇒ 𢀖
𠂤(작은산 퇴/쌓일 퇴) 臣(신하 신)·𦣻 ⇒ 刂	齊(가지런할 제/ 나란히할 제) ⇒ 齐(글, 문장을 두 번 세워 다스림)
咼(입비뚤어질 괘) ⇒ 呙	䜌(말 이을 련) ⇒ 亦
東(동녘 동) ⇒ 东	柬(가릴 간) ⇒ 东
從(좇을 종) ⇒ 从	僉(다 첨/모두 첨) ⇒ 佥

罨(물고기들이 그물(罒) 한(一) 곳(口)으로 모여 듦(衣))⇒ 不(두 곳이 아닌 한 곳)	盧(검을 로/밥그릇 로) ⇒ 卢・戸
倉(곳집 창/창고 창) ⇒ 仓	侖(생각할 륜) ⇒ 仑
冓(쌓을구/짤구)⇒勾[내가(厶나사) 짐을 싼(冂쌀포) 후 틀을 짠다.] ※勾(굽을 구)	喬(높을 교/큰나무 교) ⇒ 乔(높게 선 나뭇가지가 축 늘어져 있음)
婁(틀어올릴 루/끌 루/당길 루) ⇒ 娄	戔(쌓일 전/쌓을 전/적을 전) ⇒ 戋
堯(높을 요/임금 요) ⇒ 尧	會(모일 회) ⇒ 会
韱(가늘 섬) ⇒ 千 ※항상 그런 것은 아님	巤(털짐승 렵) ⇒ 昔(예 석)
肅(엄숙할 숙) ⇒ 秀(빼어날 수) ※독립적으로 쓰일 때는 肃 ※참고:淵(못 연) ⇒ 渊	麗(고울 려/아름다울 려)⇒ 西(서녘 서) ※독립적으로 쓰일 때는 丽
啇(밑동 적/뿌리 적) ⇒ 舌	萬(일만 만) ⇒ 万(우리 약자와 같음)
雚(황새 관) 登(오를 등) 丯(땅 위 풀과 땅 속 뿌리의 대칭) 奚(종 해/어찌 해) 豆(제기 두) 堇・菫(진흙 근) 虐(호랑이가 콩을 가지고 노는 모습, 연극) } ⇒ 又 (또 우/ 오른손 우)	幸(다행 행)・坴(언덕 륙)⇒ 扌 例)執(잡을 집)⇒ 执 　埶(심을 예)⇒ 执 　勢(기세 세)⇒ 势 　熱(더울 열)⇒ 热 ※ 항상 그런 것은 아님.

조각글자 220자

연번	글 자	설 명	관련 한자
1	厂 굴바위 엄 언덕 한	산에 있는 굴의 모양. 언덕 모양. 집의 뜻.	· 厄(재앙 액) · 厚(두터울 후) · 原(벌판 원)
2	广 바윗집 엄	굴(厂) 위에 놓여 있는 바위 모양(广). 집의 뜻.	· 底(밑 저) · 庭(뜰 정) · 府(마을 부 / 관청 부)
3	冖 덮을 멱	물건을 덮고 있는 모습(∩). 덮음. 어둠의 뜻.	· 冥(어두울 명) · 冠(갓 관) · 塚(무덤 총)
4	宀 움집 면	바람에 날리지 않도록 물건을 덮은 후(冖) 돌로 눌러 놓은 모양(宀)이 지붕 같아 움집이 됨. 집의 뜻.	· 宅(집 택 / 댁 댁) · 守(지킬 수) · 安(편안할 안)
5	穴 구멍 혈	움집(宀)에 이쪽(丿) 저쪽(乀)으로 구멍(굴이) 나 있음. 동굴 모양, 구멍, 비어 있음, 하늘의 뜻.	· 究(연구할 구) · 空(빌 공) · 突(부딪칠 돌)
6	巾 수건 건	기둥(丨세울 곤)에 걸려 있는 수건(冂) 모양. 천 또는 우두머리의 뜻.	· 布(베 포) · 希(드물 희) · 帥(장수 수)
7	夕 저녁 석	초승달(⺼) 모양을 본떠 만들었고(달 속 그림자가 약할 때), 초승달(초생달)은 한밤이 아닌 저녁에 비 유되므로 저녁의 뜻.	· 多(많을 다) · 夜(밤 야) · 夢(꿈 몽)
8	月 달 월	초승달(⺼) 모양을 본떠 만들었고, 달 속 그림자를 강조. 글자의 오른쪽에 위치하여 밝음, 기간의 뜻.	· 朔(초하루 삭) · 望(바랄 망) · 朝(아침 조) · 期(기약 기)
	月=肉 육달 월	글자의 왼쪽 및 밑에 위치하여 동물의 몸의 뜻.	· 肋(갈빗대 륵) · 肝(간 간) · 肥(살찔 비)
9	攵=攴 칠 복	사람이(⺕=人 사람 인)이 막대기나 창으로 이리 (丿) 저리(乀) 침. 글자의 우측에 위치.	· 收(거둘 수) · 改(고칠 개) · 放(놓을 방) · 效(본받을 효)
10	殳 칠 수	손(又 또 우, 손의 뜻)으로 창이나 막대기를 들고 이리저리 휘둘러(几) 침. 글자의 우측에 위치.	· 段(조각 단) · 殺(죽일 살) · 毁(헐 훼)

연번	글자	설명	관련 한자
11	自 쌓일 퇴 작은산 퇴	비탈진 언덕(厂)에 흙이 쌓여(自) 있는 모습. 주로 '무리'의 뜻이 됨.	· 歸(돌아올 귀) · 師(스승 사) · 追(따를 추 / 쫓을 추)
12	己 몸 기	몸을 구부리고 있는 모습. 己 → 巳 → 巴 → 芭 (이미이 / 그칠이) (뱀사) (꼬리파) (파초파)	· 改(고칠 개) · 配(짝 배) · 杞(구기자 기 / 나라이름 기) · 紀(벼리 기/ 기강 기 / 적을 기) · 妃(왕비 비)
13	片 조각 편	나무판(l)을 작게 조각 냄(﹁). 작음, 조각, 인쇄의 뜻.	· 版(조각 판 / 인쇄할 판) · 牌(패 패 / 간판 패) · 牒(장부 첩 / 문서 첩)
14	爿 조각널판 장 장수 장	나무판(l)으로 만든 침상. 큰 널판. 침상에서 장수가 잠을 잠.	· 壯(씩씩할 장) · 將(장군 장) · 裝(꾸밀 장)
15	足 발 족	무릎관절(口) 모양에 종아리(卜), 발(人)의 모양. 무릎관절에서 발까지의 모습. 왼쪽에 올 때는 '足'으로 바뀜.	· 路(길 로) · 踐(밟을 천) · 距(떨어질 거) · 捉(잡을 착) · 促(재촉할 촉)
16	疋 필 필 발 소	발의 모양. 독자적으로 쓸 때는 필 필(비단 한 필, 두 필). 왼쪽에 올 때는 '疋'으로 됨.	· 疑(의심할 의) · 疏(트일 소 / 상소할 소)
17	余 나 여	무기를 들고 서 있는 모습. 음이 주로 '여', '서', '제', '도' 등으로 됨.	· 餘(남을 여) · 徐(천천히 서) · 除(덜 제)
18	刀=刂 칼 도	칼 테두리(𠃌), 칼날(丿). 칼날의 표시(刃 칼날 인).	· 分(나눌 분) · 刊(새길 간) · 判(판단할 판) · 刮(깎을 괄)
19	分 나눌 분	이쪽저쪽(八)으로 칼(刀)로 나눔. 음이 '분', '반', '빈'으로 됨.	· 扮(분장할 분) · 盆(항아리 분) · 貧(가난할 빈)
20	戈 창 과	날아오는 화살(弋 화살익)을 쳐서(丿) 막는 것. 창. 원래는 창의 모양.	· 戒(경계할 계) · 戰(싸움 전) · 戱(희롱할 희 / 놀 희)

연번	글 자	설 명	관련 한자
21	戎 칼 융	창(戈)을 이쪽저쪽(ナ)으로 여러 번 갈아 칼을 만듦.	· 賊(도적 적) · 絨(가는베 융)
22	半 절반 반	두 개의 물건(二)을 똑같이 반으로 나누어(丨) 양쪽이 같음을 표시(ノ丶).	· 伴(짝 반) · 畔(밭두둑 반) · 叛(배반할 반)
23	㕣 나눌 권	두 개의 물건(二)을 이쪽저쪽(人)으로 나누어 똑 같음을 표시(ノ丶), 나누는 모습(八) 강조. 음이 모두 '권'으로 됨.	· 券(문서 권) · 卷(책 권) · 拳(주먹 권)
24	酉 닭 유 술 유 익을 유	술병의 모양을 본떠 만듦. 독자적으로 쓸 때는 '닭 유', 어떤 글자에 붙을 때는 술 또는 익음, 익숙함의 뜻.	· 酒(술 주) · 配(짝 배 / 나눌 배) · 酌(술 따를 작)
25	酋 두목 추	술병(酉)을 여덟 개(八) 이상 몸에 달고 다니는 사람, 두목.	· 尊(높을 존) · 猶(같을 유 / 망설일 유)
26	矢 화살 시	화살 모양을 본떠 만듦.	· 知(알 지) · 短(짧을 단) · 矯(바로잡을 교)
27	禾 벼 화	나무 모양(木)에 머리 숙인 벼 모양을 더한 글자, 곧 벼. *여기서 'ノ(삐칠 별)'은 이삭 또는 이파리를, '禾(벼 화)'는 곡식을 나타냄.	· 秋(가을 추) · 秩(차례 질) · 移(옮길 이) · 和(화목할 화)
28	丰 풀무성할 봉 어여쁠 봉	무성한 풀의 모양, 그런 의미. 모양이 '丰'으로 변해 음을 '봉'으로 만들기도 함. 참고 夆(끌어당길 봉 / 거스를 봉)	· 豐(풍년 풍) · 峯(산봉우리 봉) · 逢(만날 봉) · 奉(받들 봉)
29	米 쌀 미	벼 이파리(ノ)가 알(丶丶)로 변한 것. 쌀. '희고 깨끗함, 가루, 거칠다'의 뜻.	· 粉(가루 분) · 粹(순수할 수) · 粗(거칠 조)
30	豕 돼지 시	머리를 위로 하고 누워 있는 돼지 모습. *豖(다할 수) : 돼지(豕)가 여덟 번(八) 이상 먹기 위해 힘을 다함.	· 豚(돼지 돈) · 象(코끼리 상) · 豪(호걸 호 / 뛰어날 호)

연번	글자	설명	관련 한자
31	亥 돼지 해	머리를 잡아 올릴 때 발버둥치는 돼지의 모습.	· 咳(기침 해) · 核(씨 핵) · 刻(새길 각)
32	豸 해태 치 발없는벌레 치	배를 깔고 반쯤 누워있는 해태의 모습. *해태 : 사자 모양을 한 지혜로운 상상의 동물(머리 가운데 뿔이 하나 있고 선악·시비를 판단하여 안다고 함.) *해치(獬豸):해태의 본딧말.	· 貌(모양 모) · 貂(담비 초) · 豹(표범 표)
33	竹 대 죽	대 이파리 모양. 위로 갈 때 '⺮'로 바뀜.	· 笛(피리 적) · 第(차례 제) · 笑(웃을 소) · 範(본보기 범)
34	弓 활 궁	활을 잡아당겨 늘이는 모습.	· 引(끌 인) · 弘(넓을 홍) · 張(베풀 장)
35	衣 옷 의	상의 모양. 옷이 걸려 있는 모양. 왼쪽으로 갈 때는 '衤'로 변함. 가끔 '衣' 모양으로 나누어 가운데에 다른 글자를 넣어 사용함.	· 裳(치마 상) · 被(입을 피) · 補(고칠 보) · 表(겉 표) · 衷(정성 충) · 裏(속 리)
36	隹 새 추	꽁지 짧은 새의 모양. 참고 焦(탈 초) : '灬'(불 화)	· 雇(품삯 고) · 雅(맑을 아) · 雜(섞일 잡) · 推(밀 추) · 唯(오직 유)
37	鳥 새 조	나무에 앉아있는 새의 모양.	· 鳴(울 명) · 鳳(봉황 봉) · 鷄(닭 계)
38	乙 새 을	물에서 헤엄치는 새의 모양(오리). 가끔 'ㄴ'의 모양으로 변형 사용 됨.	· 九(아홉 구) · 乞(빌 걸) · 乳(젖 유)
39	王 임금 왕	땅(土)에서 하늘(一)은 임금. 원래는 큰 도끼나 지팡이를 손에 쥐고 있는 사람, 즉 임금. 어떤 글자의 우측이나 밑에 옴.	· 狂(미칠 광) · 皇(임금 황) · 旺(왕성할 왕)
40	玉 구슬 옥	조개껍데기나 구슬을 실에 꿴 모양. 귀함의 뜻. 어떤 글자의 왼쪽에 올 때는 '王'의 모양으로 씀.	· 珍(보배 진) · 班(나눌 반) · 瑕(옥티 하) · 珠(구슬 주)

연번	글자	설명	관련 한자
41	主 주인 주	임금(王)이 등불(丶등불 주)을 가져 주인이 됨. 원래는 등잔 모양.	· 柱(기둥 주) · 住(살 주) · 注(물댈 주) · 往(갈 왕)
42	甫 클 보	대쪽(冂)을 가로 세로로 여러 번 나누어 만든 용기(用 쓸 용)를 길고 큰 나무나 줄에 매달아 묶어 놓음(†). 음이 '보', '포'가 됨.	· 捕(잡을 포) · 浦(물가 포) · 輔(도울 보)
43	尃 펼 부	매달린 큰 통(甫 클 보)을 마디마디 나누어 손으로(寸 마디 촌, 손의 뜻도 됨) 펼침. 음이 '부', '박'이 됨.	· 簿(장부 부) · 薄(엷을 박) · 博(넓을 박)
44	彳 자축거릴 척 두 인	사람이 둘이면 어정거림. 배회함. *자축거림 : 종종걸음, 작은 걸음.	· 役(부릴 역) · 征(칠 정) · 待(기다릴 대) · 徒(무리 도)
45	亍 자축거릴 촉	'彳'의 변형. 사거리 모양 '卅'에서 오른쪽 방향.	· 行(다닐 행)
46	反 돌이킬 반	손(又 또 우, 오른손의 뜻)을 반대로 뒤집는(厂) 모양. 음이 '반', '판' 등이 됨.	· 叛(배반할 반) · 板(판자 판) · 返(돌아올 반)
47	罒=四=冂 그물 망	그물 친 모양. 어떤 글자의 위에 옴.	· 罪(허물 죄) · 深(깊을 심) · 網(그물 망)
48	寸 마디 촌 촌수 촌 짧을 촌	구부리고 있는 손과 팔 사이의 맥박의 모양, 마디. 맥박이 짧게 뛰므로 짧음의 뜻. 손 모양을 본떴으므로 가끔 손의 뜻도 됨.	· 射(쏠 사) · 專(오로지 전) · 封(봉할 봉) · 奪(빼앗을 탈)
49	斤 도끼 근 저울 근	도끼 모양을 본떠 만듦. 한 근, 두 근 할 때는 저울의 뜻. *斥(내칠 척) : 도끼로 나무를 내려침(丶).	· 斥(내칠 척) · 斬(벨 참/죽일 참/ 새로울 참) · 新(새로울 신)
50	午 낮 오 말 오	절굿공이 모양. 낮에 절굿공이로 일하므로 낮의 뜻.	· 許(허락할 허) · 杵(다듬방망이 저)

연번	글자	설 명	관련 한자
51	舌 혀 설	내민 혀의 모습. 입(口), 혀(千).	· 話(말씀 화) · 括(묶을 괄) · 舍(집 사)
52	虍 범의문채 호	범의 등무늬 모양(⫽⫽⫽⫽). 입을 벌리고 소리 지르는 모습(儿)을 더해 '虎(범 호)'가 됨. 범 또는 사납다는 뜻이 됨.	· 虔(정성 건) · 虛(빌 허) · 虐(사나울 학)
53	手 손 수	손을 편 모양. 왼쪽으로 올 때는 'ㅓ'로 바뀜.	· 掌(손바닥 장) · 扶(도울 부) · 技(재주 기)
54	立 설 립 세울 립	땅(一)에 머리 들고(亠 머리부분 두, 人의 변형) 서 있는 모습(丨丨).	· 竝(나란할 병) · 競(다툴 경) · 竣(일 마칠 준)
55	辛 매울 신	너무 매워 혓바늘이 열십자(十) 모양으로 서(立) 있음. 원래는 노예 등의 문신에 쓰는 침의 모양. *辡(서로 다툴 변)	· 辨(분별할 변) · 辯(말씀 변) · 辜(허물 고)
56	里 마을 리	밭(田)과 흙(土)이 있는 곳, 마을.	· 裏(속 리) · 埋(묻을 매) · 野(들 야) · 理(다스릴 리)
57	甘 달 감	입안(廿)에 머금고 있는 사탕의 모습. 달다.	· 某(아무 모) · 堪(견딜 감) · 勘(헤아릴 감)
58	襾 덮을 아	덮고 있는 모양(冖 덮을 멱)에 무거운 것을 얹어 눌러 덮음. 어떤 글자의 위에 옴.	· 要(구할 요 / 중요할 요) · 西(서녘 서) · 覆(덮을 복)
59	犬 개 견	앞에서 본 개의 모습. 짐승의 뜻. *犭(개 견) : 옆에서 본 개의 모습.	· 犯(범할 범) · 狙(겨눌 저 / 노려볼 저) · 狡(간교할 교)
60	辶 쉬엄쉬엄갈 착	쉬엄쉬엄 천천히 가는 모습. 속도, 거리, 서로 통함의 뜻.	· 迅(빠를 신) · 近(가까울 근) · 送(보낼 송)

연번	글자	설명	관련 한자
61	阝=阜 (왼쪽에 올 때) 언덕 부	비탈진 언덕(厂 끌 예)에 흙이 쌓여(自 쌓일 퇴) 언덕의 형태가 됨(阜 언덕 부). 왼쪽에 올 때는 모양이 변함(阝). *埠(선창 부)	·防(막을 방) ·附(붙을 부) ·限(한정할 한)
	阝=邑 (오른쪽에 올 때) 고을 읍	어떤 글자의 오른쪽에 올 때는 고을, 마을, 도시의 뜻이 됨(阝 고을 읍). 뱀(巴 뱀 파) 모양의 고을(口 작은 고을).	·邦(나라 방) ·郊(들 교) ·郡(고을 군) ·都(도읍 도 / 모두 도)
62	囗 에워쌀 위	어떤 것을 에워싸는 모양. *圍(에워쌀 위) : 독자로 쓸 때.	·固(굳을 고) ·因(인연 인 / 원인 인)
63	兄 형 형 맏 형	나이가 더 많으니 머리가 크고(口) 어진 사람(儿), 형의 뜻.	·祝(빌 축) ·呪(저주할 주) ·況(하물며 황/모양 황)
64	鬼 귀신 귀	큰 머리(囗)가 뿔이 나고 변하여(由) 사악해진 모습(厶) 원래는 도깨비 모양.	·魂(넋 혼) ·魔(마귀 마) ·傀(허수아비 괴)
65	彡 털 자랄 삼	털이 자란 모양. *㐱(털 많을 진)	·髮(머리카락 발) ·衫(적삼 삼) ·參(석 삼) ·㐱(털 많을 진)
66	卒 군사 졸 마칠 졸 갑자기 졸	머리 부분(亠 머리 부분 두)에 여러 사람(从)의 모습과 일정한 대열을 갖춘 모습(十)이 합쳐져 만들어짐.	·粹(순수할 수) ·碎(부술 쇄) ·醉(술취할 취) ·猝(갑작스러울 졸)
67	工 장인 공	물건과 물건을 이어 만드는 사람, 장인. 원래는 일할 때 쓰는 자의 모양 또는 강둑과 강둑 사이의 다리 모양을 형상화 한 것임.	·差(어긋날 차 / 병나을 차) ·巧(공교로울 교) ·江(물 강) ·紅(붉을 홍) ·功(공 공)
68	匕 비수 비	날카로운 비수 모양. 가끔 숟가락의 뜻으로도 쓰임(旨, 皆과 조합 시). 또 몸을 굽힌 모습으로도 쓰임(끝이 안 나올 때)	·北(북녘 북) ·化(될 화) ·匙(숟가락 시) ·牝(암컷 빈)
69	門 문 문	일반 문 또는 지게문의 모양. 집의 뜻. 가끔 음으로도 쓰임(問, 聞).	·開(열 개) ·閉(닫을 폐) ·間(사이 간) ·問(물을 문)
70	戶 집 호 지게 호	한쪽 지게문의 일부 변형. 집의 뜻.	·房(방 방) ·扇(부채 선) ·所(바 소 / 곳 소)

연번	글 자	설 명	관련 한자
71	長 길 장 어른 장	단정히 머리가 긴 모습(巨)에 지팡이 들고 구부리고 있는 모습. 다른 글자와 결합할 때는 '镸'으로 변형해서도 씀.	· 張(베풀 장) · 帳(장부 장 / 장막 장)
72	耂 늙을 로	아무렇게나 머리 기른 모습. 나이든 사람. *老(늙을 로) : 독자적으로 쓸 때.	· 考(생각할 고) · 者(놈 자) · 孝(효도 효)
73	臣 신하 신	몸을 굽히거나 엎드린 모습. *㔾(애교부리는 모습)	· 臥(누울 와) · 臨(임할 림)
74	舟 배 주	배의 모양.	· 船(배 선) · 航(배 항 / 날 항) · 艦(싸움배 함)
75	共 함께 공 한가지 공	물건(廿 물건 모양)을 두 손으로 받들어(六=廾 받들 공) 함께 듦.	· 供(이바지할 공) · 恭(공손할 공) · 洪(큰 물 홍 / 클 홍)
76	臼 절구 구	절구 모양. 장소, 공간, 절구의 뜻.	· 毀(헐 훼) · 與(줄 여) · 舊(예 구) · 興(일어날 흥)
77	艮 그칠 간 머무를 간	식물의 뿌리가 왕성하게 자라다(㐅) 그치니 덩이뿌리(曰)가 됨. 음이 '간', '안', '한', '은', '근', '흔'이 됨. 참고 良(어질 량)	· 眼(눈 안) · 限(한정할 한) · 銀(은 은)
78	舀 긁어낼 요	손톱(爫=爪 손톱 조)으로 절구(臼)에서 곡식을 긁어냄. 음이 대개 '도'가 됨.	· 滔(넘칠 도) · 稻(벼 도) · 蹈(밟을 도)
79	皮 가죽 피	뱀의(厂 뱀의 모양) 가죽을 손(又 또 우, 여기서는 손의 뜻)으로 벗김(丨뚫을 곤, 벗기는 모양). 가죽의 뜻. 음으로 쓰일 때는 '피', '파'가 됨.	· 被(입을 피) · 波(물결 파) · 皺(주름잡힐 추)
80	革 가죽 혁	짐승의 가죽을 벗김. 廿(짐승의 머리), 中(짐승 몸통), 丨(벗기는 모양). 짐승의 가죽을 말려 놓은 모양.	· 靭(가슴걸이 인) · 靭(질길 인) 覇(으뜸 패)

연번	글자	설명	관련 한자
81	韋 가죽 위	앞(土)과 뒤(牛)가 같은(口) 것, 가죽. '土'과 '牛'은 서로 모양이 바뀜. 원래 '牛'은 발이 풀리거나 흐트러진 모양임. 牛(소 우)의 변형으로 쓰임.	·韓(나라 한) ·衛(지킬 위) ·偉(뛰어날 위)
82	去 갈 거 없앨 거	내가(厶 나 사) 흙(土)에서 태어나 흙으로 감. 원래는 문턱을 걸어 나가는 모양.	·怯(겁낼 겁) ·蓋(덮을 개) ·却(물리칠 각)
83	步 걸음 보	그치다(止 그칠 지) 밟다(少) 그치다 밟다 하는 것. 걸음. *屮(윗 상, 땅에 깃발을 꽂는 모습) 참고 小(작을 소), 少(적을 소 / 젊을 소), 少(밟을 달)	·涉(건널 섭) ·頻(자주 빈) ·歲(해 세)
84	尸 주검 시	누워 있는 시체 모양, 주검, 몸. 집의 뜻으로도 많이 쓰임.	·尺(자 척) ·尾(꼬리 미) ·屍(주검 시) ·屋(집 옥)
85	戊 병장기 무 천간 무	낫과 같이 생겼고(厂), 창(戈)과 같이 생긴 병장기. 원래는 도끼의 모양을 본뜸.	·成(이룰 성) ·咸(다 함) ·茂(무성할 무)
86	火 불 화	불이 타는 모양. 어떤 글자의 밑에 올 때는 모양이 대개 '灬'로 바뀜. *熊(곰 웅)과 鳥(새 조)는 예외(발의 모양)	·災(재앙 재) ·炎(더울 염) ·炭(숯 탄) ·煮(삶을 자)
87	歹 마른뼈 알 앙상한뼈 알	살을 다 발라먹고 남은 뼈가 나뒹구는 모양. 죽음, 재앙 등의 뜻이 됨.	·死(죽을 사) ·殃(재앙 앙) ·殆(위태할 태) ·列(줄 렬)
88	占 차지할 점 점 칠 점	어떤 지역(口)을 차지하여 깃발(卜)을 꽂음. 점괘(卜)를 입(口)으로 말함. 점침.	·點(검은 점 점) ·站(역마을 참) ·店(가게 점)
89	戔 쌓을 전	창(戈)을 쌓아 둠. 음이 대개 '전', '천', '잔' 등으로 됨.	·錢(돈 전) ·淺(얕을 천) ·殘(남을 잔)
90	世 인간 세	옆으로 줄기가 퍼져 있고(一) 땅으로도 퍼져 있고 (乚) 줄기에 이파리(ǀ)가 나는 곳, 세상.	·貰(세놓을 세) ·泄(샐 설) ·葉(잎사귀 엽)

연번	글 자	설 명	관련 한자
91	⼹=彑=彐 돼지머리 **계**	돼지머리 모양. 손으로 물건을 잡는 모습. 주로 글자의 중간 부분에 위치할 때 손으로 물건을 잡는 모습이 됨(⼹).	・彗(비로 쓸 혜/혜성 혜) ・彙(무리 휘) ・兼(겸할 겸) ・秉(잡을 병)
92	牛 소 **우**	뿔난 소를 앞에서 본 모양.	・牧(칠 목) ・物(물건 물) ・牽(당길 견)
93	鬲 다리셋달린솥 **력** 막을 **격**	다리 셋 달린 솥의 모양. 오지병. 隔(막을 격 / 멀 격)의 축약형으로도 씀.	・融(화할 융) ・獻(바칠 헌) ・隔(막을 격 / 멀 격)
94	釆 나눌 **변** 분별할 **변**	쌀(米)을 툭 쳐서(丿) 나눔.	・采(캘 채 / 채색 채 / 　풍채 채) ・番(차례 번) ・釋(풀 석)
95	幾 가까울 **기**	작고(幺 작을 요) 작은(幺) 창(戈)을 뻗어 닿을 수 있는 거리. 가까운 거리. 음이 모두 '기'로 됨.	・幾(몇 기) ・畿(왕터 기)
96	糸 실 **사** 가는실 **멱**	실타래에 실이 감겨 있는 모습. 또는 실이 헝클어져 있는 모양. 독립적으로 쓸 때는 '絲(실 사)'임.	・系(혈통 계) ・紀(법 기 / 적을 기) ・約(맺을 약 / 대략 약)
97	幺 작을 **요**	실(糸)에서 일부가(丷丶) 떨어져 작음. 작다, 어리다, 약하다의 뜻.	・幼(어릴 유) ・幻(허깨비 환) ・幽(그윽할 유 / 어두울 유)
98	堇 진흙 **근**	땅(一)에 진흙이 쌓여 있는 모양. '菫(진흙근)'으로 변형되어 사용되기도 함. 堇 : 음이 모두 '근'이 됨. 莫 : 음이 '간', '난', '한', '탄'으로 됨.	・勤(부지런할 근) ・謹(삼갈 근) ・難(어려울 난)
99	㔾=卩 무릎마디 **절** 병부 **절**	무릎 꿇고 앉아 있는 모습. 아픈 사람을 주로 나타냄. '㔾'이 오른쪽으로 와서 음이 될 때는 '범'이 됨.	・印(도장 인) ・危(위험할 위) ・卵(알 란) ・氾(넘칠 범) ・犯(범할 범)
100	齒 이 **치**	입(凵 입벌릴 감) 안에 윗니와 아랫니가 나란히(止) 나 있는 모양. 이빨은 나이가 들면 더 이상 나지 않고 그친다 하여 '止(그칠 지)'를 쓴다고 해석할 수도 있음. 연령, 나이, 바동거림을 나타냄.	・齡(나이 령) ・齷(악착할 악) ・齪(악착할 착)

연번	글 자	설 명	관련 한자
101	圭 홀 규 서옥 규 저울눈금 규	흙(土)을 쌓아놓은 것 같이 생긴 홀(대신들이 손에 쥐던 패). 쌓여 있는 흙에 저울눈금 표시를 함(용량 단위). 음이 '규', '가', '계', '괘' 등으로 쓰이고 예외로 '봉', '애', '방', '혜' 등으로도 활용됨.	· 街(거리 가) · 奎(별 규) · 佳(아름다울 가) · 閨(안방 규)
102	瓜 오이 과	덩굴(爪)에 달려있는 오이(厶).	· 孤(외로울 고) · 狐(여우 호) · 弧(활 호)
103	示=礻 보일 시 귀신 기	큰 돌 밑에 작은 돌이 받치고 있는 모습에서 '이 모습을 보다', '큰 돌에 소원을 빌다'에서 귀신, 즉 땅 귀신이 됨. 또한 제사상 모양처럼 생겼다 해서 귀신의 뜻이 됨.	· 社(모일 사) · 祖(조상 조) · 祝(빌 축)
104	肖 같을 초 닮을 초	몸(月=肉)이 말라 있는(小) 모습에서 몸이 말라 뼈와 살이 붙어 있는 것 같다.	· 哨(망볼 초) · 逍(노닐 소) · 趙(나라이름 조)
105	韭 부추 구	땅(一)에서 부추가 나있는 모양.	· 籤(제비 첨 / 표 첨) · 懺(뉘우칠 참) · 纖(가는 실 섬)
106	鹵 소금밭 로	소금밭(염전) 모양을 본뜸.	· 鹽(소금 염) · 鹹(짤 함)
107	凵 입 벌릴 감	하늘을 향해 입을 벌리고 있는 모양. 흉함, 포용의 뜻. 참고 凶(흉할 흉), 兇(흉악할 흉), 匈(오랑캐 흉), 胸(가슴 흉)	· 凶(흉할 흉) · 出(날 출) · 凹(오목할 요) · 函(쌀 함 / 편지 함)
108	匚 상자 방	상자모양을 본떠 상자 또는 틀의 뜻이 되고 가끔 '마음'의 뜻이 됨. 참고 匸(감출 혜 / 터진 에운 담)	· 匪(도적 비) · 匠(장인 장) · 匣(궤 갑)
109	交 사귈 교 교차할 교	팔을 흔들고 다리를 교차하며 걸어가는 모습에서 양다리가 교차된다 하여 사귀다, 교차하다의 뜻이 됨. *亠(머리부분), 八(흔드는 팔), 乂(다리교차)	· 郊(들 교) · 校(학교 교 / 장교 교) · 效(본 받을 효)
110	用 쓸 용	대나무를 가로세로로 짠 용기 모양으로 용기에 물건을 담아 사용한다 하여 '쓰다'의 뜻이 됨(卅). 종의 모양을 본떠 만들었다는 설도 있음.	· 甫(클 보) · 甬(길 용) · 桶(통 통) · 通(통할 통) · 勇(날랠 용)

연번	글자	설명	관련 한자
111	旦 아침 단	땅(一) 멀리 해(日)가 뜨니 아침임.	· 但(다만 단) · 壇(터 단) · 坦(평탄할 탄)
112	且 또 차	땅에 흙이 쌓이고 또 쌓인 모습. 상에 음식이 쌓이고 또 쌓여 있는 모습. 음이 '저', '조', '사' 등으로 되고 예외로 '첩'이나 '의'로도 쓰임.	· 詛(저주할 저) · 助(도울 조) · 査(살필 사) · 疊(겹칠 첩 / 포갤 첩)
113	昔 예 석	풀이 난 땅(龷) 밑으로 해(日)가 지니 옛날이 됨.	· 惜(아낄 석) · 借(빌 차) · 鵲(까치 작)
114	囪 굴뚝 총·창	굴뚝모양(囗)에 '夕(저녁 석)'을 더한 모양. 저녁에는 굴뚝에 연기가 많이 남.	· 總(다 총) · 聰(밝을 총 / 총명할 총)
115	㓁 구멍 창	구멍 또는 굴뚝의 다른 모양. 가끔 사람이 모여드는 의미로도 쓰임.	· 黑(검을 흑) · 會(모일 회)
116	皿 그릇 명	그릇에 음식이 담긴 모양(⌔). 피가 그릇에 떨어지는 모양에서 '血(피 혈)'이 생김.	· 盆(항아리 분) · 盛(성할 성) · 益(더할 익)
117	水(氵)=氺 물 수	물이 흐르는 모양(水). 지붕에서 물이 떨어지는 모양에서 왼쪽에 올 때는 '氵'로 변형되어 씀. 물이 지붕에서 떨어지다 하나가 얼어버려 '冫(얼음 빙)'이 됨.	· 氷(얼음 빙) · 氾(넘칠 범) · 汚(더러울 오) · 沐(목욕할 목)
118	川(巛) 내 천	곧바로 흐르는 냇물(川)과 구불구불 흐르는 냇물(巛)로 구분.	· 州(고을 주) · 巡(돌 순) · 訓(가르칠 훈)
119	子 아들 자	아이모양. '아들, 외로움, 높음'의 뜻이 됨. '子'가 거꾸로 되어(𠫓 아이 돌아 나올 돌)이 생김(아이가 태어날 때 돌아 머리부터 나온다는 뜻).	· 存(있을 존) · 孝(효도 효) · 孫(손자 손) · 孕(아이밸 잉)
120	心 마음 심	심장의 모양. 왼쪽으로 올 때 '忄'으로 모양이 바뀜. 밑에 올 때는 가끔 '㣺'으로 바뀜.	· 忍(참을 인) · 志(뜻 지) · 忙(바쁠 망) · 急(급할 급)

연번	글 자	설 명	관련 한자
121	艹 = 艸 풀 초	풀이 나 있는 모양. 식물 또는 혹독함의 뜻이 됨. 참고 卉(풀 훼), 屮(풀 철)	· 花(꽃 화) · 芳(꽃다울 방) · 苛(혹독할 가) · 若(같을 약 / 만약 약)
122	而 말 이을 이 그러나 이	말을 계속 이어갈 때 수염(ⅲ)이 움직인다는(丆) 것에 착안하여 해석함. ※丆(亠 머리 부분 두의 거꾸로 된 글자)	· 喘(헐떡일 천) · 端(끝 단) · 瑞(상서로울 서) · 耐(참을 내)
123	耳 귀 이	한쪽 귀의 모양.	· 聞(들을 문) · 職(맡을 직) · 聲(소리 성) · 耽(즐길 탐)
124	呂 등뼈 려 성 려	뼈와 뼈가 연결되어있는 모양. 등뼈. 방과 방, 집과 집이 연결되어있는 의미로도 쓰임.	· 侶(짝 려) · 宮(궁궐 궁) · 閭(마을 려)
125	言 말씀 언	머리 부분(亠 머리 부분 두)에 있는 입(口)으로 두 번(二) 말함. 원래는 입으로 피리를 부는 모습.	· 計(꾀할 계) · 訊(물을 신) · 討(토론할 토 / 칠 토) · 訌(어지러울 홍 / 모함할 홍)
126	谷 골짜기 곡	높은 산과 산 사이에서 물이 흘러내리는 모습. 밑에 물이 고여 있는 웅덩이가 있음(口).	· 俗(풍속 속 / 세속 속) · 欲(하고자할 욕) · 裕(너그러울 유) · 容(얼굴 용)
127	貝 조개 패	조개껍데기의 모양. 돈과 재물의 뜻이 됨. 참고 見(볼 견), 頁(머리 혈), 夏(여름 하)	· 財(재물 재) · 貢(바칠 공) · 貯(쌓을 저) · 貴(귀할 귀) · 貧(가난할 빈)
128	身 몸 신	임신하여 배가 나온 여자의 모습을 옆에서 본 모양.	· 射(쏠 사) · 軀(몸 구) · 躬(몸 궁)
129	車 수레 차 수레 거	수레의 모습. 수레와 무리의 뜻이 됨.	· 軍(군사 군) · 較(비교할 교) · 軟(부드러울 연)
130	雨 비 우	구름 또는 하늘에서(一) 비가 떨어지는 모양. 자연 현상의 뜻(날씨 등).	· 雲(구름 운) · 電(번개 전) · 雰(안개 분) · 需(구할 수) · 雪(눈 설)

연번	글자	설명	관련 한자
131	羽 날개 우 깃 우	날개의 모습. 펴지 않은 상태. 펼 때는 '羽'가 됨. 아름다움, 연습의 뜻. 참고 飛(날 비)	· 習(익힐 습) · 翌(이튿날 익) · 翁(늙은이 옹)
132	食 먹을 식 밥 사	밥그릇에 들어있는 밥을 덮어 놓은 모양. 사람이 (人) 고소한 밥(皀 고소할 급)을 먹음. 참고 고소하다(순우리말) : 볶은 깨나 참기름 따위에서 나는 냄새와 같다. 皀(고소할 급) : 밥 그릇(白 흰 백)에 있는 흰 쌀밥을 숟가락(匕 비수 비/숟가락 비)으로 맛을 보니 고소함. '匕' 비수 비가 '日' 과 '白' 과 결합되면 숟가락의 뜻이 되고 '日' 과 '白'은 밥그릇의 뜻이 됨(旨 맛 지/뜻 지).	· 飮(마실 음) · 飯(밥 반) · 飾(꾸밀 식)
133	骨 뼈 골	무릎이나 팔꿈치 등의 관절모양(冎)에 몸(月=肉)을 더해 뼈의 뜻.	· 體(몸 체) · 骸(뼈 해) · 滑(미끄러질 활)
134	咼 입비뚤어질 괘	관절(冎)처럼 입(口)이 비뚤어진 모양. '과', '와', '화' 등의 음으로 많이 쓰임.	· 渦(소용돌이 와) · 禍(재앙 화) · 過(지날 과)
135	高=高=高 높을 고	높은 곳에 있는 집의 모양. 출입문(口)도 있음.	· 稿(볏짚 고) · 鎬(냄비 호) · 膏(기름 고) · 豪(호걸 호)
136	鹿 사슴 록	사슴 모양. 뿔과 몸(严), 다리(比)	· 麗(고울 려) · 麒(기린 기) · 塵(먼지 진)
137	麻(麻) 삼 마	바윗집(广)에 풀이 나있는 모양(朩朩), 곧 삼이다. 참고 朩(삼껍질 빈) 朮(삽주 출)	· 麾(대장기 휘) · 磨(갈 마) · 摩(만질 마)
138	巠 물줄기 경	강에 물이 흘러가는 모양에(巠) 강가의 둑을 강조(工). 음이 '경'이 됨. 약자는 '圣'이 됨. *간체자는 '圣'이 됨.	· 經(지날 경/지낼 경/글 경) · 輕(가벼울 경) · 徑(지름길 경 / 지름 경)
139	甲 갑옷 갑 첫째 갑	두꺼운 껍질을 씨가 뚫고 나오는 모양. 껍질이 튼튼하다 하여 갑옷이 됨.	· 押(누를 압) · 匣(궤 갑) · 鴨(오리 압)
140	夾 낄 협	큰 사람(大) 사이에 작은 사람(从)이 낌. 음이 '협'이 됨.	· 狹(좁을 협) · 俠(협객 협) · 峽(골짜기 협)

연번	글자	설명	관련 한자
141	禺 긴꼬리원숭이 우	꼬리가 긴 원숭이가 앉아있는 모양(禺). 음이 '우'가 됨.	· 偶(짝 우 / 우연 우 / 허수아비 우) · 遇(만날 우) · 愚(어리석을 우)
142	𢦏 상할 재	창(戈)을 열 번(十) 이상 휘둘러 초목이 상함. 음이 '재'가 됨. 가끔 '절', '대'가 되기도 함.	· 載(실을 재) · 栽(심을 재) · 裁(마를 재 / 재단할 재) · 截(끊을 절)
143	侖 생각할 륜	사람(人)은 하나같이(一) 책(冊)을 보고 생각함. 음이 '륜' 또는 '론'으로 됨.	· 倫(인륜 륜) · 論(논할 논) · 淪(빠질 륜)
144	女 계집 녀	아무 것도 없는(口=日 없을 무) 모습에서 본뜬 글자. 아무것도 없는 처음의 상태. 얌전히 앉아있는 여자 모습 또는 아이 밴 여자의 모습. 여자 자체의 뜻. 또는 가끔 좋지 않은 의미로 쓰임.	· 好(좋아할 호) · 妙(묘할 묘) · 妖(요망할 요) · 娠(아이밸 신)
145	丘 언덕 구	땅(一) 위에 솟아있는 언덕(斤 언덕모양)을 정면에서 보는 모습(丘)과 옆에서 보는 모습(丠)으로 구분.	· 岳(큰 산 악) · 邱(땅이름 구)
146	丨 세울 곤 뚫을 곤	막대기를 곧바로 세움(丨). 곧바로 뚫음(丨).	· 中(가운데 중) · 串(버릇 관/땅이름 곶/꿸 천) · 引(끌 인 / 당길 인)
147	亅=乚=⌐ 갈고리 궐	갈고리 모양.	· 了(마칠 료) · 事(일 사) · 壽(목숨 수)
148	欠 하품 흠 부족할 흠	사람(人)이 입을 벌리고(⺈) 하품을 함. 하품하는 것은 산소가 부족하기 때문.	· 欺(속일 기) · 次(다음 차) · 欣(기뻐할 흔) · 欽(공경할 흠)
149	比 견줄 비	비수(匕 비수 비)를 나란히 두어 날카로움을 비교. 사람이 나란히 서서 누가 나은지를 견줌.	· 批(비평할 비) · 妣(죽은 어머니 비) · 庇(덮을 비 / 감쌀 비)
150	牙 어금니 아	깊은 어금니 모양.	· 雅(맑을 아 / 아담할 아) · 穿(뚫을 천) · 邪(간사할 사)

연번	글자	설 명	관련 한자
151	缶 질그릇 부 장군 부	질그릇 또는 거름이나 물 등을 옮기는 용기(장군) 모양. 그릇 또는 귀중한 품물의 뜻으로 많이 쓰임.	· 缺(모자랄 결) · 罐(두레박 관) · 寶(보배 보) · 鬱(답답할 울 / 울창할 울)
152	壬 북방 임	선비(士)가 고개를 떨구고(丿) 북방으로 감. *丿(왼쪽으로 삐칠 별) : 고개 떨군 모양(사람이나 벼) 禾(벼 화)	· 任(맡을 임) · 姙(아이 밸 임) · 淫(방탕할 음)
153	㸚 줄기 정	나무줄기가 땅까지 뻗어 있는 모양. 음이 '정', '청', '성', '령'으로 됨.	· 庭(뜰 정) · 程(길 정) · 廷(조정 정 / 법정 정) · 聽(들을 청) · 聖(성인 성) · 逞(쾌할 령/제마음대로 할 령)
154	支 지탱할 지 갈릴 지	나뭇가지(十)를 손(又)으로 지탱함. 물줄기가 이리저리(十) 흐르다 옆으로 갈림(又). 음이 '지'나 '기'가 됨.	· 枝(가지 지) · 技(재주 기) · 肢(사지 지)
155	非 아닐 비 날개 비	날개를 펼친 모양. 날개가 서로 겹치지 아니함. 음이 '비', '미', '배'로 됨.	· 靡(쓰러질 미) · 誹(비방할 비) · 徘(어정거릴 배)
156	亡 망할 망 죽을 망	장님이 지팡이를 두드리며 엉거주춤 걷는 모양(亠 머리 부분, ㄴ지팡이 짚는 모습). 음이 '망', '맹', '황' 등으로 됨.	· 忘(잊을 망) · 盲(눈멀 맹) · 荒(거칠 황)
157	文 글월 문	몸에 글씨나 그림을 새긴 모양(머리 부분 亠, 문신 모습 乂). 글씨란 뜻에서 글월, 그림의 뜻에서 무늬의 뜻이 됨.	· 斑(얼룩 반) · 紋(무늬 문) · 憫(불쌍히 여길 민)
158	疒 병 녁 병질 안	1.침상(疒=爿)에 사람이 누워 있는(亠)모습. 아픈 상태. 병든 상태(疒 변형). 2.침상에 머리를 대고(亠 머리 부분 두)아파서 발을 걸쳐 놓은 상태(爿).	· 症(병증세 증) · 病(병 병) · 疾(병 질) · 疵(흠집 자)
159	奚 어찌 해 종 해	손톱(爫=爪 손톱 조)으로 몸집은 작으나(幺 작을 요) 뜻이 큰(大 큰 대)종을 어찌하지 못함. *奚必(해필) : 어찌하여, 꼭. 동 何必(하필)	· 溪(시내 계) · 鷄(닭 계)
160	厶 나 사 아무 모	내가 팔을 굽힘(팔을 굽힌 모습).	· 私(사사로울 사)

연번	글자	설명	관련 한자
161	隶 미칠 이	손(⺕)으로 갈고리(亅갈고리 궐)를 쥐고 물(水 물 수)을 찾아 어떤 장소에 이름. 미침.	·逮(잡을 체) ·隷(종 례)
162	髟 머리 늘일 표	머리가 길고(镸 = 長 길 장) 털이 자랐으므로(彡 터럭 삼) 머리 늘인 것임.	·髮(머리터럭 발) ·髭(수염 자)
163	亟 빠를 극 / 높을 극	땅(一)에서 입(口)과 손(又 손우 / 또우)으로 꾸며(丂) 격이 높아짐. 빨리 꾸밈. 땅(一)에서 기가 뻗으려다 막혀(丂 기 뻗으려다 막힐 고/꾸밀 교) 입(口)과 손(又)으로 빨리 조치함.	·極(극 극 / 다할 극)
164	犮 개 치닫는 모양 발	개가 빨리 달리는 모양.	·拔(뺄 발)
165	复 거듭 복	사람(亠=人)이나 해(日)는 뒤(夂 뒤에 올 치)에 다시 옴(뜸). 거듭 반복됨.	·復(반복할 복 / 회복할 복) ·複(겹칠 복) ·腹(배 복)
166	也 또 야 / 어찌 야	기호로 암기.	·他(다를 타) ·池(못 지) ·地(땅 지)
167	气 구름기운 기	구름이 널리 퍼져 있는 모양.	·氣(기운 기) ·汽(김 오를 기)
168	㫃 깃발 언	성위에서 깃발이 날리는 모양.	·族(겨레 족) ·施(베풀 시) ·旗(기 기)
169	咅 가를 부 침뱉을 부	서서(立 설립) 입(口)으로 침 뱉음. 입(口)을 세워(立) 말하며 편을 가름.	·部(나눌 부) ·剖(쪼갤 부 / 가를 부)
170	斿 깃발 유	아들(子)이 가지고 있는 깃발(㫃).	·遊(놀 유) ·游(헤엄칠 유)

연번	글자	설명	관련 한자
171	聑 소곤거릴 집	입(口)으로 말하고 귀(耳 귀 이)로 들으면서 소곤거림.	· 輯(모을 집 / 모일 집)
172	尤 머뭇거릴 유	어진사람(儿= 几 어진사람 인)을 덮어(冖 덮을 멱)버리니 머뭇거림.	· 枕(베개 침) · 沈(가라앉을 침) · 耽(즐길 탐) · 眈(노려볼 탐)
173	咢 시끄럽게 다툴 악	입으로 여러 번 말하면서(吅 부르짖을 훤) 가다(亐=于 갈 우/꾸밀 교) 시끄럽게 다툼.	· 愕(놀랄 악) · 顎(턱 악) · 鰐(악어 악)
174	予=余 나 여	무장하고 서있는 나의 모습.	· 序(차례 서 / 실마리 서) · 抒(펼 서) · 徐(천천히 서) · 途(길 도) · 除(덜 제)
175	亶 진실로 단	아침(旦 아침 단) 일찍 창고(亩 창고 모양, 높이 있음)에 음식을 차려놓고 진실한 마음으로 제를 올림.	· 壇(단 단 / 터 단) · 檀(박달나무 단)
176	矛 창 모	창의 모양.	· 茅(띠 모) · 柔(부드러울 유)
177	夬 터질 쾌 깍지 결	중앙 왼쪽이 터진 모양. *깍지 : 활을 쏠 때 오른쪽 엄지손가락에 끼우던 물건	· 決(결정할 결) · 快(쾌할 쾌) · 缺(빠질 결)
178	俞 대답할 유	하나(一)된 마음으로 몸(月=肉)에 힘을 들여(入 들 입) 우렁차게(巜 성대울림) 대답함.	· 喻(비유할 유) · 愈(나을 유) · 癒(병 나을 유) · 輸(보낼 수)
179	豆 콩 두	제기 모양. *제기 : 제사 지낼 때 쓰는 그릇.	· 頭(머리 두) · 短(짧을 단)
180	勿 말 물 없을 물	기호로 암기.	· 物(물건 물) · 刎(자를 문) · 忽(문득 홀 / 소홀할 홀)

연번	글 자	설 명	관련 한자
181	壴 제기 두	제기(豆) 위에 놓여 있는 음식(十) 모양.	·鼓(북 고 / 칠 고) ·喜(기쁠 희)
182	丩 얽힐 구	얽혀 있는 모양.	·收(거둘 수)
183	釆 나눌 변	쌀(米)을 툭 쳐서(丿 삐칠 별) 나눔.	·釉(윤낼 유) ·釋(풀 석) ·采(캘 채)
184	了 마칠 료	기호로 암기.	·亨(형통할 형)
185	尹 다스릴 윤	손(⺕)으로 지팡이를 들고(丿) 다스림.	·君(임금 군)
186	夆 끌어당길 봉	뒤에 오다(夂 뒤에 올 치) 풀 무성한 곳(丰 풀무성할 봉)으로 끌어당김.	·逢(만날 봉) ·峯(봉우리 봉)
187	亐 꾸밀 교	기교 부려 만든 물건 모양.	·汚(더러울 오) ·愕(놀랄 악) ·巧(공교로울 교)
187	亐 갈 우	걸어가는 모양(于).	
187	丂 기 뻗으려다 막힐 고	기 뻗으려다(丂) 막힌 모양(一).	
188	于 갈 우 클 우	갈고리(丿)를 두 개(二) 들고 감. 于(갈 우)의 본 자는 '亐'임.	·宇(집 우)
189	尢 절름발이 왕	뼈가 부러진 절름발이 모양.	·尤(더욱 우) ·尨(삽살개 방 / 클 방)
190	丫 가닥 아	나뭇 가지가 나뉜 모양.	·齊(가지런할 제)

연번	글자	설명	관련 한자
191	兀 우뚝할 올	우뚝한 모양.	· 元(으뜸 원)
192	乂 깎을 예 벨 예	가위 모양. 깎다, 베다의 뜻.	· 刈(벨 예) · 爻(사귈 효 / 본받을 효)
193	爻 사귈 효 본받을 효	손을 맞잡고(乂) 교차하듯(乂)사귐. 가위(乂)로 두 번 풀을 베는 것을 본받음. 모여 있는 모양.	· 駁(얼룩말 박 / 논박할 박)
194	乍 잠깐 사 언뜻 사	기호로 암기.	· 昨(어제 작) · 詐(속일 사) · 炸(불 터질 작) · 作(지을 작)
195	朮 삼 껍질 빈	삼 껍질 모양. 삼이 자란 모양.	· 麻(삼 마)
196	朮 삽주 출	삽주 모양. 국화과의 한약재.	· 術(재주 술 / 꾀 술 / 　　　기술 술) · 述(말할 술 / 지을 술)
197	亠 머리 부분 두 돼지해 머리	머리 부분(人의 변형).	· 亢(목 항)
198	冄 늘어질 염 나아갈 염	가지가 축 늘어진 모양. 멀리(冂 멀 경)있는 땅(土)으로 나아감.	· 稱(일컬을 칭 / 칭찬할 칭)
199	亢 목 항	머리(亠) 밑 목의 모양(几).	· 抗(막을 항) · 航(배 항) · 坑(구멍 갱)
200	冏 빛날 경	햇빛이 빛나는 모양. ※冏 : 冂(멀 경)의 옛 자.	· 商(장사 상)

연번	글 자	설 명	관련 한자
201	儿 어진 사람 인	사람 모양.	・允(믿을 윤 / 승인할 윤) ・兄(맏 형) ・充(채울 충) ・兆(억조 조) ・先(먼저 선)
202	冃 수건 모	눈 부분만 터진 두건의 모양.	・冒(무릅쓸 모) ・帽(모자 모)
203	冂 멀 경	기호로 암기.	・冊(책 책) ・再(두 재) ・同(한 가지 동)
204	卄=廿 스물 입	십(十)이 두 개.	・庶(여러 서 / 평범할 서) ・席(자리 석) ・度(법도 도)
205	又 또 우	오른손 모양.	・綴(엮을 철) ・祭(제사 제)
206	厂 비탈진 언덕 끌 예	비탈진 언덕 모습.	・埠(선창 부) ・阜(언덕 부) ・遞(갈마들 체 / 번갈아 들 체 / 역말 체)
207	叉 손톱 발톱 조 (옛 자)	손(又 또 우, 손 우)의 손톱(ˊ). *蚤(벼룩 조)	・搔(긁을 소) ・騷(시끄러울 소)
208	㡭 다시 일어날 복	아픈 사람(𠂉=卩 무릎마디 절, 병부 절)이 또(又)힘 을 써 다시 일어남.	・服(옷 복 / 일 복 / 복종할 복) ・報(갚을 보 / 알릴 보)
209	广 우러러볼 첨 처마 첨	집(厂 굴바위 엄)의 지붕 위에 있는 칼(𠂉=刀 칼도) 을 쳐다 봄. 우러러 봄.	・危(위험할 위) ・擔(멜 담)
210	呙 가를 과	칼(刀)같이 딱 잘라 입(口)으로 말하며 편을 가름.	・拐(속일 괴) : 속 자

연번	글자	설명	관련 한자
211	另 가를 령 나눌 령	(참고용) 힘써(力) 입(口)으로 말하며 편을 가름.	
212	另 나눌 패	기호로 암기.	· 別(나눌 별 / 이별할 별)
213	台 별 태 나 이	내(厶 나 사)가 입(口 입 구)으로 별을 말함.	· 笞(볼기칠 태) · 怠(게으를 태) · 苔(이끼 태) · 治(다스릴 치)
214	㕣 산속 늪 연	산속 늪 모양. '口'(웅덩이).	· 鉛(납 연) · 沿(물 따라 갈 연) · 船(배 선)
215	甶 귀신머리 불	도깨비 머리 모양.	· 鬼(귀신 귀)
216	聿 붓 율 마침내 율 지을 율	손으로 붓을 잡고(肀)글이나 그림을 그리는 모습(二).	· 律(법률 률) · 建(세울 건)
217	舛 어그러질 천	저녁(夕)엔 소(牛 = 牛 소 우)의 발이 캄캄해서 잘 어그러짐.	· 舞(춤출 무)
218	关 (웃을 소) *옛자	하늘(天)을 여덟 번(八)보고 웃음.	· 送(보낼 송)
219	吅 부르짖을 훤 다툴 송	입으로 두 번 부르짖음. 다툼.	· 獸(짐승 수)
220	去 아이 돌아 나올 돌	子(아들 자)의 거꾸로 된 글자. 아이가 태어날 때 돌아서 머리부터 나옴.	· 育(기를 육) · 充(채울 충)

핵심 필수
중국어 간체자

지을 제 만들 제	製 制 zhì 쯔ㄹ	법도에(制 법도 제 / 억제할 제) 맞게 옷을(衣 옷 의) 지음. ※制(법도 제) : 나무에(木 나무 목) 난 잔 가지들(丿, 冂)을 칼로(刂=刀 칼 도) 법도에 맞게 자름. 억제함. ------ 법도에 맞게 옷을 만든다고 하여 制(법도 제)를 강조함. ※ 간체자가 아닌 번체자 制(법도 제 / 억제할제)도 발음은 당연히 같음.
갖출 비	備 备 bèi 뻬이	① 사람이(人) 화살통에 화살을(葡 화살이 가득 찬 모양) 항상 갖춤(싸움에 대비하여) ② 사람이(人) 쓰기(用 쓸 용) 위해 지붕(厂 굴바위 엄) 위에 풀을(艹 풀 초) 갖춤. ------ 뒤져와서(夂 뒤져올 치) 밭에(田 밭 전) 농기구를 갖춤.
고달플 비	憊  bèi 뻬이	너무 많은 것을 갖추려고(備 갖출 비) 하니 마음이(心 마음 심) 고달픔. ------ 자동 축약 (備→备).
으를 협	脅  xié 시에	힘을 합하여(劦) 위에서 누르며 몸(月=肉 고기 육)을 위협함, 으름. ------ 몸에(月=肉 고기 육) 힘을(力 힘 력) 이쪽저쪽(八)으로 가하며 으름, 위협함.

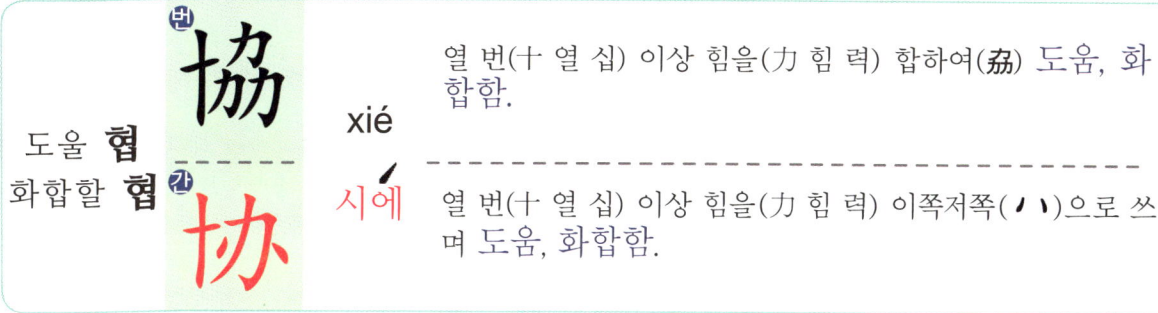

도울 협
화합할 협

協 协 xié / 시에

열 번(十 열 십) 이상 힘을(力 힘 력) 합하여(劦) 도움, 화합함.

열 번(十 열 십) 이상 힘을(力 힘 력) 이쪽저쪽(八)으로 쓰며 도움, 화합함.

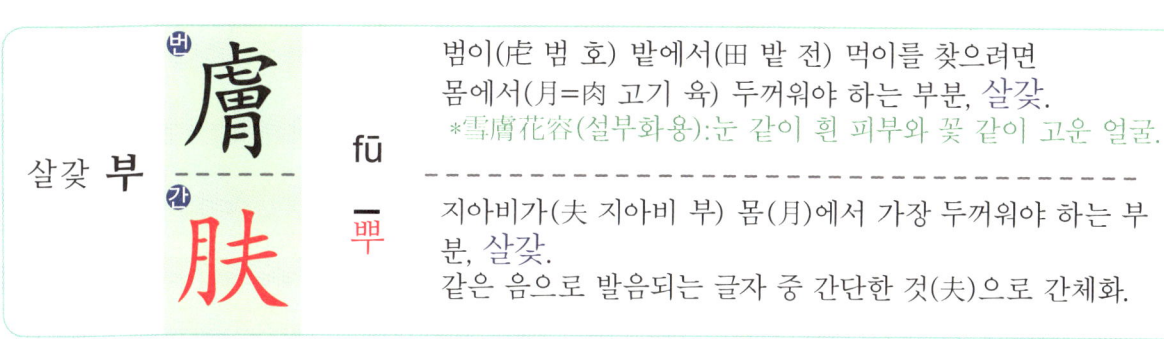

살갗 부

膚 肤 fū / 뿌

범이(虍 범 호) 밭에서(田 밭 전) 먹이를 찾으려면 몸에서(月=肉 고기 육) 두꺼워야 하는 부분, 살갗.
*雪膚花容(설부화용):눈 같이 흰 피부와 꽃 같이 고운 얼굴.

지아비가(夫 지아비 부) 몸(月)에서 가장 두꺼워야 하는 부분, 살갗.
같은 음으로 발음되는 글자 중 간단한 것(夫)으로 간체화.

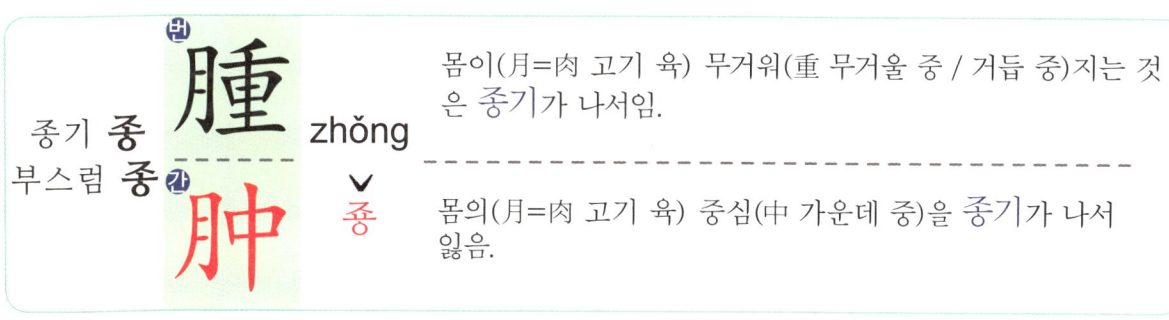

종기 종
부스럼 종

腫 肿 zhǒng / 종

몸이(月=肉 고기 육) 무거워(重 무거울 중 / 거듭 중)지는 것은 종기가 나서임.

몸의(月=肉 고기 육) 중심(中 가운데 중)을 종기가 나서 잃음.

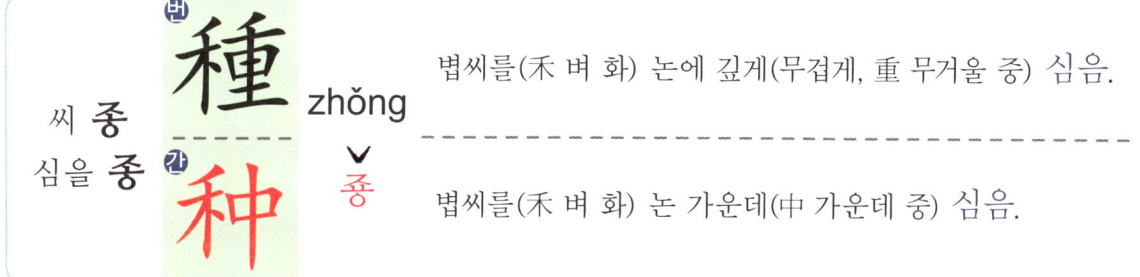

씨 종
심을 종

種 种 zhǒng / 종

볍씨를(禾 벼 화) 논에 깊게(무겁게, 重 무거울 중) 심음.

볍씨를(禾 벼 화) 논 가운데(中 가운데 중) 심음.

술잔 종 종발 종	鍾 钟	zhōng 쫑

쇠로(金 쇠 금) 된 무거운(重 무거울 중) 술잔.

쇠로(钅=金 쇠 금) 가운데를(中 가운데 중) 무겁게 만든 술잔, 종발, 종.

쇠북 종	鐘 钟	zhōng 쫑

아이들이(童 아이 동) 쇠로(金) 된 종을 치고 놂.

쇠로(钅=金 쇠 금) 가운데를(中 가운데 중) 무겁게 만든 종, 술잔, 종발.

움직일 동	動 动	dòng 똥

힘을(力 힘 력) 써서 무거운(重 무거울 중) 것을 움직임.

힘을(力 힘 력) 쓰라고 말하니(云 이를 운) 그때야 움직임.

의지할 빙 기댈 빙	憑 凭	píng 핑

얼음이(冫=冰) 얼어 말에(馬 말 마) 타고 싶은 마음이(心 마음 심) 드니 의지하는 마음임.

안석에(几 안석 궤) 몸을 맡기고(任 맡길 임) 싶은 마음, 곧 의지하는 마음.

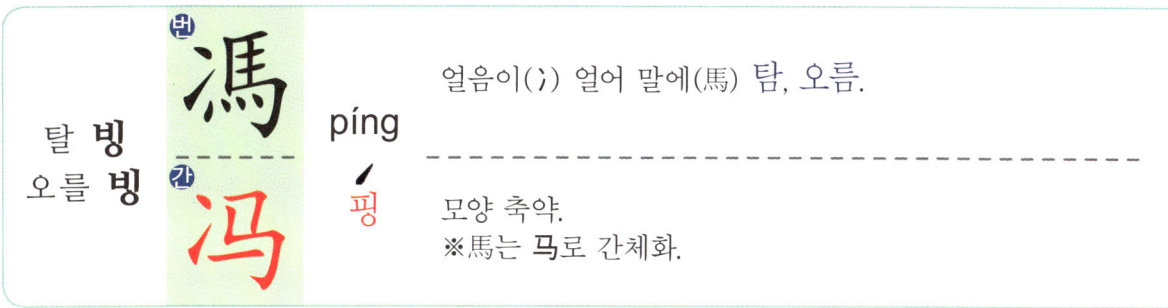

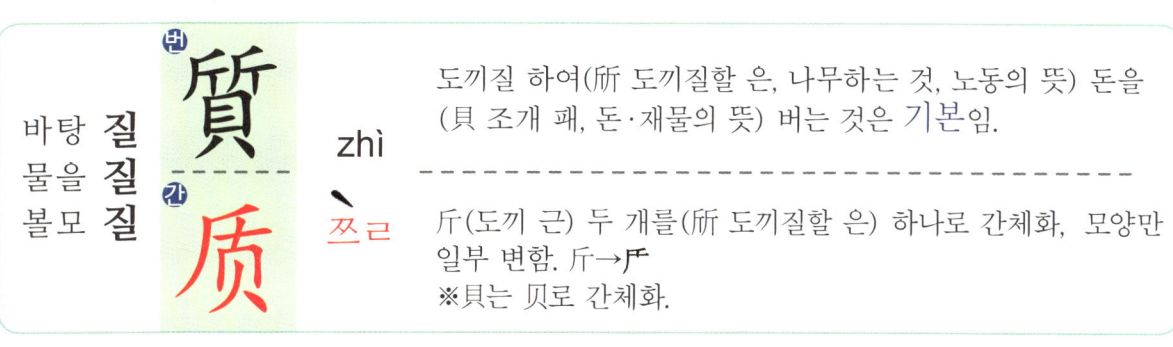

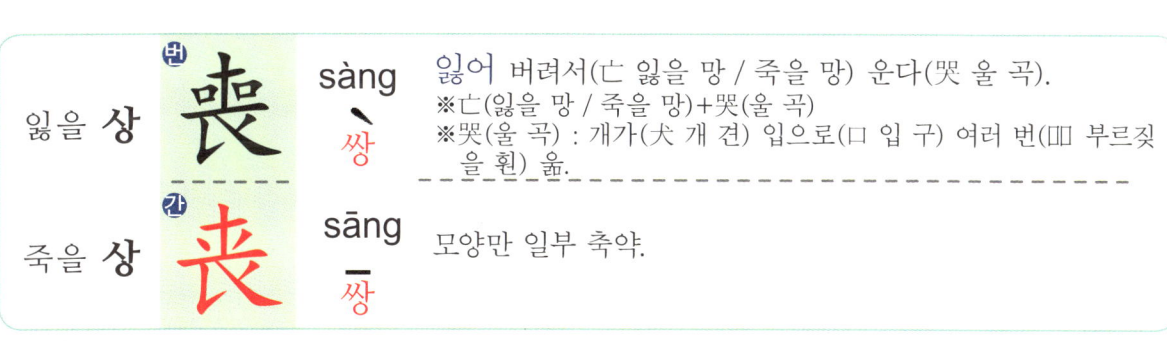

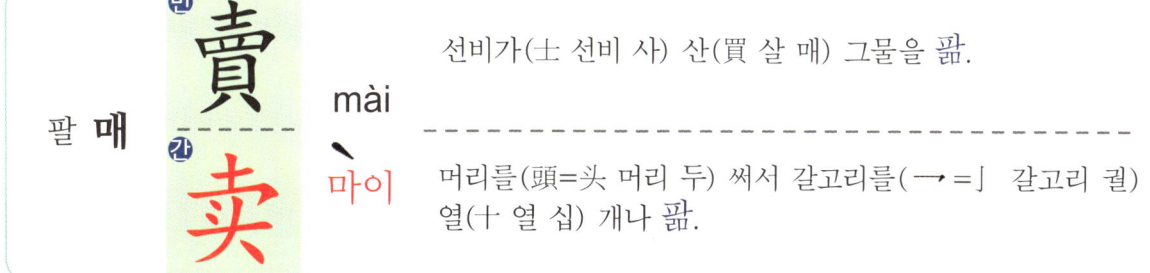

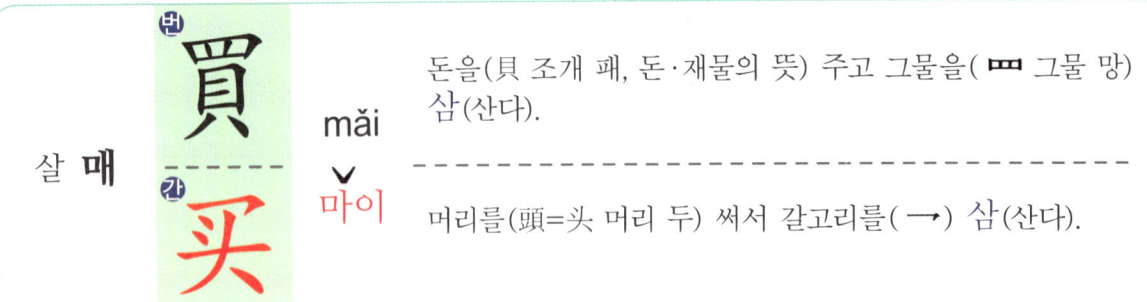

살 매 / 買 / 买 / mǎi / 마이

돈을(貝 조개 패, 돈·재물의 뜻) 주고 그물을(罒 그물 망) 삼(산다).

머리를(頭=头 머리 두) 써서 갈고리를(→) 삼(산다).

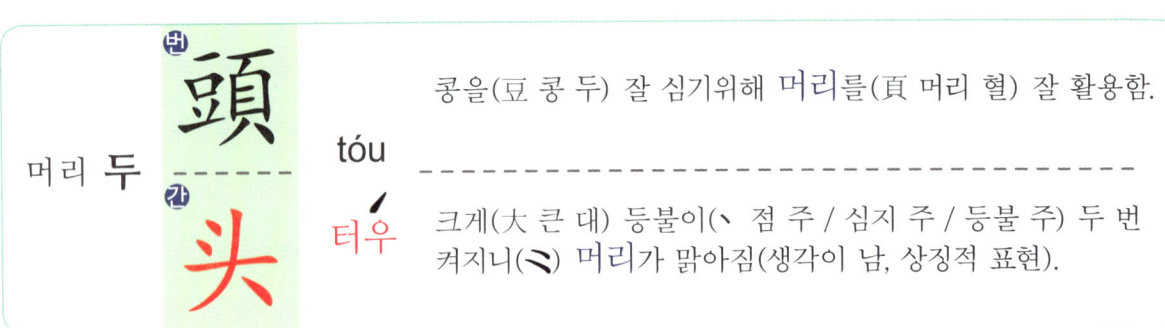

머리 두 / 頭 / 头 / tóu / 터우

콩을(豆 콩 두) 잘 심기위해 머리를(頁 머리 혈) 잘 활용함.

크게(大 큰 대) 등불이(丶 점 주 / 심지 주 / 등불 주) 두 번 켜지니(〻) 머리가 맑아짐(생각이 남, 상징적 표현).

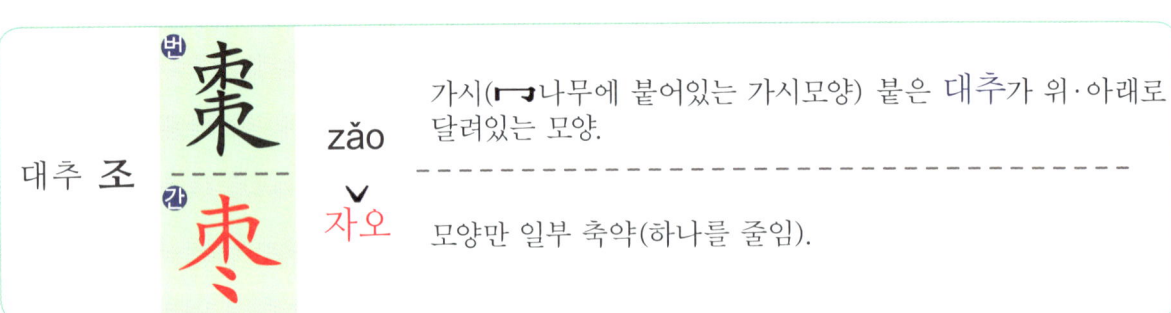

대추 조 / 棗 / 枣 / zǎo / 자오

가시(㇇ 나무에 붙어있는 가시모양) 붙은 대추가 위·아래로 달려있는 모양.

모양만 일부 축약(하나를 줄임).

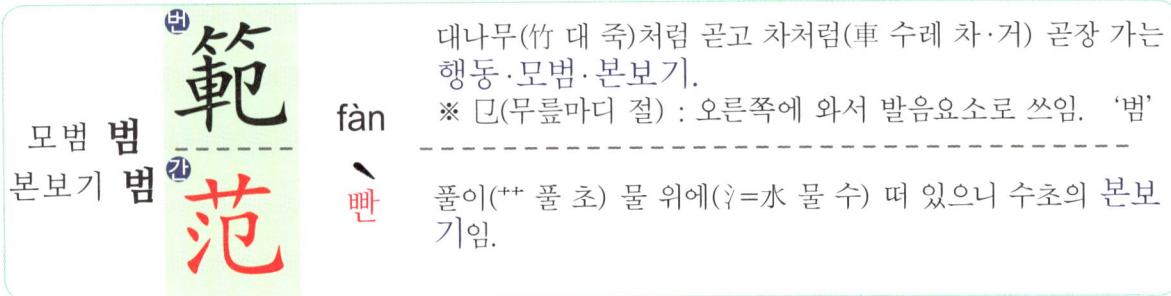

모범 범 / 본보기 범 / 範 / 范 / fàn / 빤

대나무(竹 대 죽)처럼 곧고 차처럼(車 수레 차·거) 곧장 가는 행동·모범·본보기.
※ 㔾(무릎마디 절) : 오른쪽에 와서 발음요소로 쓰임. '범'

풀이(⺿ 풀 초) 물 위에(氵=水 물 수) 떠 있으니 수초의 본보기임.

| 난초 란 | 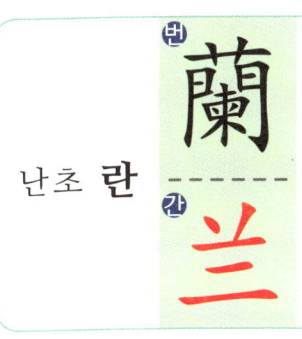 lán / 란 | 집에(門 문 문, 집의 뜻) 들어오는 기운 중 좋은 기운만 가려(柬 가릴 간) 주는 풀(⁺⁺ 풀 초), 난초.

인간에게 여덟 번(ソ=八 여덟 팔) 그리고 세 번(三 석 삼) 즉, 항상 도움이 되는 풀, 난초. |

| 막을 란 |  lán / 란 | 집에 함부로(闌 함부로 란) 들어오는 나쁜 기운을 손으로(扌=手 손 수) 막음.

※ '兰'은 蘭(난초 란)의 간체자이지만 다른 것과 조합될 때는 闌(함부로 란)의 간체자로도 쓰임. |

| 함부로 란
막을 란 |  lán / 란 | 집에(門 문 문) 들어오는 기운을 가려주는(柬 가릴 간) 풀이 없으니 함부로 들어옴. 막아야 됨.

모양 일부 축약.
※門(문 문)은 '门'으로 간체화 됨. |

| 물결 란 | 瀾
澜 lán / 란 | 물이(氵=水 물 수) 함부로(闌 함부로 란) 출렁이니 곧 물결.

모양만 일부 축약.
※闌(함부로 란)은 다른 것과 조합될 때 '兰' 또는 '阑'으로 간체화 됨. |

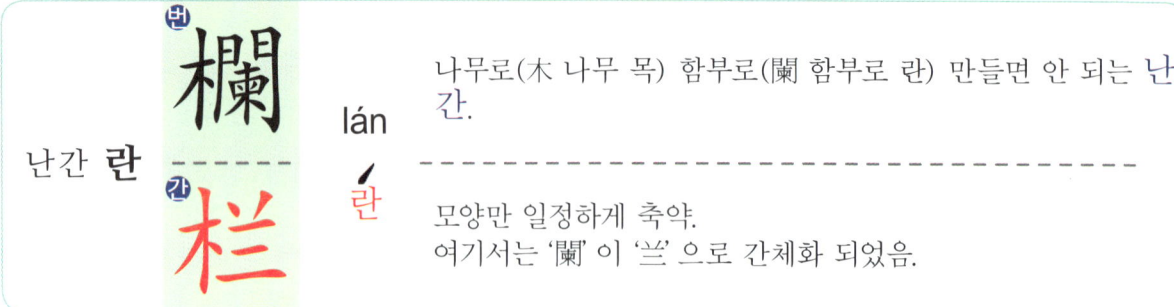

난간 **란** / lán / 란

나무로(木 나무 목) 함부로(闌 함부로 란) 만들면 안 되는 난간.

모양만 일정하게 축약.
여기서는 '闌'이 '兰'으로 간체화 되었음.

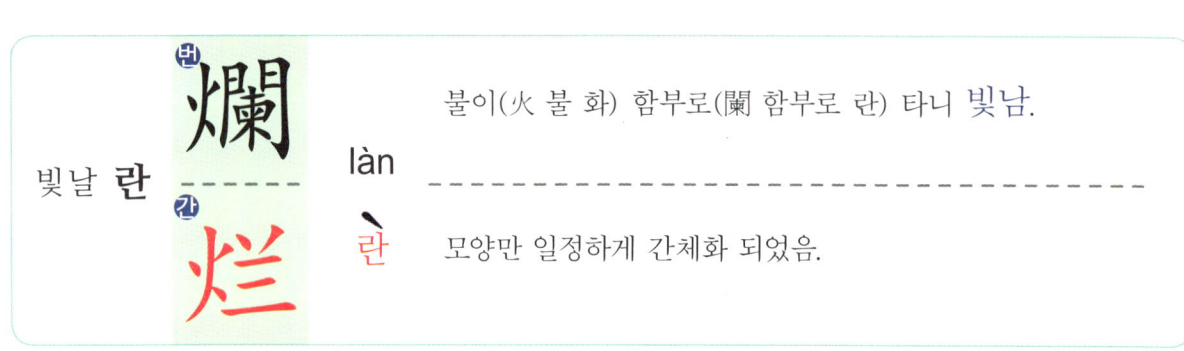

빛날 **란** / làn / 란

불이(火 불 화) 함부로(闌 함부로 란) 타니 빛남.

모양만 일정하게 간체화 되었음.

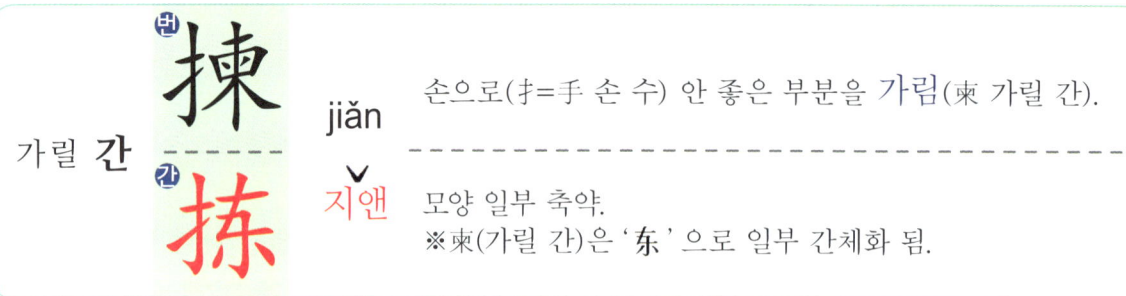

가릴 **간** / jiǎn / 지앤

손으로(扌=手 손 수) 안 좋은 부분을 가림(柬 가릴 간).

모양 일부 축약.
※柬(가릴 간)은 '东'으로 일부 간체화 됨.

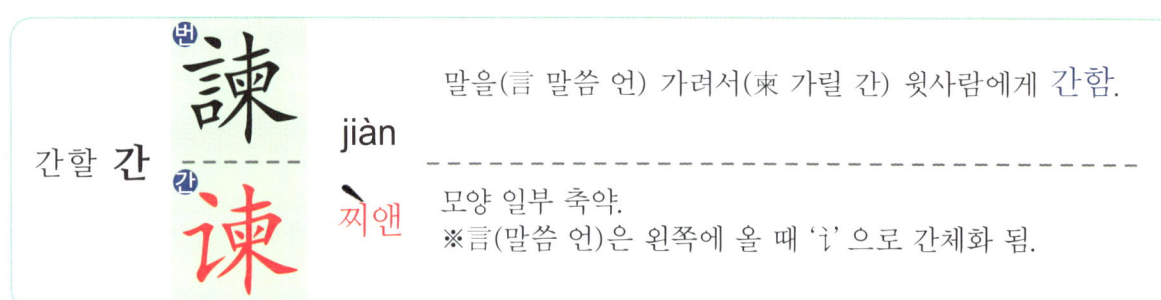

간할 **간** / jiàn / 찌앤

말을(言 말씀 언) 가려서(柬 가릴 간) 윗사람에게 간함.

모양 일부 축약.
※言(말씀 언)은 왼쪽에 올 때 'ì'으로 간체화 됨.

익힐 련	練 / 练	liàn / 리앤	실을(糸 실 사) 가려(柬 가릴 간) 좋은 실로만 실 짜기를 익힘. 모양만 일부 축약.
안을 옹	擁 / 拥	yōng / 용	손으로(扌=手 손 수) 정답게(雍 화할 옹/ 정다울 옹) 안음. 손(扌)으로 개를 훈련용으로 쓰기(用 쓸 용) 위해 안음.
상자 궤 함 궤	櫃 / 柜	guì / 꾸에이	상자(匚 상자 방) 속에 있는 귀한(貴 귀할 귀) 물건을 보관하기 위해 나무로(木 나무 목) 만든 큰 상자, 함. 큰(巨 클 거) 나무(木 나무 목)로 만든 상자.
더벅머리 송	鬆 / 松	sōng / 쏭	길게 늘어진(髟 머리 늘어질 표) 소나무(松 소나무 송)처럼 헝클어진 머리, 더벅머리. 소나무처럼(松 소나무 송) 자란 헝클어진 머리이므로 소나무를 강조하여 간체화함. ※간체화 되지 않은 실제 '松(소나무 송)'과 발음이 같음.

| 수염 수 | 鬚 / 须 (번/간) xū / 쉬 | 수염은 모름지기(반드시, 須 모름지기 수) 머리 늘어지듯(彡 머리 늘어질 표) 길어야 제격이다.
※須(모름지기 수) : 얼굴(頁 머리 혈)에 털(彡 터럭 삼 / 털 자랄 삼)이 자라니 모름지기 수염임. (원래는 수염의 뜻이었음)

원래 '須'는 수염의 뜻이었기에 이 글자로 간체화 됨.
※번체자인 '須(须)'와 발음 같음. |

| 다할 극
끝 극
매우 극 | 極 / 极 (번/간) jí / 지 | 높은(亟 높을 극 / 빠를 극) 나무(木 나무 목) 끝에 오르려고 최선을 다함.

나무가(木) 자라 미치는(及 미칠 급) 끝에 오르려고 최선을 다함. |

| 기록할 록 | 錄 / 录 (번/간) lù / 루 | 곡식 알갱이에(彔 곡식 알갱이 록) 관한 내용을 쇠에(金 쇠 금) 기록함.
※彔 : 물(氺=水 물 수)을 주어 맺는 알갱이(뉴)

글자의 일부분으로 간체화.
곡식 알갱이를(彔) 강조하여 간체화.
※彑(돼지머리 계) : 여기서는 곡식 알갱이 모양. |

| 푸를 록 | 綠 / 绿 (번/간) lǜ / 뤼 | 곡식 알갱이처럼(彔 곡식 알갱이 록) 실의(糸 실 사) 색깔이 푸름.

모양 일부만 축약. |

종 례 서체이름 례	隷 隶	lì 리

선비가(土 선비 사) 귀신에게(示 귀신 기) 제사 지내기 위해 미치는(隶 미칠 이) 장소에 종과 함께 감.

장소에 이르는(隶 미칠 이) 것을 강조하여 간체화.
※隶(미칠 이) : 손(⺕ 손으로 잡는 모습, 돼지머리 계)으로 꼬리(氺=尾 꼬리 미)를 잡고 장소에 이름.

엄숙할 숙	肅 肃	sù 쑤

손으로(⺕ 손으로 잡는 모습) 붓을(丨) 잡고(聿 붓 률) 글을 쓸 때는 (淵 글을 이리 저리 쓰는 모양) **엄숙함**.

모양만 간단히 축약하여 간체화.

수놓을 수	繡 绣	xiù 시우

실로(糸 실 사) 엄숙하게(肅 엄숙할 숙) 수 놓음.

실로(纟=糸 실 사) 빼어나게(秀 빼어날 수) 수놓음.
※秀(빼어날 수) : 벼(禾 벼 화)가 곧(乃 곧 내 / 이에 내) 빼어나게 자람. 벼(禾) 이삭이 늘어진(乃) 모양. 잘 익었다는 뜻이므로 빼어남.

녹 수	鏽 锈	xiù 시우

쇠를(金 쇠 금) 너무 엄숙하게(肅 엄숙할 숙) 보관만 해두니 녹이 슮.
※肅(엄숙할 숙) : ①손으로 (⺕돼지머리 계, 손으로 잡는 모습) 낚싯대를(丨 세울 곤) 잡고 연못(淵연못모양)에서 낚시를 할 땐 엄숙함. ②손으로(⺕) 붓을(丨) 잡고 글을 쓰거나 그림을 그릴 때는(淵) 엄숙함.

쇠가(金 쇠 금) 너무 빼어나서(秀 빼어날 수) 보관만 해두니 녹이 슮.

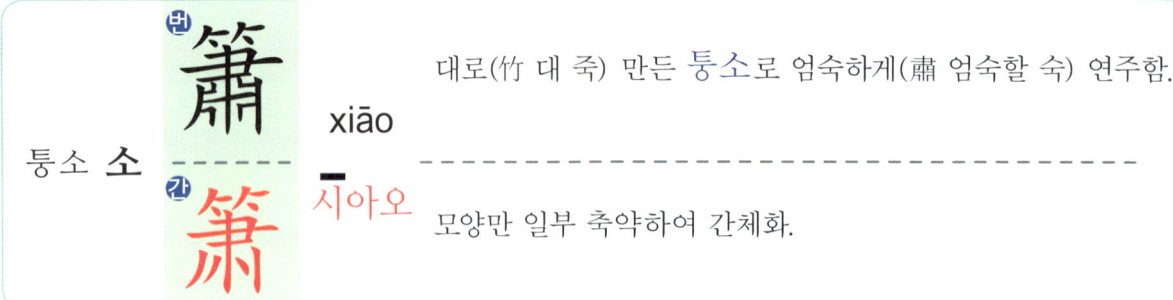

통소 소 / 簫 xiāo / 시아오

대로(竹 대 죽) 만든 통소로 엄숙하게(肅 엄숙할 숙) 연주함.

모양만 일부 축약하여 간체화.

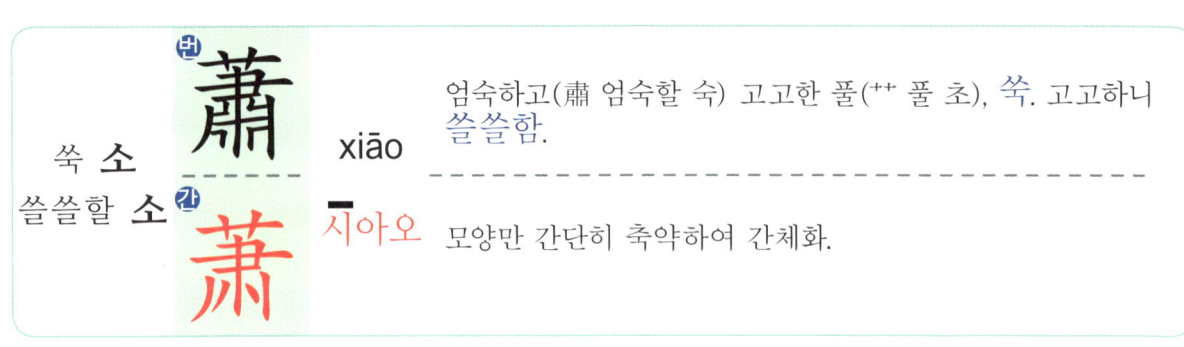

쑥 소
쓸쓸할 소 / 蕭 xiāo / 시아오

엄숙하고(肅 엄숙할 숙) 고고한 풀(艹 풀 초), 쑥. 고고하니 쓸쓸함.

모양만 간단히 축약하여 간체화.

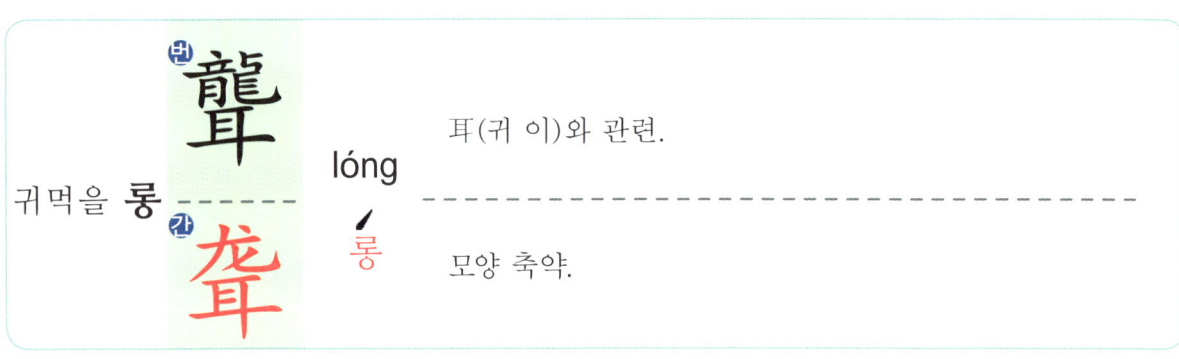

귀먹을 롱 / 聾 lóng / 롱

耳(귀 이)와 관련.

모양 축약.

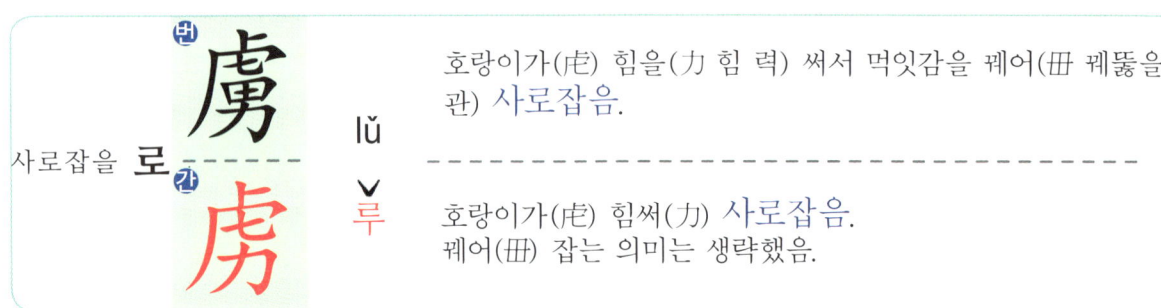

사로잡을 로 / 虜 lǔ / 루

호랑이가(虍) 힘을(力 힘 력) 써서 먹잇감을 꿰어(毌 꿰뚫을 관) 사로잡음.

호랑이가(虍) 힘써(力) 사로잡음.
꿰어(毌) 잡는 의미는 생략했음.

050

한자	훈음	병음	해설
그림 도 꾀할 도 책 도	圖 图	tú 투	①고을(啚)을 에워싼(囗 에워쌀 위) 나라 지도. ②창고(啚)를 에워싸고(囗) 있는 모양을 책을 보면서 그림으로 그림. ※啚(창고 모양 또는 지방 고을을 뜻함) : 亠(지붕), 回 (물건이 보관된 공간) --- 겨울에(冬 겨울 동) 몸을 에워싸고(囗 에워쌀 위) 책을 보면서 그림을 그림.
벌일 라 펼 라 비단 라	羅 罗	luó 루어	그물을(罒=网=冂 그물 망) 양쪽으로 매어(維 맬 유) 펼침. 그것이 비단 같다. ※維(맬 유) : 실로(糸 실 사) 새를(隹 새 추) 맴. --- 저녁에(夕 저녁 석) 그물을(罒) 미리 펼침. 저녁에 펼쳐 놓고 아침이나 낮에 거둠.
깃발 치	幟 帜	zhì 쯔r	찰흙(戠 찰흙 시, 진흙 시) 위에 꽂은 천으로(巾 수건 건, 천 또는 우두머리) 된 깃발. ※戠(찰흙 시) : 창으로(戈 창 과) 소리를(音 소리 음) 찌르면 찰흙에 흡수되듯 형체가 없음. 발음자 '직', '식', '치' 의 음을 만듦. --- 다만(只 다만 지) 천으로만(巾 수건 건) 만들어진 깃발 이어서 아쉬움.
성할 치	熾 炽	chì 츠r	단단한 찰흙(戠) 위에 불을(火 불 화) 피우니 성함. --- 다만(只 다만 지) 불만(火 불 화) 성함.

짤 직	織 / 织	zhī / 쯔ㄱ	실로(糸 실 사) 찰흙(戠 찰흙 시)처럼 질기게 짬.
			다만(只) 실로만(纟=糸) 짬.

맡을 직	職 / 职	zhí / 즈ㄱ	찰흙처럼(戠) 남의 말을 귀로(耳 귀 이) 잘 알아듣고 맡은 일을 다함.
			다만(只) 귀로만(耳) 알아듣고 맡은 일을 함. 일관되게 축약됨. ※ '戠'는 '只'로 간체화.

알 식 표시할 지	識 / 识	shí(식) / 스ㄱ zhì(지) / 쯔ㄱ	말을(言 말씀 언) 하면 찰흙(戠) 같이 앎. 알고 표시함.(道路標識板 : 도로표지판)
			다만(只) 말로만(讠=言) 해도 알고 표시함.

얽을 구 집 구 건물 구	構 / 构	gòu / 꺼우	나무를(木 나무 목) 가로 세로로 짜서(冓 짤 구 / 쌓을 구) 만든 집, 건물. 나무들이 얽혀 있음.
			내가(厶 나 사) 나무로(木) 덮어 싸서(勹 쌀 포) 만든 집, 건물. '勹(쌀 포)'는 포장(묶어 쌈)한다는 뜻. ※冓는 '勾(굽을 구)'로 간체화 됨.

| 살 구 | 購 gòu / 购 꺼우 | 재물을(貝 조개 패) 조금씩 쌓아서(冓) 물건을 삼. ---- 내가(厶 나 사) 재물을(貝) 보자기에 싸서(勹 쌀 포) 물건을 삼. |

| 도랑 구 | 溝 gōu / 沟 꺼우 | 물이(氵=水 물 수) 쌓여있는(冓) 곳, 도랑. ---- 내가(厶 나 사) 옷으로 몸을 싸야(勹 쌀 포) 되는 물(氵=水), 도랑. ※ '勹(쌀 포)'는 독립적으로 쓰지 않고 다른 글자와 조합하여 쓰며 독립적으로 쓸 때는 '包(쌀 포)' 임. |

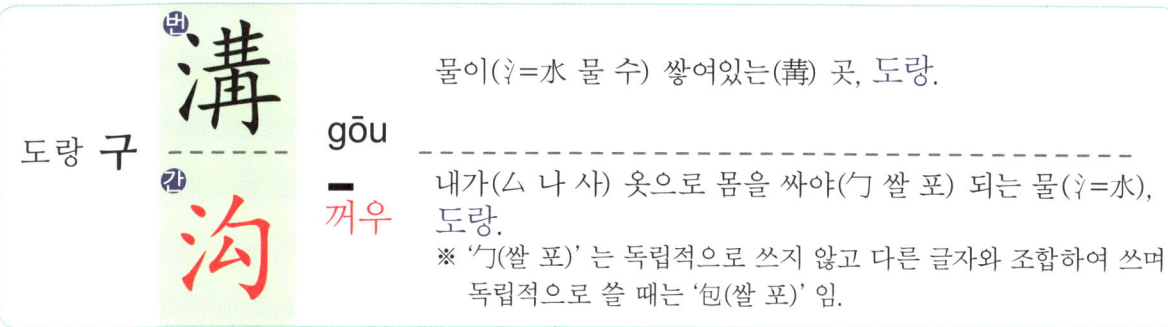

| 익힐 강 / 강론할 강 | 講 jiǎng / 讲 지앙 | 말(言 말씀 언)을 서로 짜고 쌓아서(冓 짤 구 / 쌓을 구) 익히고 강론함. ---- 우물(井 우물 정)처럼 깊게 말(讠=言)로 익히고 강론함. |

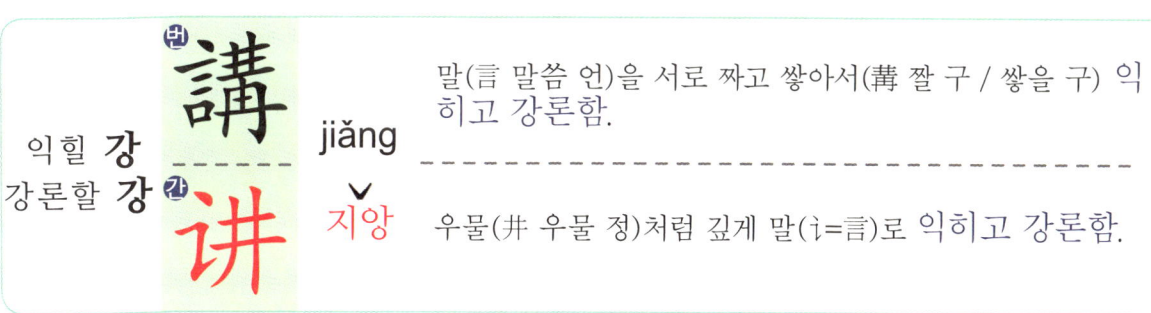

| 재 령 / 고개 령 | 嶺 lǐng / 岭 링 | 군사를 거느리고(領 거느릴 령) 넘는 산(山 뫼 산), 고개. ※ 領(거느릴 령) : 머리를(頁 머리 혈) 들고 명령하며(令 명령할 령) 거느림. ※ 令(명령할 령) : 사람(人) 한(一 한 일) 사람이 무릎 꿇고 있는 (卩=㔾 무릎마디 절, 무릎 꿇고 있는 모습 또는 아픈 사람) 사람에게 명령함. ---- 산(山)에서 명령하기 좋은(令) 높은 고개. |

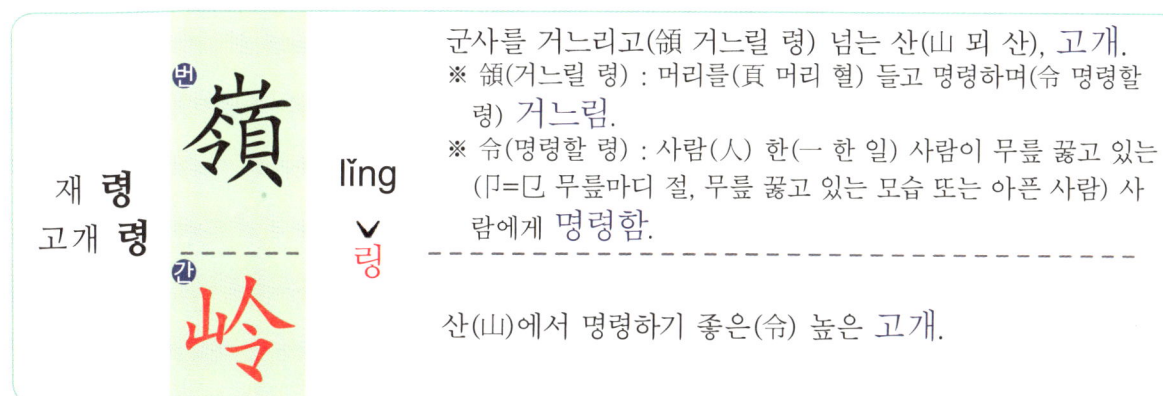

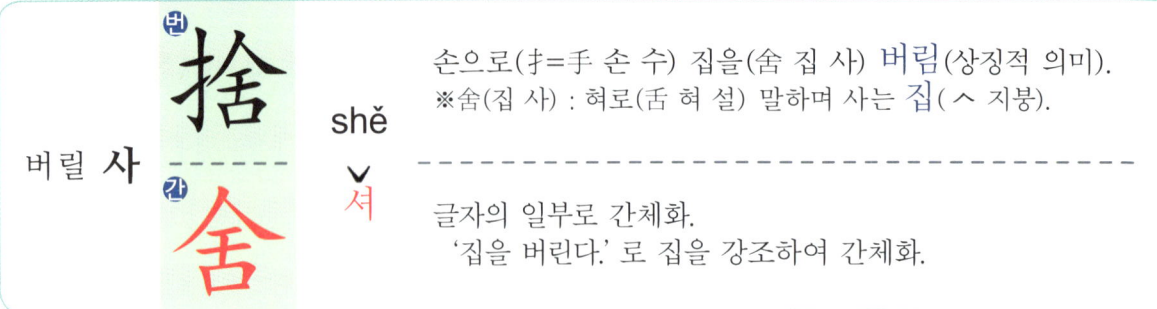

버릴 사 — 捨 / 舍　shě　셔

손으로(扌=手 손 수) 집을(舍 집 사) 버림(상징적 의미).
※舍(집 사) : 혀로(舌 혀 설) 말하며 사는 집(∧ 지붕).

글자의 일부로 간체화.
'집을 버린다.'로 집을 강조하여 간체화.

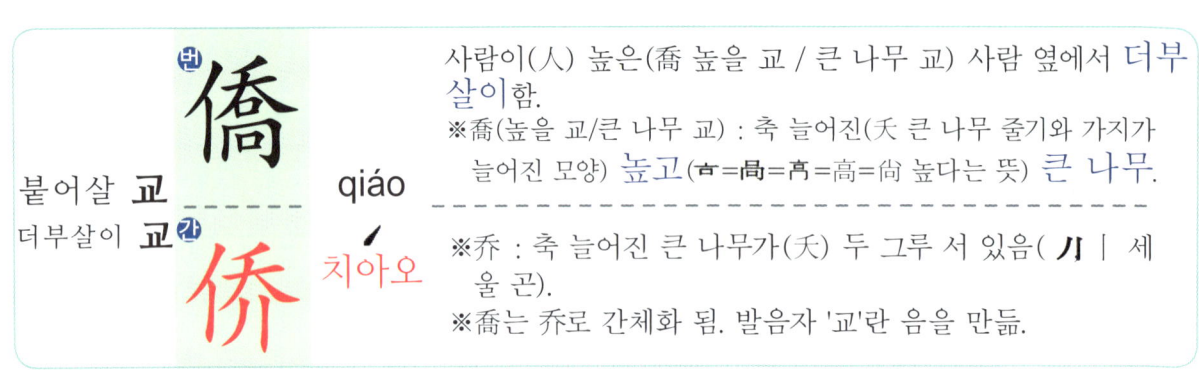

붙어살 교 / 더부살이 교 — 僑 / 侨　qiáo　치아오

사람이(人) 높은(喬 높을 교 / 큰 나무 교) 사람 옆에서 더부살이함.
※喬(높을 교/큰 나무 교) : 축 늘어진(夭 큰 나무 줄기와 가지가 늘어진 모양) 높고(古=咼=高=高=尙 높다는 뜻) 큰 나무.

※乔 : 축 늘어진 큰 나무가(夭) 두 그루 서 있음(丿丨 세울 곤).
※喬는 乔로 간체화 됨. 발음자 '교'란 음을 만듦.

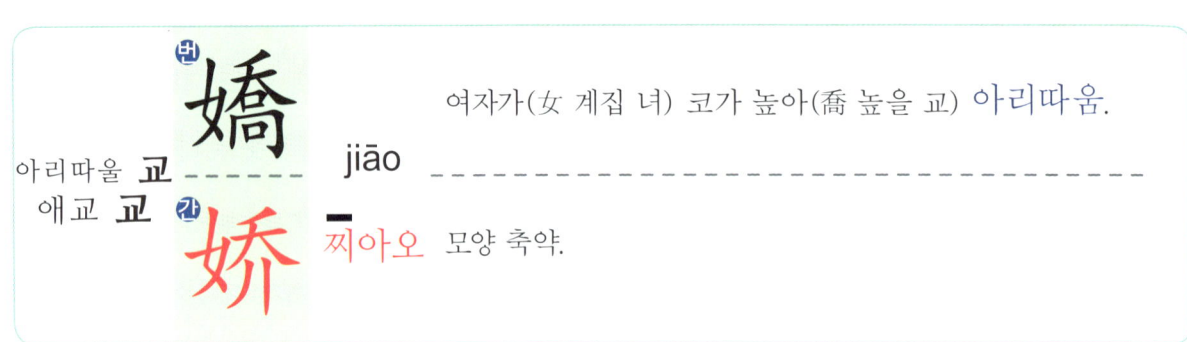

아리따울 교 / 애교 교 — 嬌 / 娇　jiāo　찌아오

여자가(女 계집 녀) 코가 높아(喬 높을 교) 아리따움.

모양 축약.

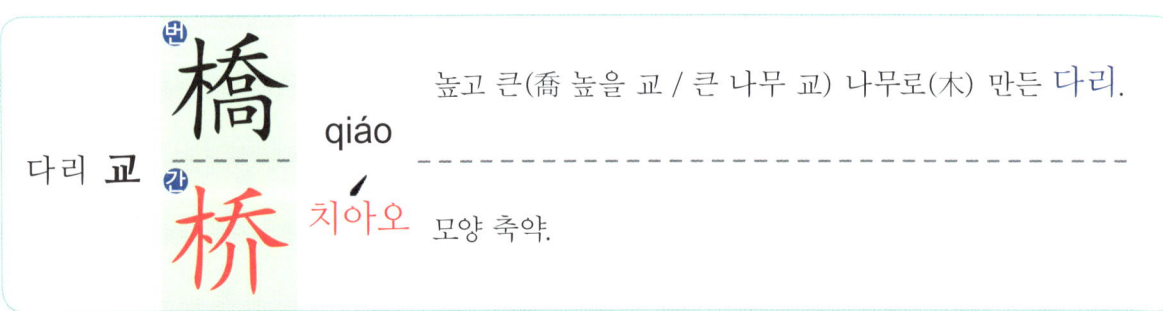

다리 교 — 橋 / 桥　qiáo　치아오

높고 큰(喬 높을 교 / 큰 나무 교) 나무로(木) 만든 다리.

모양 축약.

바로잡을 교	矯 / 矫 (jiǎo 지아오)	높게(喬 높을 교) 쏘기 위해 화살을(矢 화살 시) 바로잡음.
		모양 축약.

교만할 교	驕 / 骄 (jiāo 찌아오)	말(馬 말 마) 위에 높게(喬) 타고 있으니 교만함.
		모양 축약. ※馬는(말 마) 马로 간체화 됨.

웅덩이 와	窪 / 洼 (wā 와)	구멍(穴 구멍 혈) 속에 물과(氵=水 물 수) 흙무더기가(圭 서옥 규 / 홀 규 / 모 규) 섞여 있는 웅덩이.
		물과(氵=水 물 수) 흙무더기가(圭) 섞여 있는 웅덩이. 글자의 일부로 간체화.

깨끗할 결	潔 / 洁 (jié 지에)	무성한 풀을(丰 풀 무성할 봉) 칼로(刀 칼 도) 베고 실로(糸 실 사) 빗자루를 만들어 쓴 후 물로(氵=水) 씻어내니 깨끗함.
		물로(氵=水) 보기 좋게(吉 길할 길/좋을 길) 청소하니 깨끗함.

	번/간	병음/발음	설명
물뿌릴 쇄	灑 / 洒	sǎ / 싸	물로(氵=水 물 수) 곱게(麗 고울 려) 뿌림. ※麗(고울 려) : 사슴의(鹿 사슴 록) 눈이(丽) 고움, 아름다움. 서쪽으로(西 서녘 서) 향하여 물을(氵=水 물 수) 뿌림.
볕쬘 쇄	曬 / 晒	shài / 쌰이	해가(日 해 일 / 날 일) 곱게(麗 고울 려 / 아름다울 려) 뜨니 볕을 쬠. 해가(日 해 일 / 날 일) 서쪽으로(西 서녘 서) 질 때 볕을 쬠.
법 헌	憲 / 宪	xiàn / 시앤	집에서(宀 움집 면) 아무렇게나 자라는 풀처럼(丰=艸) 사람을 해치지 못하게 눈으로(罒=目 눈 목) 항상 감시할 수 있으며 사람들의 마음을(心 마음 심) 모아 만든 근본 법. 집에서(宀 움집 면) 우선적으로(先 먼저 선) 지켜야 하는 근본 법.
훔칠 절	竊 / 窃	qiè / 치에	점을(卜 점 복) 보고 입이 비뚤어지지(咼=喎 입 비뚤어질 괘) 않는다고 하니까 구멍처럼(穴 구멍 혈) 캄캄한 장소에서 쌀을 나누어(釆 나눌 변) 훔침. ※离=卨(사람이름 설) 구멍처럼(穴) 어두운 곳에서 쌀을 조금씩 끊어(切 끊을 절) 훔침.

| 어버이 친
친할 친 | 親
亲 | qīn

친 | 나무(木 나무 목) 위에 서서(立 설 립) 어버이가 오는지 봄 (見 볼 견).
―――――――――
나무(木) 위에 올라서(立) 있는 것을 강조. |

| 속옷 친 | 襯
衬 | chèn

천 | 나와 친한(親 친할 친) 옷(衤=衣 옷 의), 속옷.
몸에 가까이 있는 옷이란 뜻.
―――――――――
마디마디(寸 마디 촌) 나뉘어 있는 옷(衤=衣 옷 의), 속옷.
촌수가(寸 촌수 촌) 나와 가까운 옷(衤=衣), 살에 닿는 옷, 속옷. |

| 굽을 만 | 彎
弯 | wān

완 | 말을 계속 이어가니(䜌 말 이을 련) 입이 활처럼(弓 활 궁) 굽음.
※ 䜌(말 이을 련) : 실로(糸 실 사) 양쪽에서 말을(言 말씀 언) 이음(상징적).
―――――――――
말을 계속 이어가니 또(亦 또 역) 입이 활처럼(弓 활 궁) 굽음.
※ 亦(또 역) : 머리 부분이(亠 머리부분 두) 또 불탐(小=火 불 화). 머리를 많이 쓴다는 뜻. |

| 오랑캐 만
(남쪽
오랑캐) | 蠻
蛮 | mán

만 | 말하는(䜌 말 이을 련) 것이 벌레보다(虫 벌레 충) 못한 오랑캐.
―――――――――
말하는 것이 또(亦 또 역) 벌레보다(虫) 못한 오랑캐.
※ 䜌(말 이을 련)은 亦(또 역)으로 간체화.
※ 옛날, 중국인이 주변 민족을 오랑캐로 여길 때 부르던 말.
　東夷(동이), 西戎(서융), 南蠻(남만), 北狄(북적) |

물굽이 **만**	灣 湾	wān 완	물이(氵=水 물 수) 굽어(彎 굽을 만) 들어가는 것. --- 물이(氵=水 물 수) 또(亦 또 역) 활처럼(弓 활 궁) 굽어 들어가는 물굽이.
사모할 **련**	戀 恋	liàn 리앤	말을 이어(䜌 말 이을 련) 가고 싶은 마음(心 마음 심). 사모하는 마음. --- 또(亦 또 역) 말하고 싶은 마음(心 마음 심), 사모하는 마음.
걸릴 **련** 오그라질 **련**	攣 挛	luán 루안	말을 이어(䜌 말 이을 련) 가는데 손으로(手 손 수) 입을 막으니 걸림. 혀가 오그라짐. --- 말을 못하도록 손으로(手 손 수) 또(亦 또 역) 막으니 혀가 오그라짐.
변할 **변**	變 变	biàn 삐앤	말을 이어(䜌 말을 이을 련) 가다 뒤에 가면(夊 뒤져 올 치) 뜻이 변함. --- 말은 항상 또(亦 또 역) 그리고 또(又 또 우) 변함. ※우리나라 사용 속자는 '変' 임. 비슷함.

곳집 창
창고 창
倉/仓 cāng 창

① 창고 모양, 人(지붕), 尹(물건들), 口(공간)
② 사람이(人 사람 인) 고소한(皀 = 皀 고소할 흡, 급) 음식을 보관하는 공간(口)

사람이(人) 아파서(㔾 무릎마디 절, 아픈 사람 또는 무릎 꿇고 있는 모습) 창고에라도 있음.

부스럼 창
瘡/疮 chuān 추앙

병이(疒 병 녁) 창고의(倉 곳집 창) 물건처럼 많으니 부스럼임.

모양 축약.

푸를 창
蒼/苍 cāng 창

풀이(艹 풀 초) 창고의(倉 창고 창) 물건처럼 많으니 푸름.

모양 축약.

창 창
槍/枪 qiāng 치앙

창고에(倉 창고 창) 넣어 둔 나무로(木 나무 목) 된 창.

모양 축약.

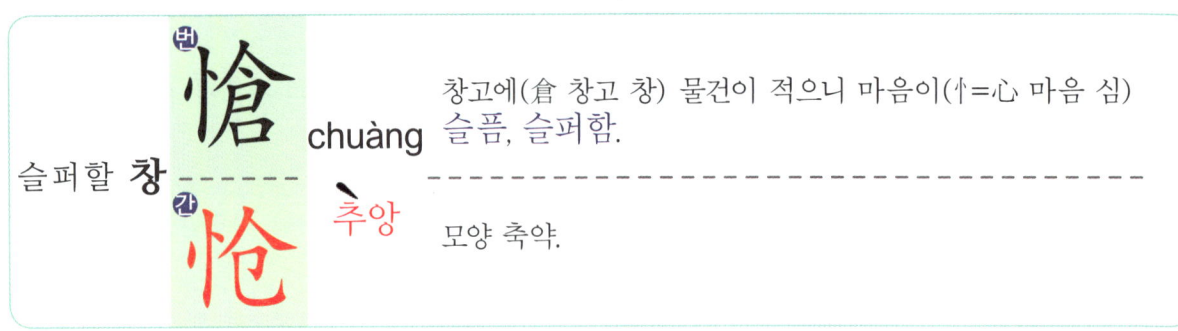

슬퍼할 창 / chuàng / 추앙

창고에(倉 창고 창) 물건이 적으니 마음이(忄=心 마음 심) 슬픔, 슬퍼함.

모양 축약.

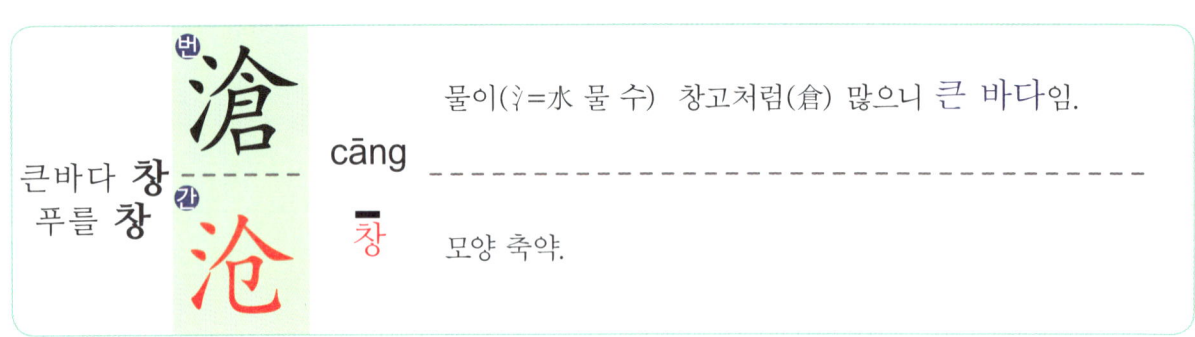

큰바다 창 / 푸를 창 / cāng / 창

물이(氵=水 물 수) 창고처럼(倉) 많으니 큰 바다임.

모양 축약.

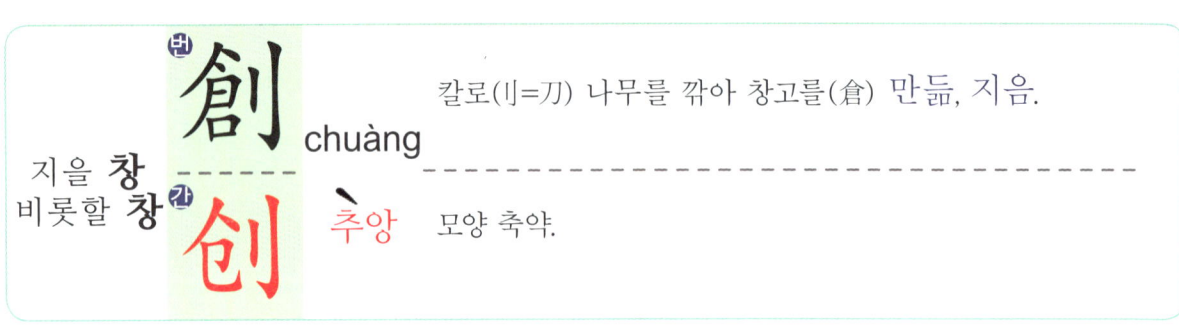

지을 창 / 비롯할 창 / chuàng / 추앙

칼로(刂=刀) 나무를 깎아 창고를(倉) 만듦, 지음.

모양 축약.

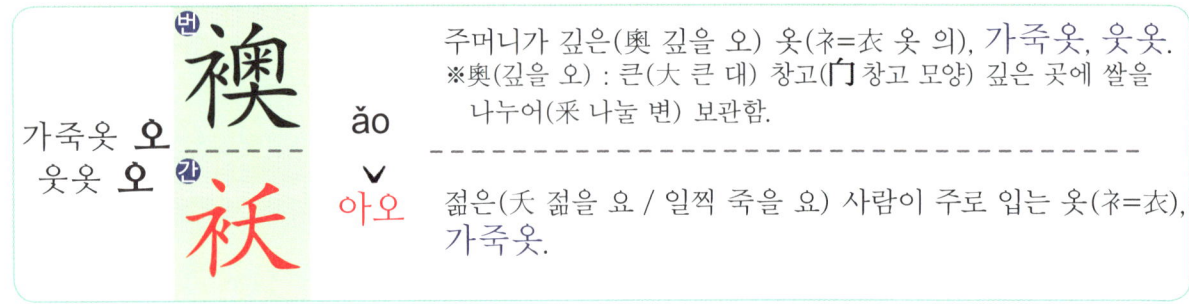

가죽옷 오 / 웃옷 오 / ǎo / 아오

주머니가 깊은(奧 깊을 오) 옷(衤=衣 옷 의), 가죽옷, 웃옷.
※奧(깊을 오) : 큰(大 큰 대) 창고(冂 창고 모양) 깊은 곳에 쌀을 나누어(釆 나눌 변) 보관함.

젊은(夭 젊을 요 / 일찍 죽을 요) 사람이 주로 입는 옷(衤=衣), 가죽옷.

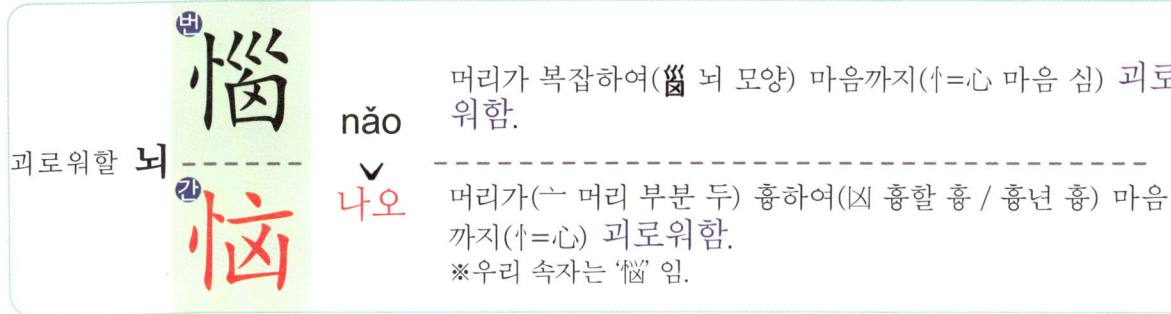

괴로워할 뇌 / 나오

머리가 복잡하여(𠂎 뇌 모양) 마음까지(忄=心 마음 심) 괴로워함.

머리가(亠 머리 부분 두) 흉하여(凶 흉할 흉 / 흉년 흉) 마음까지(忄=心) 괴로워함.
※우리 속자는 '恼' 임.

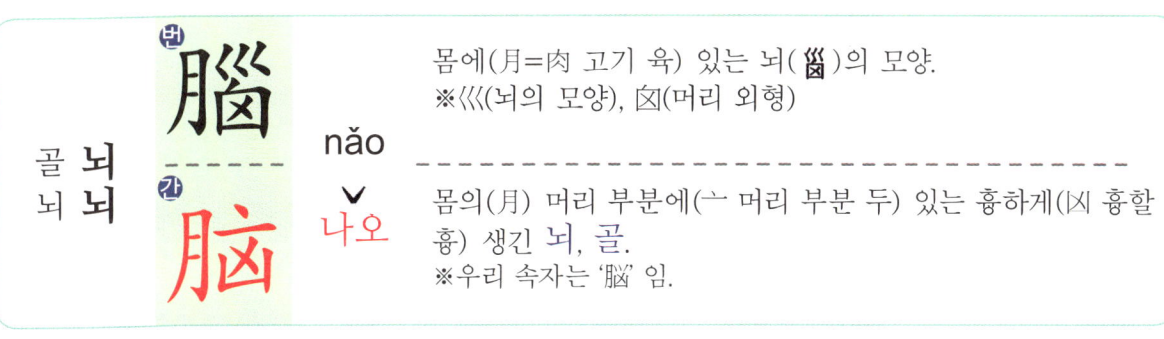

골 뇌 / 뇌 뇌 / 나오

몸에(月=肉 고기 육) 있는 뇌(𠂎)의 모양.
※巛(뇌의 모양), 囟(머리 외형)

몸의(月) 머리 부분에(亠 머리 부분 두) 있는 흉하게(凶 흉할 흉) 생긴 뇌, 골.
※우리 속자는 '脑' 임.

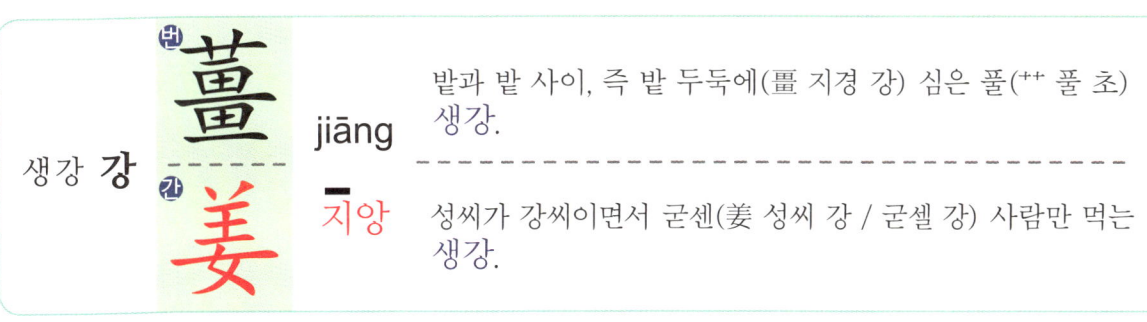

생강 강 / 지앙

밭과 밭 사이, 즉 밭 두둑에(畺 지경 강) 심은 풀(艹 풀 초) 생강.

성씨가 강씨이면서 굳센(姜 성씨 강 / 굳셀 강) 사람만 먹는 생강.

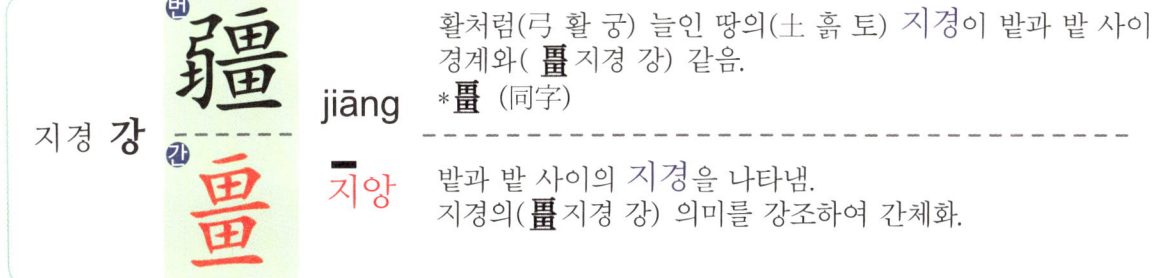

지경 강 / 지앙

활처럼(弓 활 궁) 늘인 땅의(土 흙 토) 지경이 밭과 밭 사이 경계와(畺 지경 강) 같음.
*畺 (同字)

밭과 밭 사이의 지경을 나타냄.
지경의(畺 지경 강) 의미를 강조하여 간체화.

| 같을 류
무리 류 | 類
类 | lèi
레이 | 개의(犬 개 견) 머리에(頁 머리 혈) 쌀을(米 쌀 미) 부으니 이 개가 저 개 같고 저 개가 이 개 같아 구별이 안 되어 **같아** 보임.

글자의 일부분으로 간체화.
개(犬) 위에 쌀을(米) 부으니 **같은 무리**로 보임. |

| 나라이름 조 | 趙
赵 | zhào
짜오 | 달릴 때(走 달릴 주) 사람들 뒷모습이 닮아(肖 닮을 초/같을 초) 보이는 나라. **조나라**.

머리카락을 베고(乂 벨 예) 달리니(走 달릴 주) 뒷모습이 같아 보이는 **나라. 조나라**. 외워지도록 설명한 것임. |

| 빠질 점
잠길 점 | 墊
垫 | diàn
띠앤 | 둥근 씨앗을 잡고(執 잡을 집) 흙에(土 흙 토) 심으려다 **빠짐**.
※執(잡을 집) : 다행히(幸 다행 행) 둥근(丸 둥글 환/알 환) 씨앗을 **잡음. 집음**.

손으로(扌=手 손 수) 둥근(丸 둥글 환) 씨앗을 잡고 흙에(土 흙 토) 심으려다 **빠짐**.
※執(잡을 집)·埶(심을 예)는 '执'으로 자주 간체화 됨. |

| 영화 영 | 榮
荣 | róng
롱 | 나무(木 나무 목) 위가 빛나니(炏 빛날 형) **영화**로워 보임.
※炏 은 원래 熒(빛날 형)임. 지붕(冖) 위의 불꽃(火火). 발음자 : '영', '형', '앵'
※火火 =炎(불꽃 염)

모양 일부 축약.
※炏(빛날 형)은 艹으로 간체화. |

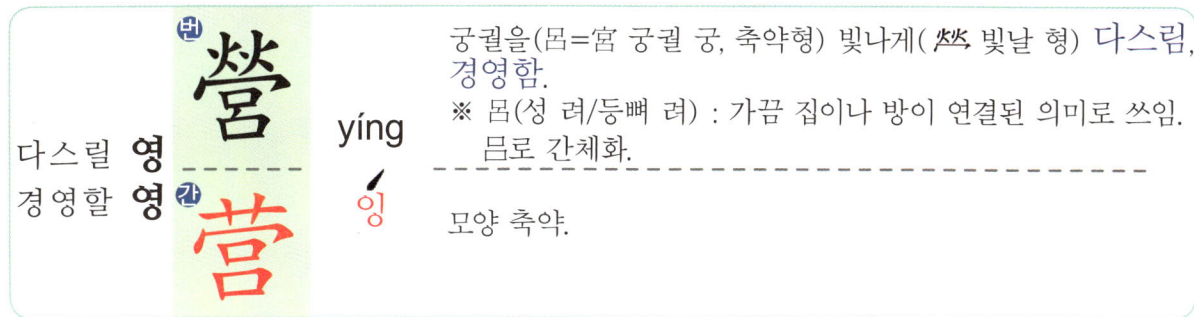

다스릴 영
경영할 영

營 / 营   yíng / 잉

궁궐을(呂=宮 궁궐 궁, 축약형) 빛나게(炏 빛날 형) **다스림**, **경영함**.
※ 呂(성 려/등뼈 려) : 가끔 집이나 방이 연결된 의미로 쓰임. 吕로 간체화.

모양 축약.

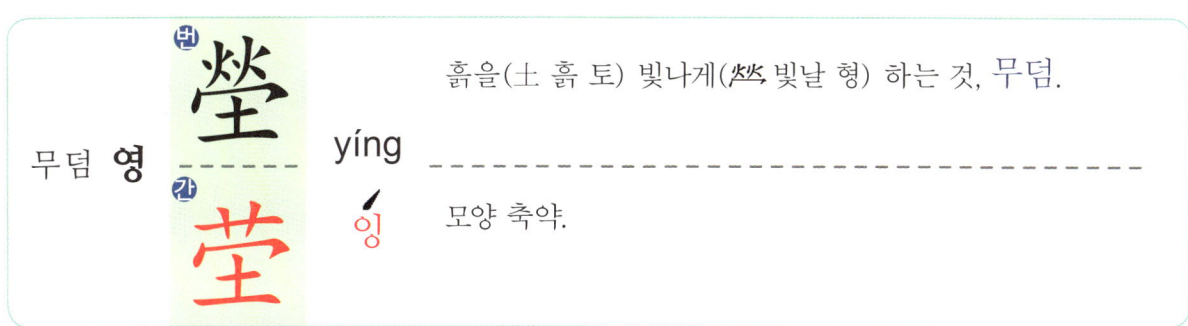

무덤 영

塋 / 茔   yíng / 잉

흙을(土 흙 토) 빛나게(炏 빛날 형) 하는 것, **무덤**.

모양 축약.

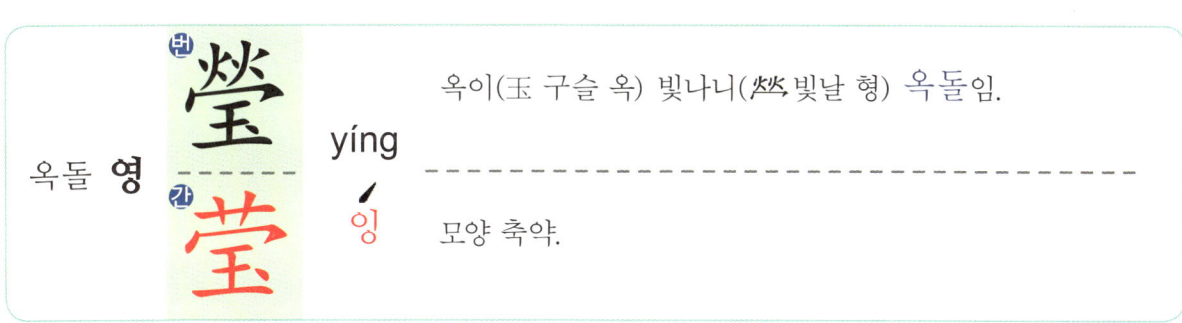

옥돌 영

瑩 / 莹   yíng / 잉

옥이(玉 구슬 옥) 빛나니(炏 빛날 형) **옥돌임**.

모양 축약.

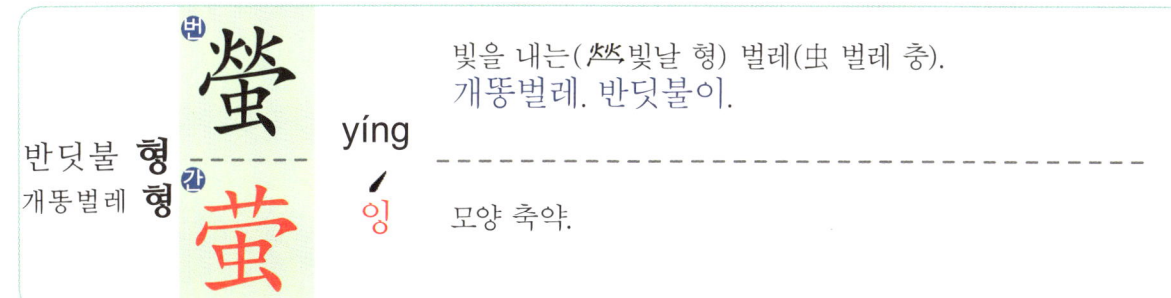

반딧불 형
개똥벌레 형

螢 / 萤   yíng / 잉

빛을 내는(炏 빛날 형) 벌레(虫 벌레 충). **개똥벌레. 반딧불이**.

모양 축약.

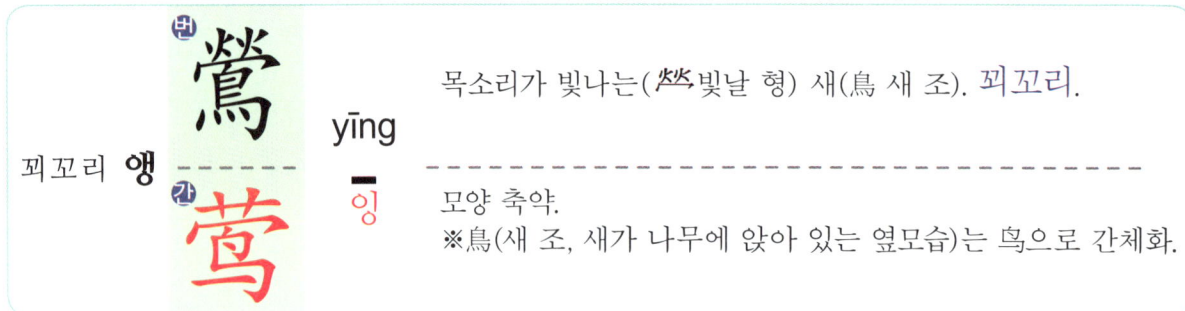

꾀꼬리 앵 / 鶯 / 莺 / yīng / 잉
목소리가 빛나는(烊 빛날 형) 새(鳥 새 조). 꾀꼬리.
모양 축약.
※鳥(새 조, 새가 나무에 앉아 있는 옆모습)는 鸟으로 간체화.

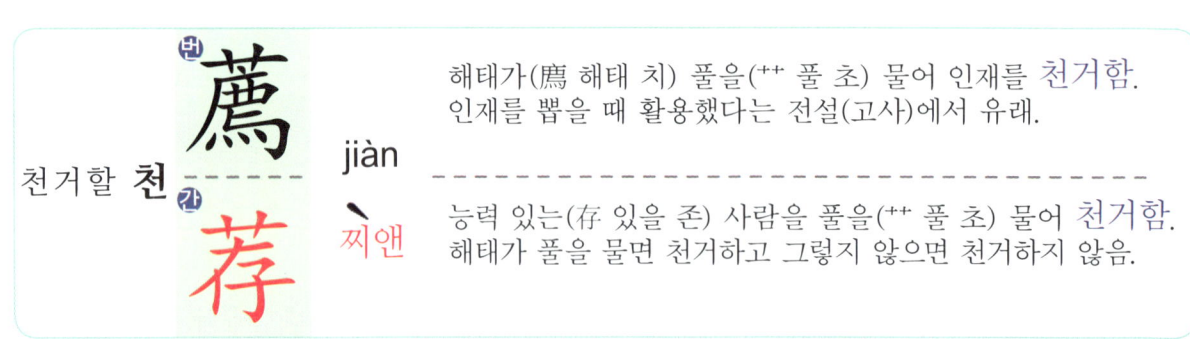

천거할 천 / 薦 / 荐 / jiàn / 찌앤
해태가(廌 해태 치) 풀을(艹 풀 초) 물어 인재를 천거함. 인재를 뽑을 때 활용했다는 전설(고사)에서 유래.
능력 있는(存 있을 존) 사람을 풀을(艹 풀 초) 물어 천거함. 해태가 풀을 물면 천거하고 그렇지 않으면 천거하지 않음.

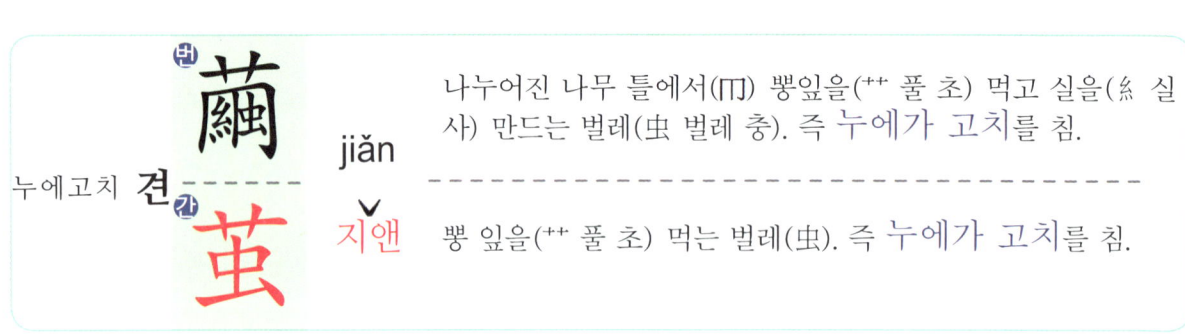

누에고치 견 / 繭 / 茧 / jiǎn / 지앤
나누어진 나무 틀에서(冂) 뽕잎을(艹 풀 초) 먹고 실을(糸 실 사) 만드는 벌레(虫 벌레 충). 즉 누에가 고치를 침.
뽕 잎을(艹 풀 초) 먹는 벌레(虫). 즉 누에가 고치를 침.

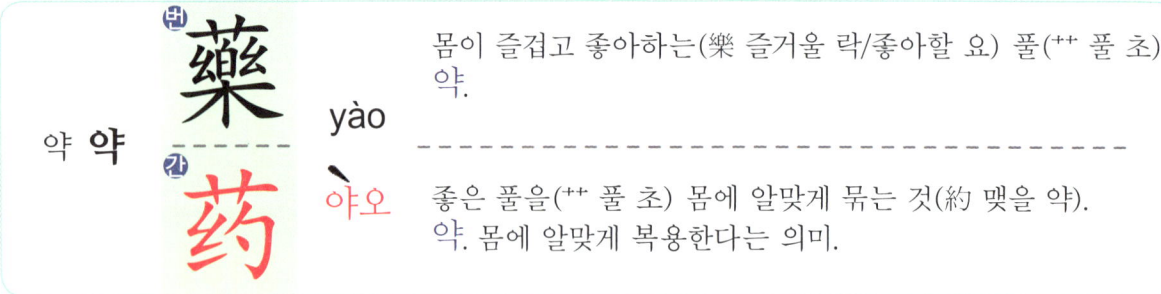

약 약 / 藥 / 药 / yào / 야오
몸이 즐겁고 좋아하는(樂 즐거울 락/좋아할 요) 풀(艹 풀 초). 약.
좋은 풀을(艹 풀 초) 몸에 알맞게 묶는 것(約 맺을 약). 약. 몸에 알맞게 복용한다는 의미.

| 표시할 표
표할 표 | 標
标 biāo
삐아오 | 쪽지의(票 쪽지 표/표 표) 내용을 나무에(木 나무 목) 표시함.
※ 票(쪽지 표/표 표) : 보이지(示 보일 시/귀신 기) 않도록 덮어(覀 덮을 아) 놓은 것. 표. 쪽지.
보이도록(示 보일 시/귀신 기) 나무에(木 나무 목) 표시함. |

| 겸손할 손 | 遜
逊 xùn
쉰 | 손자가(孫 손자 손) 쉬엄쉬엄 다니다(辶 쉬엄쉬엄 갈 착) 겸손해짐.
아들(子 아들 자)보다 작은(小 작을 소)아들, 즉 손자가 쉬엄쉬엄 다니다(辶 쉬엄쉬엄 갈 착) 겸손해짐. |

| 손자 손 | 孫
孙 sūn
쑨 | 실끝처럼 혈통으로(系 실 끝 계/혈통 계) 이어지다 아들에(子 아들 자) 이르니 손자임.
아들(子 아들 자)보다 작은(小 작을 소) 아들.
손자. 아들의 아들이란 뜻. |

| 맛볼 상 | 嘗
尝 cháng
챵 | 높은(尚 높을 상/오히려 상) 사람이 맛을(旨 맛 지/뜻 지) 봄.
높은(⺌=尚 높을 상) 사람이 맛을 보라고 이름(云 이를 운/말할 운). |

| 갚을 상 |  cháng / 챵 | 사람이(人 사람 인) 상을(賞 상줄 상) 주어 은혜를 갚음. ※賞(상줄 상) : 재물을(貝 조개 패, 돈·재물의 뜻) 높이(尙 높을 상) 들어 상을 줌. *尙(높을 상/오히려 상), 높게 지어진 집 모양 : '상','창','쟝','당'의 음을 만듦.

모양 축약. |

| 무리 당 |  dǎng ˇ 당  | 속이 검은(黑 검을 흑) 사람들이 높게(尙 높을 상 / 오히려 상) 되려고 모이는 무리.

모양만 축약. 어질고(儿 어진사람 인) 뜻이 높은(尙 높을 상) 사람만 모이는 무리.
※우리 속자와 같음. |

| 싸움 전 |  zhàn ˋ 짠  | 홀로(單 홑 단, 무기를 들고 서 있는 모습) 창(戈 창 과)을 들고 싸움에 임함.
※속자는 戦.

차지하기 위해(占 차지할 점 / 점칠 점) 창으로(戈 창 과) 싸움. |

| 버금 아 |  yà ˋ 야 | 모양이 일부 불완전하지만 완전한 것 버금간다(사방 귀퉁이가 떨어져 나간 모양). 사람이 몸은 일부 불완전하지만 정상인 버금간다.
※발음자 : '아','악'의 음을 만듦.

모양만 축약함.
※亞(버금 아)는 亚으로 축약됨(간체화). |

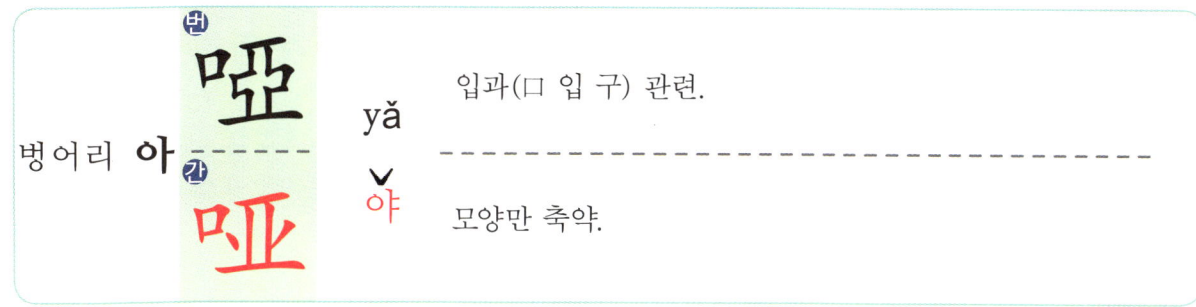

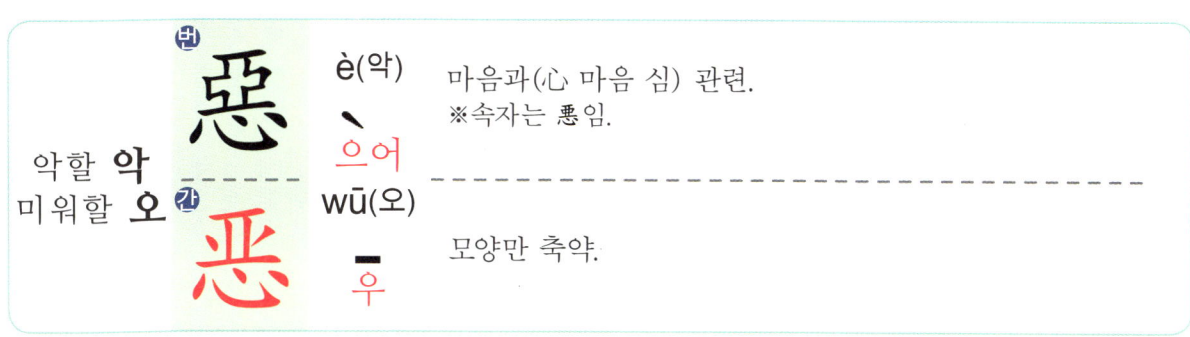

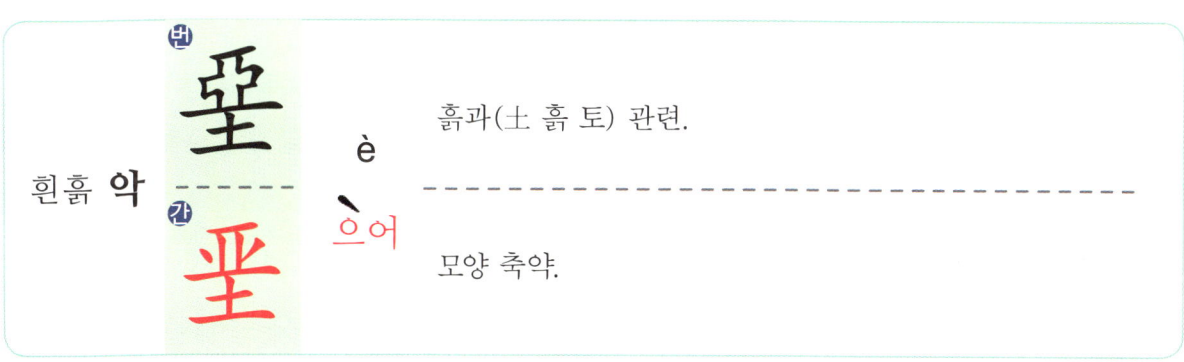

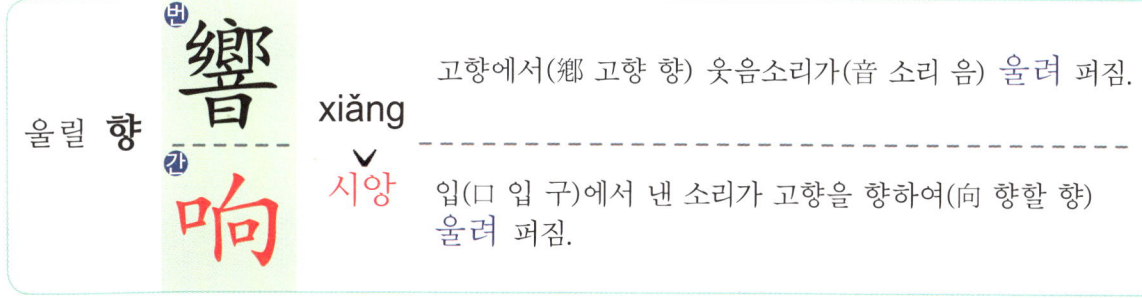

| 시골 향
고향 향 | 鄉
乡 xiāng
시앙 | 고소한(皂 고소할 흡·급) 밥 냄새가 나는 작은(乡=幺 작을 요) 마을(阝=邑 고을 읍). 고향. 시골.

글자의 일부분으로 간체화. 고향, 시골은 작기 때문에 '작다(乡=幺 작을 요)'로 간체화. |

| 향할 향 | 嚮
向 xiàng
시앙 | 고향으로(鄉 고향 향) 마음이 향함(向 향할 향).

글자의 일부분으로 간체화. 고향을 향하는 마음을 강조하여 간체화.(向 으로) |

| 잔치할 향 | 饗
飨 xiǎng
시앙 | 고향에서(鄉) 먹을(食 먹을 식) 음식을 차려놓고 잔치를 함.

작은(乡=幺 작을 요) 고향 마을에서 음식을(食 먹을 식 / 밥 사) 차려 놓고 잔치를 벌임. 작은 고향 마을을 강조. |

| 새우 하 | 蝦
虾 xiā 시아
há 하 | 빌려서(叚 빌릴 가) 먹는 작은 물고기(虫 벌레 충), 새우.
※叚(빌릴 가) : 서서(𠂆) 손을 비비며(攴 칠 수) 빌림.

바다 아래서(下 아래 하) 사는 작은 짐승(물고기, 虫 벌레 충)
※虫(벌레 충)은 벌레, 곤충, 뱀 이하의 작은 짐승을 나타냄. |

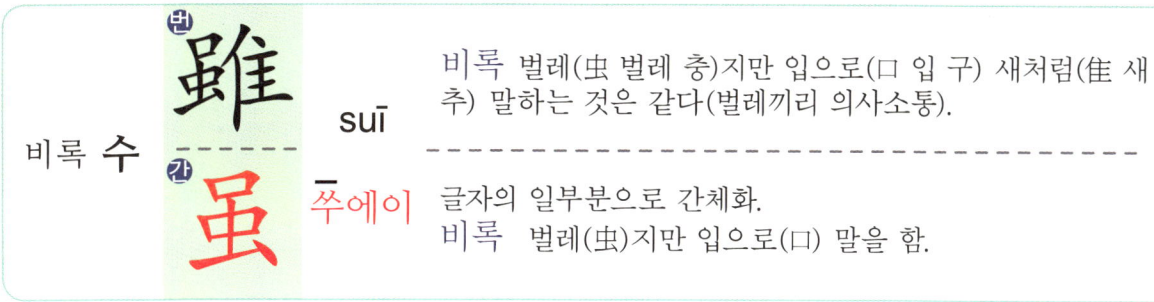

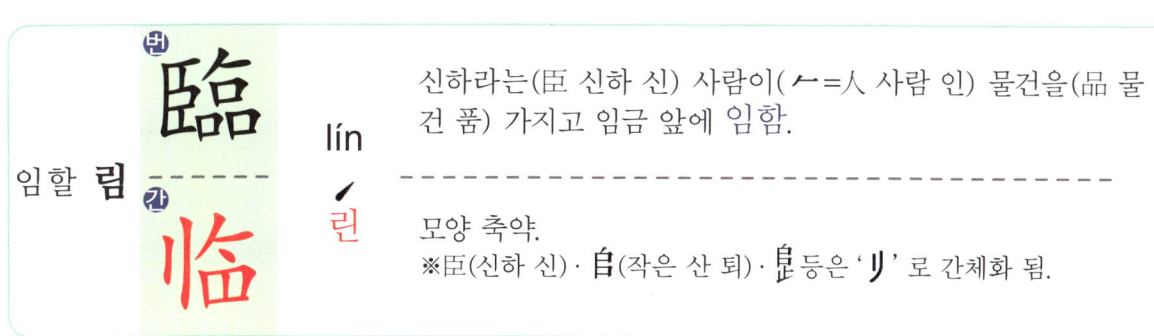

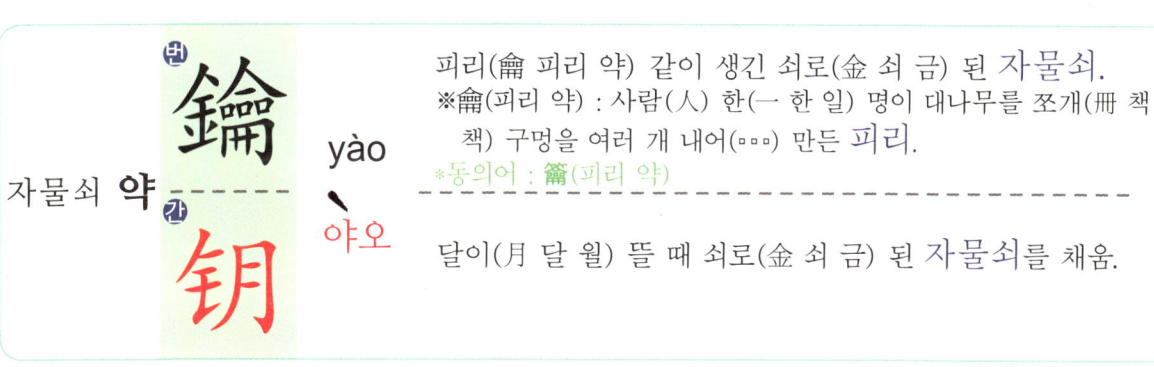

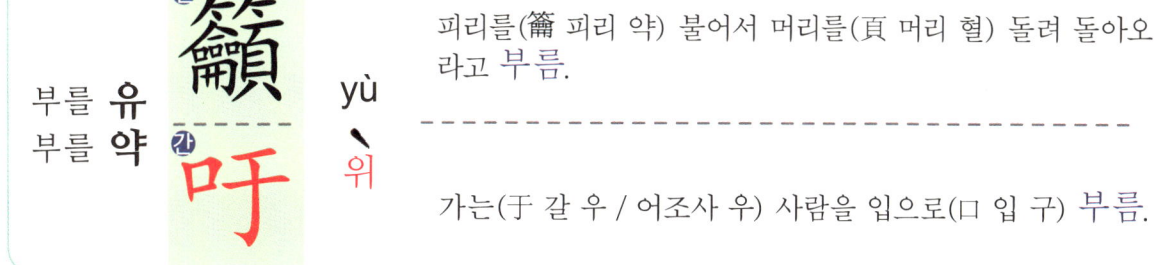

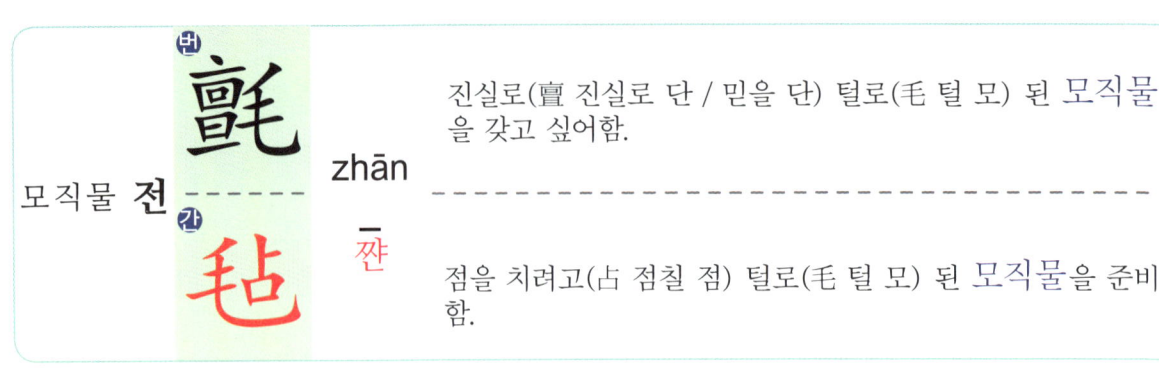

모직물 전

zhān
짠

진실로(亶 진실로 단 / 믿을 단) 털로(毛 털 모) 된 모직물을 갖고 싶어함.

점을 치려고(占 점칠 점) 털로(毛 털 모) 된 모직물을 준비함.

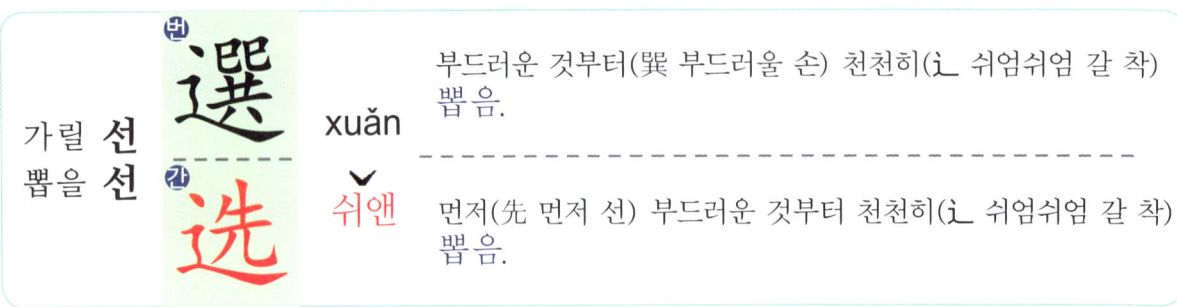

가릴 선
뽑을 선

xuǎn
쉬앤

부드러운 것부터(巽 부드러울 손) 천천히(辶 쉬엄쉬엄 갈 착) 뽑음.

먼저(先 먼저 선) 부드러운 것부터 천천히(辶 쉬엄쉬엄 갈 착) 뽑음.

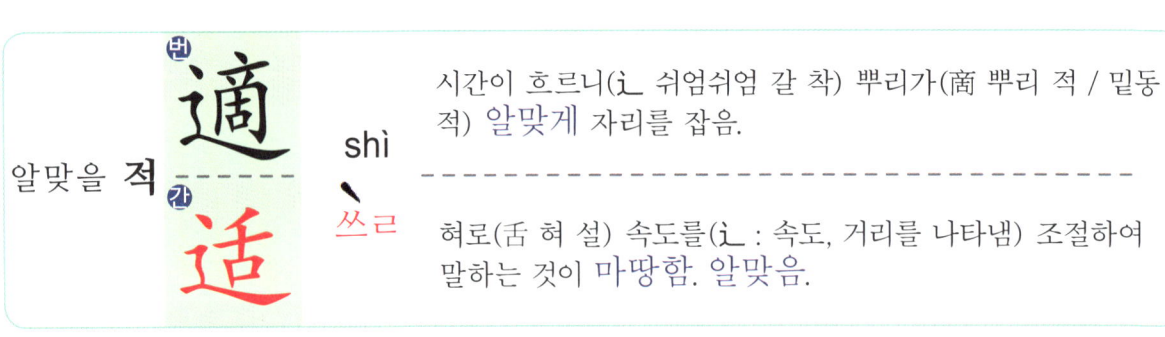

알맞을 적

shì
쓰ㄹ

시간이 흐르니(辶 쉬엄쉬엄 갈 착) 뿌리가(啇 뿌리 적 / 밑동 적) 알맞게 자리를 잡음.

혀로(舌 혀 설) 속도를(辶 : 속도, 거리를 나타냄) 조절하여 말하는 것이 마땅함. 알맞음.

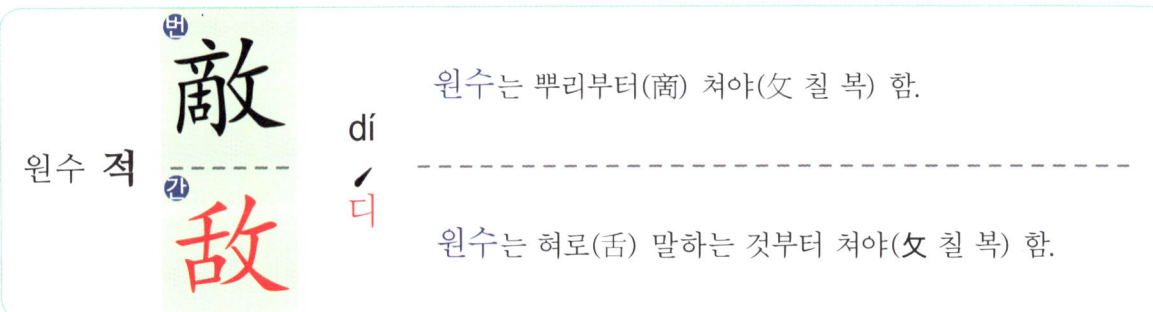

원수 적

dí
디

원수는 뿌리부터(啇) 쳐야(攵 칠 복) 함.

원수는 혀로(舌) 말하는 것부터 쳐야(攵 칠 복) 함.

반복할 **복** 회복할 **복** 다시 **부**	復 复 fù / 뿌	부족한 두 사람이(亻두 인 / 자축거릴 척) 거듭(复 거듭 복) 노력하여 몸을 회복함. ※复(거듭 복) : 사람이나(𠂉=人 사람 인) 해는(日 날 일 / 해 일) 뒤에(夂 뒤져 올 치) 다시 일어나고 뜸. 거듭 반복됨. --- 글자의 일부분으로 간체화.

겹칠 **복**	複 复 fù / 뿌	옷이(衤=衣 옷 의) 거듭(复 거듭 복) 겹침. --- 글자의 일부분으로 간체화. 사람이나(人) 해는(日) 뒤에(夂 뒤져 올 치) 다시 일어나고 뜸.

그네 **추**	鞦 秋 qiū / 치우	가을에(秋 가을 추) 가죽으로(革 가죽 혁) 된 그네를 탐. ※秋(가을 추) : 벼가(禾 벼 화) 불타듯(火 불 화) 하는 계절, 가을. --- 가을에(秋) 그네 타는 것을 강조. 글자의 일부분으로 간체화.

쓸개 **담**	膽 胆 dǎn / 단	집에 다다를(詹 다다를 첨 / 수다할 첨) 때까지 몸에서(月=肉 고기 육) 무서움을 견디게 하는 장기. 쓸개. --- 아침부터(旦 아침 단) 몸에서(月=肉) 무서움을 견디게 하는 장기. 쓸개. ※우리 속자와 같음.

071

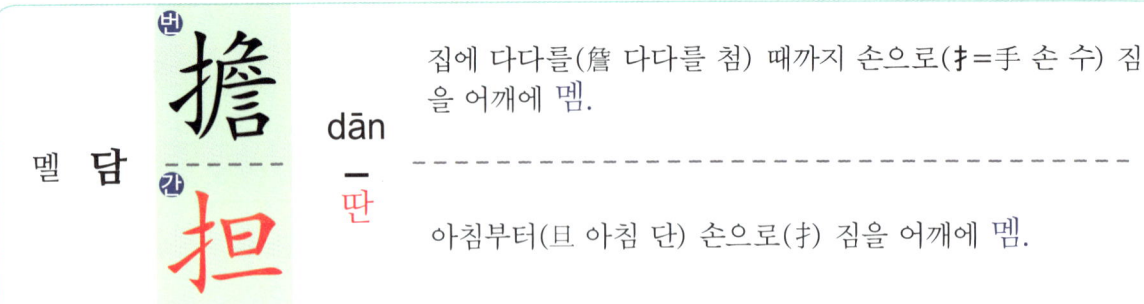

멜 담 / 擔 / 担 / dān / 딴

집에 다다를(詹 다다를 첨) 때까지 손으로(扌=手 손 수) 짐을 어깨에 멤.

아침부터(旦 아침 단) 손으로(扌) 짐을 어깨에 멤.

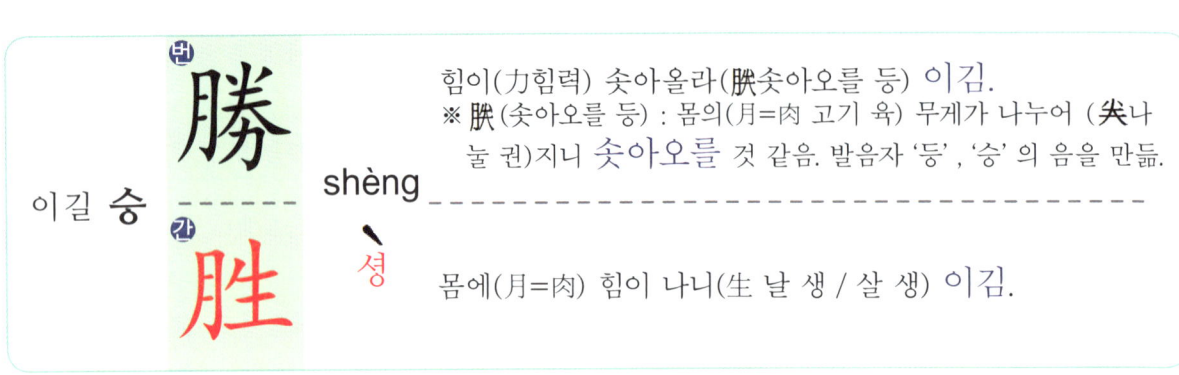

이길 승 / 勝 / 胜 / shèng / 셩

힘이(力 힘 력) 솟아올라(朕 솟아오를 등) 이김.
※朕(솟아오를 등) : 몸의(月=肉 고기 육) 무게가 나누어 (关 나눌 권)지니 솟아오를 것 같음. 발음자 '등', '승'의 음을 만듦.

몸에(月=肉) 힘이 나니(生 날 생 / 살 생) 이김.

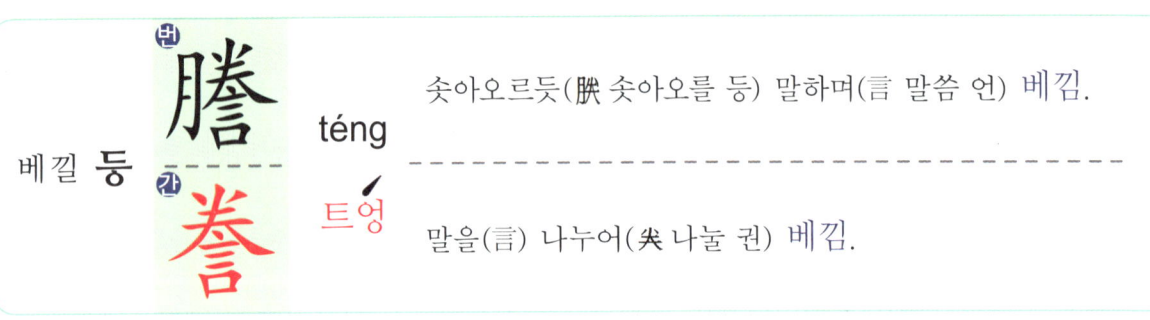

베낄 등 / 謄 / 誊 / téng / 트엉

솟아오르듯(朕 솟아오를 등) 말하며(言 말씀 언) 베낌.

말을(言) 나누어(关 나눌 권) 베낌.

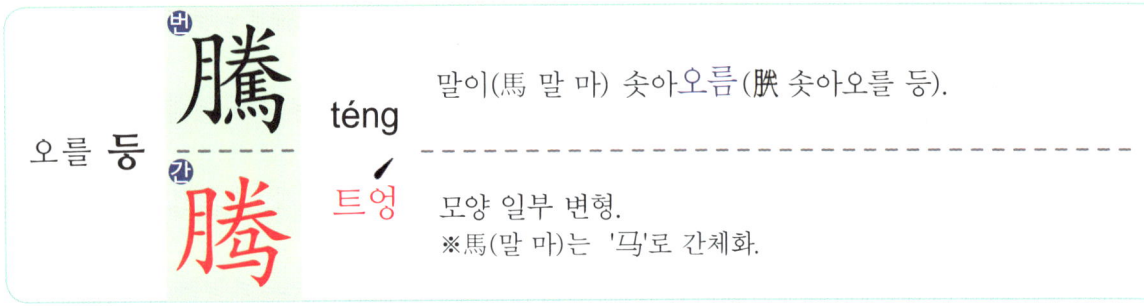

오를 등 / 騰 / 腾 / téng / 트엉

말이(馬 말 마) 솟아오름(朕 솟아오를 등).

모양 일부 변형.
※馬(말 마)는 '马'로 간체화.

| 홀로 독 | 獨
独
dú
두 | 개가(犭=犬 개 견) 그물에 싸인 벌레와(蜀 벌레 촉) 홀로 놂.
※蜀(벌레 촉 / 촉나라 촉) : 그물에(罒=网 그물 망) 싸인(勹 쌀 포) 벌레(虫 벌레 충). 발음 요소 '촉', '탁', '속', '독'의 음을 만듦.

개가(犭=犬 개 견) 그냥 벌레 한 마리와(虫 벌레 충) 홀로 놂.
※우리 속자와 같음. |

| 닿을 촉 | 觸
触
chù
츄 | 뿔에(角 뿔 각) 벌레가(蜀 벌레 촉 / 촉나라 촉) 닿음.
※ 속자는 '触'임.
※ 蜀(벌레 촉 / 나비 애벌레 촉) : 그물에(罒=冂 그물 망) 싸여 있는(勹 쌀 포) 벌레(虫 벌레 충). '虫'으로 간체화.

뿔에(角=角 뿔 각) 벌레(虫 벌레 충) 한 마리가 닿음. |

| 촛불 촉 | 燭
烛
zhú
쥬 | 벌레가(蜀 벌레 촉) 붙어 있는 불(火 불 화), 촛불.

모양만 일부 축약. |

| 흐릴 탁 | 濁
浊
zhuó
쥬어 | 물에(氵=水 물 수) 벌레가(蜀 벌레 촉) 많아 흐림.

모양만 축약. |

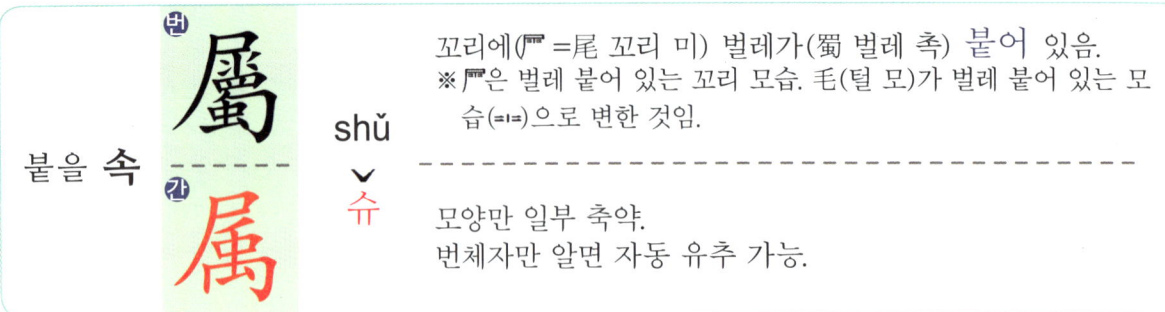

| 붙을 속 | 屬 / 属 | shǔ / 슈 | 꼬리에(尸=尾 꼬리 미) 벌레가(蜀 벌레 촉) 붙어 있음.
※尸은 벌레 붙어 있는 꼬리 모습. 毛(털 모)가 벌레 붙어 있는 모습(=)으로 변한 것임.
모양만 일부 축약.
번체자만 알면 자동 유추 가능. |

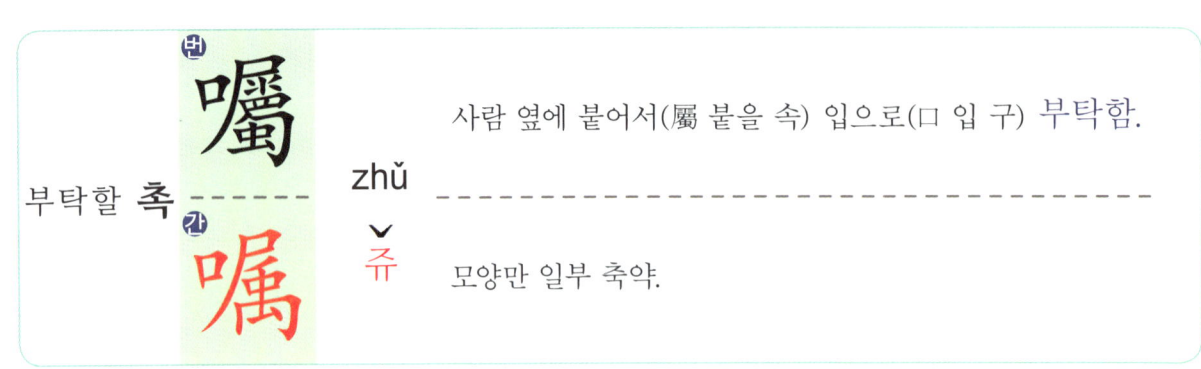

| 부탁할 촉 | 囑 / 嘱 | zhǔ / 쥬 | 사람 옆에 붙어서(屬 붙을 속) 입으로(口 입 구) 부탁함.
모양만 일부 축약. |

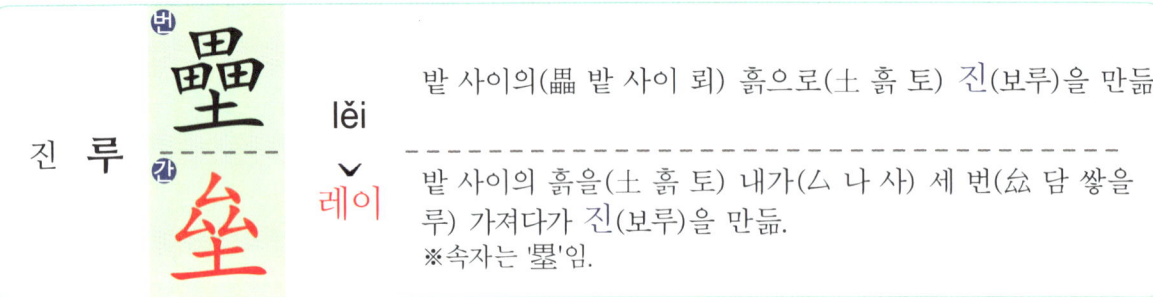

| 진 루 | 壘 / 垒 | lěi / 레이 | 밭 사이의(畾 밭 사이 뢰) 흙으로(土 흙 토) 진(보루)을 만듦.
밭 사이의 흙을(土 흙 토) 내가(厶 나 사) 세 번(厽 담 쌓을 루) 가져다가 진(보루)을 만듦.
※속자는 '塁'임. |

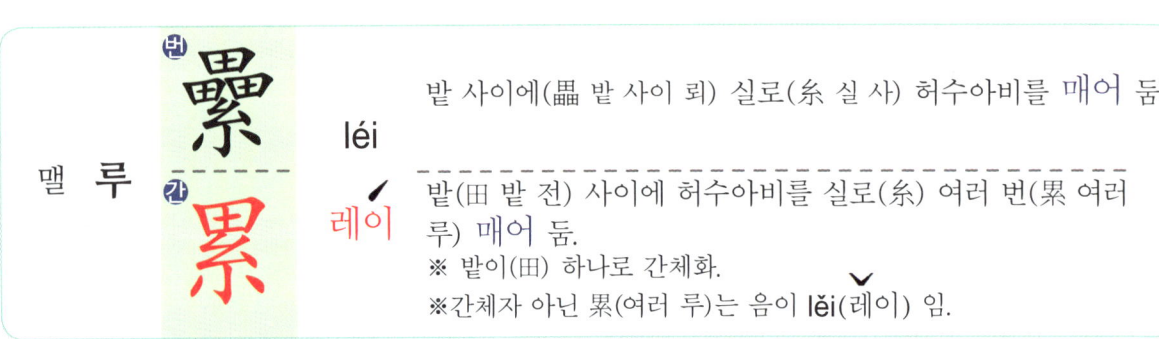

| 맬 루 | 纍 / 累 | léi / 레이 | 밭 사이에(畾 밭 사이 뢰) 실로(糸 실 사) 허수아비를 매어 둠.
밭(田 밭 전) 사이에 허수아비를 실로(糸) 여러 번(累 여러 루) 매어 둠.
※ 밭이(田) 하나로 간체화.
※간체자 아닌 累(여러 루)는 음이 lěi(레이) 임. |

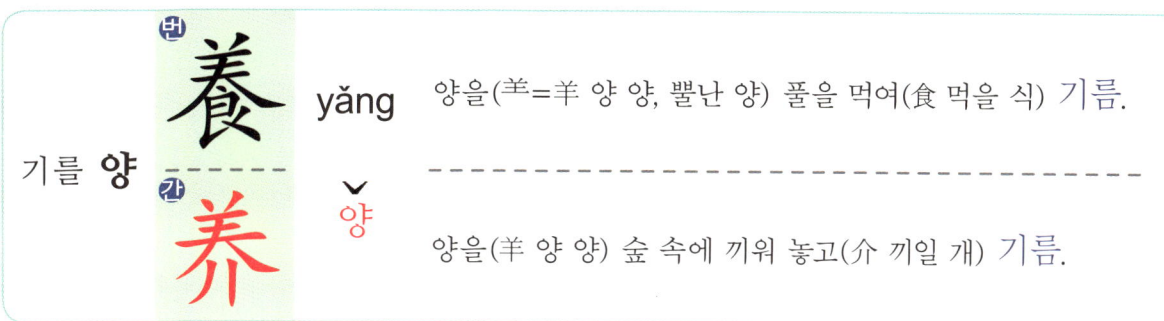

기를 양 — 養/养 yǎng / 양

양을(䒑=羊 양 양, 뿔난 양) 풀을 먹여(食 먹을 식) 기름.

양을(羊 양 양) 숲 속에 끼워 놓고(介 끼일 개) 기름.

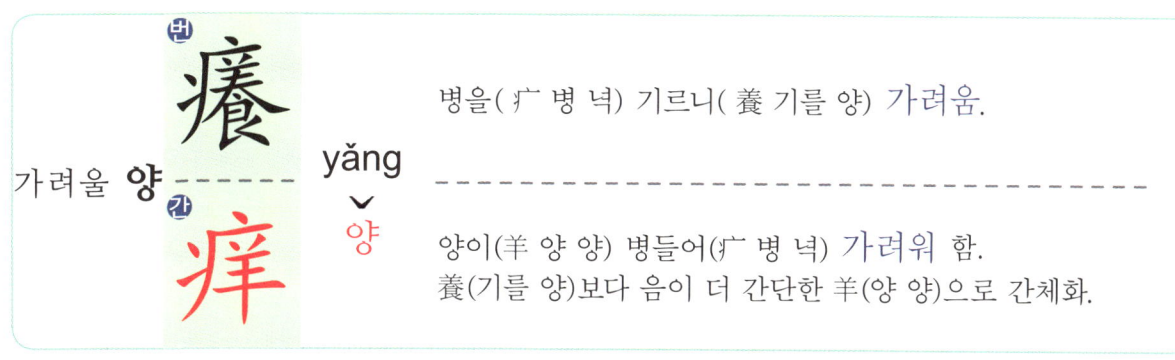

가려울 양 — 癢/痒 yǎng / 양

병을(疒 병 녁) 기르니(養 기를 양) 가려움.

양이(羊 양 양) 병들어(疒 병 녁) 가려워 함.
養(기를 양)보다 음이 더 간단한 羊(양 양)으로 간체화.

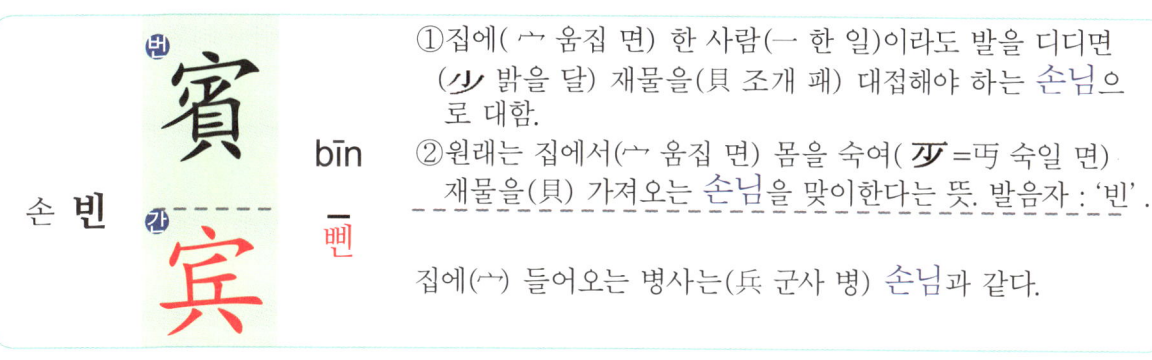

손 빈 — 賓/宾 bīn / 삔

①집에(宀 움집 면) 한 사람(一 한 일)이라도 발을 디디면
 (少 밝을 달) 재물을(貝 조개 패) 대접해야 하는 손님으
 로 대함.
②원래는 집에서(宀 움집 면) 몸을 숙여(丏=丐 숙일 면)
 재물을(貝) 가져오는 손님을 맞이한다는 뜻. 발음자 : '빈'.

집에(宀) 들어오는 병사는(兵 군사 병) 손님과 같다.

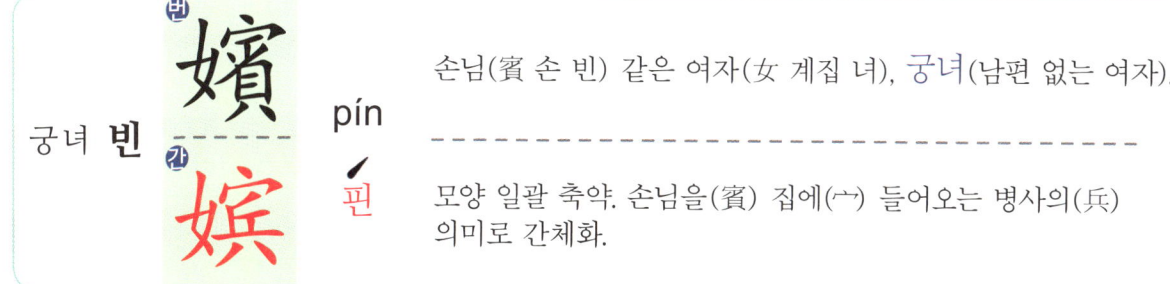

궁녀 빈 — 嬪/嫔 pín / 핀

손님(賓 손 빈) 같은 여자(女 계집 녀), 궁녀(남편 없는 여자).

모양 일괄 축약. 손님을(賓) 집에(宀) 들어오는 병사의(兵)
의미로 간체화.

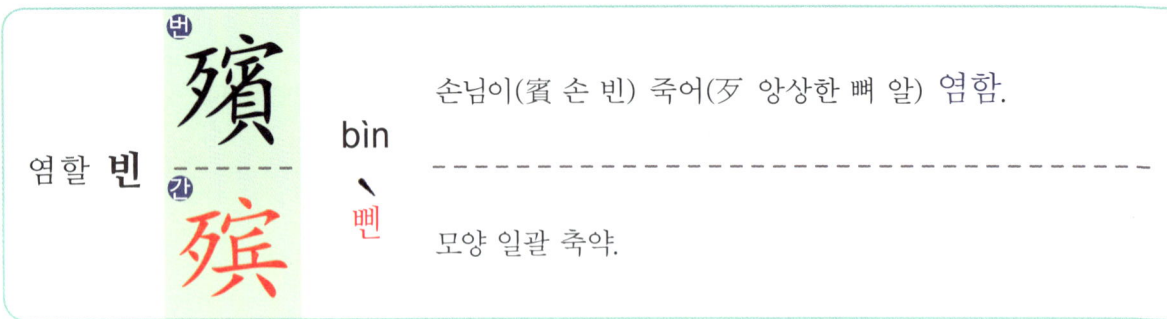

염할 빈 / 殯 bìn / 삔

손님이(賓 손 빈) 죽어(歹 앙상한 뼈 알) 염함.

모양 일괄 축약.

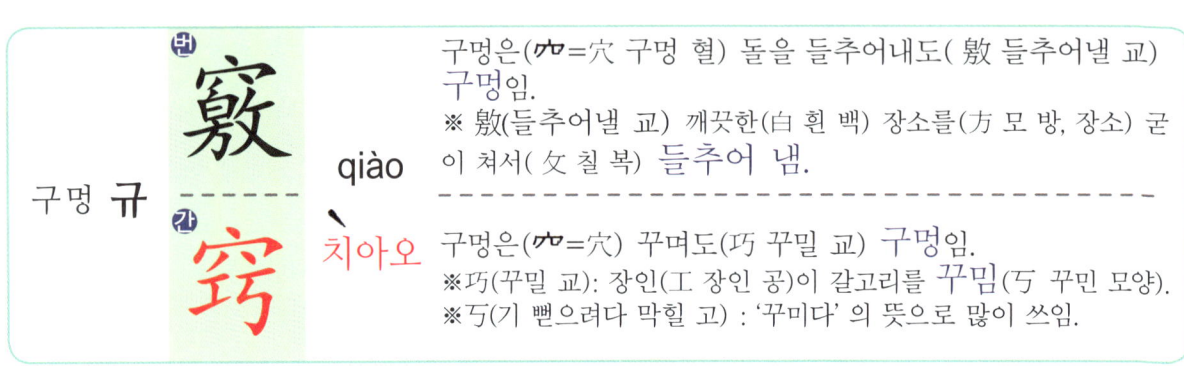

구멍 규 / 窾 qiào / 치아오

구멍은(宀=穴 구멍 혈) 돌을 들추어내도(敫 들추어낼 교) 구멍임.
※敫(들추어낼 교) 깨끗한(白 흰 백) 장소를(方 모 방, 장소) 굳이 쳐서(攵 칠 복) 들추어 냄.

구멍은(宀=穴) 꾸며도(巧 꾸밀 교) 구멍임.
※巧(꾸밀 교): 장인(工 장인 공)이 갈고리를 꾸밈(丂 꾸민 모양).
※丂(기 뻗으려다 막힐 고) : '꾸미다'의 뜻으로 많이 쓰임.

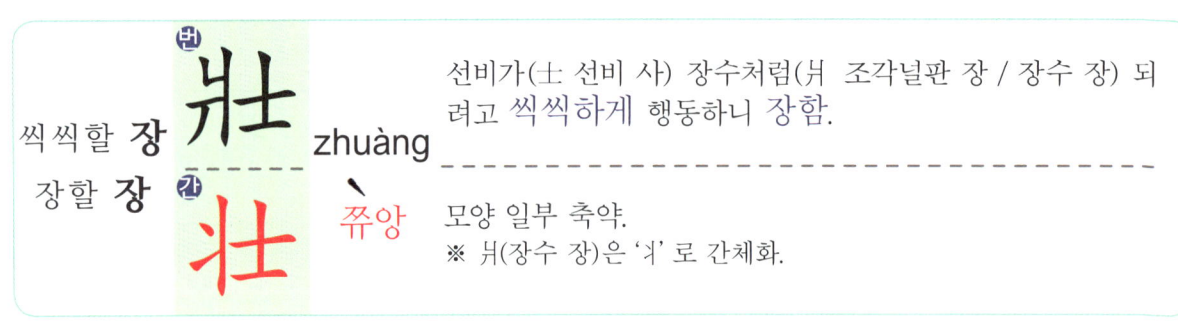

씩씩할 장 / 壯 / 壮 zhuàng / 쮸앙
장할 장

선비가(士 선비 사) 장수처럼(爿 조각널판 장 / 장수 장) 되려고 씩씩하게 행동하니 장함.

모양 일부 축약.
※爿(장수 장)은 '丬'로 간체화.

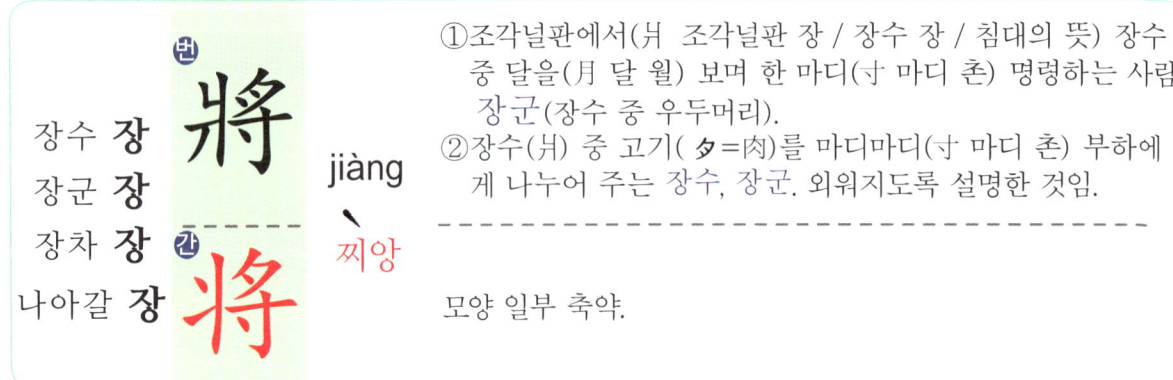

장수 장 / 將 / 将 jiàng / 찌앙
장군 장
장차 장
나아갈 장

①조각널판에서(爿 조각널판 장 / 장수 장 / 침대의 뜻) 장수 중 달을(月 달 월) 보며 한 마디(寸 마디 촌) 명령하는 사람. 장군(장수 중 우두머리).
②장수(爿) 중 고기(夕=肉)를 마디마디(寸 마디 촌) 부하에게 나누어 주는 장수, 장군. 외워지도록 설명한 것임.

모양 일부 축약.

별장 장 장엄할 장	莊 庄	zhuāng 쮸앙

씩씩한(壯 씩씩할 장) 사람이 묵는 풀(艹 풀 초) 있는 별장. 씩씩한 사람이(壯) 풀밭을(艹) 달리는 모습이 장엄함.
※ 속자는 '荘' 또는 '庄' 임. '庄' 은 간체자와 같음.

흙으로(土 흙 토) 만든 바윗집(广 바윗집 엄), 별장. 별장에서 머무르니 장엄해 보임.

꾸밀 장	裝 装	zhuāng 쮸앙

씩씩하게(壯 씩씩할 장 / 장할 장) 보이려고 옷을(衣 옷 의) 입어 꾸밈.

모양 일부 축약.

권할 장	獎 奖	jiǎng 지앙

장군처럼(將 장군 장 / 장수 장) 크게(大 큰 대) 되라고 권함.

모양 일부 축약.
※ 將(장군 장 / 장수 장 / 장차 장)을 독자적으로 쓸 때는 '将' 로 간체화 됨.

상앗대 장 (배를 밀 때 쓰는 장비)	槳 桨	jiǎng 지앙

장군이(將 장군 장 / 장수 장) 나무로(木 나무 목) 된 상앗대로 배를 밂.

모양 일부 축약.

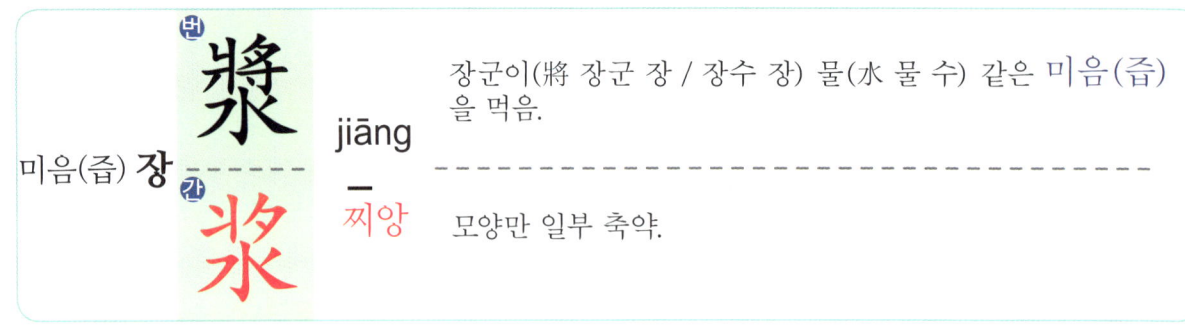

미음(즙) 장 / jiāng / 찌앙

장군이(將 장군 장 / 장수 장) 물(水 물 수) 같은 미음(즙)을 먹음.

모양만 일부 축약.

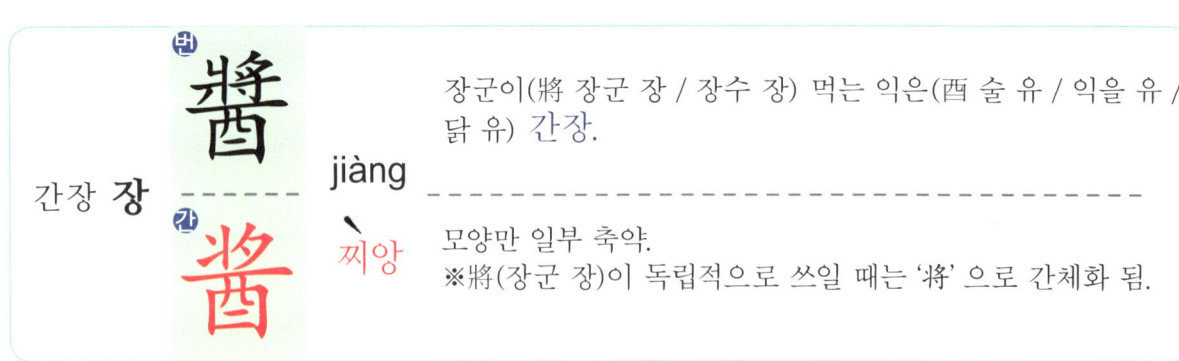

간장 장 / jiàng / 찌앙

장군이(將 장군 장 / 장수 장) 먹는 익은(酉 술 유 / 익을 유 / 닭 유) 간장.

모양만 일부 축약.
※將(장군 장)이 독립적으로 쓰일 때는 '将'으로 간체화 됨.

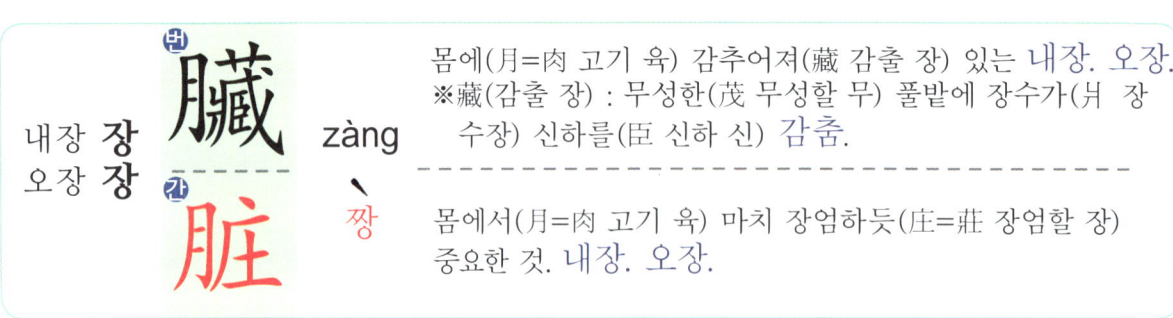

내장 장
오장 장 / zàng / 짱

몸에(月=肉 고기 육) 감추어져(藏 감출 장) 있는 내장. 오장.
※藏(감출 장) : 무성한(茂 무성할 무) 풀밭에 장수가(爿 장수장) 신하를(臣 신하 신) 감춤.

몸에서(月=肉 고기 육) 마치 장엄하듯(庄=莊 장엄할 장) 중요한 것. 내장. 오장.

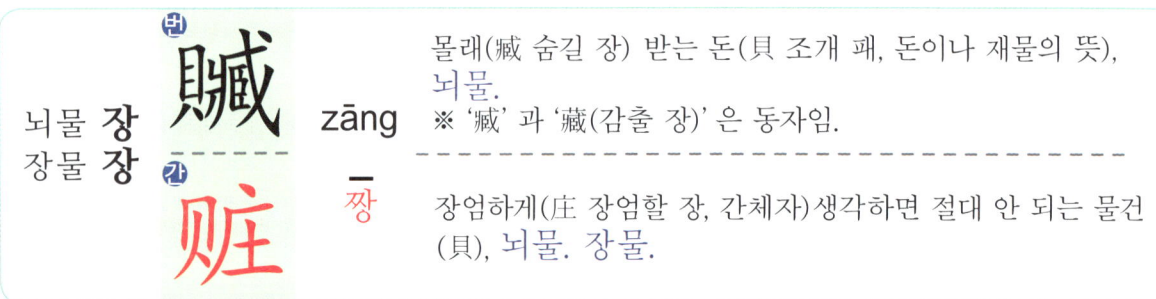

뇌물 장
장물 장 / zāng / 짱

몰래(臧 숨길 장) 받는 돈(貝 조개 패, 돈이나 재물의 뜻), 뇌물.
※'臧'과 '藏(감출 장)'은 동자임.

장엄하게(庄 장엄할 장, 간체자)생각하면 절대 안 되는 물건(貝), 뇌물. 장물.

078

| 버선 말
양말 말 | 襪 | wà / 와 | 옷이(衤=衣 옷 의) 없어(蔑 없을 멸) 양말만 신음.
※蔑(업신여길 멸 / 없을 멸) : 풀로(⺿ 풀 초) 눈을(罒=目 눈 목) 덮어버리니 지킬(戍 지킬 수) 수 없음.

옷의(衤=衣 옷 의) 끝에(末 끝 말) 신는 양말. 버선. |

| 번갈아들 체
역말 체
보낼 체 | 遞 | dì / 띠 | 범이(虎 범 호) 털을 휘날리며(厂) 빨리(辶 쉬엄쉬엄 갈 착) 먹이를 번갈아 듦.
※虎(범 호) : 범이(虍 범의 문채 호) 아가리를 벌리는(儿) 모양.

아우가(弟 아우 제) 빨리(辶) 짐을 번갈아 들어 보냄.
※弟(아우 제 / 제자 제) : 활을(弓 활 궁) 여덟 번(八 여덟 팔) 세웠다(丨 세울 곤) 눕혔다(丿 삐칠 별) 하는 아우. |

| 누에 잠 | 蠶 | cán / 찬 | 목이 답답하여(朁 목 답답할 참) 먹는 벌레(虫 벌레 충), 누에.
※朁(목 답답할 참) : 말을(曰 가로 왈) 많이 하여 목이 메니 (旡 목멜 기) 목이 답답함.

하늘이(天 하늘 천) 내린 벌레(蟲). 누에. |

| 병 호 | 壺 | hú / 후 | 선비가(士 선비 사) 병(亞 볼록 튀어나온 항아리 모양)을 가지고 있음.

모양만 일부 축약. |

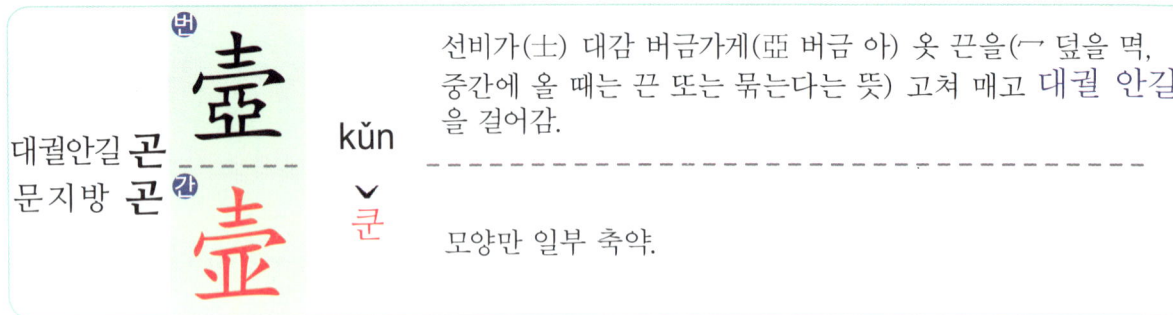

대궐안길 곤
문지방 곤 / kǔn / 쿤

선비가(士) 대감 버금가게(亞 버금 아) 옷 끈을(冖 덮을 멱, 중간에 올 때는 끈 또는 묶는다는 뜻) 고쳐 매고 대궐 안길을 걸어감.

모양만 일부 축약.

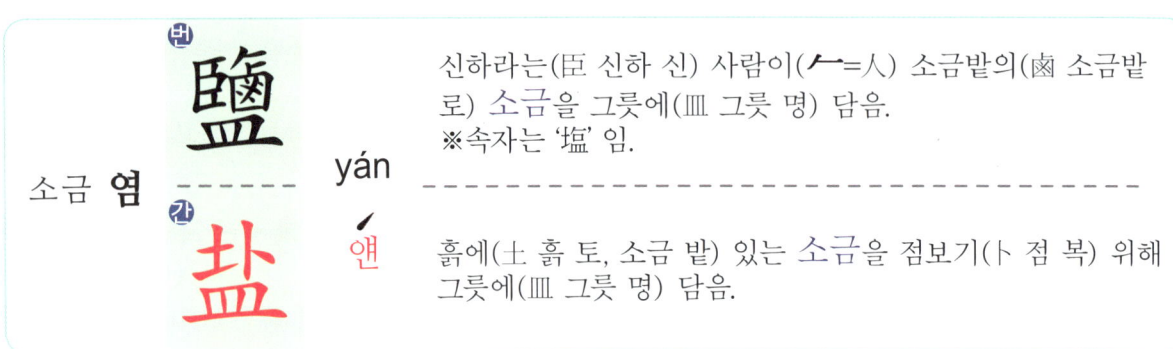

소금 염 / yán / 앤

신하라는(臣 신하 신) 사람이(丿=人) 소금밭의(鹵 소금밭 로) 소금을 그릇에(皿 그릇 명) 담음.
※속자는 '塩' 임.

흙에(土 흙 토, 소금 밭) 있는 소금을 점보기(卜 점 복) 위해 그릇에(皿 그릇 명) 담음.

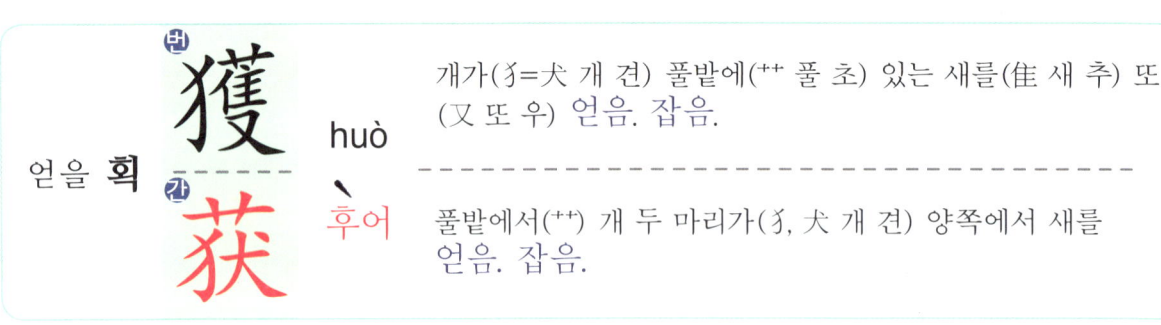

얻을 획 / huò / 후어

개가(犭=犬 개 견) 풀밭에(艹 풀 초) 있는 새를(隹 새 추) 또(又 또 우) 얻음. 잡음.

풀밭에서(艹) 개 두 마리가(犭, 犬 개 견) 양쪽에서 새를 얻음. 잡음.

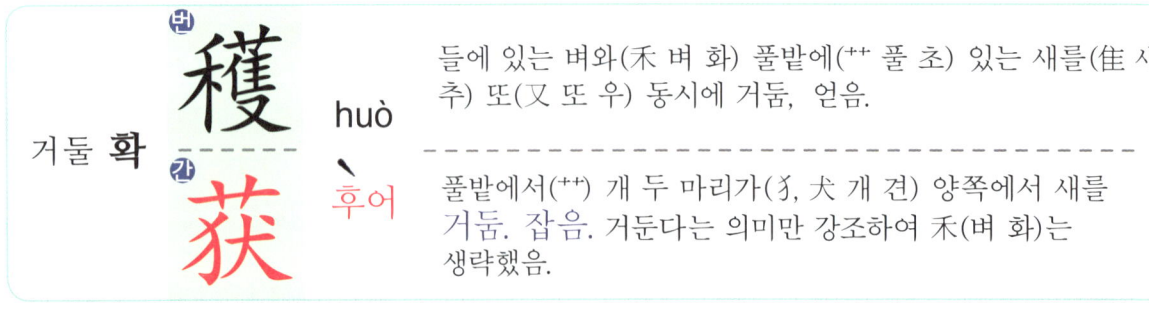

거둘 확 / huò / 후어

들에 있는 벼와(禾 벼 화) 풀밭에(艹 풀 초) 있는 새를(隹 새 추) 또(又 또 우) 동시에 거둠, 얻음.

풀밭에서(艹) 개 두 마리가(犭, 犬 개 견) 양쪽에서 새를 거둠. 잡음. 거둔다는 의미만 강조하여 禾(벼 화)는 생략했음.

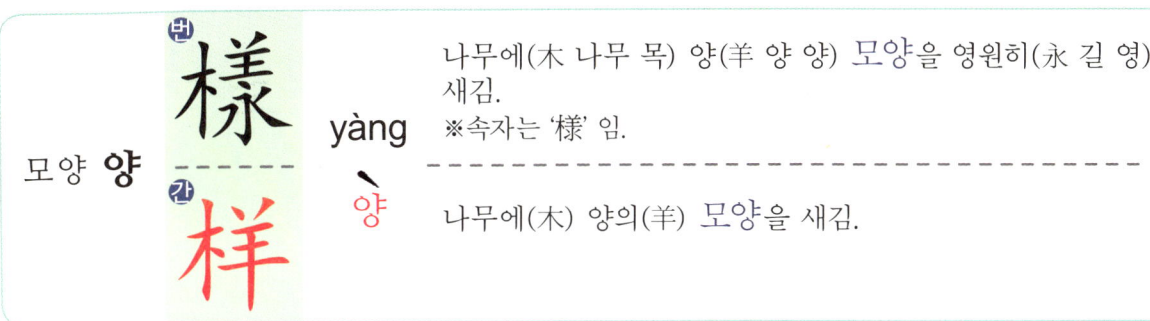

모양 양 | 樣 / 样 | yàng / 양

나무에(木 나무 목) 양(羊 양 양) 모양을 영원히(永 길 영) 새김.
※속자는 '様' 임.

나무에(木) 양의(羊) 모양을 새김.

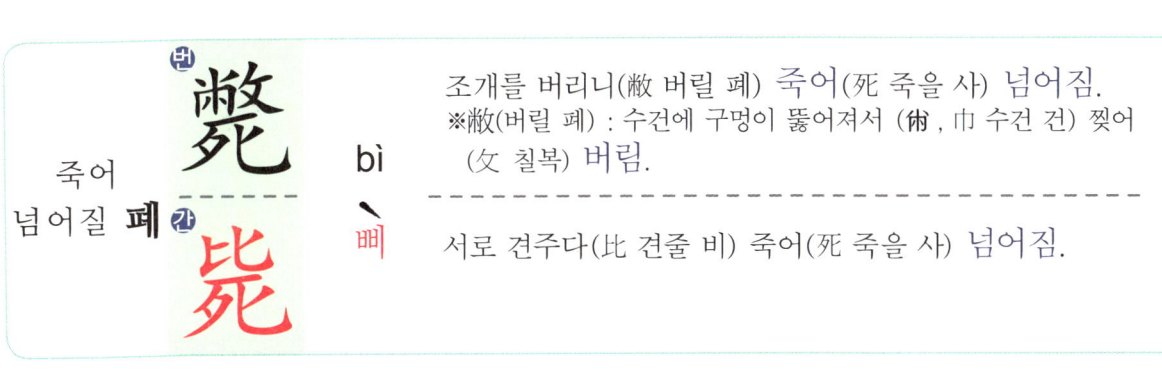

죽어 넘어질 폐 | 斃 / 毙 | bì / 삐

조개를 버리니(敝 버릴 폐) 죽어(死 죽을 사) 넘어짐.
※敝(버릴 폐) : 수건에 구멍이 뚫어져서 (巾, 巾 수건 건) 찢어 (攵 칠복) 버림.

서로 견주다(比 견줄 비) 죽어(死 죽을 사) 넘어짐.

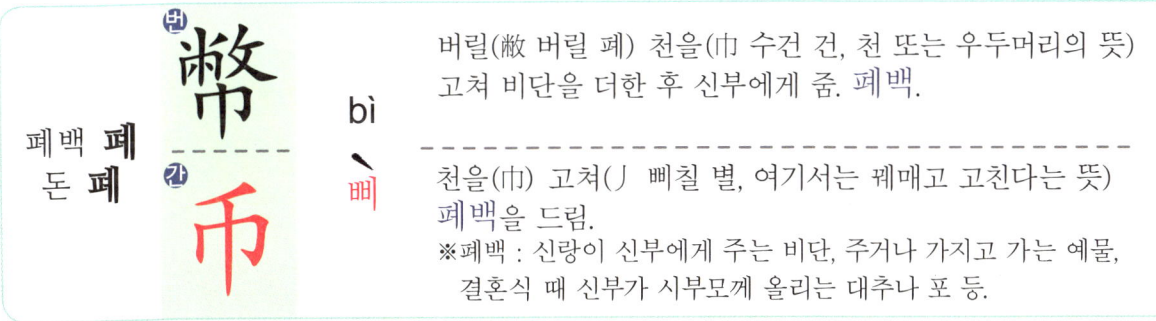

폐백 폐
돈 폐 | 幣 / 币 | bì / 삐

버릴(敝 버릴 폐) 천을(巾 수건 건, 천 또는 우두머리의 뜻) 고쳐 비단을 더한 후 신부에게 줌. 폐백.

천을(巾) 고쳐(丿 삐칠 별, 여기서는 꿰매고 고친다는 뜻) 폐백을 드림.
※폐백 : 신랑이 신부에게 주는 비단, 주거나 가지고 가는 예물, 결혼식 때 신부가 시부모께 올리는 대추나 포 등.

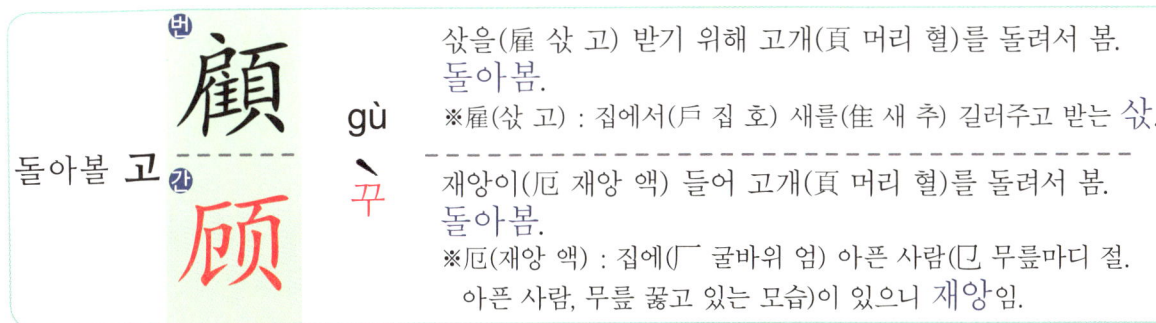

돌아볼 고 | 顧 / 顾 | gù / 꾸

삯을(雇 삯 고) 받기 위해 고개(頁 머리 혈)를 돌려서 봄. 돌아봄.
※雇(삯 고) : 집에서(戶 집 호) 새를(隹 새 추) 길러주고 받는 삯.

재앙이(厄 재앙 액) 들어 고개(頁 머리 혈)를 돌려서 봄. 돌아봄.
※厄(재앙 액) : 집에(厂 굴바위 엄) 아픈 사람(㔾 무릎마디 절. 아픈 사람, 무릎 꿇고 있는 모습)이 있으니 재앙임.

| 주춧돌 초 | 礎 / 础 | chǔ / 츄 | 가시나무로(楚 가시나무 초) 돌을(石 돌 석) 받치고 주춧돌을 놓음.
※楚(가시나무 초 / 회초리 초 / 고을 초 / 초나라 초) : 숲에서(林 수풀 림) 발에(疋 발 소) 걸리는 가시나무.

옆으로 못 나가게(出 날 출) 굳게 놓은 돌(石 돌 석), 주춧돌. |

| 고울 염 | 艶 / 艳 | yàn / 앤 | 색이(色 빛 색 / 색 색) 풍년이니(豊 풍년 풍) 고움.
※豊(풍년 풍) : 제기(豆 콩 두, 제기 모양) 위에 음식이 가득한 모양(豊=豐)

풀이 무성하듯(丰 풀 무성할 봉) 색이(色 빛 색) 풍년이니 고움. |

| 도울 찬
찬성할 찬 | 贊 / 赞 | zàn / 짠 | 서로 먼저 나아가서(兟 나아갈 신) 재물로(貝 조개 패, 돈이나 재물을 나타냄) 돕겠다고 하니 찬성함.
※속자는 '贊' 임.

모양만 일부 축약.
※貝는 '贝' 로 간체화. |

| 뚫을 찬
끌 찬 | 鑽 / 钻 | zuān / 쭈안 | 찬성해서(贊 찬성할 찬) 쇠로(金 쇠 금) 뚫음.
※속자는 '鑚' 임.

차지하기(占 차지할 점/ 점칠 점) 위해 쇠로(钅=金 쇠 금) 적의 전차를 뚫음. |

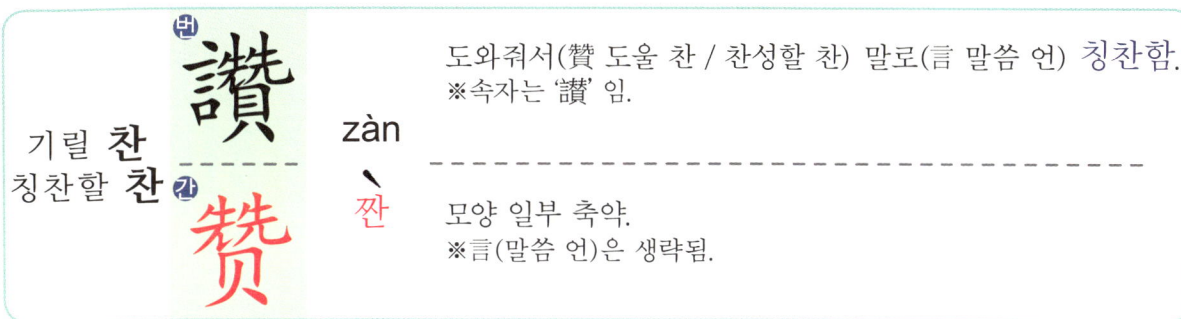

기릴 찬
칭찬할 찬

도와줘서(贊 도울 찬 / 찬성할 찬) 말로(言 말씀 언) 칭찬함.
※속자는 '讃' 임.

모양 일부 축약.
※言(말씀 언)은 생략됨.

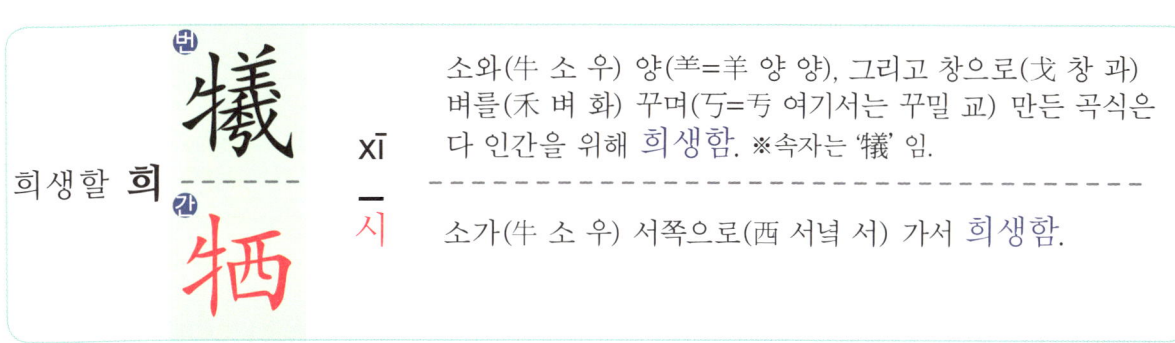

희생할 희

소와(牛 소 우) 양(羊 양 양), 그리고 창으로(戈 창 과) 벼를(禾 벼 화) 꾸며(丂=亏 여기서는 꾸밀 교) 만든 곡식은 다 인간을 위해 희생함. ※속자는 '犧' 임.

소가(牛 소 우) 서쪽으로(西 서녘 서) 가서 희생함.

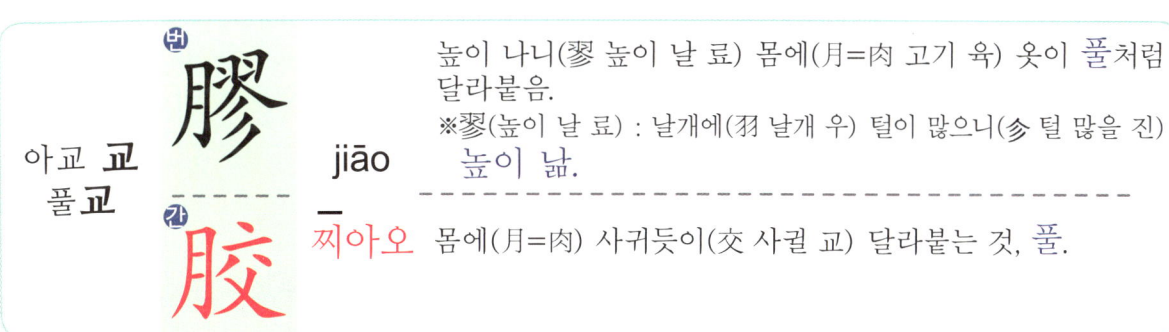

아교 교
풀 교

높이 나니(翏 높이 날 료) 몸에(月=肉 고기 육) 옷이 풀처럼 달라붙음.
※翏(높이 날 료) : 날개에(羽 날개 우) 털이 많으니(㐱 털 많을 진) 높이 낢.

몸에(月=肉) 사귀듯이(交 사귈 교) 달라붙는 것, 풀.

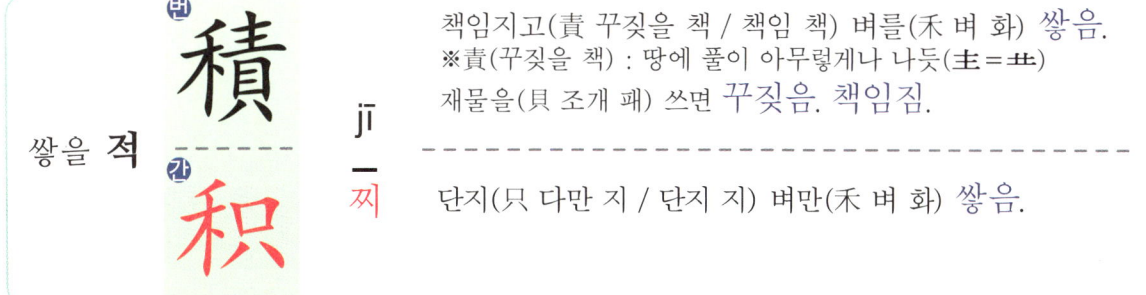

쌓을 적

책임지고(責 꾸짖을 책 / 책임 책) 벼를(禾 벼 화) 쌓음.
※責(꾸짖을 책) : 땅에 풀이 아무렇게나 나듯(龶=丯) 재물을(貝 조개 패) 쓰면 꾸짖음. 책임짐.

단지(只 다만 지 / 단지 지) 벼만(禾 벼 화) 쌓음.

083

일컬을 **칭** 칭찬할 **칭**	稱 称	chēng ─ 청	네가 나아가서(冉=冄 나아갈 염) 손톱으로라도(爫 = 爪 손톱 조) 벼를(禾 벼 화) 손질한다고 하니 **칭찬함**. ※속자는 '称' 임. ───── 네가(尔=尓=爾 너 이) 벼를(禾 벼 화) 잘 손질한다고 하니 **칭찬함**.

핑계할 **자** 위로할 **자**	藉 借	jí ノ 지 jiè 丶 찌에	옛날부터(昔 예 석) 풀을(艹 풀 초) 갈 때 호미가 아닌 쟁기를(耒 쟁기 뢰) 쓰고 **핑계함**. **핑계 댐**. ───── 옛날부터(昔 예 석) 사람이(人) 풀을 갈기 위해 쟁기를 빌리려고(借 빌릴 차) **핑계함**.

싸움배 **함**	艦 舰	jiàn 丶 찌앤	배가(舟 배 주) 보기에(監 볼 감) **큰 배**. **싸움배**. ※ 監(볼 감 / 벼슬이름 감 / 감옥 감) : 신하라는(臣 신하 신) 사람이(人) 하나(一 한 일) 같이 임금에게 올릴 밥그릇을(皿 그릇 명) 살펴 **봄**. 간체자는 '监(jiān, jiàn)' 임. ───── 배가(舟 배 주) 보기에(见=見 볼 견) **큰 배**. **싸움배**. ※ '보다' 란 뜻을 가진 한자 중 간단한 글자로 대체함.

바를 **도** 진흙 **도**	塗 涂	tú ノ 투	내가(余 나 여) 흙에(土 흙 토) 물을(氵=水 물 수) 섞어 **진흙을 만들어 벽에 바름**. ───── 내가(余) 물을(氵=水) 벽에 **바름**. 글자의 일부분으로 간체화.

떫을 삽 　澀/涩　sè / 써
물맛이(氵=水 물 수) 칼날(刃 칼날 인)처럼 맵고, 하던 일을 그칠(止 그칠 지) 정도로 떫음. 동 澁

글자 하나씩 축약함.

찌꺼기 전　澱/淀　diàn / 띠앤
대궐에서(殿 대궐 전) 나온 물(氵=水 물 수) 찌꺼기.
※殿(대궐 전) : 죄인의 몸을(尸 주검 시 / 몸 시 / 집 시) 함께(共 함께 공 / 한 가지 공) 치는(殳 칠 수) 곳, 궁전.

물이(氵=水 물 수) 고정(定 정할 정) 되어 있어서 찌꺼기가 많음.

찌를 참　攙/搀　chān / 챤
교활한 토끼를(毚 토끼 참) 손으로(扌 손 수) 찌름.
※毚(토끼 참) : 㲋(교활한 토끼 모양), 兔(토끼 토) : 토끼가 앉아 있는 모습.

같은 글자를 줄이고 'ᆺ' 표시를 함.

먹을 참
탐할 참　饞/馋　chán / 챤
토끼(毚 토끼 참) 고기를 먹음. (飠=食 먹을 식 / 밥 사)

모양 축약.

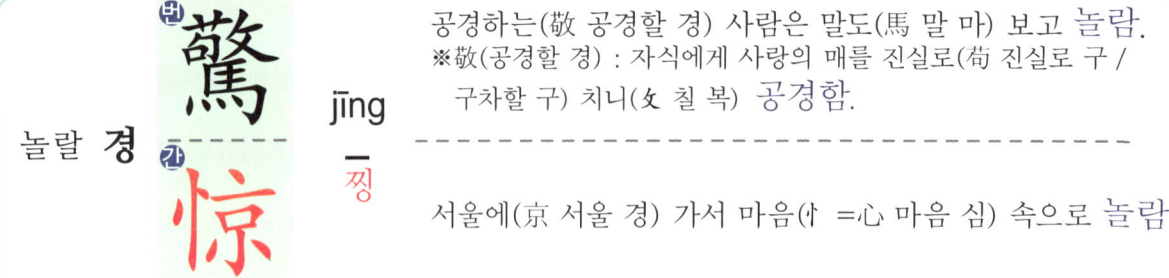

놀랄 경 / 驚 / 惊 / jīng / 찡

공경하는(敬 공경할 경) 사람은 말도(馬 말 마) 보고 놀람.
※敬(공경할 경) : 자식에게 사랑의 매를 진실로(苟 진실로 구 / 구차할 구) 치니(攵 칠 복) 공경함.

서울에(京 서울 경) 가서 마음(忄=心 마음 심) 속으로 놀람.

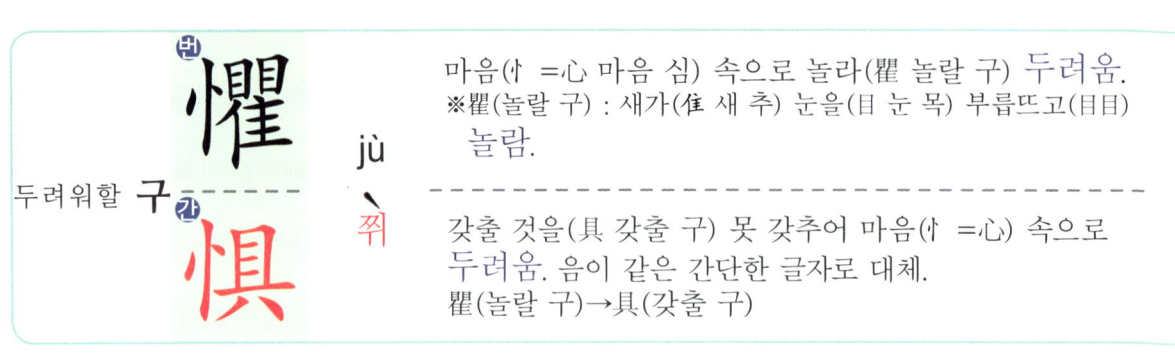

두려워할 구 / 懼 / 惧 / jù / 쮜

마음(忄=心 마음 심) 속으로 놀라(瞿 놀랄 구) 두려움.
※瞿(놀랄 구) : 새가(隹 새 추) 눈을(目 눈 목) 부릅뜨고(目目) 놀람.

갖출 것을(具 갖출 구) 못 갖추어 마음(忄=心) 속으로 두려움. 음이 같은 간단한 글자로 대체.
瞿(놀랄 구)→具(갖출 구)

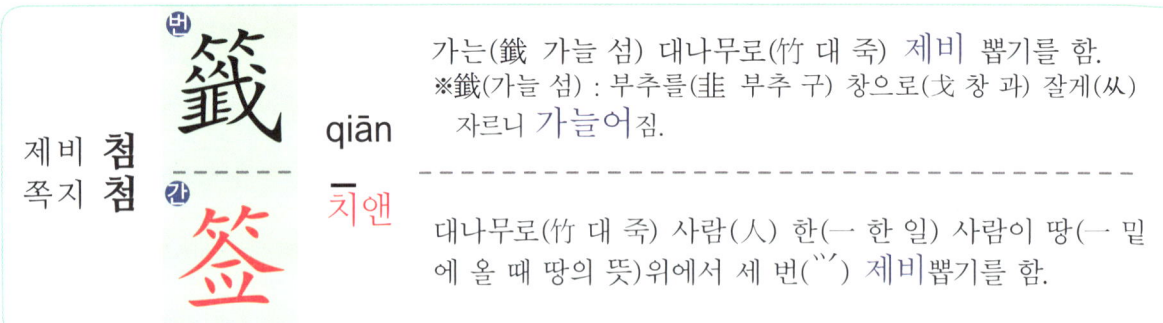

제비 첨
쪽지 첨 / 籤 / 签 / qiān / 치앤

가는(韱 가늘 섬) 대나무로(竹 대 죽) 제비 뽑기를 함.
※韱(가늘 섬) : 부추를(韭 부추 구) 창으로(戈 창 과) 잘게(从) 자르니 가늘어짐.

대나무로(竹 대 죽) 사람(人) 한(一 한 일) 사람이 땅(一 밑에 올 때 땅의 뜻)위에서 세 번(丶丶丶) 제비뽑기를 함.

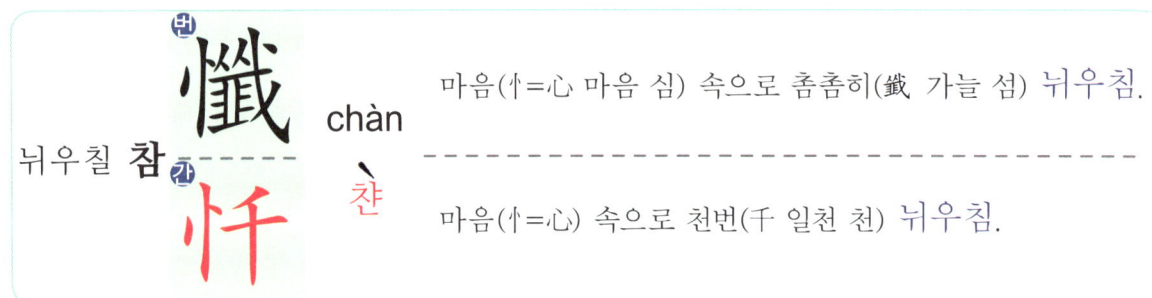

뉘우칠 참 / 懺 / 忏 / chàn / 챤

마음(忄=心 마음 심) 속으로 촘촘히(韱 가늘 섬) 뉘우침.

마음(忄=心) 속으로 천번(千 일천 천) 뉘우침.

예언서 참	讖 / 谶 chèn 쳔	말로(言 말씀 언) 촘촘히(가늘게, 韱 가늘 섬) 앞일을 예언함. 그런 조짐.
		모양만 일부 간체화. ※ 言(말씀 언)은 'ì'로 간체화.

가는실 섬	纖 / 纤 xiān 시앤	실이(糸 실 사) 가늘어(韱 가늘 섬) 가는 실이 됨. ※속자는 '纎' 임.
		실을(纟=糸 실 사) 천 번(千 일천 천) 쪼개니 가는 실이 됨.

다죽일 섬	殲 / 歼 jiān 찌앤	촘촘하게(韱 가늘 섬) 땅을 초토화시키며 다 죽임. (歹 앙상한 뼈 알 / 죽음, 재앙의 뜻)
		천 번(千 일천 천) 공격하여 다 죽임(歹).

기세 세	勢 / 势 shì 쓰	심어(埶 심을 예) 놓은 둥근(丸 둥글 환 / 알 환) 씨앗이 땅을 뚫고 힘 써(力 힘 력) 나오려는 기세.
		손으로(扌=手) 둥근 씨앗을(丸 둥글 환 / 알 환) 심었더니 땅을 뚫고 힘 써(力 힘 력) 나오려는 기세. ※埶(심을 예) : 언덕에(坴 언덕 륙) 둥근 씨앗을(丸 둥글 환) 심음.

| 뜨거울 열
더울 열 | 熱 / 热 | rè / 르어 | 심어 놓은(埶 심을 예) 둥근(丸 둥글 환 / 알 환) 씨앗이 싹트려고 땅이 불타듯(灬=火 불 화) 뜨거움.

손으로(扌=手 손 수) 둥근(丸 둥글 환 / 알 환) 씨앗을 심었더니 싹트려고 불타듯(灬=火) 뜨거움. |

| 잡을 집 | 執 / 执 | zhí / 즈ㄹ | 다행히(幸 다행 행) 둥근(丸 둥글 환/알 환) 씨앗을 손에 잡음.
※幸(다행 행) : 흙에(土 흙 토) 짚을(丶丶) 섞어 방패를(干 방패 간) 만들 수 있어 다행임. 원래는 '𦍒' 으로서 일찍 죽지(夭 젊을 요 / 일찍 죽을 요) 않아서(屰 거꾸로 선 모양 / 반대) 다행임.

손으로(扌=手 손 수) 둥근(丸 둥글 환) 씨앗을 잡음.
※幸(다행 행)·埶(심을 예)는 대개 '扌'로 간체화 됨. |

| 촘촘할 치
빽 치 | 緻 / 致 | zhì / 쯔ㄹ | 실 짜기가(糸 실 사) 경지에 이르니(致 이를 치) 촘촘하기 그지없음.

적을 치기(攵 칠 복) 위해 전장에 이름(至). 경지에 이르러야 (致) 실 짜기가 촘촘하니 '이르다' 를 강조.
※致(이를 치 / 이룰 치 / 운치 치)
※至(이를 지) : 내가(厶 나 사) 흙에서(土 흙 토) 태어나 죽어서는 하늘에 (一 한 일, 위에 올 때 하늘, 밑에 올 때 땅) 이름. |

| 심할 극
연극 극 | 劇 / 剧 | jù / 쮜 | 호랑이와(虍 범 호) 돼지가(豕 돼지 시) 칼로(刂=刀) 싸우는 것은 심한 연극이다.
※豦(원숭이 거) : 호랑이와(虍 범 호) 豕(돼지 시)가 싸우는 것이 마치 원숭이 재주 부리는 것 같다.

살면서(居 살 거) 칼을(刂=刀 칼 도) 쓰는 것은 심한 연극 이다. |

| 기댈 거
증거 거 | 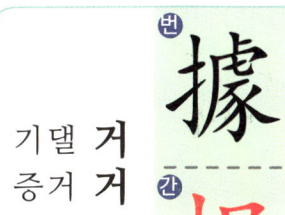 jù
쥐 | 원숭이가(豦 원숭이 거) 손으로(扌=手 손 수) 나무를 잡고 몸을 기대며 증거를 찾음.
※속자는 '拠'임.

살기(居살 거) 위해 손으로(扌=手 손 수) 나무를 잡고 몸을 기대며 증거를 찾음. |

| 급할 긴
중요할 긴 |  jǐn
진 | 신하가(臣 신하 신) 또(又 또 우) 실 짜기를(糸 실 사) 하는 걸 보니 급하고 중요한 일이 있는 것 같다.

모양 일부 축약.
※臣, 自, 𦣹 등은 '刂'로 간체화 됨. |

| 사랑 애 |  ài
아이 | 손톱을(爫=爪 손톱 조) 가리고(冖 덮을 멱) 싶은 마음이(心 마음 심) 들고 뒤에 천천히(夂뒤에 올 치) 열리는 마음, 사랑.

친구처럼(友 벗 우) 지내다 손톱을(爫=爪 손톱 조) 덮는(冖 덮을 멱, 화를 덮는) 마음. 사랑하는 마음. |

| 붓 필 |  bǐ
비 | 대나무로(竹 대 죽) 만든 붓(聿 붓 률).
※聿(붓 률) : 손으로(⇒ 손으로 잡는 모습, 돼지머리 계) 붓대를 (丨 세울 곤) 잡고 두 번(二 두 이, 여기서는 쓰는 모양) 쓰는 붓.

대나무와(竹 대 죽) 털로(毛 털 모) 만든 붓. |

법도 준 준할 준	準 准	zhǔn 준

새도(隹 새 추) 물가에(氵=水 물 수) 있을 때는 일정한(一十) 법도에 준해 대열을 갖춤.
※ 속자는 '準' 임.

새의(隹 새 추) 먹이를 얼음(冫=冰 얼음 빙) 위에 주는 것을 승인할 때는(准 승인할 준) 법도에 준해야 함.
비교 淮(물 이름 회, 강 이름)

다툴 경	競 竞	jìng 찡

형이(兄 형 형 / 맏 형) 서로 일어서려고(立 설 립) 다툼.

'글자' 둘 중 하나만 써서 간체화.

등창 옹 (종기)	癰 痈	yōng 융

새와(隹 새 추) 함께 고을(邑 고을 읍) 위 냇물을(巛=川 내 천) 거슬러 올라가다 든 병(疒 병 녁), 등창. 동 癕

몸을 많이 써서(用 쓸 용) 든 병(疒 병 녁), 등창. 종기.

떠날 리	離 离	lí 리

새가(隹 새 추) 머리 부분과(亠 머리 부분 두) 흉한(凶 흉할 흉 / 흉년 흉) 몸통 그리고 발자국만(禸 발자국 유) 남기고 떠남.

'글자' 의 일부분으로 간체화.
비교 离(떨어질 리)

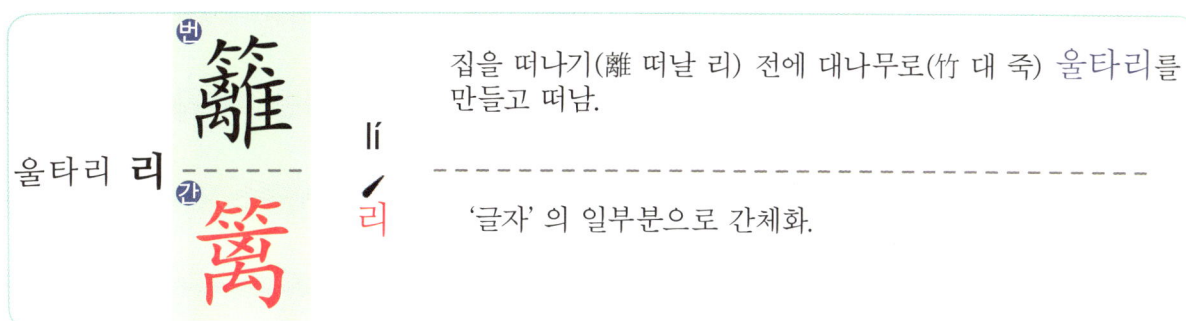

울타리 리 | 籬 / 篱 | lí / 리 | 집을 떠나기(離 떠날 리) 전에 대나무로(竹 대 죽) 울타리를 만들고 떠남.
'글자'의 일부분으로 간체화.

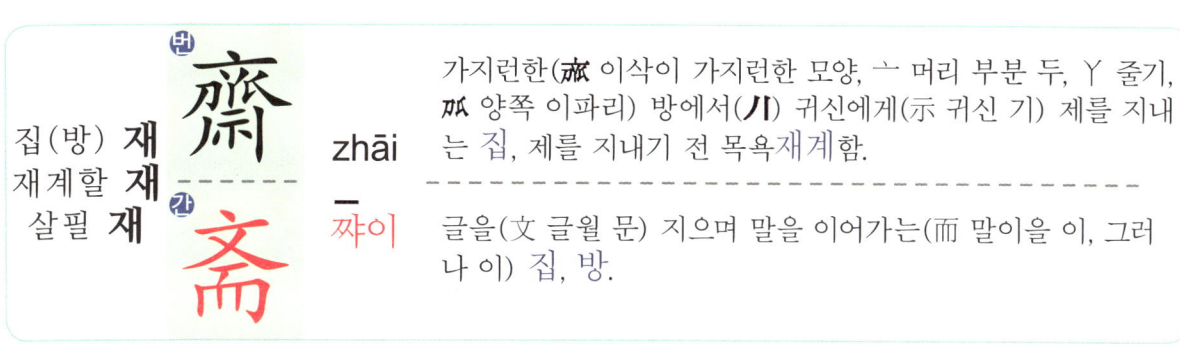

집(방) 재
재계할 재
살필 재
齋 / 斋 | zhāi / 쨔이 | 가지런한(斉 이삭이 가지런한 모양, 亠 머리 부분 두, 丫 줄기, 爪 양쪽 이파리) 방에서 (丿) 귀신에게(示 귀신 기) 제를 지내는 집, 제를 지내기 전 목욕재계함.
글을(文 글월 문) 지으며 말을 이어가는(而 말이을 이, 그러나 이) 집, 방.

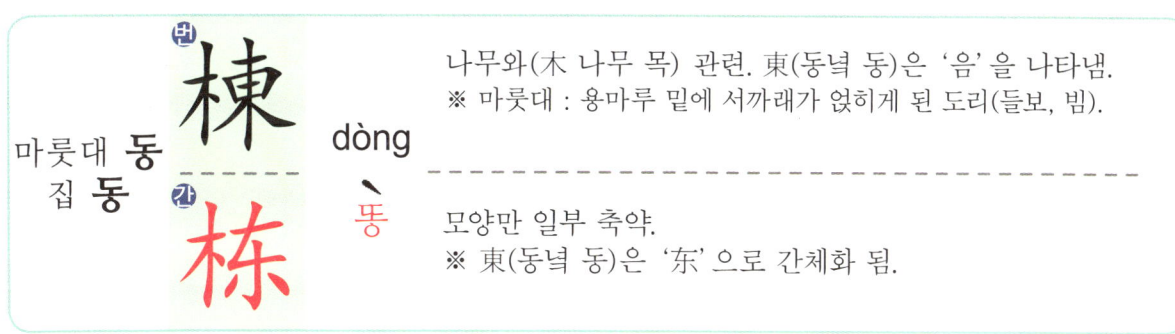

마룻대 동
집 동
棟 / 栋 | dòng / 똥 | 나무와(木 나무 목) 관련. 東(동녘 동)은 '음'을 나타냄.
※ 마룻대 : 용마루 밑에 서까래가 없히게 된 도리(들보, 빔).
모양만 일부 축약.
※ 東(동녘 동)은 '东'으로 간체화 됨.

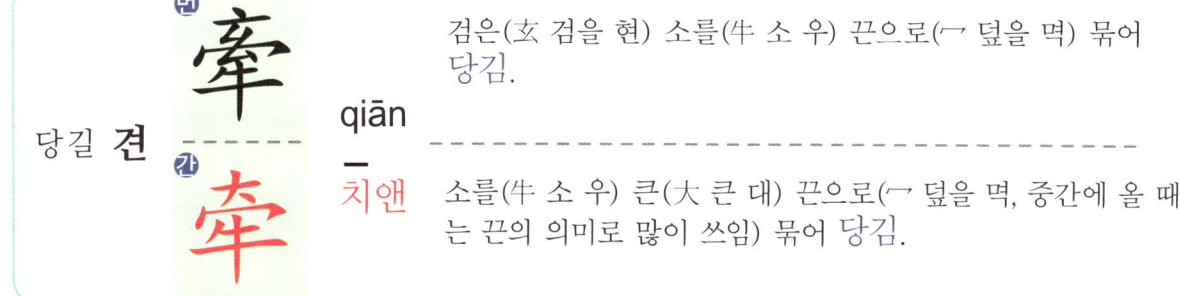

당길 견 | 牽 / 牵 | qiān / 치앤 | 검은(玄 검을 현) 소를(牛 소 우) 끈으로(冖 덮을 멱) 묶어 당김.
소를(牛 소 우) 큰(大 큰 대) 끈으로(冖 덮을 멱, 중간에 올 때는 끈의 의미로 많이 쓰임) 묶어 당김.

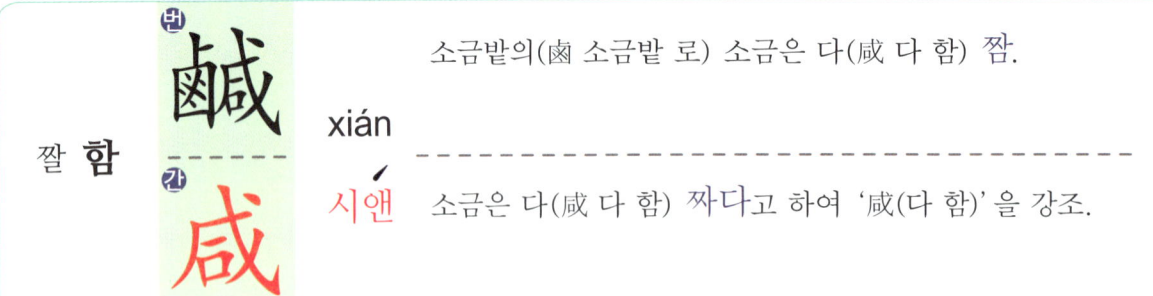

짤 함 / 鹹 咸 / xián 시앤

소금밭의(鹵 소금밭 로) 소금은 다(咸 다 함) 짬.

소금은 다(咸 다 함) 짜다고 하여 '咸(다 함)'을 강조.

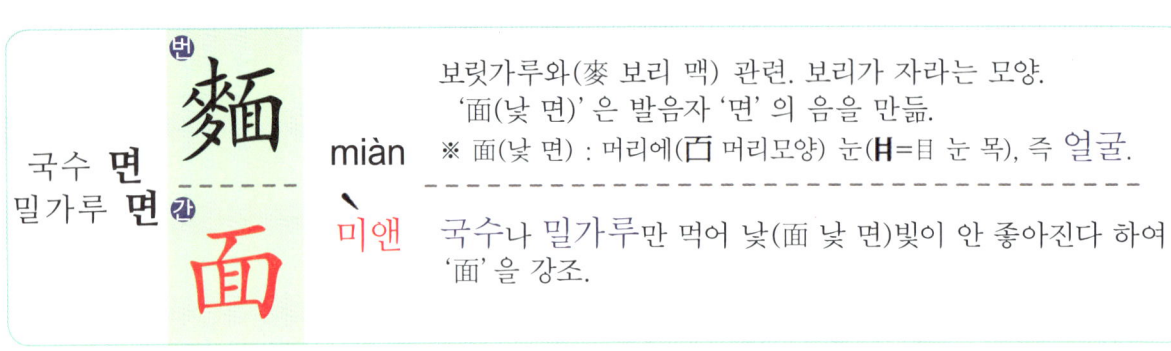

국수 면 / 밀가루 면 / 麵 面 / miàn 미앤

보릿가루와(麥 보리 맥) 관련. 보리가 자라는 모양.
'面(낯 면)'은 발음자 '면'의 음을 만듦.
※ 面(낯 면) : 머리에(百 머리모양) 눈(目=目 눈 목), 즉 얼굴.

국수나 밀가루만 먹어 낯(面 낯 면)빛이 안 좋아진다 하여 '面'을 강조.

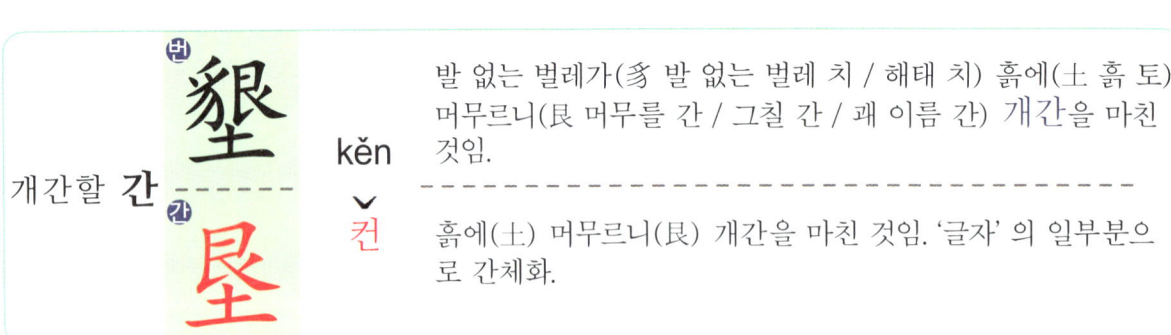

개간할 간 / 墾 垦 / kěn 컨

발 없는 벌레가(豸 발 없는 벌레 치 / 해태 치) 흙에(土 흙 토) 머무르니(艮 머무를 간 / 그칠 간 / 괘 이름 간) 개간을 마친 것임.

흙에(土) 머무르니(艮) 개간을 마친 것임. '글자'의 일부분으로 간체화.

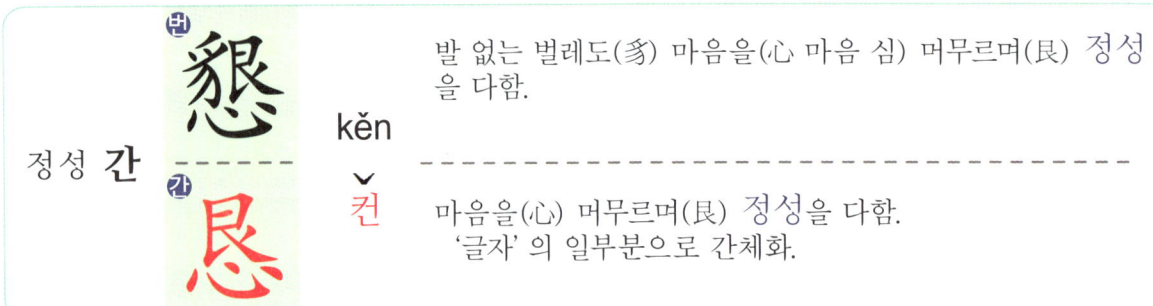

정성 간 / 懇 恳 / kěn 컨

발 없는 벌레도(豸) 마음을(心 마음 심) 머무르며(艮) 정성을 다함.

마음을(心) 머무르며(艮) 정성을 다함.
'글자'의 일부분으로 간체화.

| 낮 주 | 畫 / 昼
zhòu
쪄우 | 붓을(聿=聿 붓 률) 들고 아침부터(旦 아침 단) 글을 쓰다 보니 벌써 낮임.

아침부터(旦 아침 단) 자로(尺 자 척) 재면서 측량하다 보니 벌써 낮임. |

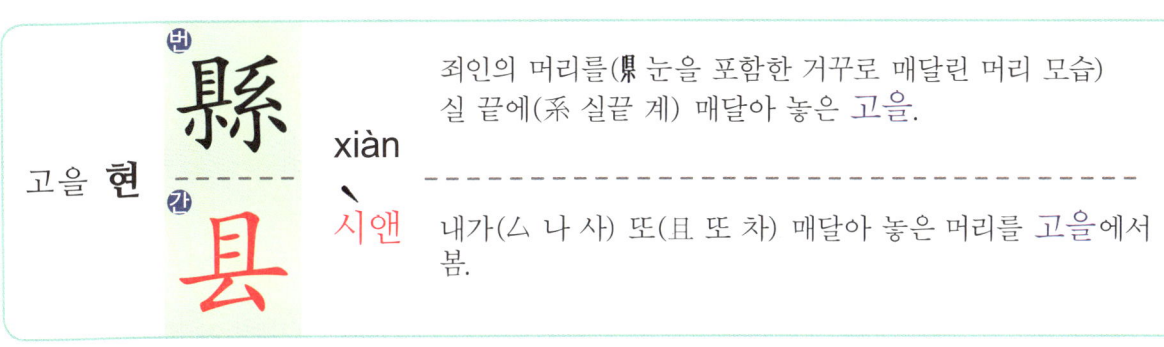

고을 현 — 縣 / 县 — xiàn 시앤

죄인의 머리를(県 눈을 포함한 거꾸로 매달린 머리 모습) 실 끝에(系 실끝 계) 매달아 놓은 고을.

내가(厶 나 사) 또(且 또 차) 매달아 놓은 머리를 고을에서 봄.

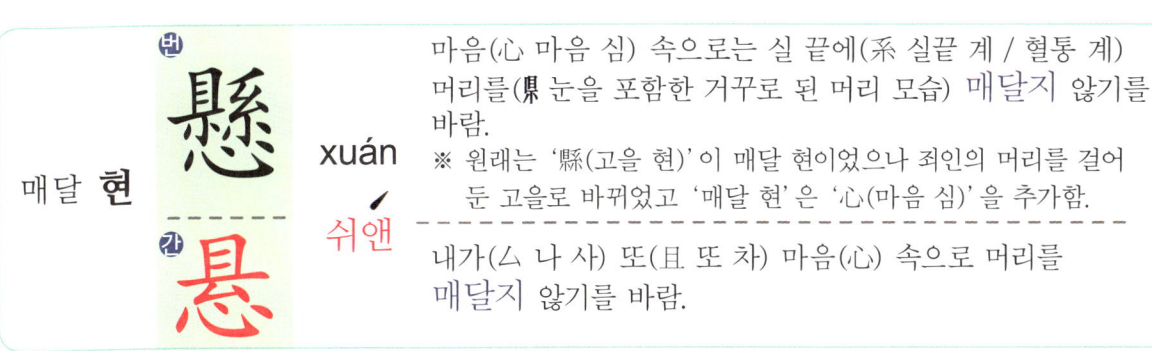

매달 현 — 懸 / 悬 — xuán 쉬앤

마음(心 마음 심) 속으로는 실 끝에(系 실끝 계 / 혈통 계) 머리를(県 눈을 포함한 거꾸로 된 머리 모습) 매달지 않기를 바람.
※ 원래는 '縣(고을 현)'이 매달 현이었으나 죄인의 머리를 걸어 둔 고을로 바뀌었고 '매달 현'은 '心(마음 심)'을 추가함.

내가(厶 나 사) 또(且 또 차) 마음(心) 속으로 머리를 매달지 않기를 바람.

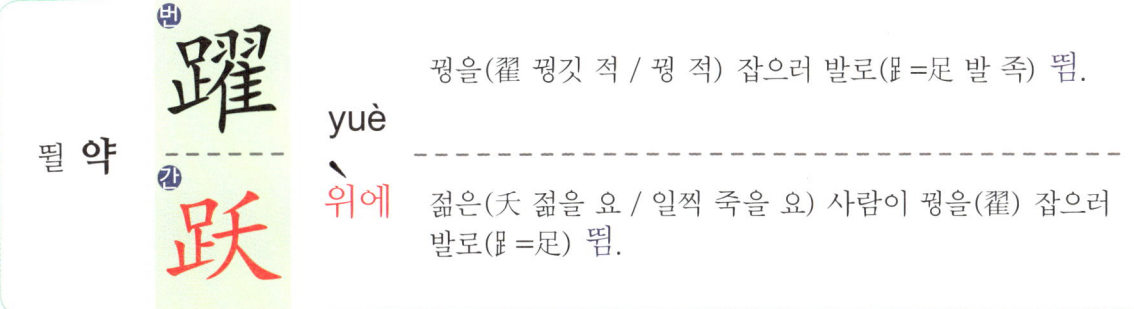

뛸 약 — 躍 / 跃 — yuè 위에

꿩을(翟 꿩깃 적 / 꿩 적) 잡으러 발로(𧾷=足 발 족) 뜀.

젊은(夭 젊을 요 / 일찍 죽을 요) 사람이 꿩을(翟) 잡으러 발로(𧾷=足) 뜀.

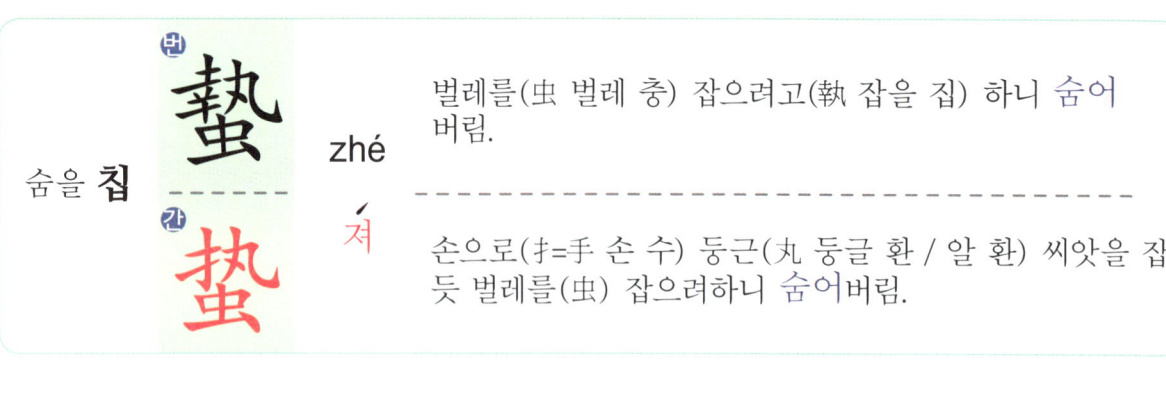

숨을 칩 / 蟄 / zhé / 져

벌레를(虫 벌레 충) 잡으려고(執 잡을 집) 하니 숨어버림.

손으로(扌=手 손 수) 둥근(丸 둥글 환 / 알 환) 씨앗을 잡듯 벌레를(虫) 잡으려하니 숨어버림.

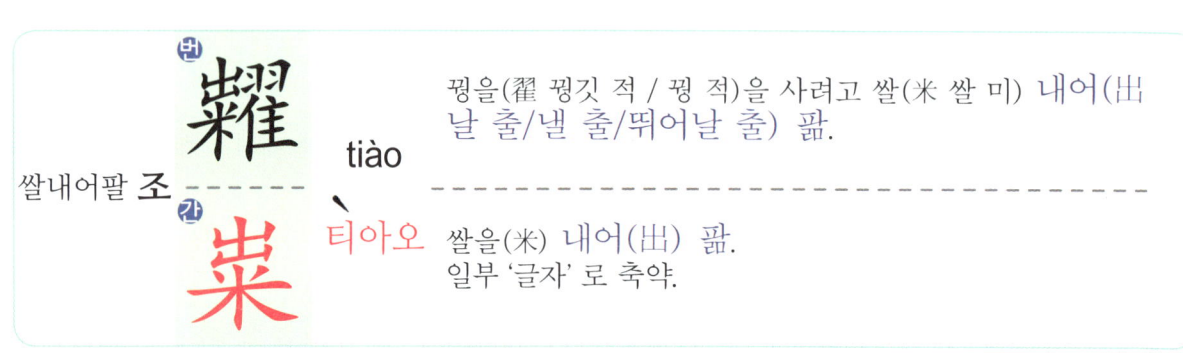

쌀내어팔 조 / 糶 / tiào / 티아오

꿩을(翟 꿩깃 적 / 꿩 적)을 사려고 쌀(米 쌀 미) 내어(出 날 출/낼 출/뛰어날 출) 팖.

쌀을(米) 내어(出) 팖.
일부 '글자' 로 축약.

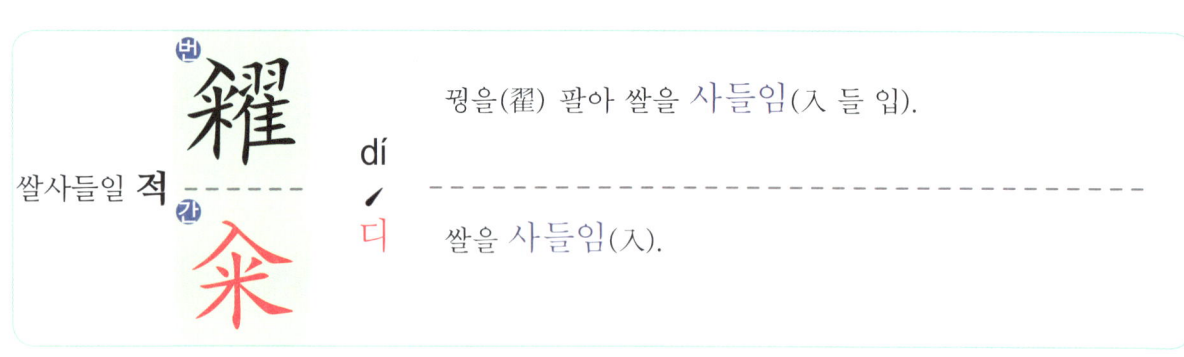

쌀사들일 적 / 糴 / dí / 디

꿩을(翟) 팔아 쌀을 사들임(入 들 입).

쌀을 사들임(入).

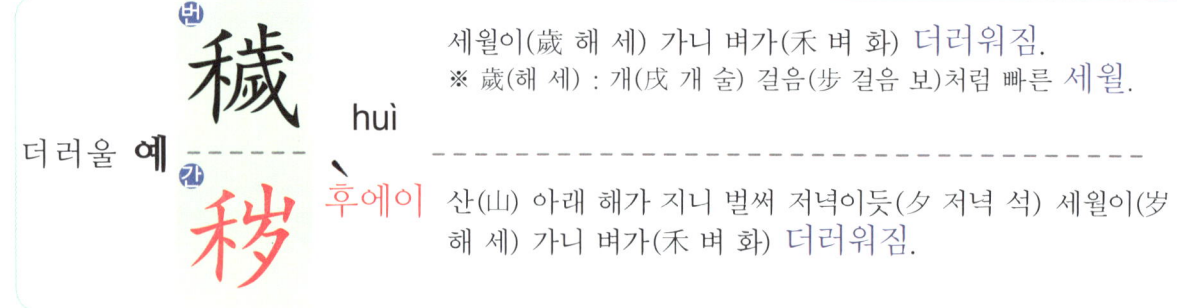

더러울 예 / 穢 / huì / 후에이

세월이(歲 해 세) 가니 벼가(禾 벼 화) 더러워짐.
※ 歲(해 세) : 개(戌 개 술) 걸음(步 걸음 보)처럼 빠른 세월.

산(山) 아래 해가 지니 벌써 저녁이듯(夕 저녁 석) 세월이(岁 해 세) 가니 벼가(禾 벼 화) 더러워짐.

| 틈 흔
피바를 흔 | 釁 xìn
衅 신 | 어떤 장소에서 두 사람이 마주 보며(𦥑=臼 절구 구, 장소 또는 마주 보는 모습) 함께(冃=同 같을 동) 술을(酉 술 유 / 닭 유) 나누어(分) 몰래(冖 덮을 멱) 마셔도 빈틈이 있음.
피(血 피 혈)를 반(半 절반 반)씩 나누어 바름. |

| 던질 척 | 擲 zhì
掷 쯔ㄹ | 손으로(扌=手 손 수) 나라의(鄭 나라 정 / 정중할 정) 일을 정중히 던짐.
*投擲(투척)
손으로(扌=手 손 수) 고을에서(阝=邑 고을 읍) 하늘을(天 하늘 천) 여덟 번(八) 쳐다보고 나랏일을 던져버림. 포기함. |

| 꿈 몽 | 夢 mèng
梦 멍 | 풀로(艹 풀 초) 눈을(罒=目 눈 목) 덮고(冖 덮을 멱) 저녁에(夕 저녁 석) 잠을 자다 꿈을 꿈.
숲에서(林 수풀 림) 저녁에(夕) 잠자다 꿈을 꿈. |

| 수레 량 | 輛 liàng
辆 리앙 | 車(수레 차·거)와 관련.
※ 兩(두 량 / 냥 냥) : 장소나 물체를 둘로 나누어(帀) 무엇을 채워 넣은(入 들 입) 모양.
모양만 일부 축약.
兩(두 량)은 일정하게 '两' 으로 변함. |

| 따를 수 | 隨 suí / 随 수에이 | 왼쪽(左) 몸이(月=肉) 안 좋아 쉬엄쉬엄(辶 쉬엄쉬엄 갈 착) 언덕을(阝=阜 언덕 부) 따라 감.
― ―
몸에 병이 있어(有) 쉬엄쉬엄(辶) 언덕을(阝) 따라 감.
모양만 일부 축약. |

| 떨어질 타 | 墮 duò / 堕 뚜어 | 왼쪽(左) 몸이(月=肉) 약해 언덕에(阝=阜 언덕 부) 기대었으나 힘이 없어 밑의 흙으로(土 흙 토) 떨어짐.
― ―
몸에 병이 있어(有) 언덕에(阝=阜) 기대었으나 밑의 흙(土으로) 떨어짐.
모양만 일부 축약. |

| 숨을 은
숨길 은 | 隱 yǐn / 隐 인 | 장인이(工 장인 공) 자를 잡고 있는 손의(⇒돼지머리 계. 물건을 쥐고 있는 모습) 손톱을(爫=爪 손톱 조) 언덕에(阝=阜) 기대어 숨기려는 마음을(心 마음 심) 가짐. 실수를 감춘다는 뜻.
― ―
잡고 있는 손의(彐) 손톱을(단점. 勹=刀=爫=爪) 언덕에(阝) 기대어 숨기려는 마음을(心) 가짐. |

| 맡을 직 | 職 zhí / 职 즈ㄹ | 남의 말을 찰흙처럼(戠 찰흙 시) 귀로(耳 귀 이) 알아듣고 맡은 바 소임을 다함.
― ―
다만(只 다만 지) 귀로(耳 귀 이) 듣기만 하고도 맡은 일을 잘 함.
※戠·責은 '只'로 잘 바뀜. |

달아날 찬 숨을 찬	繁(번) 竄 간(간) 窜	cuàn 추안

구멍(穴 구멍 혈) 속에 쥐가(鼠 쥐 서) 숨음.
※鼠(쥐 서) : 臼(절구 구, 쥐 머리 부분), (발과 발톱), ( )꼬리

하필 꼬챙이가(串 꼬챙이 관 / 곶 곶) 있는 구멍(穴 구멍 혈) 속에 숨음.

중독 로	繁(번) 癆 간(간) 痨	láo 라오

힘쓰고 수고로워(勞 수고로울 로) 병이(疒 병 녁) 드는 것, 중독.

모양만 일부 축약.
※ 熒(빛날 형)= '艹' 으로 축약됨.

속옷 설 더러울 설	繁(번) 褻 간(간) 亵	xiè 시에

옷(衣 옷 의) 속에 심어져(埶 심을 예) 있는 옷. 속옷.
※埶(심을 예) : 언덕에(坴 언덕 륙) 둥근(丸 둥글 환 / 알 환) 씨앗을 심음.

모양만 일부 축약.
※ '坴' 과 '幸(다행 행)' 은 '扌=手(손 수)' 로 간체화 됨.

똥 분	繁(번) 糞 간(간) 粪	fèn 뻔

쌀이(米 쌀 미) 몸에 들어가 달라지는(異 다를 이) 것. 똥.
※異(다를 이) : 밭에(田 밭 전) 곡식이 함께(共 함께 공 / 한 가지 공) 자라도 종류는 다름.

쌀이(米) 함께(共) 변한 것. 똥.
모양만 일부 축약.

옥 경 구슬 경	瓊 琼	㉻ qióng / 치옹 눈으로(目 눈 목) 보고 손으로 치고(攵 칠 복) 놀기에 좋도록 구멍에(穴 구멍 혈) 매달아 놓은(肉) 구슬(玉). 아름다운 옥. 서울에(京 서울 경) 있는 구슬(玉). 아름다운 옥. '京'으로 음을 대표하여 단순화 했음.
청맹과니 몽 어리석을 몽	矇 蒙	㉻ méng / 멍 눈(目 눈 목)이 어리석으니(蒙 어리석을 몽) 청맹과니 라는 뜻. ※청맹과니 : 겉으로는 멀쩡하나 앞이 보이지 않는 눈. ※蒙(어리석을 몽 / 어릴 몽 / 무릅쓸 몽) : 돼지(豕 돼지 시) 한 마리에게(一 한 일) 풀을(艹 풀 초) 덮으니 보이지 않아 어리석음. ㉼ mēng / 멍 글자의 일부로 간체화.('어리석다' 라는 뜻으로 축약)
가랑비올 몽	濛 蒙	㉻ méng / 멍 氵(水 물 수)와 관련. '蒙'은 발음 요소. 가랑비 오는데도 어리석게 나가니 '어리석다' 라는 뜻으로 축약.
어두울 몽	懞 蒙	㉻ méng / 멍 忄(心 마음 심)과 관련. '蒙'은 발음 요소. 矇(어두울 몽)과 同字. ㉼ měng / 멍 어두운데도 어리석게 나가니 '어리석다' 라는 뜻으로 축약.

드릴 헌
바칠 헌
獻 / 献
xiàn
시앤

개를(犬 개 견) 솥에(鬲 솥 력, 다리 셋 달린 솥) 넣어 삶아 범에게(虍 범 호) 바침.

개를(犬) 남쪽에(南 남녘 남) 바침.

끌어당길 섭
攝 / 摄
shè
셔

귀를 쫑긋하며[聶 : 耳(귀 이)가 셋이므로 잘 '안 들린다'는 뜻] 손으로(扌=手 손 수) 끌어당김.
※속자는 '摂'임.

같은 글자를 반복하지 않기 위해 '又'로 축약.

소곤거릴 섭
속닥일 섭
囁 / 嗫
niè
니에

귀를 쫑긋하며(聶) 입으로(口 입 구) 속삭임.

모양만 일부 축약.

강이름 섭
灄 / 滠
shè
셔

氵(水 물 수)와 관련.

모양만 일부 축약.

099

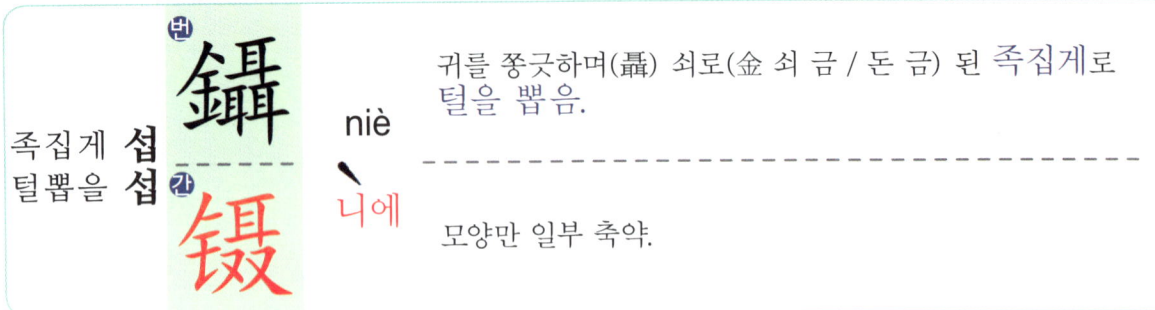

족집게 **섭**
털뽑을 **섭**

niè
니에

귀를 쫑긋하며(聶) 쇠로(金 쇠 금 / 돈 금) 된 족집게로 털을 뽑음.

모양만 일부 축약.

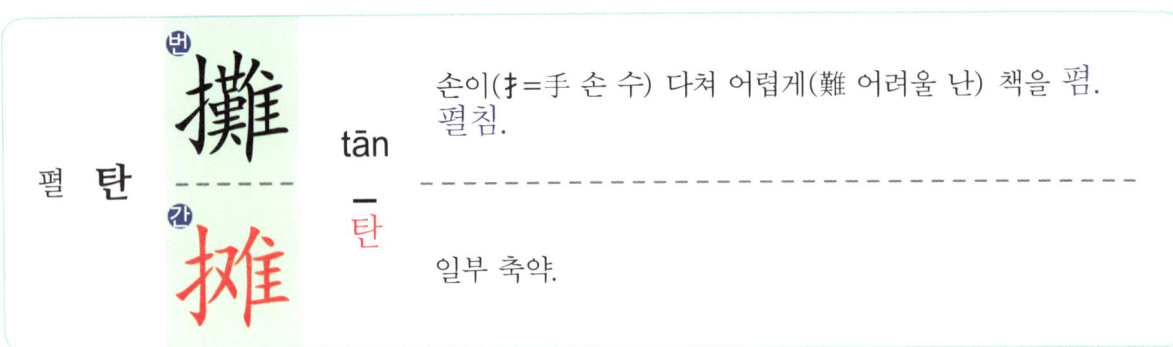

펼 **탄**

tān
탄

손이(扌=手 손 수) 다쳐 어렵게(難 어려울 난) 책을 폄. 펼침.

일부 축약.

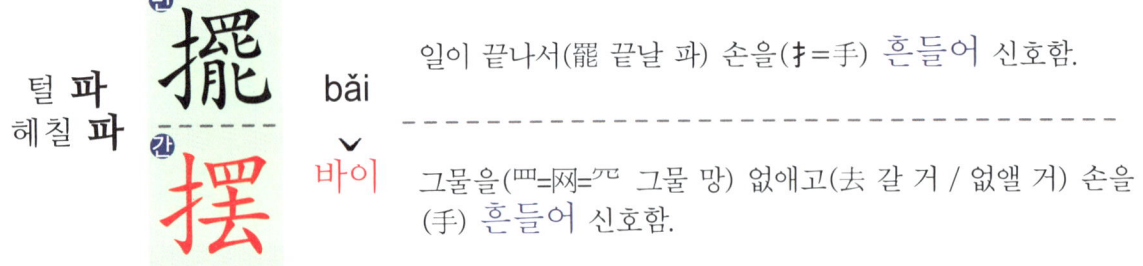

털 **파**
헤칠 **파**

bǎi
바이

일이 끝나서(罷 끝날 파) 손을(扌=手) 흔들어 신호함.

그물을(罒=网=㓁 그물 망) 없애고(去 갈 거 / 없앨 거) 손을(手) 흔들어 신호함.

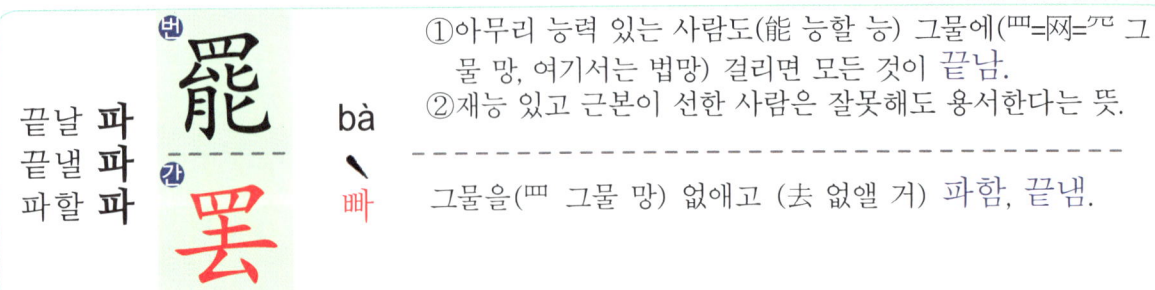

끝날 **파**
끝낼 **파**
파할 **파**

bà
빠

①아무리 능력 있는 사람도(能 능할 능) 그물에(罒=网=㓁 그물 망, 여기서는 법망) 걸리면 모든 것이 끝남.
②재능 있고 근본이 선한 사람은 잘못해도 용서한다는 뜻.

그물을(罒 그물 망) 없애고 (去 없앨 거) 파함, 끝냄.

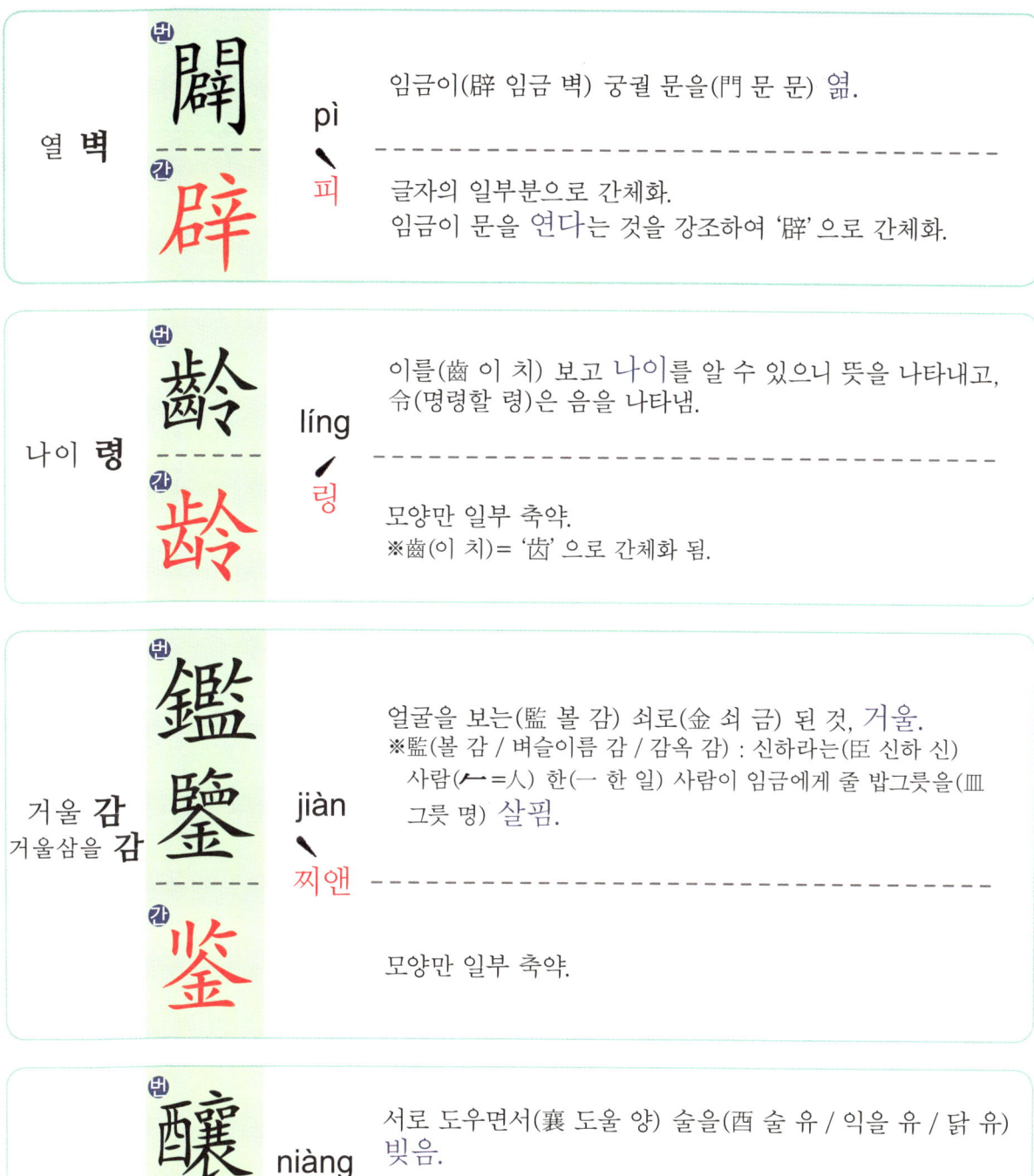

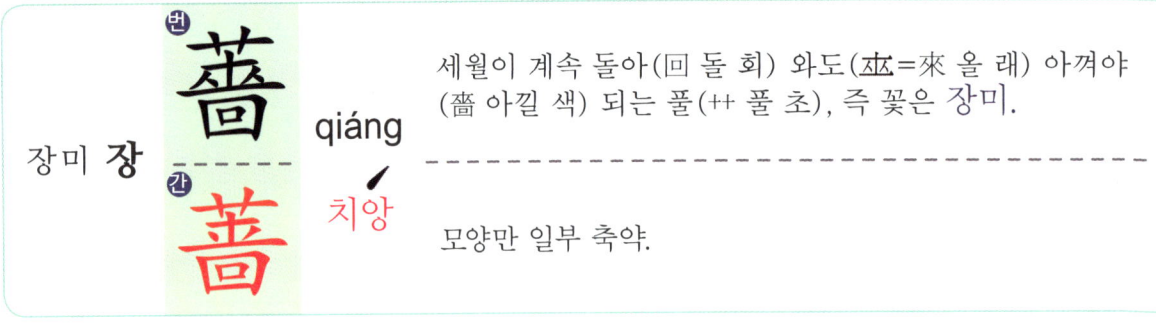

장미 장 　薔　qiáng / 치앙

세월이 계속 돌아(回 돌 회) 와도(㐬=來 올 래) 아껴야(薔 아낄 색) 되는 풀(艹 풀 초), 즉 꽃은 장미.

모양만 일부 축약.

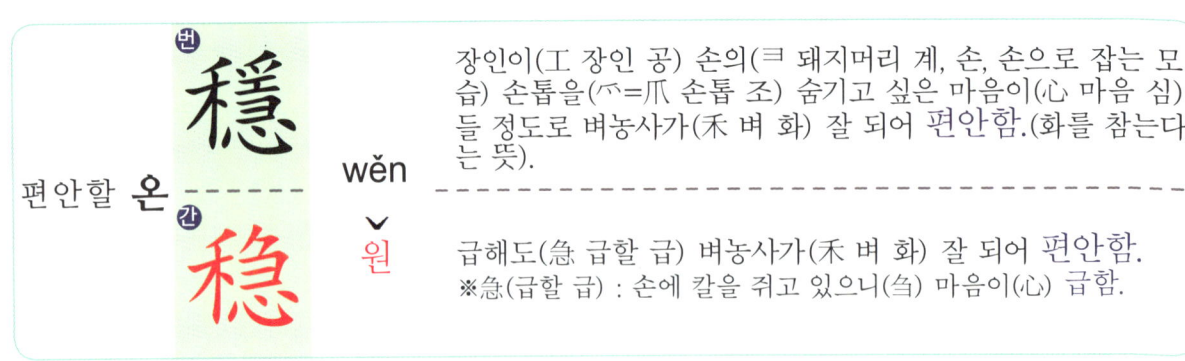

편안할 온 　穩　wěn / 원

장인이(工 장인 공) 손의(彐 돼지머리 계, 손, 손으로 잡는 모습) 손톱을(爫=爪 손톱 조) 숨기고 싶은 마음이(心 마음 심) 들 정도로 벼농사가(禾 벼 화) 잘 되어 편안함.(화를 참는다는 뜻).

급해도(急 급할 급) 벼농사가(禾 벼 화) 잘 되어 편안함.
※急(급할 급) : 손에 칼을 쥐고 있으니(刍) 마음이(心) 급함.

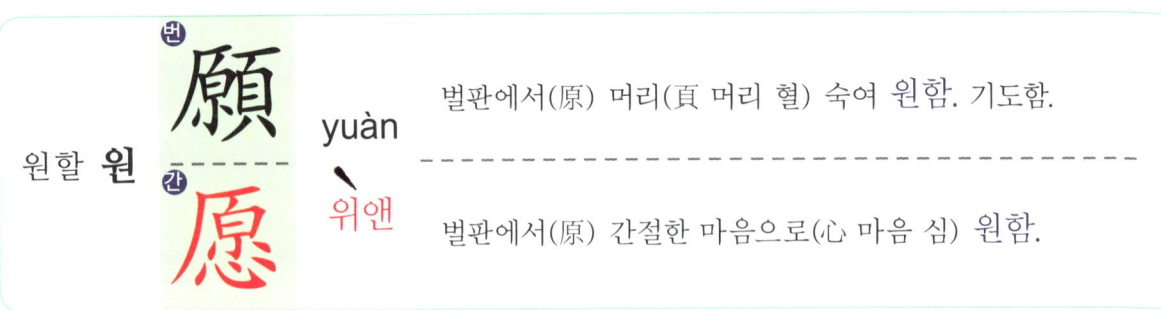

원할 원 　願　yuàn / 위앤

벌판에서(原) 머리(頁 머리 혈) 숙여 원함. 기도함.

벌판에서(原) 간절한 마음으로(心 마음 심) 원함.

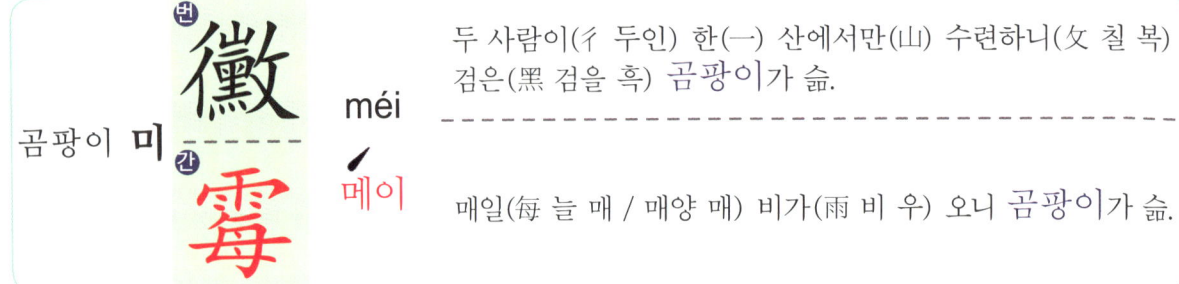

곰팡이 미 　黴　méi / 메이

두 사람이(彳 두인) 한(一) 산에서만(山) 수련하니(攵 칠 복) 검은(黑 검을 흑) 곰팡이가 슲.

매일(每 늘 매 / 매양 매) 비가(雨 비 우) 오니 곰팡이가 슲.

귀밝을 총	聰 / 聪	cōng / 총	저녁에(夕 저녁 석) 굴뚝에(囗) 연기가 올라서(囪 굴뚝 총 / 창 창) 마음이(心) 바쁘니(恖 바쁠 총) 귀도(耳 귀 이) 밝아짐.
			여덟 번(丷=八 여덟 팔) 입으로(口 입 구) 말하니 마음이(心) 바쁘고 귀도(耳) 밝아짐.

다 총 거느릴 총	總 / 总	zǒng / 종	실짜기를(糸 실 사) 바쁘게(恖 바쁠 총) 하여 일거리가 많아지니 모든 사람을 거느림.
			여덟(八) 번 입으로(口) 말하고 마음까지(心) 합하니 모든 사람을 거느림.

사냥할 렵	獵 / 猎	liè / 리에	개로(犭=犬 개 견) 산짐승을(巤 털짐승 렵) 사냥함. ※巤(털짐승 렵) : 巛(내 천, 머리), 囟(몸 통), 𠔿 (다리와 발), 乚 (꼬리)
			예부터(昔 예 석) 개로(犭=犬) 사냥함. ※속자는 '猟' 임.

밀 랍 초 랍	蠟 / 蜡	là / 라	벌(虫 벌레 충)꿀 찌끼로 만든 밀. 밀랍. ※巤(털짐승 렵)은 발음자임. ('랍', '렵'의 음을 만듦.)
			예부터(昔 예 석) 벌(虫 벌레 충)꿀 찌끼로 밀(밀랍)을 만듦.

| 납향제 랍
섣달 랍 | 臘
腊 là
라 | 털짐승(鼠 털짐승 렵) 고기로(月=肉 고기 육) 섣달에 제를 지냄(납향제).

옛날(昔 예 석)부터 고기(月=肉)로 섣달에 제를 지냄. |

| 부를 징 | 徵
征 zhēng
쪙 | 부족한 두 사람이(彳) 한(一 한 일) 산에서만(山 뫼 산) 수련을(攵 칠 복, 치다 또는 손 놀림의 뜻) 하니 임금이(王 임금 왕) 부름. 원래는 王이 아니고 '壬(줄기 정)' 임.
※재미있게 설명한 것임.

부족한 두 사람(彳)을 바르게(正 바를 정) 되라고 부름.
※彳(두인 / 자축거릴 척) : 부족한 두 사람으로 해석. |

| 징계할 징 | 懲
惩 chéng
청 | 임금이 신하를 불러(徵 부를 징) 마음(心 마음 심) 속으로 뉘우치도록 징계함.

부족한 두 사람(彳 두인 / 자축거릴 척)이 바르게(正 바를 정) 되라고 마음(心 마음 심) 속으로 뉘우칠 수 있도록 징계함. |

| 적취 징 | 癥
症 zhēng
쪙 | 임금이 자꾸 부르니(徵 부를 징) 생기는 병(疒 병 녁), 적취(부스럼 또는 배 안에 덩어리가 생기는 병).

바르지(正 바를 정) 못해 생기는 병(疒), 적취. |

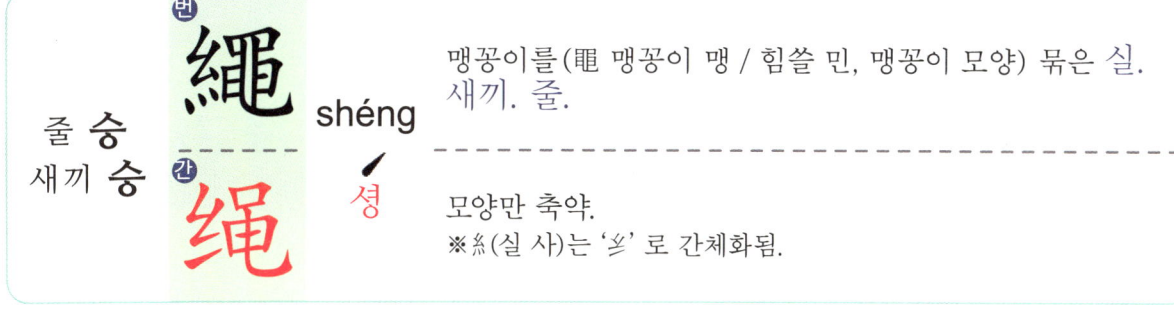

줄 승
새끼 승

繩 shéng / 绳 셩

맹꽁이를(黽 맹꽁이 맹 / 힘쓸 민, 맹꽁이 모양) 묶은 실. 새끼. 줄.

모양만 축약.
※糸(실 사)는 '纟'로 간체화됨.

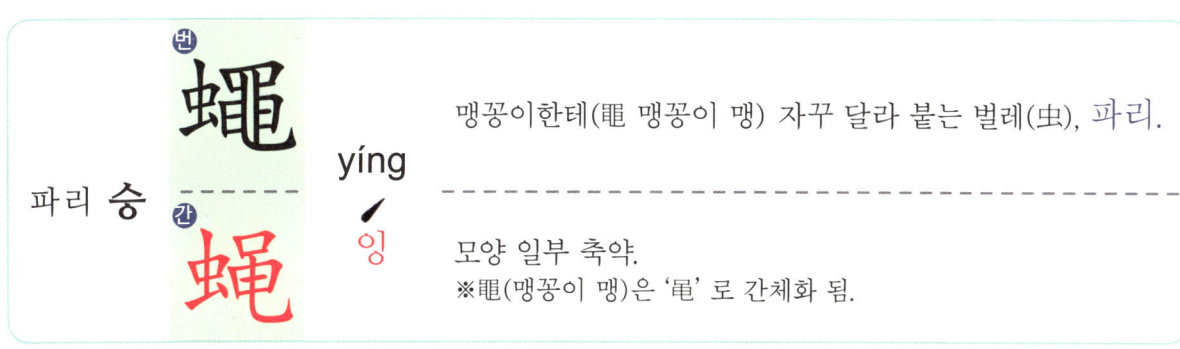

파리 승

蠅 yíng / 蝇 잉

맹꽁이한테(黽 맹꽁이 맹) 자꾸 달라 붙는 벌레(虫), 파리.

모양 일부 축약.
※黽(맹꽁이 맹)은 '黾'로 간체화 됨.

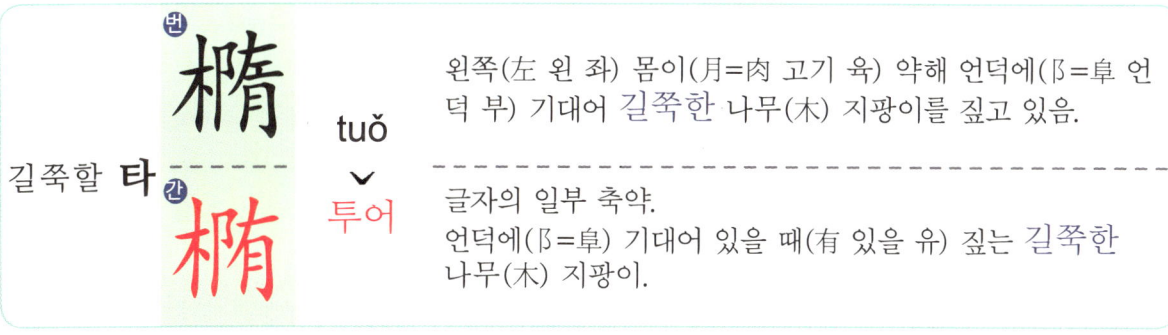

길쭉할 타

楕 tuǒ / 椭 투어

왼쪽(左 왼 좌) 몸이(月=肉 고기 육) 약해 언덕에(阝=阜 언덕 부) 기대어 길쭉한 나무(木) 지팡이를 짚고 있음.

글자의 일부 축약.
언덕에(阝=阜) 기대어 있을 때(有 있을 유) 짚는 길쭉한 나무(木) 지팡이.

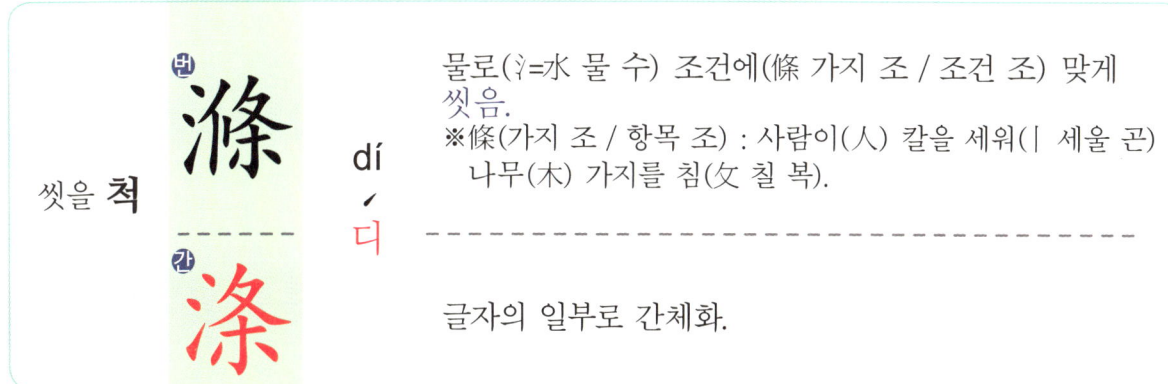

씻을 척

滌 dí / 涤 디

물로(氵=水 물 수) 조건에(條 가지 조 / 조건 조) 맞게 씻음.
※條(가지 조 / 항목 조) : 사람이(人) 칼을 세워(丨 세울 곤) 나무(木) 가지를 침(攵 칠 복).

글자의 일부로 간체화.

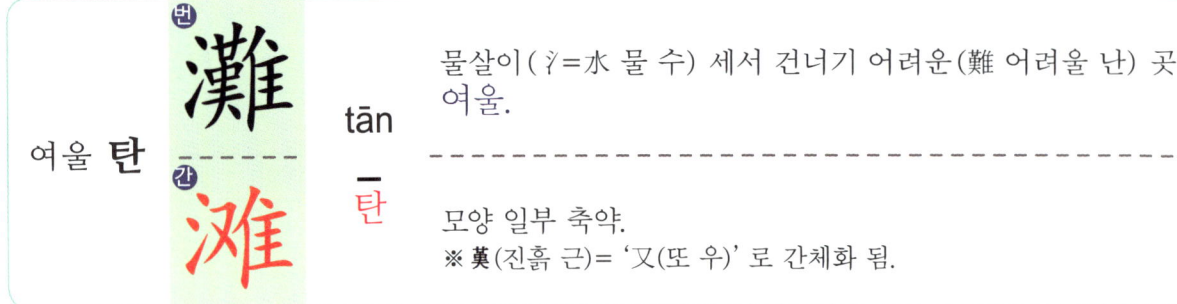

여울 탄 / 灘 / 滩 / tān / 탄

물살이(氵=水 물 수) 세서 건너기 어려운(難 어려울 난) 곳, 여울.

모양 일부 축약.
※ 莫(진흙 근) = '又(또 우)'로 간체화 됨.

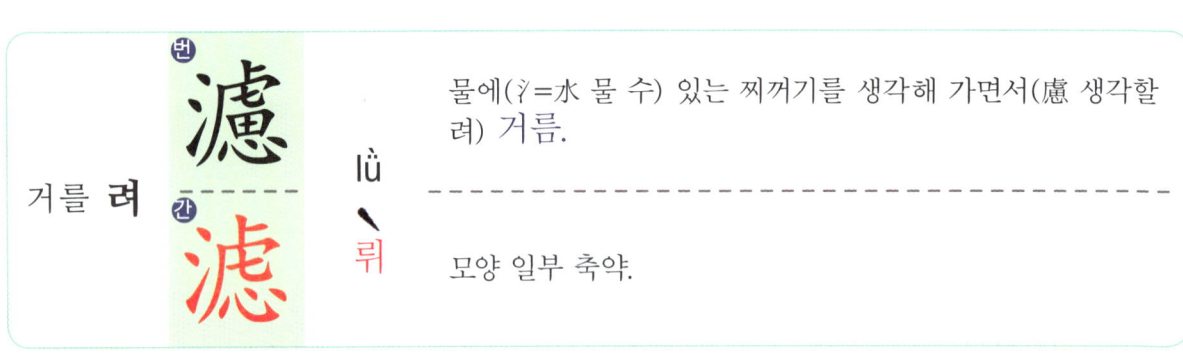

거를 려 / 濾 / 滤 / lǜ / 뤼

물에(氵=水 물 수) 있는 찌꺼기를 생각해 가면서(慮 생각할 려) 거름.

모양 일부 축약.

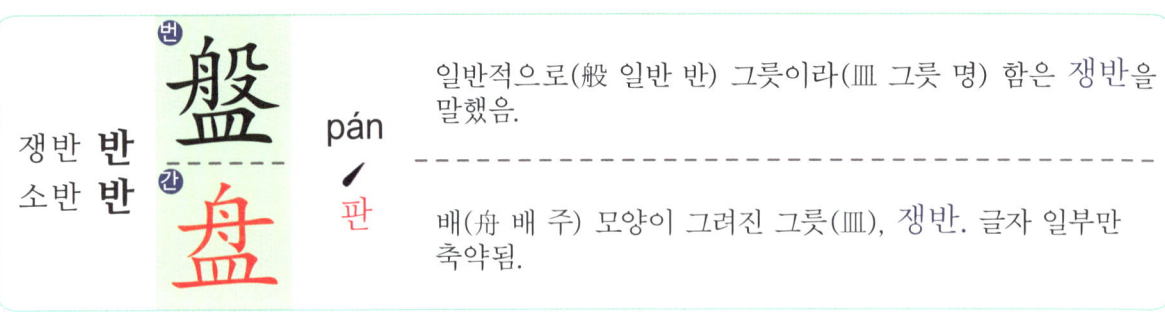

쟁반 반 / 소반 반 / 盤 / 盘 / pán / 판

일반적으로(般 일반 반) 그릇이라(皿 그릇 명) 함은 쟁반을 말했음.

배(舟 배 주) 모양이 그려진 그릇(皿), 쟁반. 글자 일부만 축약됨.

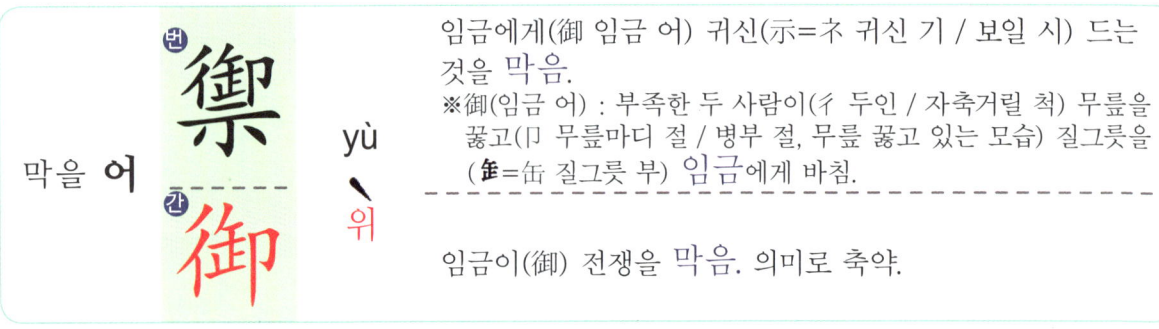

막을 어 / 禦 / 御 / yù / 위

임금에게(御 임금 어) 귀신(示=礻 귀신 기 / 보일 시) 드는 것을 막음.
※御(임금 어) : 부족한 두 사람이(彳 두인 / 자축거릴 척) 무릎을 꿇고(卩 무릎마디 절 / 병부 절, 무릎 꿇고 있는 모습) 질그릇을 (缶=缶 질그릇 부) 임금에게 바침.

임금이(御) 전쟁을 막음. 의미로 축약.

못 연 | 淵 yuān / 渊 위앤 | 연못에 물이 차 있는 모양. 𠁼(양쪽 둑 및 시설물, 그리고 가로지른 간이 다리)

모양만 축약.
연못에 쌀이(米 쌀 미) 빠짐. 의미 연상.

막힐 체 | 滯 zhì / 滞 쯔ㄹ | 물이(氵=水) 많아 길게 띠를(帶 띠 대) 두르듯 길이 막힘.
※帶(띠 대) : 천을(巾 수건 건, 천의 뜻) 끈으로 묶고(冖 덮을 멱, 가운데 있을 때는 끈의 뜻) 장식한 띠 모양(丗 새겨 넣은 장식 모양).

모양만 일부 축약.

축축할 습 | 濕 shī / 湿 스ㄹ | 해가(日 해 일 / 날 일) 뜰 때 실을(㬎=絲 실 사) 펴서 말리는 데 물이(氵=水) 묻어 축축함.

모양만 일부 축약.

나타날 현 | 顯 xiǎn / 显 시앤 | 해가(日) 뜰 때 실을(㬎=絲 실 사) 펴서 말리는데 사람이 머리를(頁 머리 혈) 내밀고 나타남.

해가(日) 뜰 때 땅(一)위에 실을 두 번 세워(││, │ 세울 곤) 이쪽저쪽으로(丷) 말리는데 사람이 나타남.

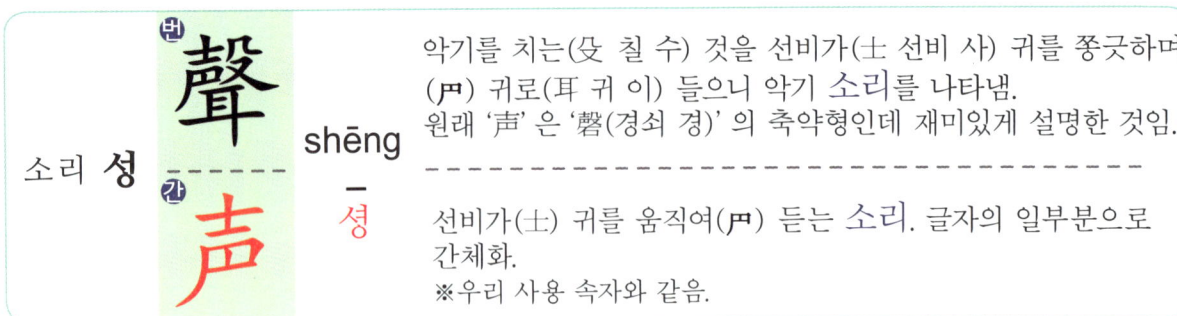

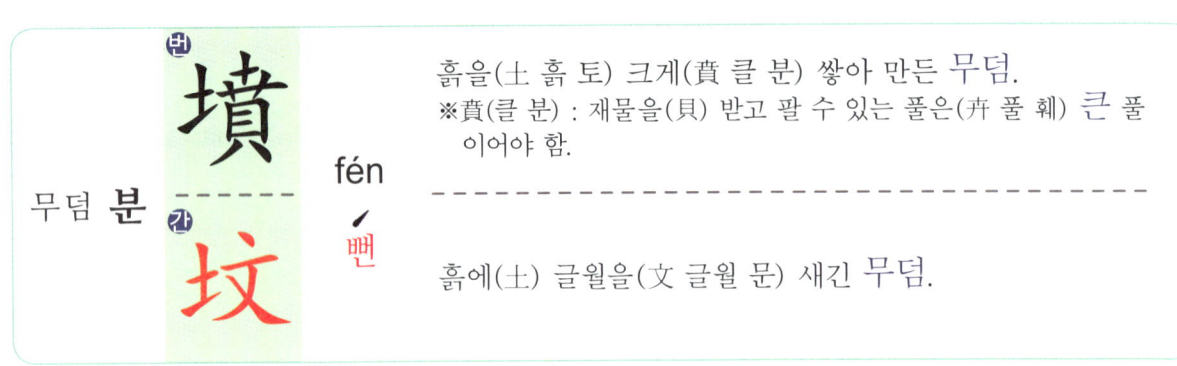

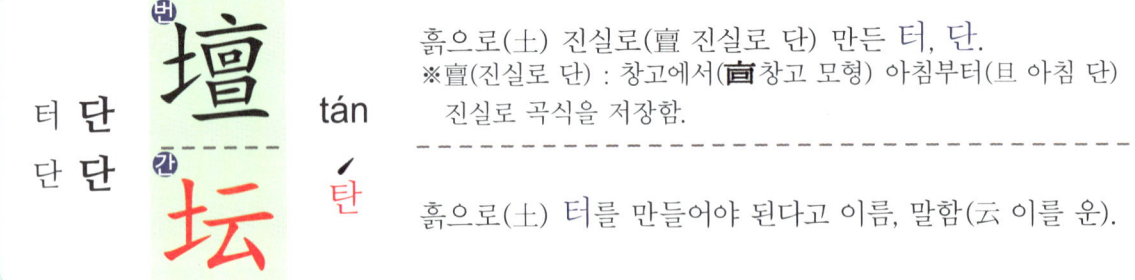

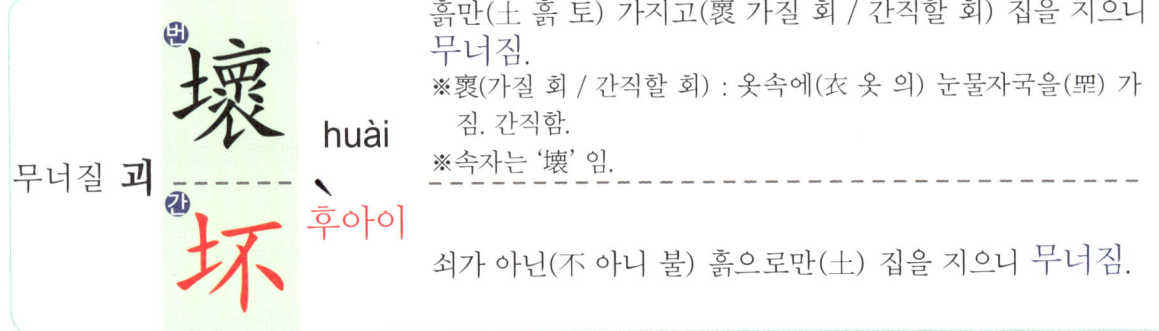

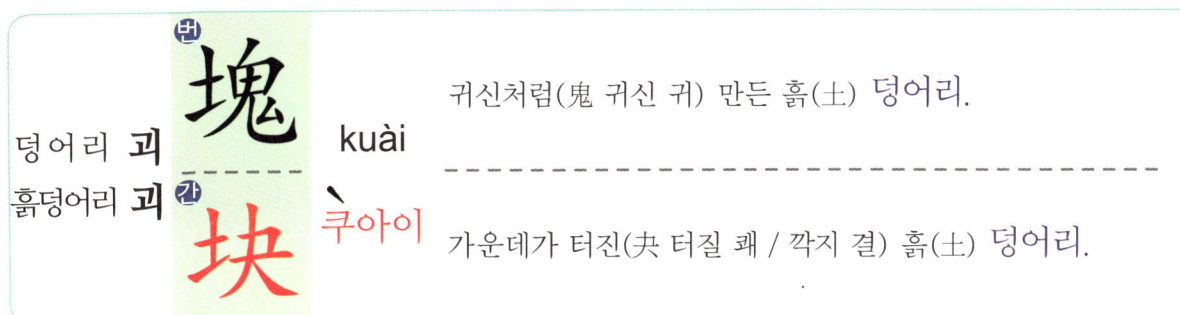

덩어리 괴
흙덩어리 괴
塊 / 块 kuài 쿠아이

귀신처럼(鬼 귀신 귀) 만든 흙(土) 덩어리.

가운데가 터진(夬 터질 쾌 / 깍지 결) 흙(土) 덩어리.

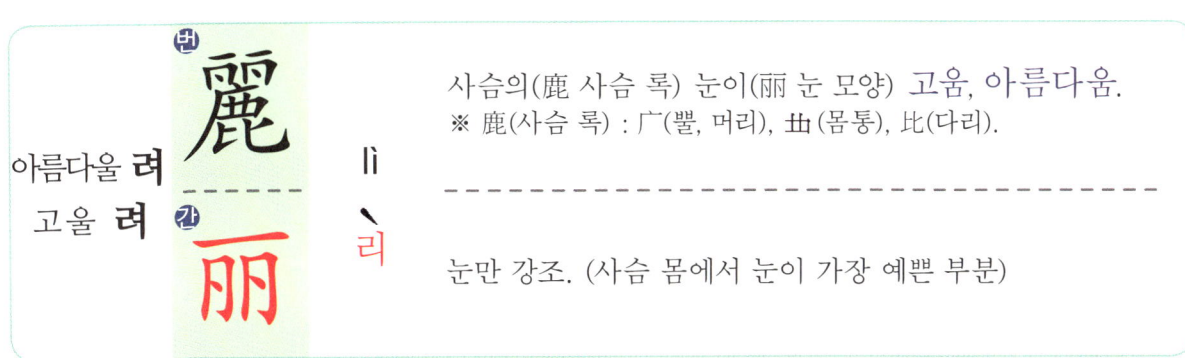

아름다울 려
고울 려
麗 / 丽 lì 리

사슴의(鹿 사슴 록) 눈이(丽 눈 모양) 고움, 아름다움.
※ 鹿(사슴 록) : 广(뿔, 머리), 皿(몸통), 比(다리).

눈만 강조. (사슴 몸에서 눈이 가장 예쁜 부분)

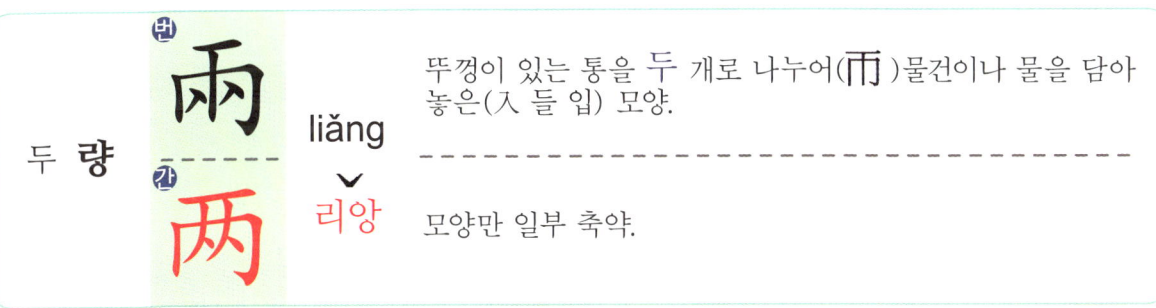

두 량
兩 / 两 liǎng 리앙

뚜껑이 있는 통을 두 개로 나누어(帀)물건이나 물을 담아 놓은(入 들 입) 모양.

모양만 일부 축약.

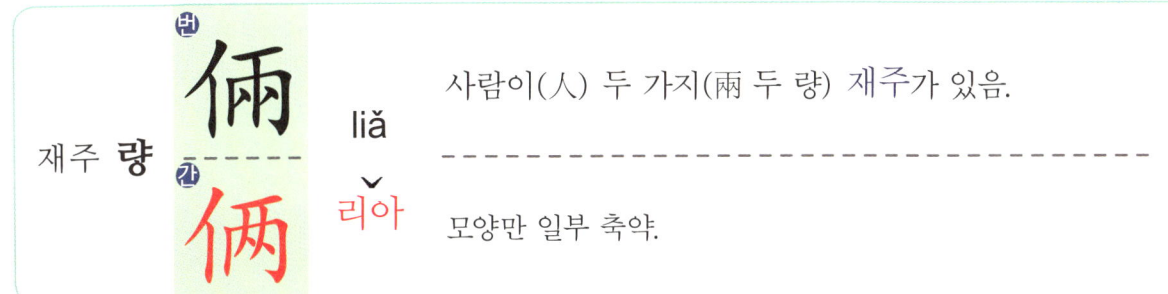

재주 량
倆 / 俩 liǎ 리아

사람이(人) 두 가지(兩 두 량) 재주가 있음.

모양만 일부 축약.

닭 계	鷄 鸡	jī 찌

닭이 어찌(奚 어찌 해 / 종 해) 새가(鳥 새 조) 아니겠는가?

닭이 또(又 또 우) 새가(鳥) 아니라고 하는가?
※ 奚(어찌 해 / 종 해)는 '又(또 우)'로 간체화.
　鳥(새 조)는 '鸟' 임.

신령 령	靈 灵	líng 링

비가(雨 비 우) 오는데 무당이(巫 무당 무) 울부짖으며
(口口口 울부짖을 훤) 신령을 부름.
※ 속자는 '霊' 임.

무당이 손으로(彐 돼지머리 계 / 손으로 물건을 쥐고 있는 모습) 불을(火) 쥐고 신령을 부름.

나귀 려 당나귀 려	驢 驴	lǘ 뤼

말이(馬 말 마) 검은색을(盧 검을 로) 띠니 멀리서 보니
마치 나귀 같음.

집에서(戶 집 호) 기르기 좋은 말의(馬 말 마) 종류, 나귀.
※ 馬(말 마)는 马로 간체화.

층계 층	層 层	céng 청

집에서(尸 주검 시 / 집 시 / 몸 시) 일찍부터(曾 일찍 증)
있어온 층계, 계단.
※曾(일찍 증) : 굴뚝을(囪 굴뚝 창 / 구멍 창) 여덟 번(八 여덟
팔) 일찍부터 살피고 이상 없음을 말함(曰 가로 왈).

집에서(尸) 일찍부터 말하며(云 이를 운 / 말할 운) 오르는
층계, 계단.

| 끝 제
실제 제
사귈 제 | 際
际 | jì
찌 | 제사(祭 제사 제) 지내기 좋은 언덕(阝=阜 언덕 부) 끝에서 실제로 제사를 지냄.

언덕(阝) 끝에서 귀신에게(示=礻 귀신 기) 제를 지냄.
언덕(阝)에서 귀신에게(示) 제사를 실제 지내는 곳. 언덕 끝. |

| 뭍 륙 | 陸
陆 | lù
루 | 언덕과(坴 언덕 륙) 언덕이(阝=阜 언덕 부) 같이 있으니 뭍임. 육지.

산에(山) 흙이(土) 있고 언덕이(阝=阜 언덕 부) 같이 있으니 뭍임. 육지. |

| 어지러울 란 | 亂
乱 | luàn
루안 | 새의(乚=乙 새 을) 발자국을(内 짐승 발자국 유) 손톱으로(爫=爪 손톱 조) 또(又 또 우) 그리고 또(又 또 우) 확인하는 것처럼 어지러움. 실제로는 실이 헝클어져 있는 모양.

새가(乚=乙 새 을) 혀로(舌 혀 설) 말하니 듣기 어지러움. 우리 사용 속자와 같음. |

| 가지 조
조목 조 | 條
条 | tiáo
티아오 | 사람이(人) 칼을 세워(丨 세울 곤) 나무(木 나무 목) 가지를 침(攵 칠 복).

글자의 일부로 간체화. |

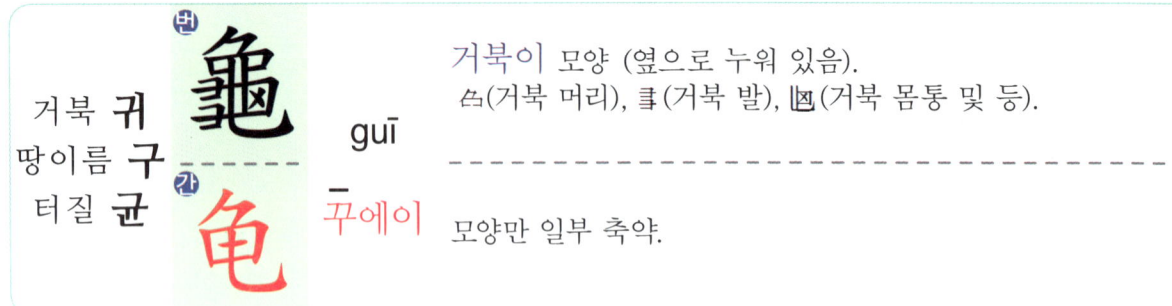

거북 귀
땅이름 구
터질 균
龜 / 龟 guī 꾸에이

거북이 모양 (옆으로 누워 있음).
㓁(거북 머리), ヨ(거북 발), 凹(거북 몸통 및 등).

모양만 일부 축약.

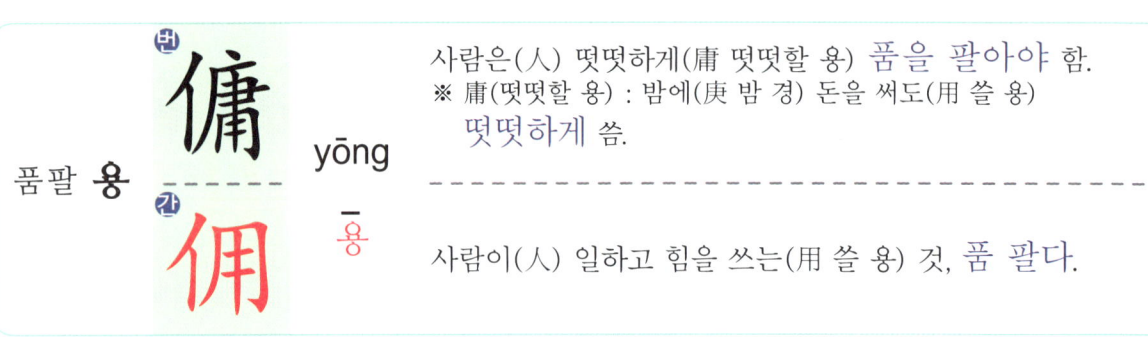

품팔 용
傭 / 佣 yōng 용

사람은(人) 떳떳하게(庸 떳떳할 용) 품을 팔아야 함.
※ 庸(떳떳할 용) : 밤에(庚 밤 경) 돈을 써도(用 쓸 용) 떳떳하게 씀.

사람이(人) 일하고 힘을 쓰는(用 쓸 용) 것, 품 팔다.

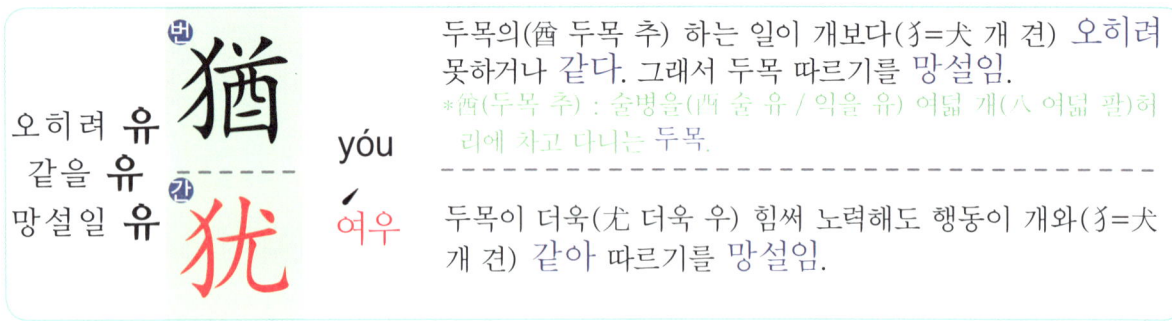

오히려 유
같을 유
망설일 유
猶 / 犹 yóu 여우

두목의(酋 두목 추) 하는 일이 개보다(犭=犬 개 견) 오히려 못하거나 같다. 그래서 두목 따르기를 망설임.
*酋(두목 추) : 술병을(酉 술 유 / 익을 유) 어덟 개(八 여덟 팔) 허리에 차고 다니는 두목.

두목이 더욱(尤 더욱 우) 힘써 노력해도 행동이 개와(犭=犬 개 견) 같아 따르기를 망설임.

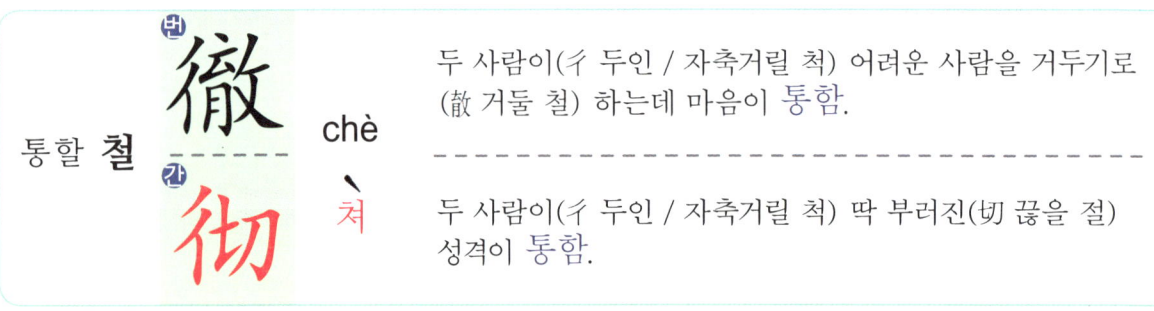

통할 철
徹 / 彻 chè 쳐

두 사람이(彳 두인 / 자축거릴 척) 어려운 사람을 거두기로(攵 거둘 철) 하는데 마음이 통함.

두 사람이(彳 두인 / 자축거릴 척) 딱 부러진(切 끊을 절) 성격이 통함.

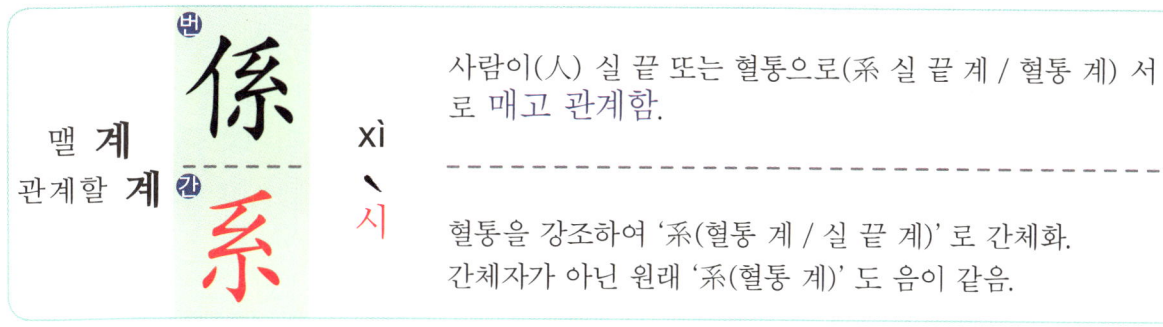

맬 계
관계할 계

繫 xì 시
系 jì 찌

사람이(人) 실 끝 또는 혈통으로(系 실 끝 계 / 혈통 계) 서로 매고 관계함.

혈통을 강조하여 '系(혈통 계 / 실 끝 계)'로 간체화. 간체자가 아닌 원래 '系(혈통 계)'도 음이 같음.

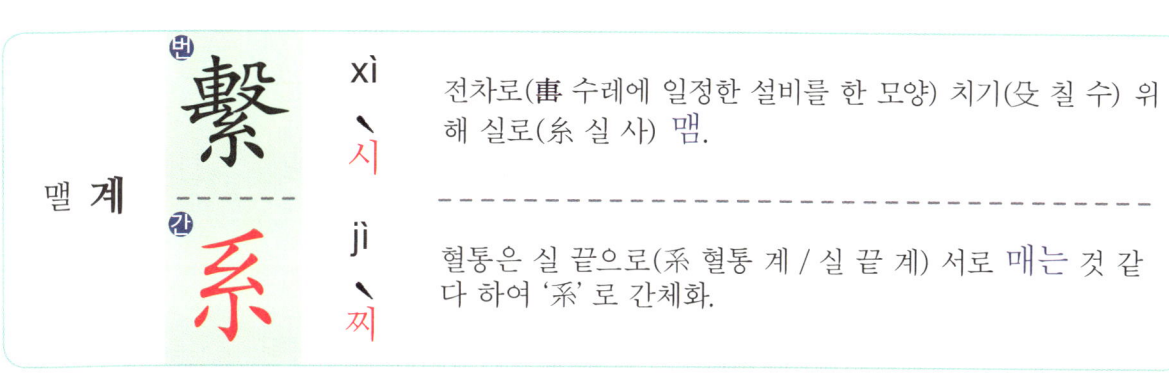

맬 계

繫 xì 시
系 jì 찌

전차로(軎 수레에 일정한 설비를 한 모양) 치기(殳 칠 수) 위해 실로(糸 실 사) 맴.

혈통은 실 끝으로(系 혈통 계 / 실 끝 계) 서로 매는 것 같다 하여 '系'로 간체화.

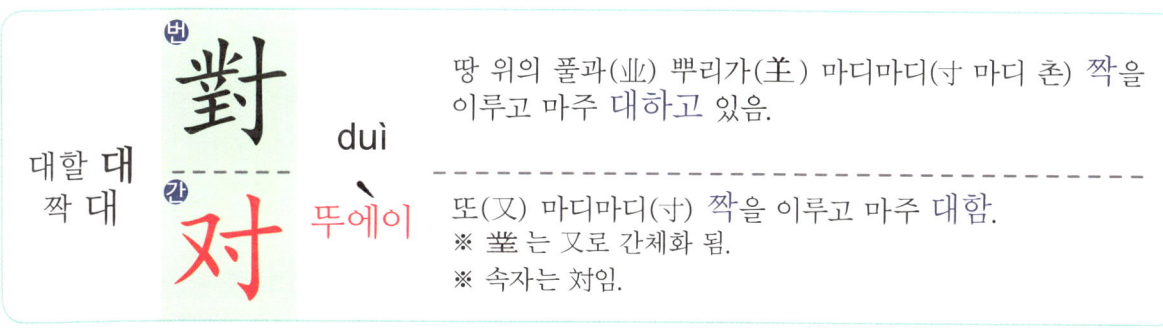

대할 대
짝 대

對 duì
对 뚜에이

땅 위의 풀과(业) 뿌리가(丰) 마디마디(寸 마디 촌) 짝을 이루고 마주 대하고 있음.

또(又) 마디마디(寸) 짝을 이루고 마주 대함.
※ 丵는 又로 간체화 됨.
※ 속자는 対임.

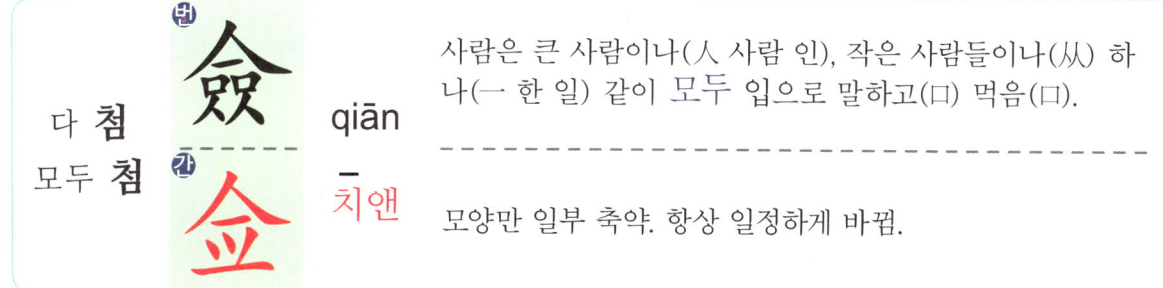

다 첨
모두 첨

僉 qiān
佥 치앤

사람은 큰 사람이나(人 사람 인), 작은 사람들이나(从) 하나(一 한 일) 같이 모두 입으로 말하고(口) 먹음(口).

모양만 일부 축약. 항상 일정하게 바뀜.

| 버릴 기 | 棄 / 弃 (qì / 치) | ①막 자란(去 아이 돌아나올 돌) 나무의(木 나무 목) 곁가지를(凵) 칼로 베어(廾) 버림.
②아이를(子의 거꾸로 된 모습 去 거꾸로 된 것이니 '버리다'의 뜻) 들어(廾 받들 공) 키에 담아 버리는 모습.
─────────
어린아이를 들어 버린다는 뜻으로 간체화.
※요즘은 있을 수 없는 일이지만 옛날에는 흔히 있는 일이었음. 반성해야 할 대목임. |

| 빛날 찬 | 燦 / 灿 (càn / 찬) | 정미하기(粲 정미 찬) 위해 불을(火 불 화) 빛나게 함.
※粲(정미 찬) : 저녁에(夕 저녁 석) 점을(卜 점 복) 보기 위해 또(又 또 우) 쌀을(米 쌀 미) 정미함. 발음자 '찬'의 음을 만듦.
─────────
산에서(山 뫼 산) 불이(火 불 화) 빛남. |

| 재앙 재 | 災 / 灾 (zāi / 짜이) | 냇물과(巜 내 천) 불이(火 불 화) 합하여 지니 곧 재앙임.
─────────
집에(宀 움집 면) 불이(火 불 화) 나니 재앙임. |

| 쏟을 사 | 瀉 / 泻 (xiè / 시에) | 글을 베끼다(寫 베낄 사 / 그릴 사 / 찍을 사) 물을(氵=水 물 수) 쏟음.
─────────
집에서(宀=宀 여기서는 축약형) 물을(氵=水 물 수) 주고받다(与 주고받는 모양) 쏟음.
*与(줄 여) |

강이름 로 | 瀘 / 泸 | lú / 루

물이(氵=水 물 수) 검은(盧 검을 로) 강.

모양만 일부 축약.
※盧(검을 로)는 단독으로는 卢, 다른 글자와 조합될 때는 户 또는 卢로 간체화 됨.

변할 변 | 變 / 变 | biàn / 삐앤

말을 이어가다 보면(絲 말이을 련), 뒤에 가면서(夊 뒤져올 치) 변함.

말은 항상 또(亦 또 역) 그리고 또(又 또 우) 변함.
항상 변함.

열매 실
사실 실
진실 실 | 實 / 实 | shí / 스르

집에(宀 움집 면) 재물을(貝 조개 패) 꿰어(毌 꿰어 놓은 모양) 놓은 것이 열매 같고 사실이다.

머리를(头 머리 두 / 간체자) 써서 집에다(宀 움집 면) 열매를 보관함.
※头(머리 두) : 크게(大 큰 대) 두 번 등불이(丶 등불 주) 켜지니(ㄟ) 머리가 밝아짐(깨달았다는 의미).

성인 성
성스러울 성 | 聖 / 圣 | shèng / 셩

줄기에서(壬 줄기 정) 귀담아(耳 귀 이) 남의 말(口 입 구)을 잘 듣는 사람. 성인.

땅(土)위에서 또(又 또 우) 남의 말을 귀담아 듣는 사람. 성인.

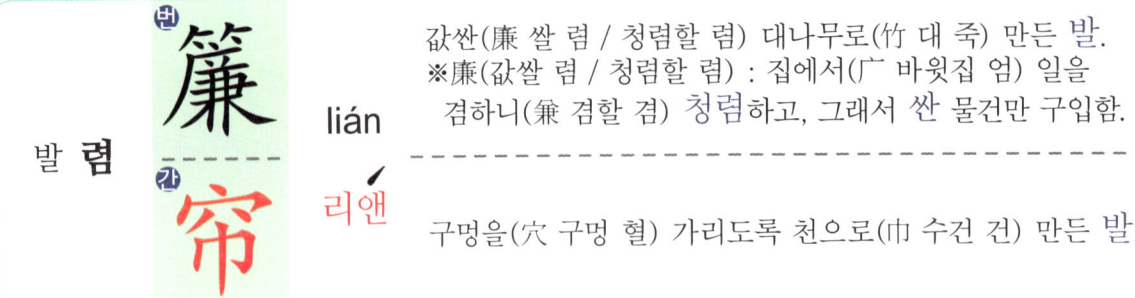

값싼(廉 쌀 렴 / 청렴할 렴) 대나무로(竹 대 죽) 만든 발.
※廉(값쌀 렴 / 청렴할 렴) : 집에서(广 바윗집 엄) 일을
 겸하니(兼 겸할 겸) 청렴하고, 그래서 싼 물건만 구입함.

구멍을(穴 구멍 혈) 가리도록 천으로(巾 수건 건) 만든 발.

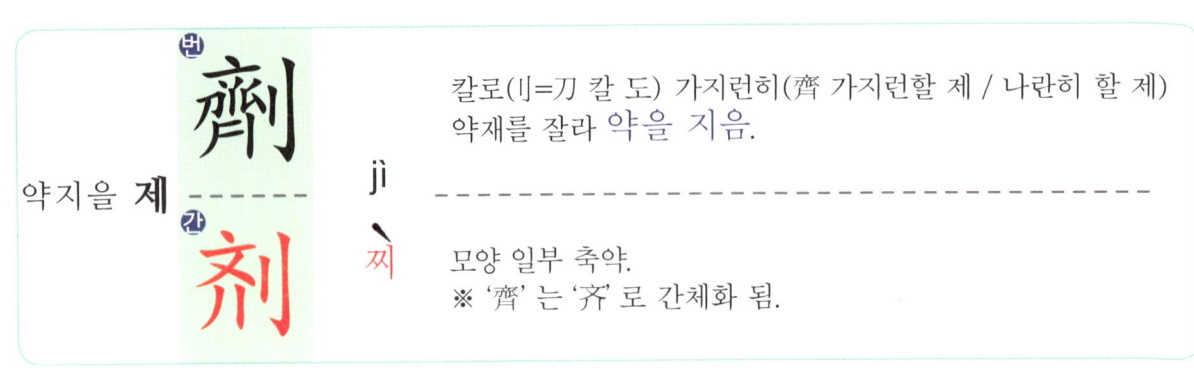

칼로(刂=刀 칼 도) 가지런히(齊 가지런할 제 / 나란히 할 제)
약재를 잘라 약을 지음.

모양 일부 축약.
※ '齊' 는 '齐' 로 간체화 됨.

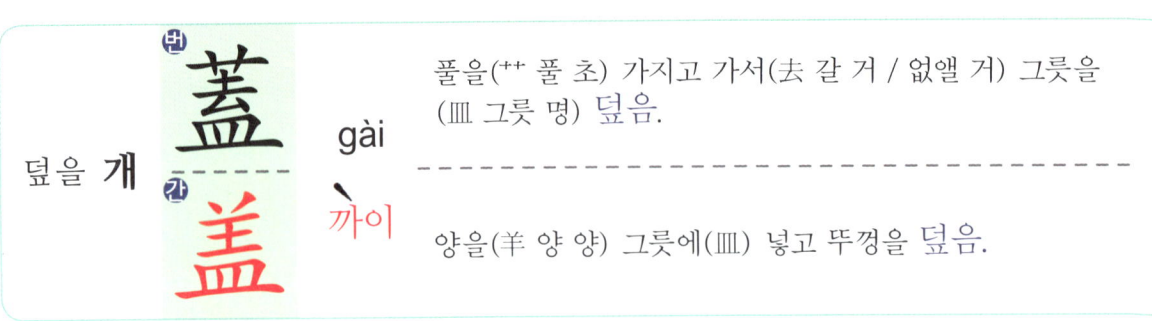

풀을(艹 풀 초) 가지고 가서(去 갈 거 / 없앨 거) 그릇을
(皿 그릇 명) 덮음.

양을(羊 양 양) 그릇에(皿) 넣고 뚜껑을 덮음.

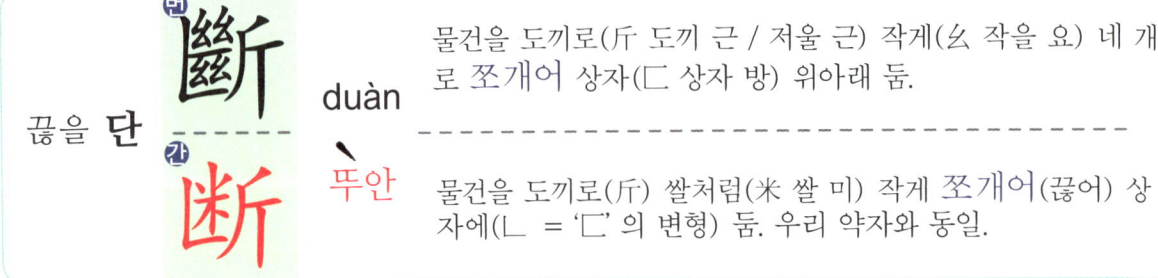

물건을 도끼로(斤 도끼 근 / 저울 근) 작게(幺 작을 요) 네 개
로 쪼개어 상자(匸 상자 방) 위아래 둠.

물건을 도끼로(斤) 쌀처럼(米 쌀 미) 작게 쪼개어(끊어) 상
자에(乚 = '匸' 의 변형) 둠. 우리 약자와 동일.

| 짐승 수 | 獸 / 兽 shòu 셔우 | 밭에서(田 밭 전) 두 번 우는(吅 부르짖을 훤) 짐승이나 개(犬), 하나같이(一 한 일) 입으로(口) 우는 짐승이다. 원래는 홀로(嘼=單 홑 단) 개와(犬) 같이 짐승을 사냥한다는 뜻임.
※嘼 : '산짐승 휴' 도 됨.

홀로(甲=單의 변형) 산짐승을(嘼 산짐승 휴) 사냥함. 글자 일부분으로 간체화. |

| 밀기울 부 | 麩 / 麸 fū 뿌 | 지아비가(夫 지아비 부) 무성하게 자란 보리밭에(來) 천천히 와서(夊 천천히 걸을 쇠) 밀기울(겨)을 둠.

무성히 자란 풀밭에(圭) 천천히 와서(夊) 보니 보리밭이어서 지아비가(夫) 밀기울(겨)을 둠.
※麥(보리 맥) : 보리가 무성히 자란 모양. 보리밭에 온다 해서 '來' 가 생김. |

| 아낄 색 | 嗇 / 啬 sè 써 | 해가 돌아(回 돌 회) 와도(來=來) 항상 물건을 아낌.

모양만 일부 축약. |

| 술빚을 온 | 醞 / 酝 yùn 윈 | 술 재료를(酉 술 유 / 익을 유 / 닭 유) 끓는 그릇(皿 그릇 명) 위에 얹고(囚) 술을 빚음. 찜통 연상.

술(酉)을 말하면서(云 이를 운 / 말할 운) 빚음. |

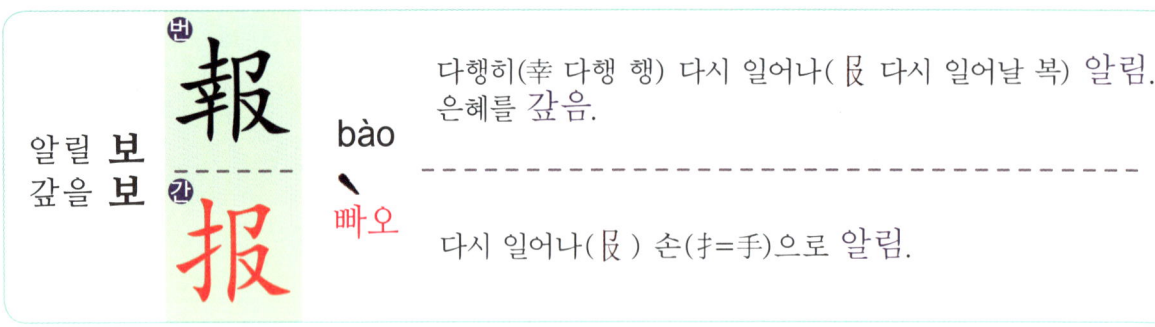

알릴 보
갚을 보

bào
빠오

다행히(幸 다행 행) 다시 일어나(皮 다시 일어날 복) 알림. 은혜를 갚음.

다시 일어나(皮) 손(扌=手)으로 알림.

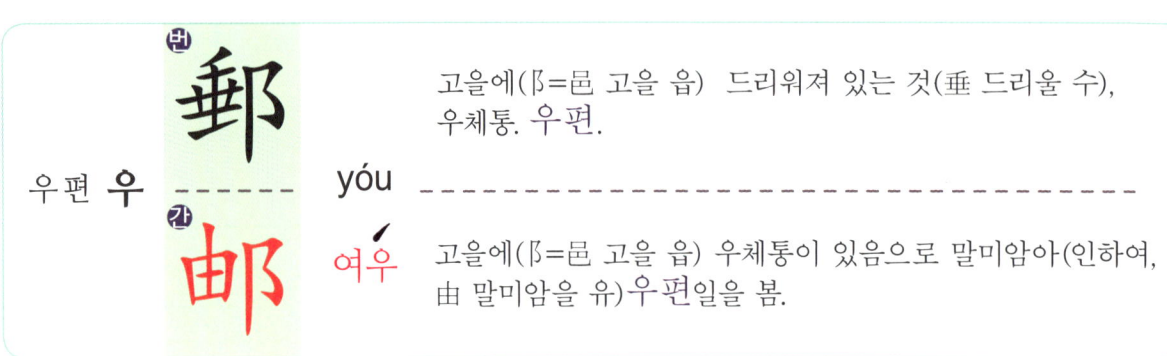

우편 우

yóu
여우

고을에(阝=邑 고을 읍) 드리워져 있는 것(垂 드리울 수), 우체통. 우편.

고을에(阝=邑 고을 읍) 우체통이 있음으로 말미암아(인하여, 由 말미암을 유)우편일을 봄.

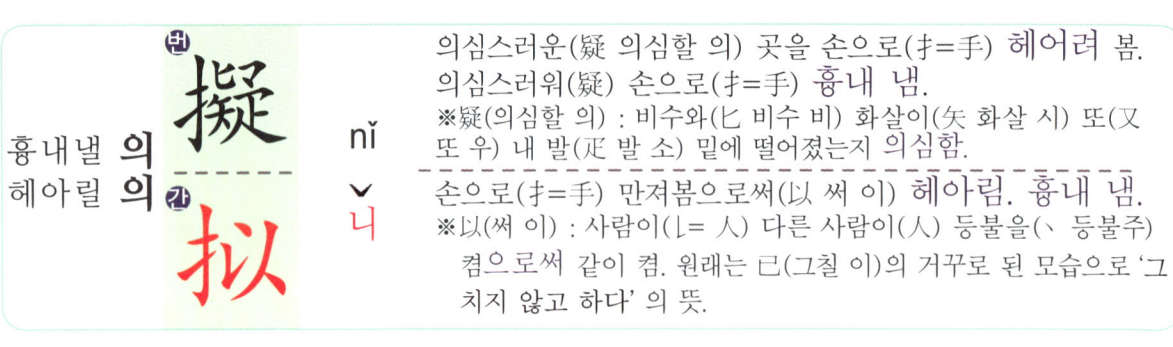

흉내낼 의
헤아릴 의

nǐ
니

의심스러운(疑 의심할 의) 곳을 손으로(扌=手) 헤아려 봄. 의심스러워(疑) 손으로(扌=手) 흉내 냄.
※疑(의심할 의) : 비수와(匕 비수 비) 화살이(矢 화살 시) 또(又 또 우) 내 발(疋 발 소) 밑에 떨어졌는지 의심함.

손으로(扌=手) 만져봄으로써(以 써 이) 헤아림. 흉내 냄.
※以(써 이) : 사람이(亻=人) 다른 사람(人) 등불을(丶 등불주) 켬으로써 같이 켬. 원래는 已(그칠 이)의 거꾸로 된 모습으로 '그치지 않고 하다'의 뜻.

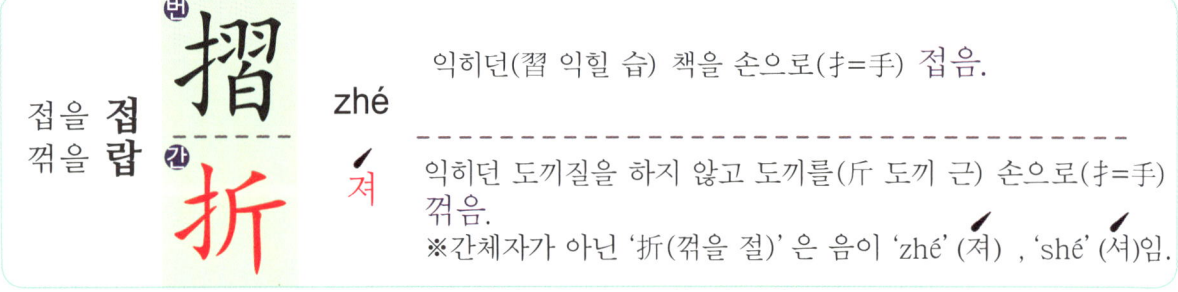

접을 접
꺾을 랍

zhé
져

익히던(習 익힐 습) 책을 손으로(扌=手) 접음.

익히던 도끼질을 하지 않고 도끼를(斤 도끼 근) 손으로(扌=手) 꺾음.
※간체자가 아닌 '折(꺾을 절)'은 음이 'zhé'(져), 'shé'(셔)임.

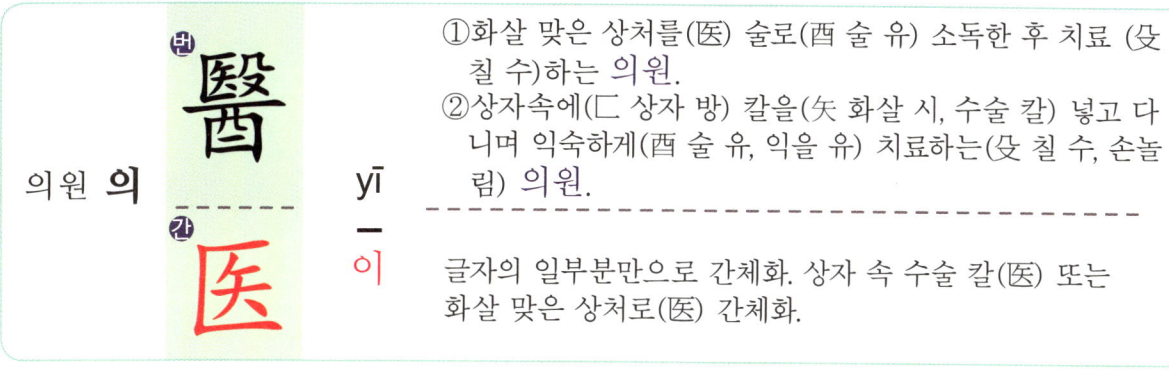

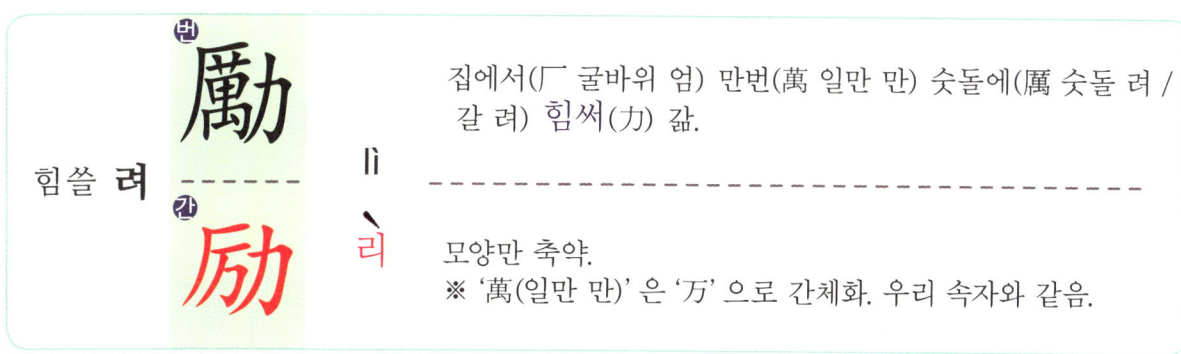

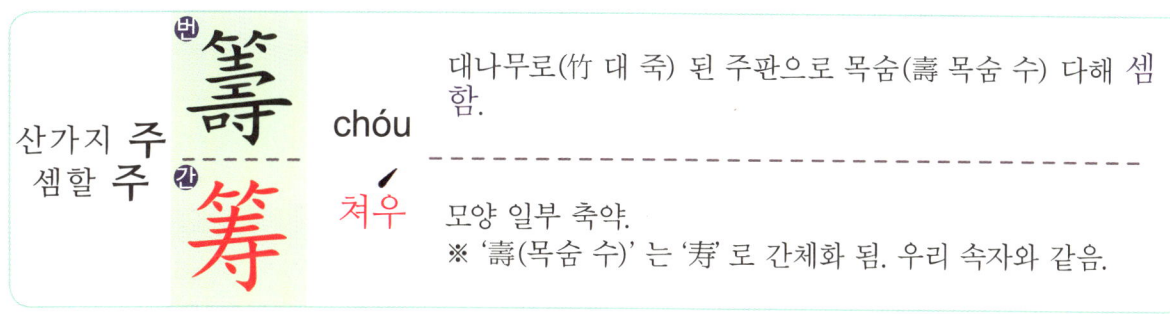

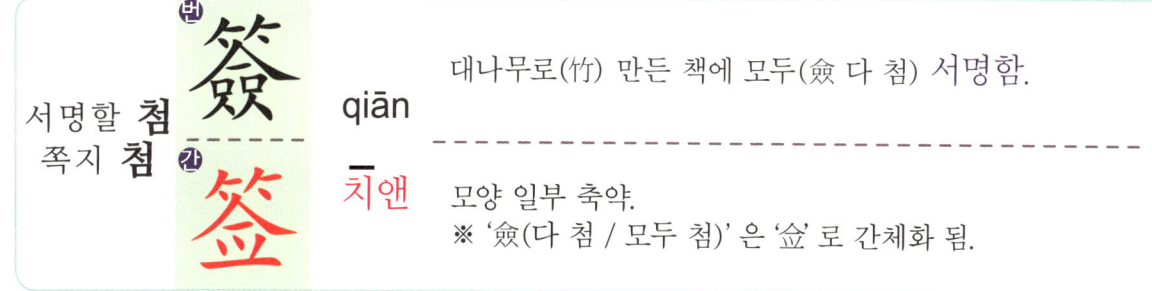

말씀 사 사양할 사	辭 辞	cí 츠

손톱으로(爫 손톱 조) 새의 발자국을(內 발자국 유) 또(マ= 又) 그리고 또(又) 표시하듯 어지럽고 맵게하는(辛 매울 신) 말씀이니 **사양함**.

혀로(舌 혀 설) 맵게(辛 매울 신) 말씀하니 **사양함**.
※우리 속자와 같음.

넉넉할 요	饒 饶	ráo 라오

먹을 것이(𩙿=食 먹을 식) 높으니(많으니, 堯) **넉넉함**.

일관되게 모양 축약.
※食 = '饣'으로 일관되게 간체화.

운 운 울릴 운 운치 운	韻 韵	yùn 윈

사람이(員 사람 원 / 인원 원) 소리를(音 소리 음) 내니 **울림**.

소리가(音) 고르게(勻=均 고를 균) **울림**.
운을 내다, 운치 있음.

얽을 전 묶을 전	纏 缠	chán 챤

가게의(廛 가게 전) 물건을 실로(糸 실 사) **묶음**.
※ 廛(가게 전) : 마을(里 마을 리) 아래에 기둥을 양쪽으로 세우고(丶丨) 흙으로(土) 쌓아 만든 집(广), **가게, 점포**.

마을에(里) 만든 집(广), 즉 가게에서 실로(纟) 물건을 **묶음**.

기릴 예 칭찬할 예	번 譽 간 誉	yù 위	어떤 장소에서 두 사람이 마주보고(臼=臼 절구 구, 어떤 장소 또는 두 사람이 마주 보는 모습) 물건을 들어(廾=廾 받들 공) 주고받는(与) 것을(與 줄 여) 남에게 말하며(言 말씀 언) 기리고 칭찬함. ──── 모양만 일부 축약.
잘 침	번 寢 간 寝	qǐn 친	집(宀 움집 면) 안 침대에(爿 조각 널판 장 / 장수 장 / 침대)서 장수가 빗자루로(㸚 비 추 / 털 추) 청소 후 잠을 잠. ──── 모양만 일부 축약.
양식 량	번 糧 간 粮	liáng 리앙	헤아려(量 헤아릴 량) 보는 쌀(米 쌀 미), 양식. ※ 量(헤아릴 량 / 되 량) : 아침(旦 아침 단)부터 마을(里 마을 리)까지 가는 거리를 헤아려 봄. ──── 어진(良 어질 량) 사람에게만 주는 쌀(米 쌀 미), 양식. ※ '量'이 '良'으로 간체화 됨(같은 음 중에서 간단한 것으로 대체 됨).
셈할 수 (수 수) 운수 수 자주 삭	번 數 간 数	shǔ 슈 shù 슈 shuò 슈어	여자가(女) 머리를 틀어 올리고(婁 틀어올릴 루 / 끌 루 / 당길 루) 주판을 치며(攵 칠 복) 셈함. ──── 모양만 일부 축약. 우리 사용 속자와 같음.

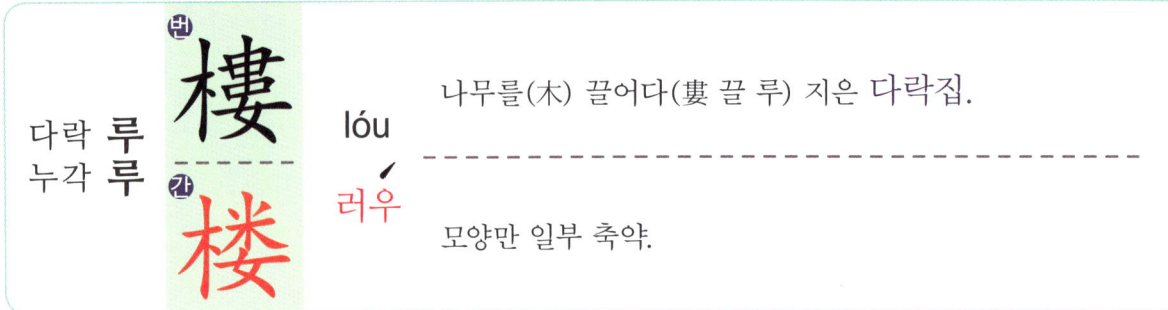

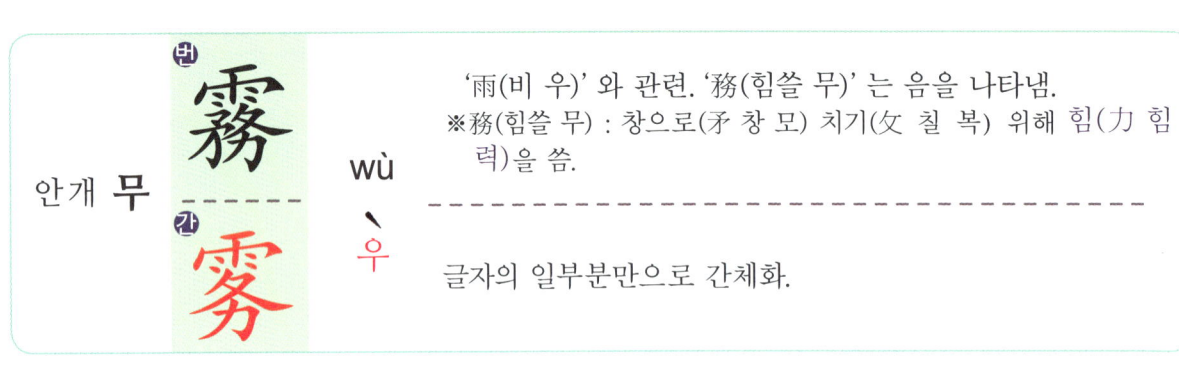

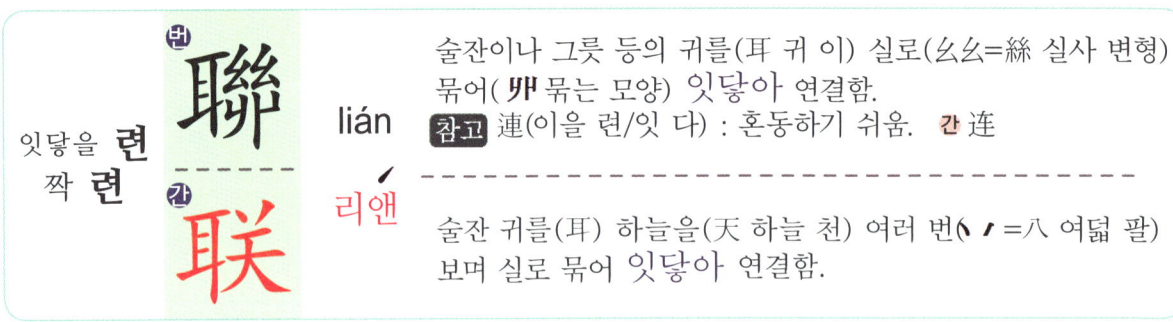

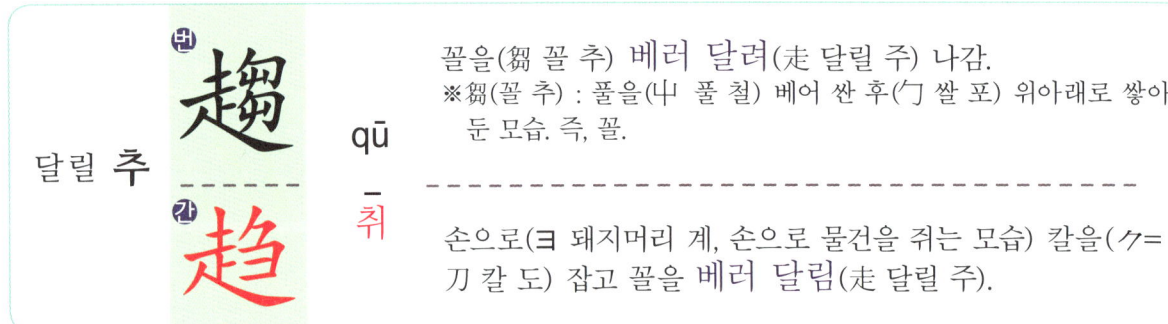

| 자주 루
여러 루 | 屢
屡 | lǚ
뤼 | 집에서(尸 주검 시 / 몸 시 / 집 시) 자주 머리를 틀어 올림(婁 머리 틀어 올릴 루 / 끌 루 / 당길 루).

모양만 일부 축약.
※ '婁'는 '娄'로 축약됨. 우리 사용 속자와 같음. |

| 굳을 확
확실할 확 | 確
确 | què
취에 | 날개 덮인 새가(隺) 돌(石 돌 석) 옆에 있으니 확실히 학처럼 보임.

돌(石) 옆에 있는 날개 덮인 새의 부리가 뿔이 난 것처럼(角 뿔 각 변형) 보이니 확실히 학임(부리가 뿔처럼 보임). |

| 뚫을 착 | 鑿
凿 | záo
자오 | 풀무성한(丵 풀무성할 착) 땅을(臼 절구 구 / 장소를 나타냄, 여기서는 구멍을 나타냄) 쇠로(金 쇠 금) 된 연장으로 뚫음(殳 칠 수).

글자의 일부로써 간체화. |

| 쌓을 축 | 築
筑 | zhù
쮸 | 대나무와(竹 대 죽) 나무로(木 나무 목) 장인이(工 장인 공) 평범하게(凡 평범할 범) 집을 지음, 쌓음.

글자의 일부로 간체화.
대나무만(竹) 가지고 장인이(工) 평범하게(凡) 집을 지음, 쌓음. |

걷을 권 말 권	捲 卷	juǎn 쥐앤	손으로(扌=手 손 수) 책을(卷 책 권) 걷어서 둘둘 만다. --- 글자의 일부로써 간체화. 책을 걷는다고 해서 '책(卷)'으로 간체화.
사당 묘	廟 庙	miào 미아오	집에서(广 바윗집 엄) 아침에(朝 아침 조) 사당에서 제를 올림. --- 집에서(广 바윗집 엄) 아침이기 때문에 (由 말미암을 유) 사당에서 제를 올림.
불쌍히 여길 련	憐 怜	lián 리앤	마음(忄=心 마음 심) 속으로 돕고(㷠 도울 린 / 주고받을 린) 싶은 마음, 즉 불쌍히 여기는 마음. ※㷠(도울 린) : 쌀 생산이(米 쌀 미) 어그러지니(舛 어그러질 천) 도와주어야 함. --- 마음(忄=心) 속으로 명령만(令 명령할 령) 받으니 상대를 불쌍히 여김. ※ 간체자가 아닌 '영리할 령(怜)'도 음이 같음.
나라이름 정 정중할 정	鄭 郑	zhèng 쩡	①마을에서(阝=邑 고을 읍) 두목이(酋 두목 추) 크게(大 큰 대) 제사를(奠 제사 전) 지낼 때는 정중히 지내야 함. ②고을마다(阝=邑 고을 읍) 제사를(奠 제사 전 / 정할 전) 지내는 나라. ※奠(제사 전 / 정할 전) : 두목이(酋 두목 추) 크게(大 큰 대) 제사지냄. ※酋(두목 추) : 술병을(酉 술 유 / 익을 유) 여덟 개(八 여덟 팔) 허리에 차고 다니는 두목. --- ① 마을에서(阝=邑) 항상 웃으니(关 웃을 소, 옛 자) 대할 때 정중히 대함. ② 고을에서(阝=邑 고을 읍) 하늘을(天 하늘 천) 여덟 번(八 여덟 팔) 보고 제사를 지내는 나라.

화로 로	爐 / 炉 lú / 루	불을(火 불 화) 지피는 검은 그릇(盧 검을 로 / 검은그릇 로). 즉, 화로. ※ 盧(검을 로) : 범이(虍 범 호) 밭에(田 밭 전) 못 오도록 검은 그릇을(皿 그릇 명) 놓음(卢). 집에서(戶 집 호) 불(火)피우는 그릇, 화로.
고리 환	環 / 环 huán / 환	그물(罒 그물 망)코 한(一 한 일) 곳으로(口 입 구) 몰려드는(𧘇 몰려드는 모양) 고기모양을 본떠 만든 고리(王=玉 구슬 옥). 그물코 두 곳이 아닌(不 아니 불) 한곳으로 모여드는 고기모양을 본떠 만든 고리(王=玉 구슬 옥).
돌아올 환	還 / 还 huán / 환	그물(罒)코 한(一) 곳으로(口) 몰려들어(𧘇) 천천히(辶) 돌아옴. 그물코 두 곳이 아닌(不) 한 곳으로 천천히(辶) 돌아옴.
호걸 걸 뛰어날 걸	傑 / 杰 jié / 	사람이(人) 사나워(桀 사나울 걸) 보여 오히려 호걸같음. ※ 桀(홰 걸 / 사나울 걸) : 나뭇가지가(木) 어그러져(舛 어그러질 천) 있는 모양이 홰 같고 사나움. ※ 홰 : 닭장 위에 가로질러 놓는 막대기. 불타는(灬=火 불 화) 나무를(木) 살리는 호걸. ※ 우리 속자도 같음.

살찔 항	骯 / 肮	āng / 앙	목(亢 목 항)뼈(骨 뼈 골) 부분이 살찜. ※ 亢(목 항 / 높을 항) : 머리 부분(亠 머리 부분 두) 밑에 있는 목(几 목 모양). --- 몸에서(月=肉 고기 육) 목(亢 목 항) 부분이 살찜.
돌 주 주 주	週 / 周	zhōu / 쪄우	두루(周 두루 주 / 둘레 주) 천천히(辶 쉬엄쉬엄 갈 착) 한바퀴 돎. --- 두루(周) 돌아본다는 의미로 '두루(周)'를 강조함. ※ 간체자 아닌 원래 '周(두루 주)'도 발음은 같음.
학질 학	瘧 / 疟	nüè / 뉘에	①성질이 사나워(虐 사나울 학) 걸리는 병(疒 병 녁), 학질. ②사나운(虐 사나울 학) 병(疒 병 녁), 학질. ※ 虐(사나울 학) : 범의(虍 범 호) 발톱이( 발톱모양) 사나움. --- 발톱()처럼 사나운 병(疒 병 녁), 학질. 글자의 일부분으로 간체화.
눈물 루	淚 / 泪	lèi / 레이	개를 되돌려주니(戾 되돌릴 려) 눈물이(氵=水 물 수) 남. ※ 戾(되돌릴 려) : 집에(戶 집 호) 들어온 개를(犬 개 견) 되돌려 줌. --- 눈에서(目 눈 목) 나온 물(氵=水 물 수), 눈물.

| 성씨 류
이길 류 | 劉
刘 | liú
리우 | 무성한(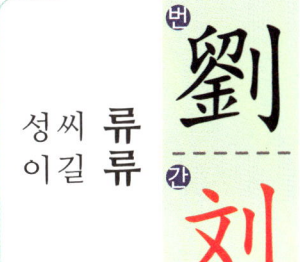=卯 무성할 묘 / 토끼 묘) 풀밭을 쇠(金 쇠 금)로 된 칼(刂=刀 칼 도)로 베는 성씨, 류씨.

문이(文 글월 문) 무릎(刂=刀 칼 도) 이김, 그런 성씨. |

| 맑을 류 | 瀏
浏 | liú
리우 | 류씨 성을(劉 성 류) 가진 사람이 물처럼(氵=水 물 수) 성품이 맑음.
외우기 좋게 말한 것임.

모양 축약. |

| 모양 태
태도 태 | 態
态 | tài
타이 | 능력있는(能 능할 능) 마음(心 마음 심)가짐, 태도.

큰(太 클 태) 마음을(心 마음 심) 갖는 모양이나 태도가 중요함. |

| 떨칠 분
성낼 분 | 奮
奋 | fèn
뻔 | 새가(隹 새 추) 밭에서(田 밭 전) 크게(大 큰 대) 날갯짓 하며 떨쳐 날아감.

새가(隹) 밭에서(田) 크게(大 큰 대) 날갯짓하며 떨쳐 날아감.
글자의 일부로 간체화. |

답답할 울 우거질 울	鬱 郁	yù 위	활집에(鬯 활집 창 / 울창주 창) 화살이 많듯 나무가 많은 (彡 털 자랄 삼) 숲에(林 수풀 림) 질그릇을(缶 질그릇 부) 숨기니(冖 덮을 멱) 못 찾아서 답답함. 그 정도로 숲이 우거짐. *울창주(鬱鬯酒) : 울금향을 넣어 빚은 향기나는 술. 고을에만(阝=邑 고을 읍) 있으니(有 있을 유) 답답함.
쇳덩이 광 유황 황	礦 矿	kuàng 쾅	돌이나(石 돌 석) 쇠를(金 쇠 금) 넓게(廣 넓을 광) 펴서 만든 쇳덩이. 글자의 일부로 간체화. ※ 廣(넓을 광)은 广(바윗집 엄)으로 간체화. 바윗집이 넓다.
백반 반 (황산 알루미늄)	礬 矾	fán 빤	숲(林 수풀 림) 가꾸기를 본받기(爻 본받을 효) 위해 크게(大 큰 대) 돌같은(石 돌 석) 백반으로 만든 자리. 평범한(凡 평범할 범 / 무릇 범) 돌(石 돌 석) 같은 백반.
수레소리 굉	轟 轰	hōng 홍	수레(車 수레 차) 3대가 지나가니 소리가 큼. 모양 축약. 수레가(車) 또(又 또 우) 그리고 또(又) 지나가니 소리가 큼. ※ 車(수레 차)는 '车'로 간체화 됨.

묵을 진
말할 진
늘어놓을
진

chén
╱
천

동쪽(東 동녘 동) 언덕(阝=邑 고을 읍) 옆에 물건을 늘어 놓고 하루 묵으면서 일함.

모양 일부 변형.
※ 東(동녘 동)은 东으로 간체화.

소금밭 로
염전 로

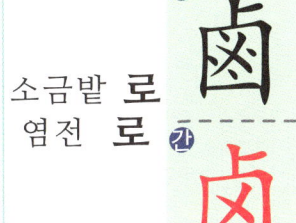

lǔ
˅
루

소금이 들어있는 그릇 모양 또는 소금을 만드는 염전 모양.

모양 일부 축약.

들을 청

tīng
ˉ
팅

눈으로(目 눈 목) 열(十 열 십) 번 살피고 하나(一 한 일) 된 마음으로(心 마음 심) 줄기(壬 줄기 정) 위에서 귀로(耳 귀 이) 잘 들음.

몇 근이라고(斤 도끼 근 / 저울 근) 입으로(口 입 구) 말한 것을 들음.

속 리

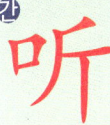

lǐ
˅
리

옷(衣 옷 의) 속에 마을(里 마을 리) 그림이 그려져 있음.
※ 里(마을 리) : 여기서는 발음요소.

글자의 일부로 간체화. 마을 속이라는 뜻으로 '마을'을 강조.
※ 간체화 되지 않은 원래 '里(마을 리)'도 음이 같음.

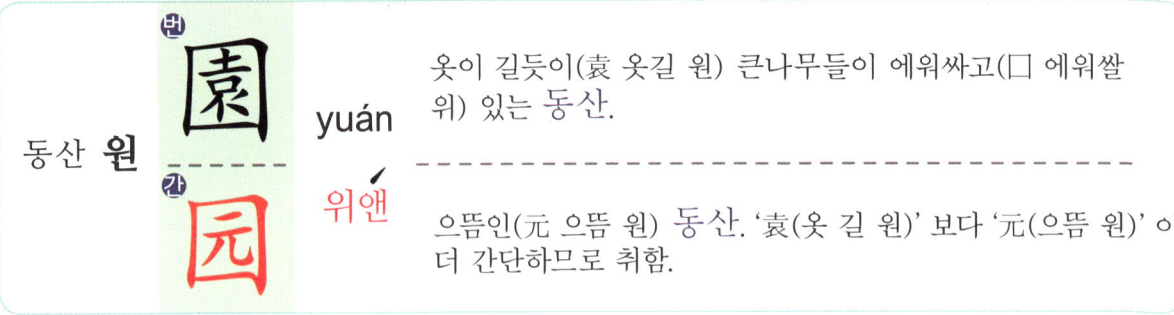

동산 원 / 園 / 园 / yuán / 위앤

옷이 길듯이(袁 옷길 원) 큰나무들이 에워싸고(囗 에워쌀 위) 있는 동산.

으뜸인(元 으뜸 원) 동산. '袁(옷 길 원)' 보다 '元(으뜸 원)' 이 더 간단하므로 취함.

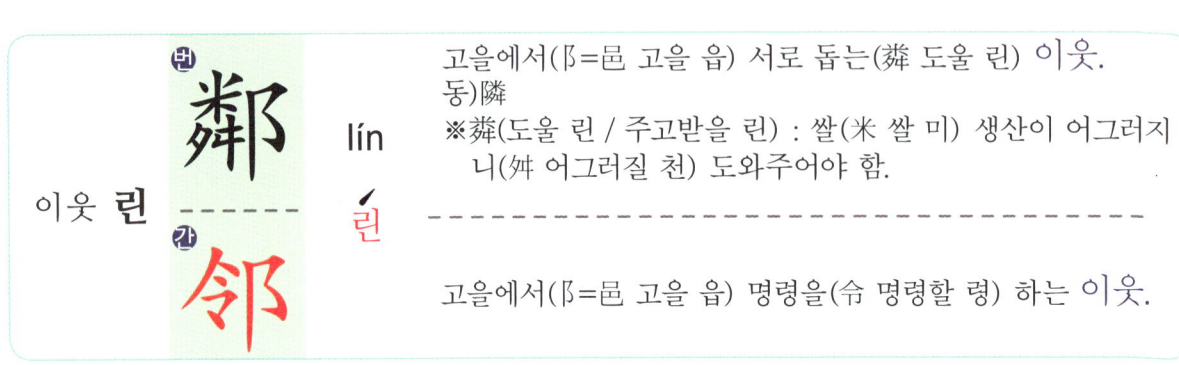

이웃 린 / 鄰 / 邻 / lín / 린

고을에서(阝=邑 고을 읍) 서로 돕는(粦 도울 린) 이웃. 동)隣
※粦(도울 린 / 주고받을 린) : 쌀(米 쌀 미) 생산이 어그러지니(舛 어그러질 천) 도와주어야 함.

고을에서(阝=邑 고을 읍) 명령을(令 명령할 령) 하는 이웃.

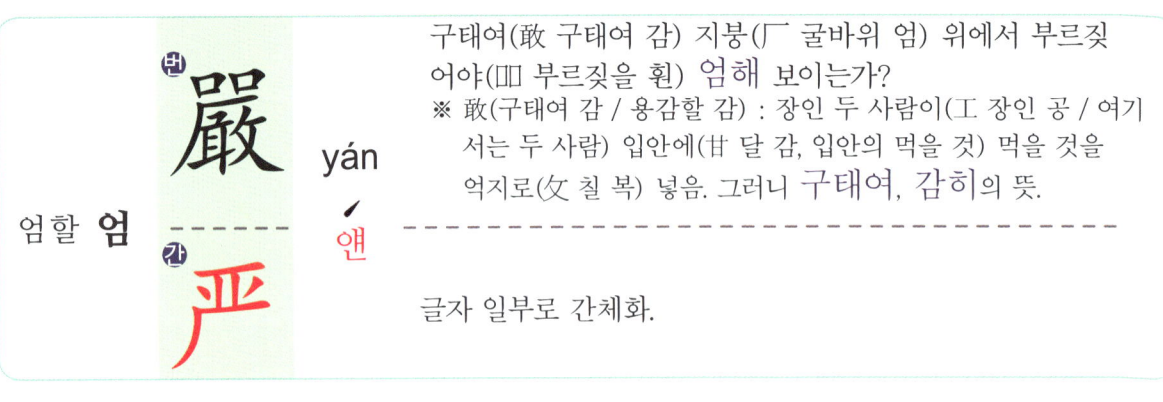

엄할 엄 / 嚴 / 严 / yán / 얜

구태여(敢 구태여 감) 지붕(厂 굴바위 엄) 위에서 부르짖어야(吅 부르짖을 훤) 엄해 보이는가?
※敢(구태여 감 / 용감할 감) : 장인 두 사람이(工 장인 공 / 여기서는 두 사람) 입안에(甘 달 감, 입안의 먹을 것) 먹을 것을 억지로(攵 칠 복) 넣음. 그러니 구태여, 감히의 뜻.

글자 일부로 간체화.

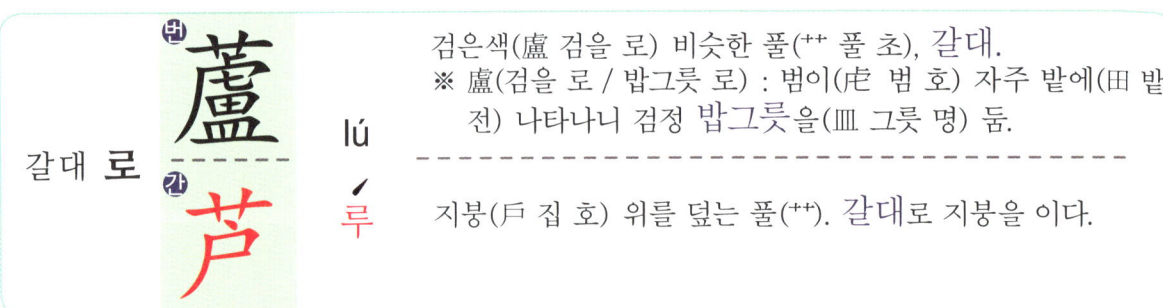

갈대 로 / 蘆 / 芦 / lú / 루

검은색(盧 검을 로) 비슷한 풀(艹 풀 초), 갈대.
※盧(검을 로 / 밥그릇 로) : 범이(虍 범 호) 자주 밭에(田 밭 전) 나타나니 검정 밥그릇을(皿 그릇 명) 둠.

지붕(戶 집 호) 위를 덮는 풀(艹). 갈대로 지붕을 이다.

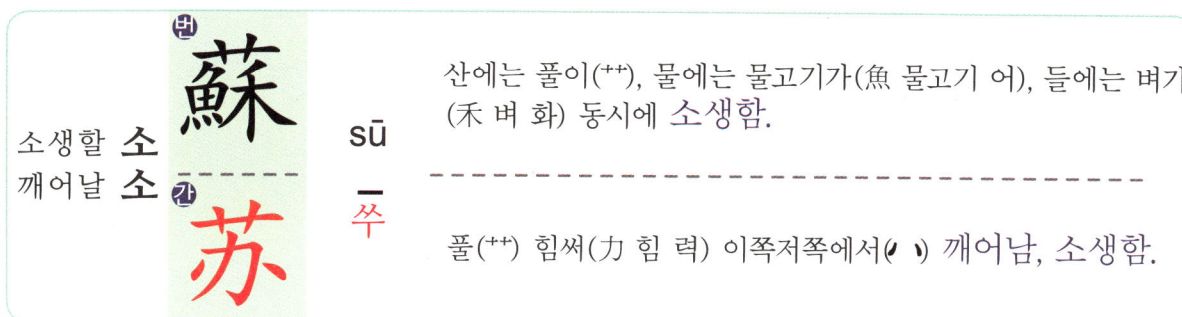

소생할 소
깨어날 소

蘇 / 苏   sū 쑤

산에는 풀이(⺾), 물에는 물고기가(魚 물고기 어), 들에는 벼가 (禾 벼 화) 동시에 소생함.

풀(⺾) 힘써(力 힘 력) 이쪽저쪽에서(ノ 丶) 깨어남, 소생함.

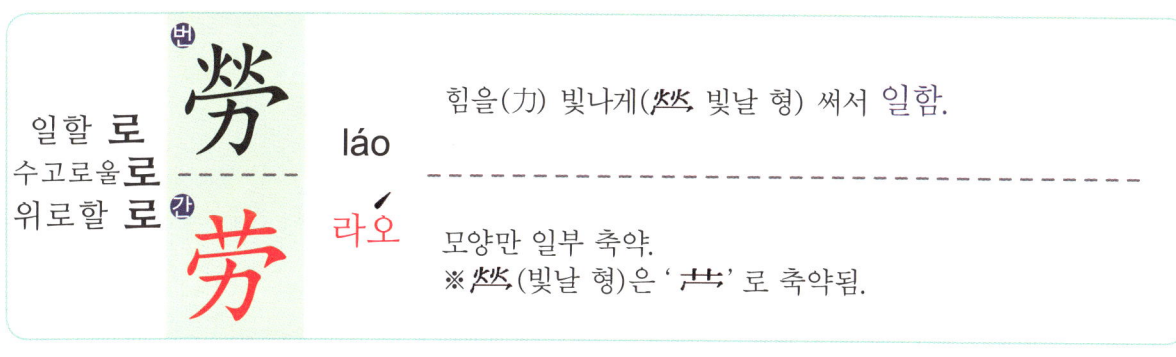

일할 로
수고로울 로
위로할 로

勞 / 劳   láo 라오

힘을(力) 빛나게(熒 빛날 형) 써서 일함.

모양만 일부 축약.
※ 熒(빛날 형)은 '芇' 로 축약됨.

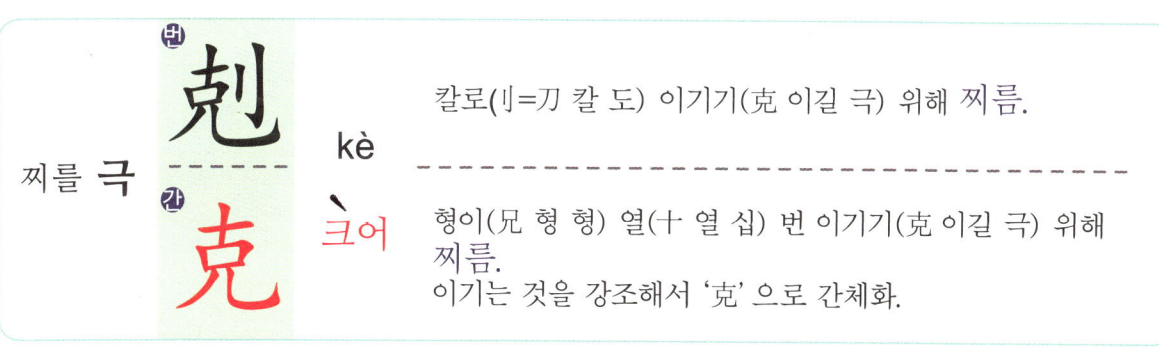

찌를 극

剋 / 克   kè 크어

칼로(刂=刀 칼 도) 이기기(克 이길 극) 위해 찌름.

형이(兄 형 형) 열(十 열 십) 번 이기기(克 이길 극) 위해 찌름.
이기는 것을 강조해서 '克' 으로 간체화.

보호할 호
지킬 호

護 / 护   hù 후

풀에서(⺾) 노는 새를(隹 새 추) 또(又 또 우) 말(言 말씀 언) 하며 보호함.

손으로(扌=手 손 수) 집을(戶 집 호) 보호함.

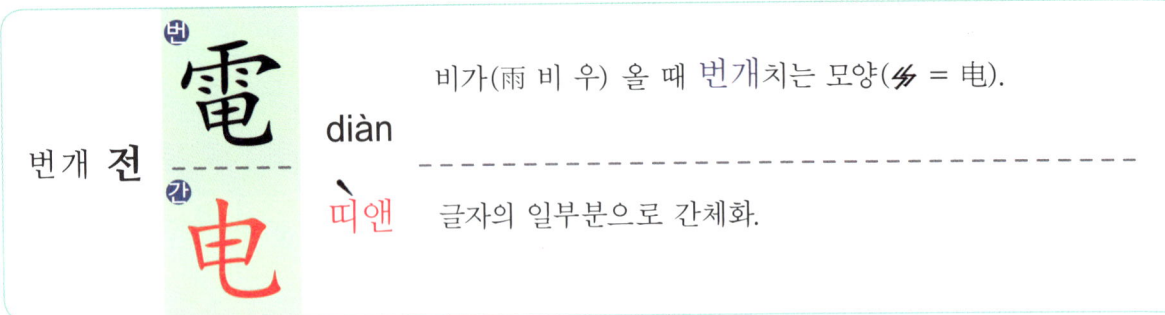

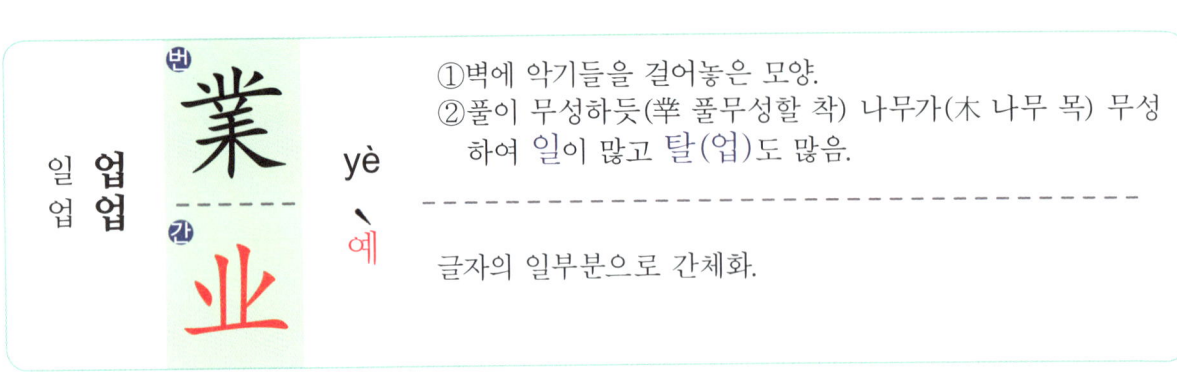

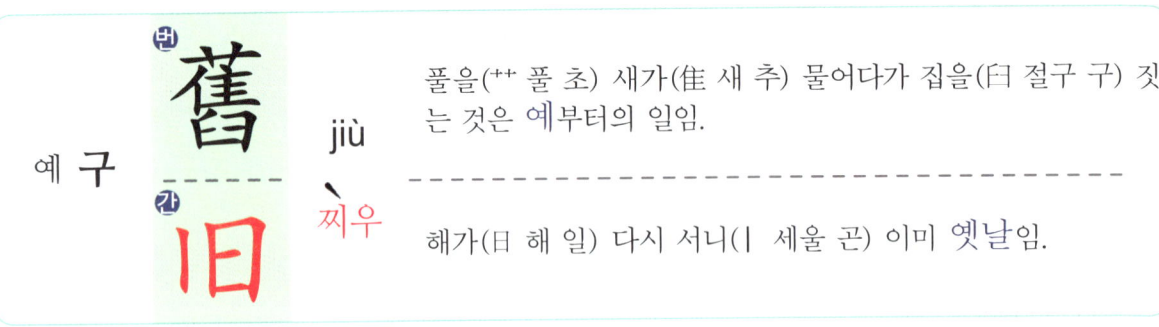

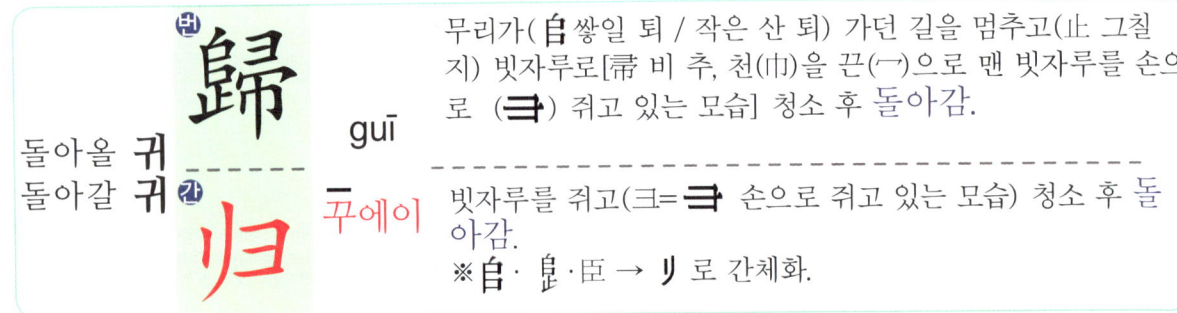

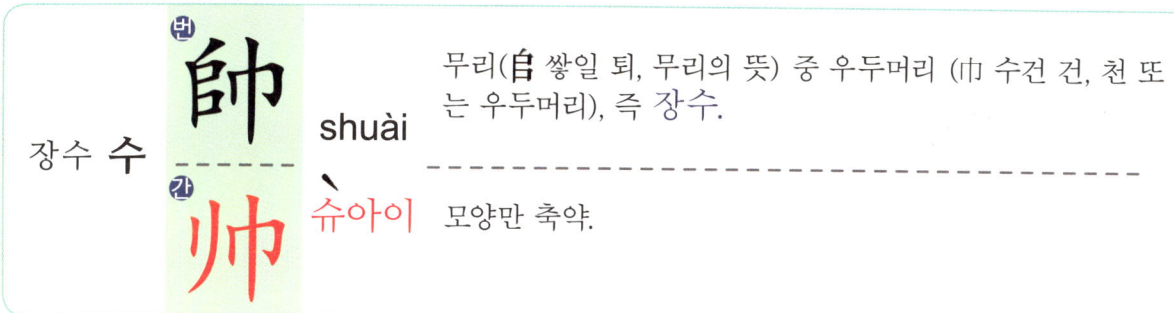

장수 **수** — shuài / 슈아이

무리(自 쌓일 퇴, 무리의 뜻) 중 우두머리 (巾 수건 건, 천 또는 우두머리), 즉 장수.

모양만 축약.

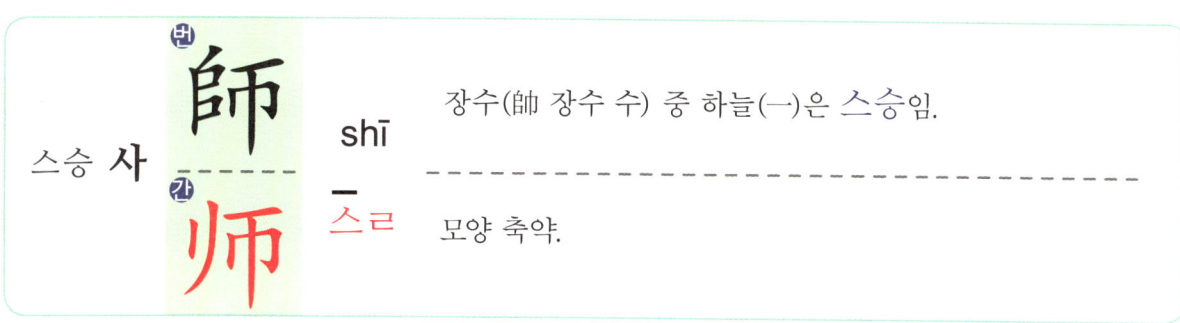

스승 **사** — shī / 스
장수(帥 장수 수) 중 하늘(一)은 스승임.

모양 축약.

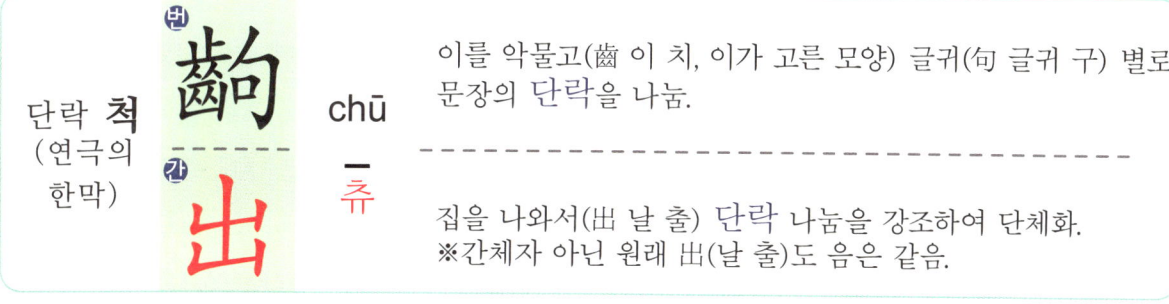

단락 **척**
(연극의
한막) — chū / 츄

이를 악물고(齒 이 치, 이가 고른 모양) 글귀(句 글귀 구) 별로 문장의 단락을 나눔.

집을 나와서(出 날 출) 단락 나눔을 강조하여 단체화.
※간체자 아닌 원래 出(날 출)도 음은 같음.

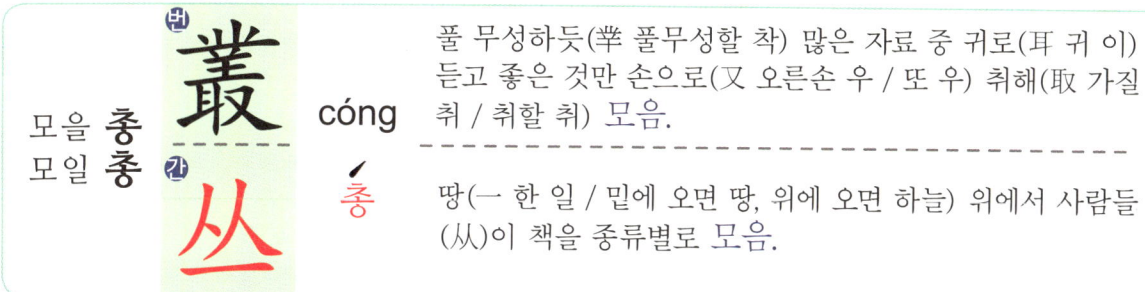

모을 **총**
모일 **총** — cóng / 총

풀 무성하듯(丵 풀무성할 착) 많은 자료 중 귀로(耳 귀 이) 듣고 좋은 것만 손으로(又 오른손 우 / 또 우) 취해(取 가질 취 / 취할 취) 모음.

땅(一 한 일 / 밑에 오면 땅, 위에 오면 하늘) 위에서 사람들(从)이 책을 종류별로 모음.

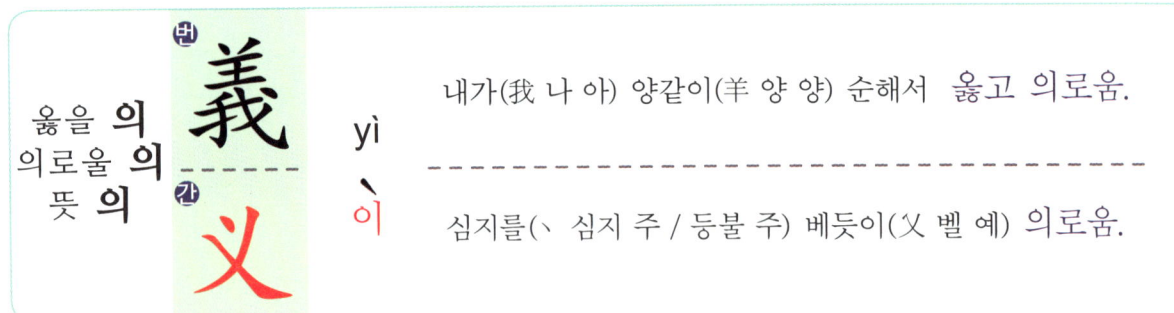

옳을 의
의로울 의
뜻 의
義 / 义 yì 이
내가(我 나 아) 양같이(羊 양 양) 순해서 옳고 의로움.
심지를(丶심지 주 / 등불 주) 베듯이(乂 벨 예) 의로움.

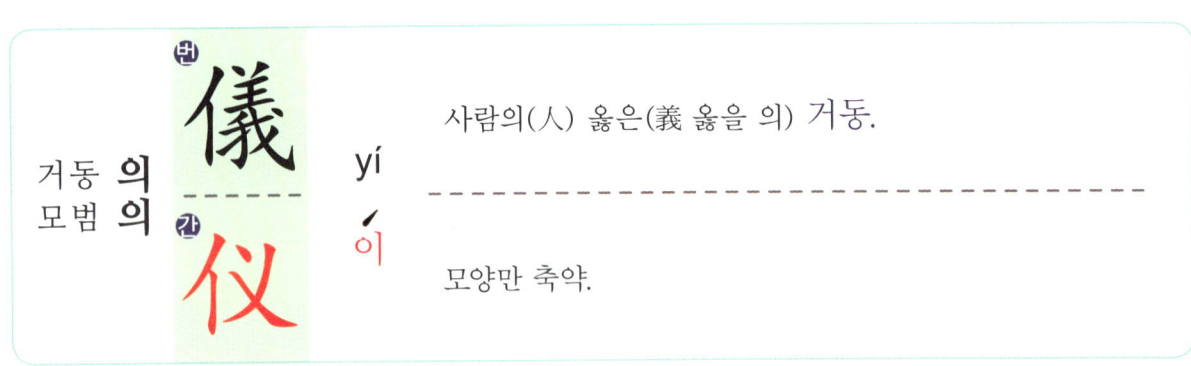

거동 의
모범 의
儀 / 仪 yí 이
사람의(人) 옳은(義 옳을 의) 거동.
모양만 축약.

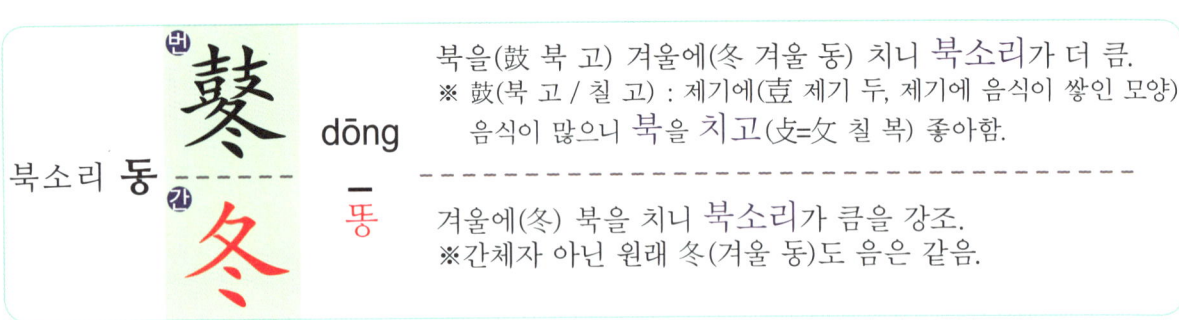

북소리 동
鼕 / 冬 dōng 뚱
북을(鼓 북 고) 겨울에(冬 겨울 동) 치니 북소리가 더 큼.
※鼓(북 고 / 칠 고) : 제기에(壴 제기 두, 제기에 음식이 쌓인 모양) 음식이 많으니 북을 치고(攴=攵 칠 복) 좋아함.
겨울에(冬) 북을 치니 북소리가 큼을 강조.
※간체자 아닌 원래 冬(겨울 동)도 음은 같음.

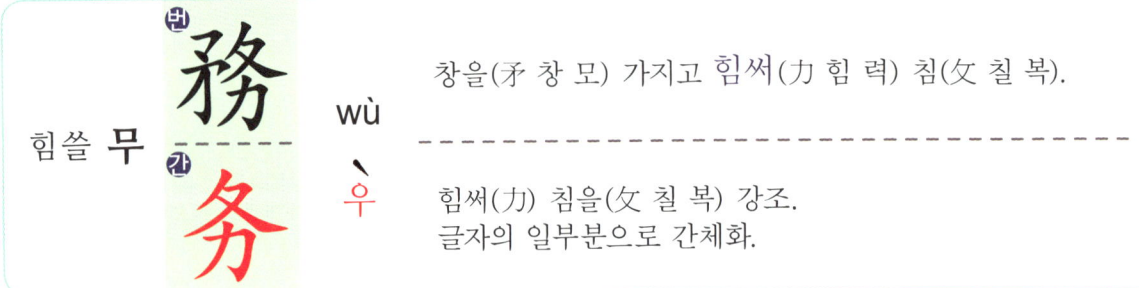

힘쓸 무
務 / 务 wù 우
창을(矛 창 모) 가지고 힘써(力 힘 력) 침(攵 칠 복).
힘써(力) 침을(攵 칠 복) 강조.
글자의 일부분으로 간체화.

| 곳 처
처리할 처 | 處 / 处
chù 츄
chǔ 츄 | 사냥을 마친 범이(虍 범 호) 뒤에 와서(夂 뒤져 올 치) 머무르는 안석처럼(几 안석 궤) 편한 곳.
※속자는 '処' 임.

점(卜 점 복)보기 위해 뒤에 오는(夂 뒤져 올 치) 곳. |

| 꼴 추 | 芻 / 刍
chú 츄 | 풀을(屮 풀 철) 싸서(勹 쌀 포) 위아래로 쌓아두는 풀, 꼴(소나 말, 염소 등에게 먹이는 풀).

손에(ㅋ=ヨ 손으로 잡고 있는 모습, 돼지머리 계) 칼을(刂=刀 칼 도) 쥐어주니 그때서야 꼴을 벰. |

| 나라이름 추
(주대의 제후국) | 鄒 / 邹
zōu 쩌우 | 고을에(阝=邑 고을 읍) 꼴을(芻 꼴 추) 쌓아 두던 나라.

모양 일괄 축약. |

| 주름살 추 | 皺 / 皱
zhòu 쩌우 | 꼴을(芻 꼴 추) 많이 베서 피부에(皮 가죽 피) 주름살이 많음.

모양 일괄 축약. |

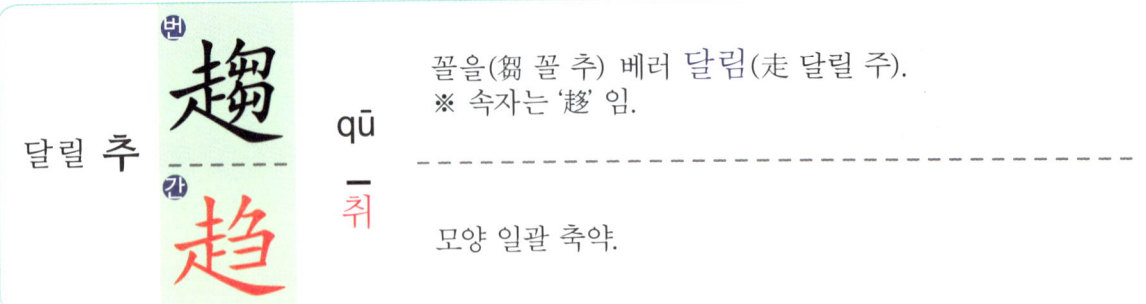

달릴 추 / 趨 / qū / 취

꼴을(芻 꼴 추) 베러 달림(走 달릴 주).
※ 속자는 '趍' 임.

모양 일괄 축약.

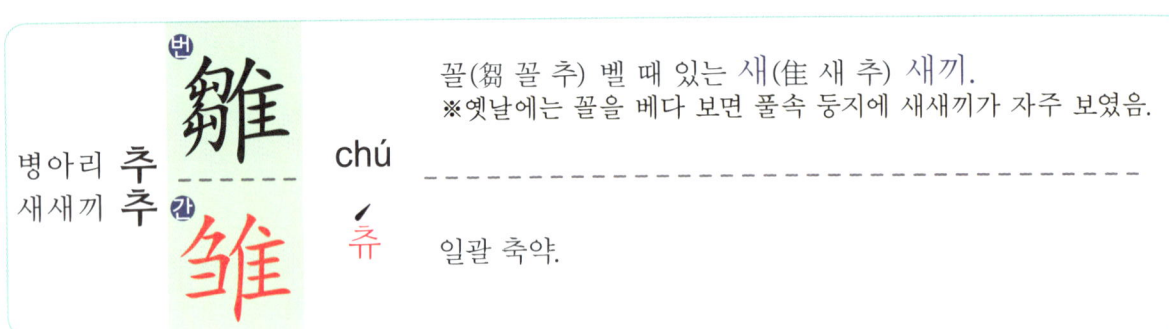

병아리 추 / 새새끼 추 / 雛 / chú / 츄

꼴(芻 꼴 추) 벨 때 있는 새(隹 새 추) 새끼.
※옛날에는 꼴을 베다 보면 풀속 둥지에 새새끼가 자주 보였음.

일괄 축약.

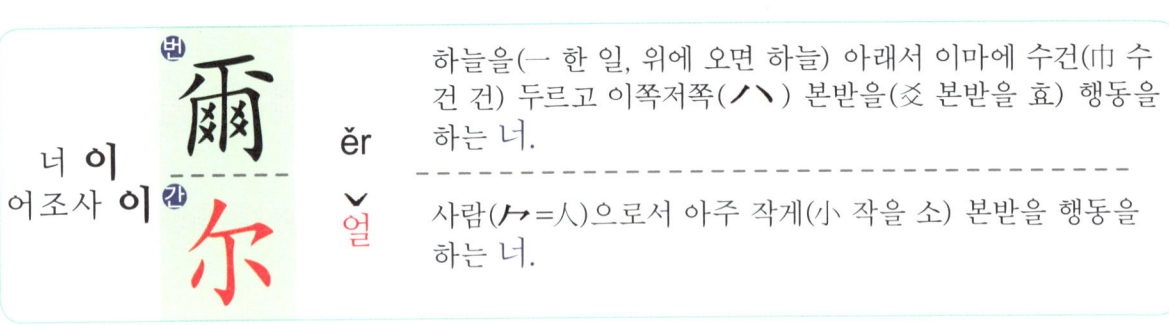

너 이 / 어조사 이 / 爾 / ěr / 얼

하늘을(一 한 일, 위에 오면 하늘) 아래서 이마에 수건(巾 수건 건) 두르고 이쪽저쪽(八) 본받을(爻 본받을 효) 행동을 하는 너.

사람(亻=人)으로서 아주 작게(小 작을 소) 본받을 행동을 하는 너.

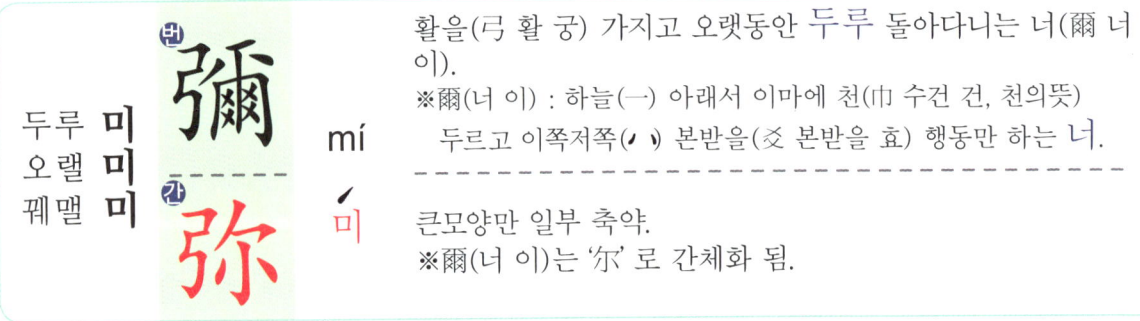

두루 미 / 오랠 미 / 꿰맬 미 / 彌 / mí / 미

활을(弓 활 궁) 가지고 오랫동안 두루 돌아다니는 너(爾 너 이).
※爾(너 이) : 하늘(一 아래서 이마에 천(巾 수건 건, 천의뜻) 두르고 이쪽저쪽(八) 본받을(爻 본받을 효) 행동만 하는 너.

큰모양만 일부 축약.
※爾(너 이)는 '尔' 로 간체화 됨.

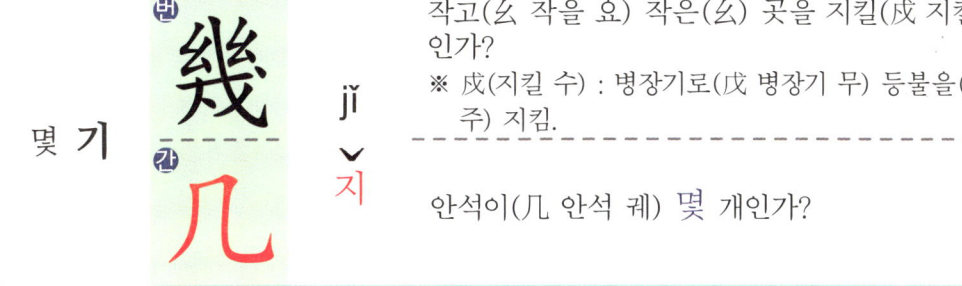

몇 기 | 幾 / 几 | jǐ / 지

작고(幺 작을 요) 작은(幺) 곳을 지킬(戍 지킬 수) 사람이 몇 인가?
※ 戍(지킬 수) : 병장기로(戊 병장기 무) 등불을(丶 등불 주 / 심지 주) 지킴.

안석이(几 안석 궤) 몇 개인가?

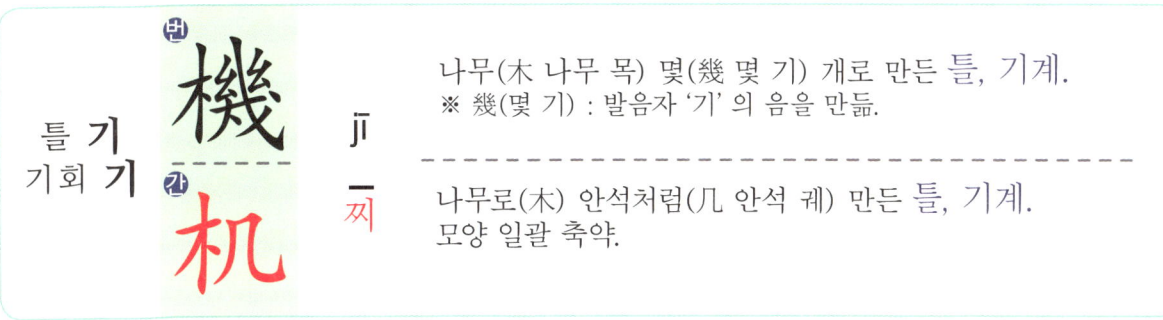

틀 기
기회 기 | 機 / 机 | jī / 찌

나무(木 나무 목) 몇(幾 몇 기) 개로 만든 틀, 기계.
※ 幾(몇 기) : 발음자 '기' 의 음을 만듦.

나무로(木) 안석처럼(几 안석 궤) 만든 틀, 기계.
모양 일괄 축약.

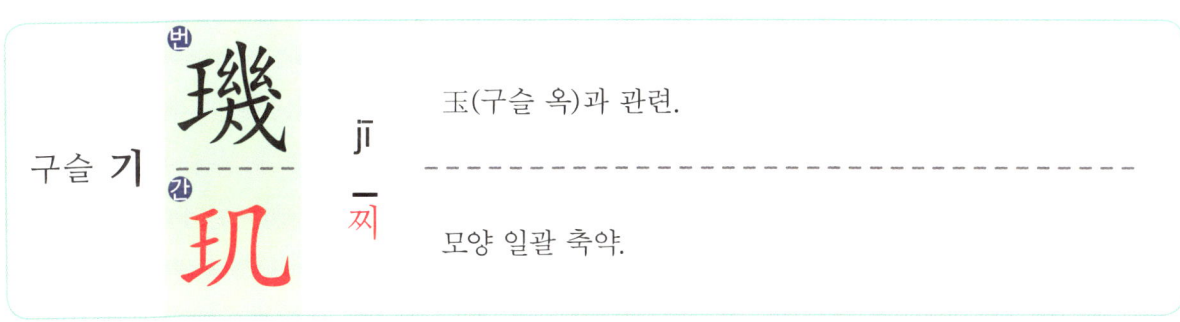

구슬 기 | 璣 / 玑 | jī / 찌

玉(구슬 옥)과 관련.

모양 일괄 축약.

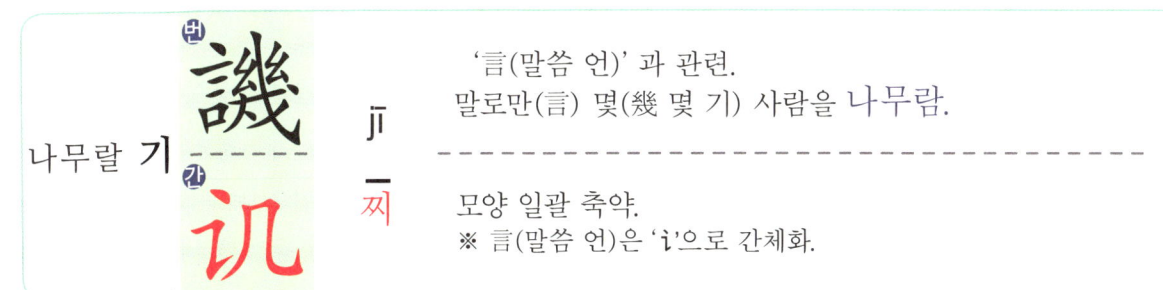

나무랄 기 | 譏 / 讥 | jī / 찌

'言(말씀 언)' 과 관련.
말로만(言) 몇(幾 몇 기) 사람을 나무람.

모양 일괄 축약.
※ 言(말씀 언)은 'ⅰ'으로 간체화.

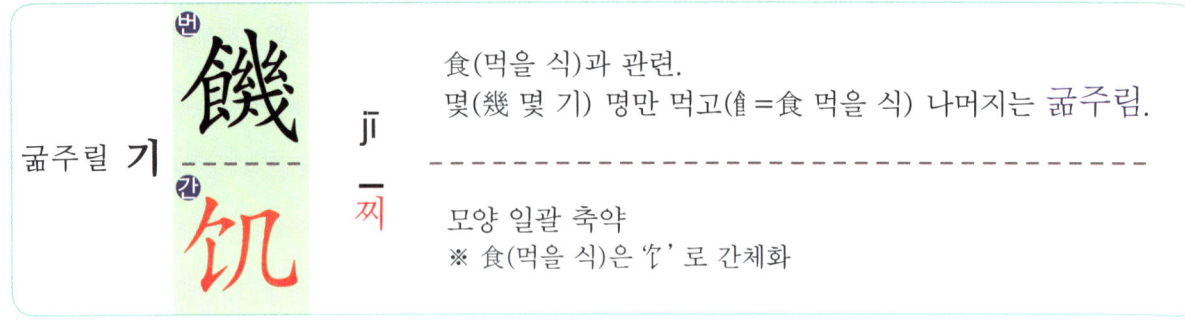

굶주릴 기 / 饑 / 饥 / jī / 찌

食(먹을 식)과 관련.
몇(幾 몇 기) 명만 먹고(食=食 먹을 식) 나머지는 굶주림.

모양 일괄 축약
※ 食(먹을 식)은 '饣'로 간체화

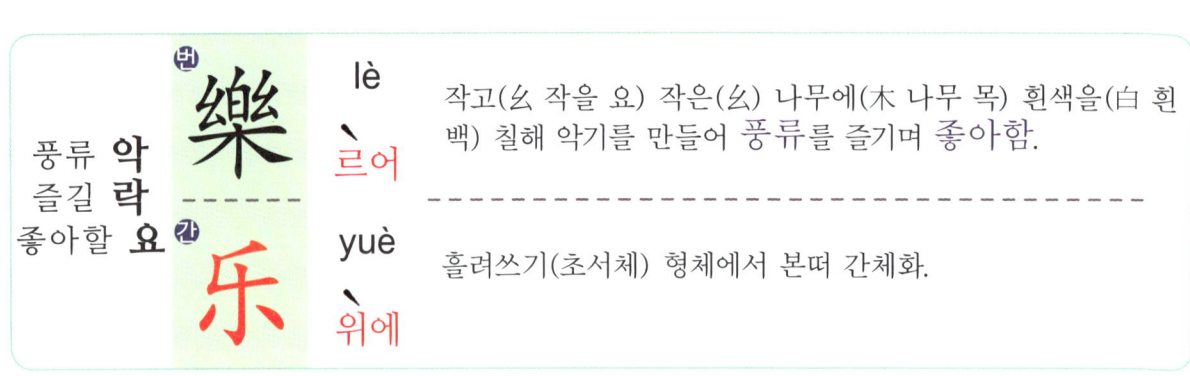

풍류 악 / 즐길 락 / 좋아할 요 / 樂 / 乐 / lè 르어 / yuè 위에

작고(幺 작을 요) 작은(幺) 나무에(木 나무 목) 흰색을(白 흰 백) 칠해 악기를 만들어 풍류를 즐기며 좋아함.

흘려쓰기(초서체) 형체에서 본떠 간체화.

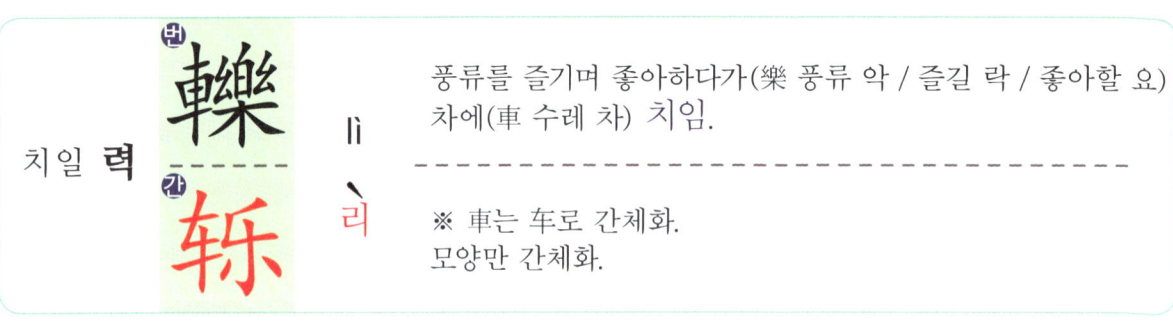

치일 력 / 轢 / 轹 / lì 리

풍류를 즐기며 좋아하다가(樂 풍류 악 / 즐길 락 / 좋아할 요) 차에(車 수레 차) 치임.

※ 車는 车로 간체화.
모양만 간체화.

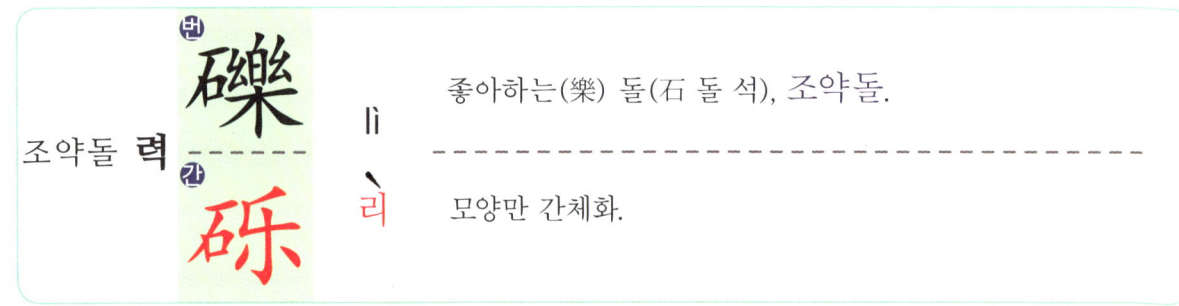

조약돌 력 / 礫 / 砾 / lì 리

좋아하는(樂) 돌(石 돌 석), 조약돌.

모양만 간체화.

| 집 대
장부 대 | 臺
台 | tái
타이 | 선비가(士 선비 사) 입을(口 입 구) 덮고(冖 덮을 멱) 이르는(至 이를 지) 곳, 집. 높게 지어진 집 모양.
높게 지어진 집 모양.

내가(厶 나 사) 입을(口 입 구) 덮고 이르는 집.
별(台 별 태 / 나 이)을 보는 집.
※발음요소 : '태'의 음을 만듦. |

| 태풍 태 | 颱
台 | tái
타이 | 별을(台 별 태) 보니 바람(風 바람 풍)이 크게 부는 태풍이 올 것 같음.
'台(별 태)'는 음을 결정(태).

별을(台 별 태) 보고 태풍을 점친다는 의미로 간체화. |

| 쏠 발
필 발
떠날 발
일어날 발 | 發
发 | fā
빠 | 길게 걸어(癶 길게 걸을 발) 가다가 활을(弓 활 궁) 쳐서(殳 칠 수) 쏨. 활을 쏘러 떠남.

친구가(友 벗 우) 받침대를(⌐ 받침대 모양) 놓고 활을 쏨(丶 화살이 나가는 모양). |

| 머리털 발 | 髮
发 | fà
빠 | 길게 늘어진(髟 머리늘일 표) 머리털.
'犮(개 치달는 모양 발)'은 음을 나타냄(발)
※속자는 髮.

머리털을 단정히 하고 친구가(友 벗 우) 받침대에서(⌐) 활을 쏨. |

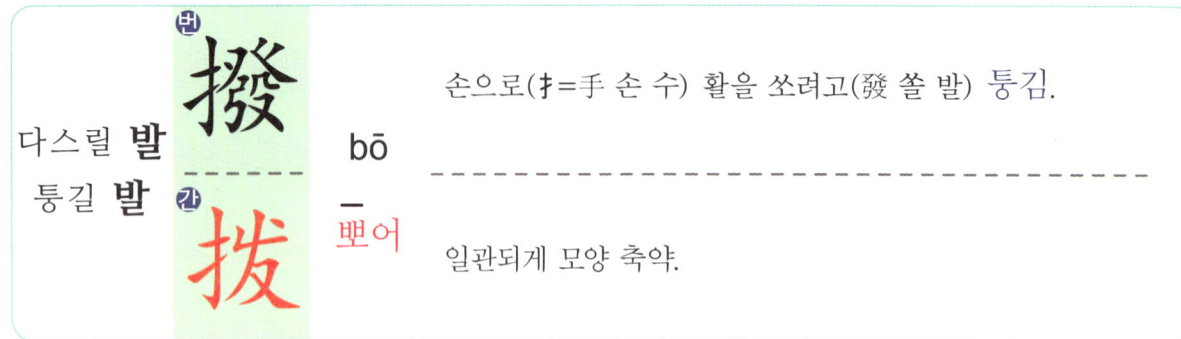

다스릴 발
퉁길 발

撥 / 拨 bō / 뽀어

손으로(扌=手 손 수) 활을 쏘려고(發 쏠 발) 퉁김.

일관되게 모양 축약.

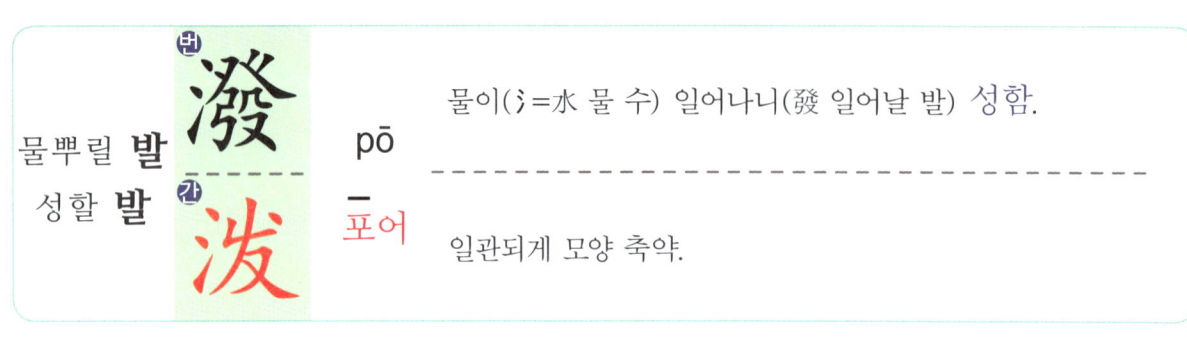

물뿌릴 발
성할 발

潑 / 泼 pō / 포어

물이(氵=水 물 수) 일어나니(發 일어날 발) 성함.

일관되게 모양 축약.

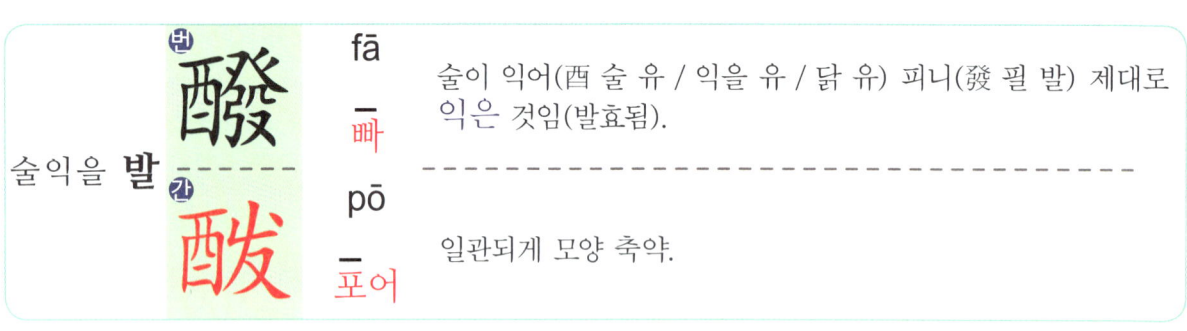

술익을 발

醱 / 酦 fā / 빠 / pō / 포어

술이 익어(酉 술 유 / 익을 유 / 닭 유) 피니(發 필 발) 제대로 익은 것임(발효됨).

일관되게 모양 축약.

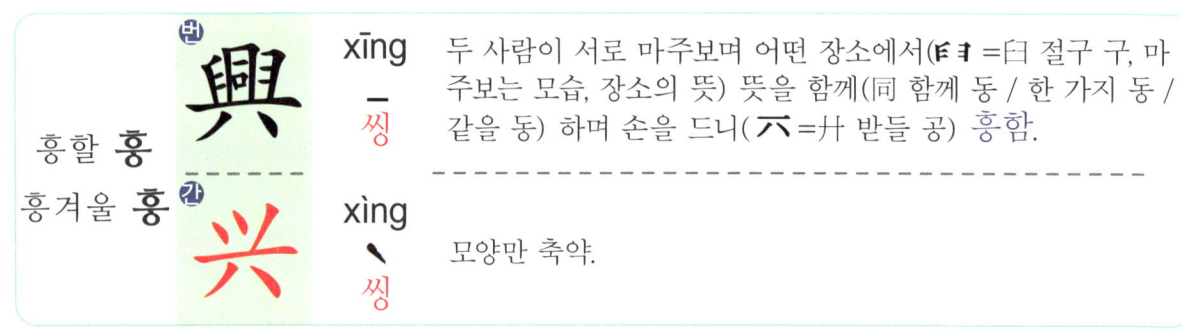

흥할 흥
흥겨울 흥

興 / 兴 xīng / 씽 / xìng / 씽

두 사람이 서로 마주보며 어떤 장소에서(⺽=臼 절구 구, 마주보는 모습, 장소의 뜻) 뜻을 함께(同 함께 동 / 한 가지 동 / 같을 동) 하며 손을 드니(一=廾 받들 공) 흥함.

모양만 축약.

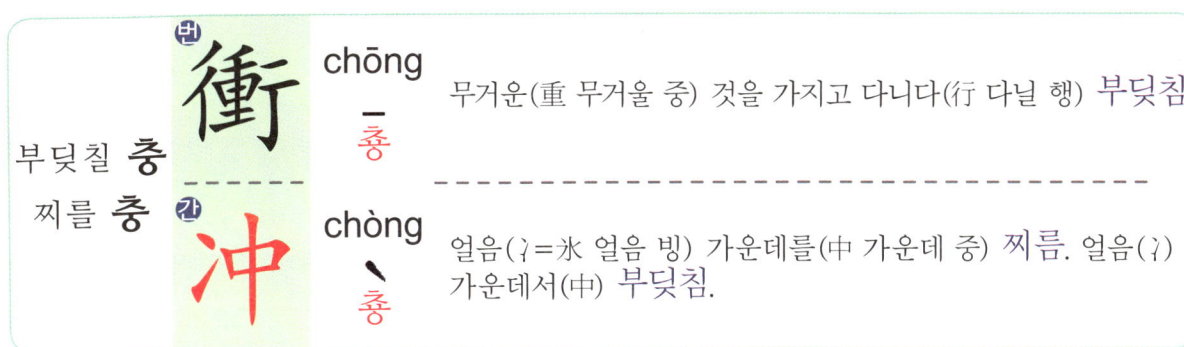

부딪칠 충
찌를 충

衝 chōng 충

무거운(重 무거울 중) 것을 가지고 다니다(行 다닐 행) 부딪침.

冲 chòng 충

얼음(冫=氷 얼음 빙) 가운데를(中 가운데 중) 찌름. 얼음(冫) 가운데서(中) 부딪침.

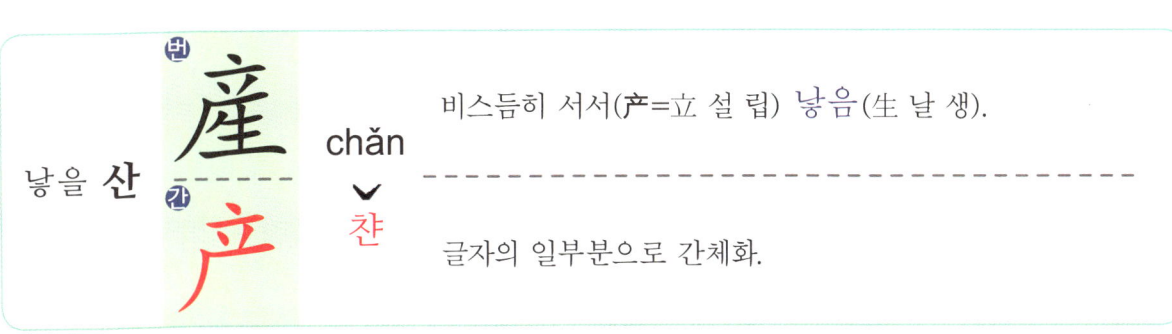

낳을 산

産 chǎn 챤

비스듬히 서서(产=立 설 립) 낳음(生 날 생).

产

글자의 일부분으로 간체화.

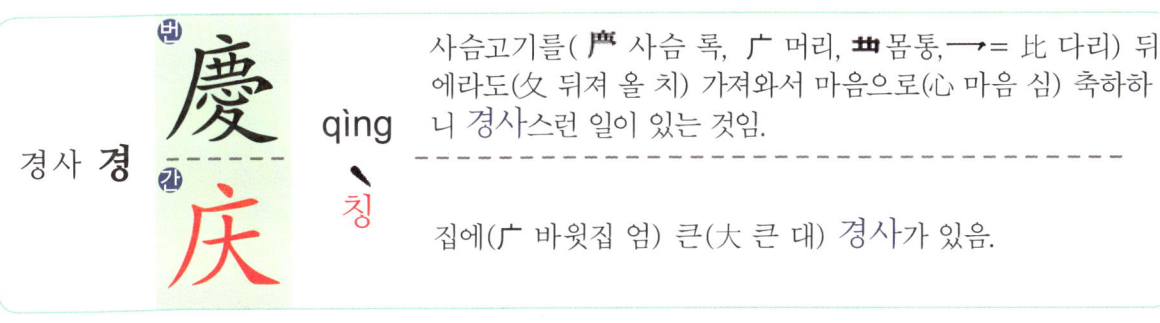

경사 경

慶 qìng 칭

사슴고기를(声 사슴 록, 广 머리, 曲 몸통, 一=比 다리) 뒤에라도(夂 뒤져 올 치) 가져와서 마음으로(心 마음 심) 축하하니 경사스런 일이 있는 것임.

庆

집에(广 바윗집 엄) 큰(大 큰 대) 경사가 있음.

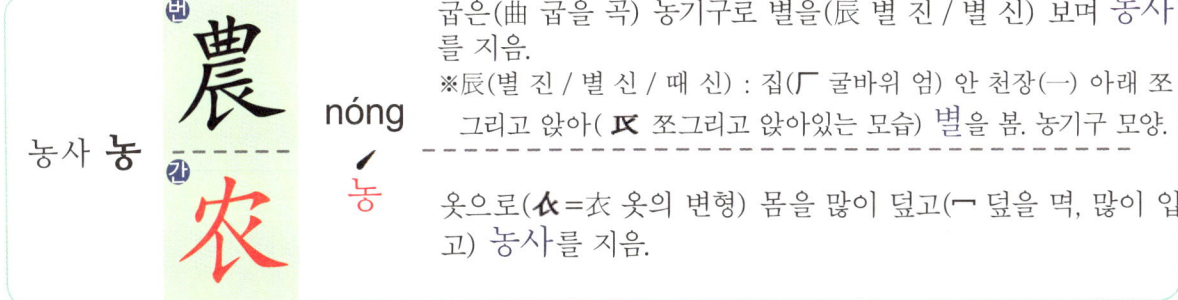

농사 농

農 nóng 농

굽은(曲 굽을 곡) 농기구로 별을(辰 별 진 / 별 신) 보며 농사를 지음.
※辰(별 진 / 별 신 / 때 신) : 집(厂 굴바위 엄) 안 천장(一) 아래 쪼그리고 앉아(㐆 쪼그리고 앉아있는 모습) 별을 봄. 농기구 모양.

农

옷으로(𧘇=衣 옷의 변형) 몸을 많이 덮고(冖 덮을 멱, 많이 입고) 농사를 지음.

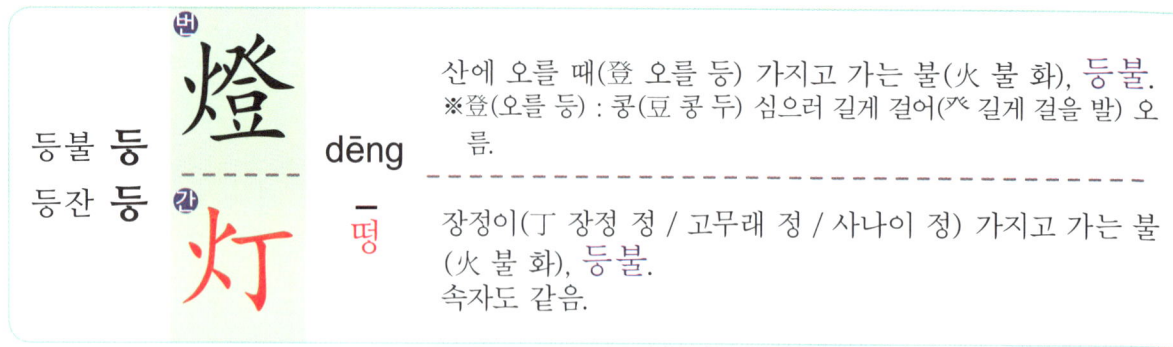

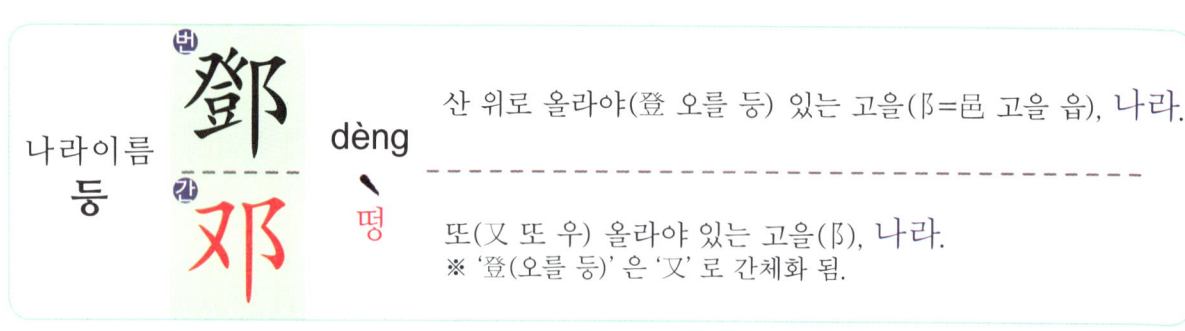

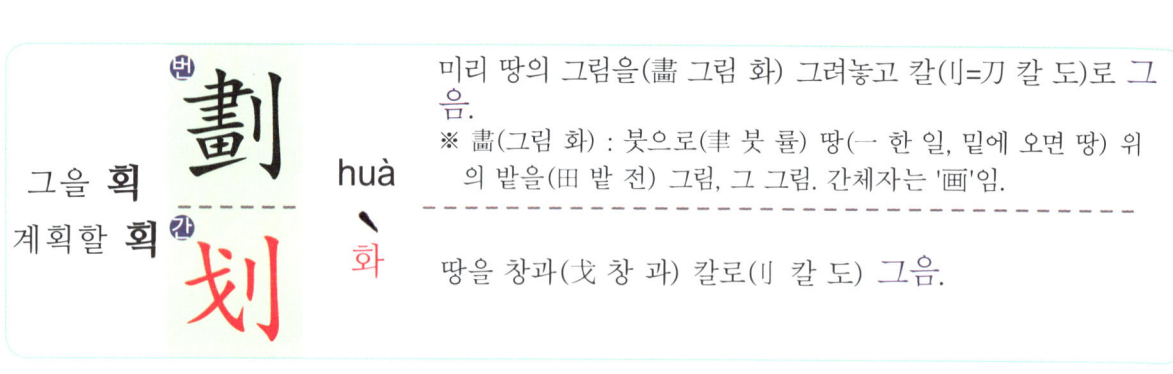

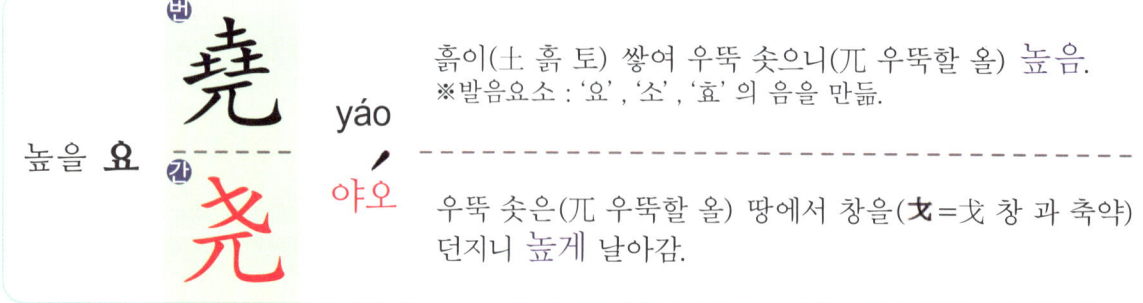

요행 요 僥 / 侥 jiǎo 지아오

사람이(人) 높은 것만(堯 높을 요) 바라니 요행임.

일관되게 모양 축약.

요충 요 蟯 / 蛲 náo 나오

몸에 벌레가(虫 벌레 충) 높아지니(堯, 많으니) 요충임.
*요충 : 기생충의 한 종류

일관되게 모양 축약.
※食= 'ㄣ'으로 간체화.

불사를 소 燒 / 烧 shāo 샤오

불이(火 불 화) 높으니(堯) 불사르는 것임.

일관되게 모양 축약.

새벽 효 曉 / 晓 xiāo 시아오

해가(日 해 일) 높아지기(堯) 시작하는 새벽.

일관되게 모양 축약.
※속자는 '暁' 임.

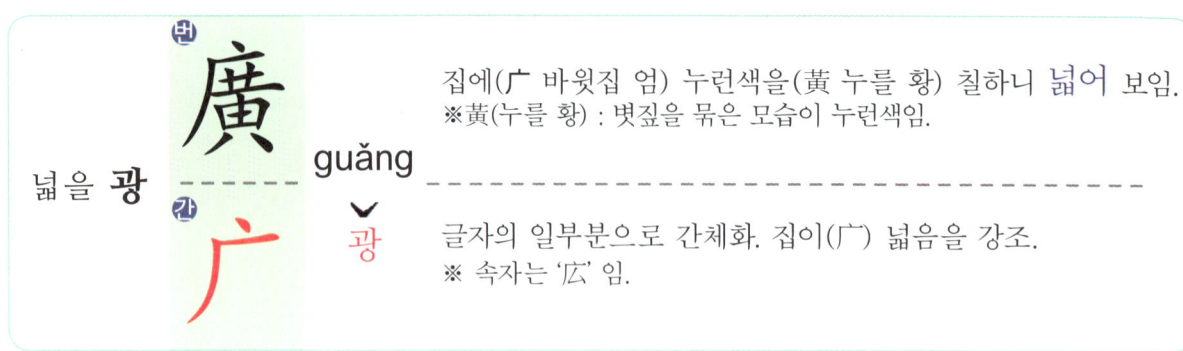

넓을 광 / 廣 guǎng / 广 광

집에(广 바윗집 엄) 누런색을(黃 누를 황) 칠하니 넓어 보임.
※黃(누를 황) : 볏짚을 묶은 모습이 누런색임.

글자의 일부분으로 간체화. 집이(广) 넓음을 강조.
※ 속자는 '広' 임.

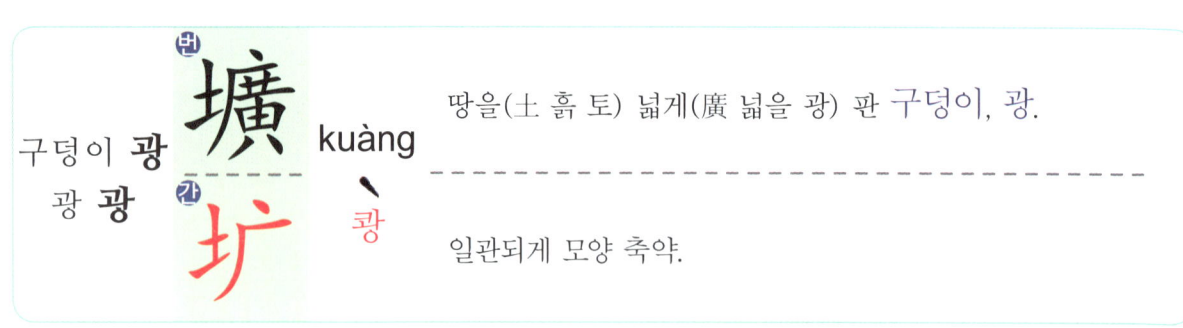

구덩이 광 / 광 광 / 壙 kuàng / 圹 쾅

땅을(土 흙 토) 넓게(廣 넓을 광) 판 구덩이, 광.

일관되게 모양 축약.

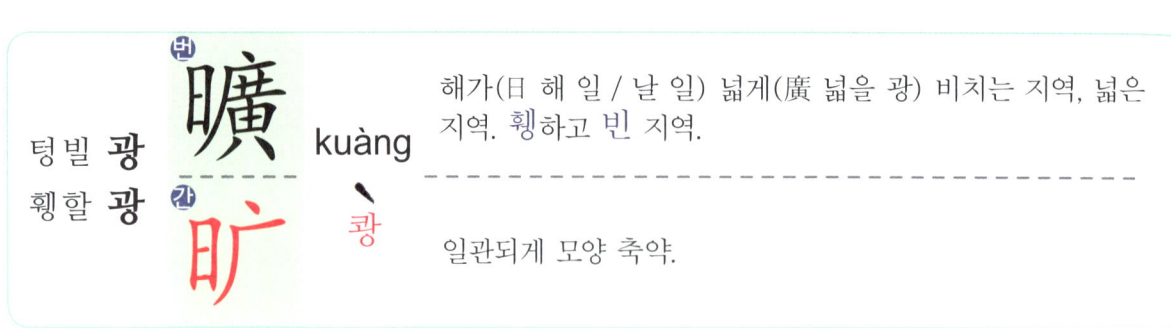

텅빌 광 / 휑할 광 / 曠 kuàng / 旷 쾅

해가(日 해 일 / 날 일) 넓게(廣 넓을 광) 비치는 지역, 넓은 지역. 휑하고 빈 지역.

일관되게 모양 축약.

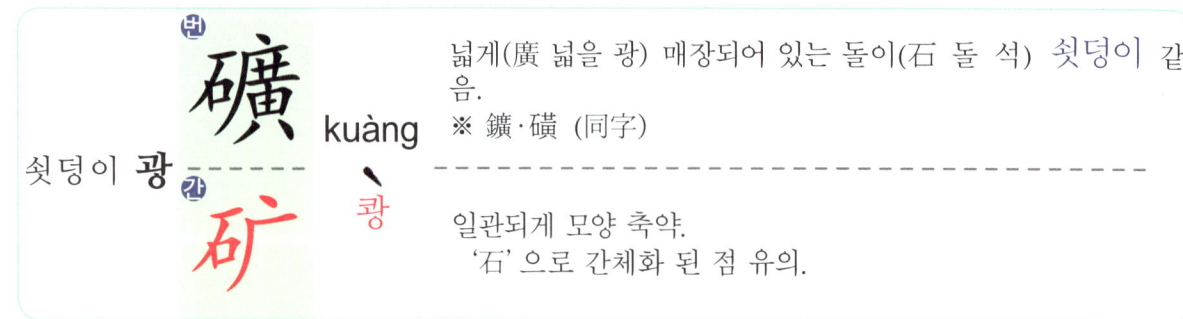

쇳덩이 광 / 鑛 kuàng / 矿 쾅

넓게(廣 넓을 광) 매장되어 있는 돌이(石 돌 석) 쇳덩이 같음.
※ 鑛·礦 (同字)

일관되게 모양 축약.
'石'으로 간체화 된 점 유의.

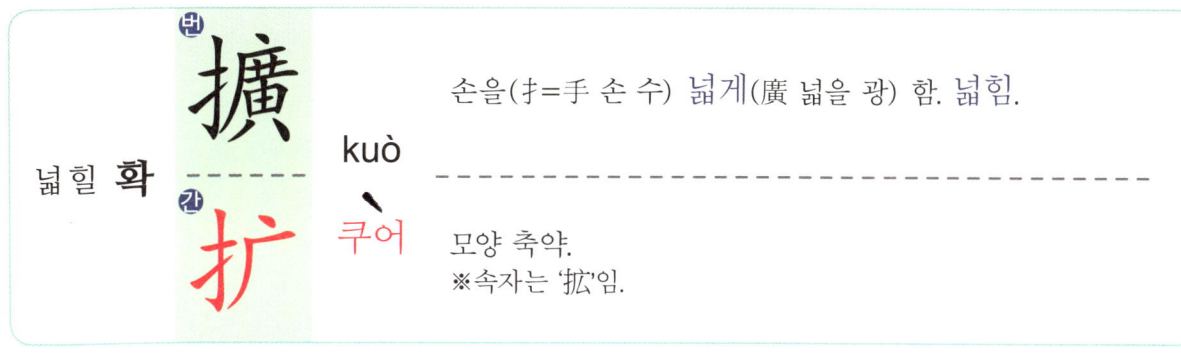

넓힐 확 / 擴 / 扩 / kuò / 쿠어

손을(扌=手 손 수) 넓게(廣 넓을 광) 함. 넓힘.

모양 축약.
※속자는 '拡'임.

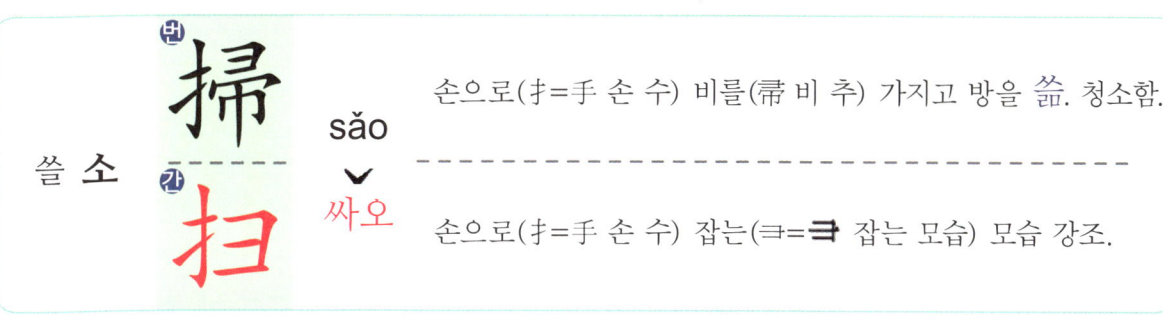

쓸 소 / 掃 / 扫 / sǎo / 싸오

손으로(扌=手 손 수) 비를(帚 비 추) 가지고 방을 쓺. 청소함.

손으로(扌=手 손 수) 잡는(彐=ヨ 잡는 모습) 모습 강조.

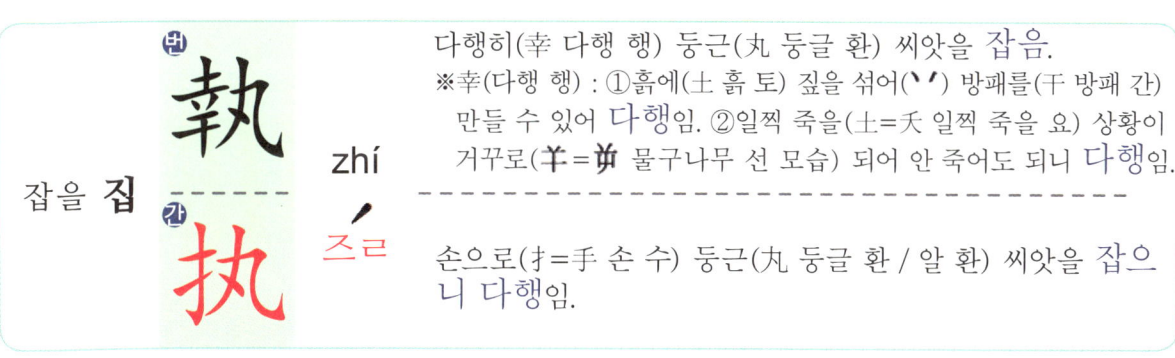

잡을 집 / 執 / 执 / zhí / 즈ㄹ

다행히(幸 다행 행) 둥근(丸 둥글 환) 씨앗을 잡음.
※幸(다행 행) : ①흙에(土 흙 토) 짚을 섞어(丷) 방패를(干 방패 간) 만들 수 있어 다행임. ②일찍 죽을(土=夭 일찍 죽을 요) 상황이 거꾸로(¥=屰 물구나무 선 모습) 되어 안 죽어도 되니 다행임.

손으로(扌=手 손 수) 둥근(丸 둥글 환 / 알 환) 씨앗을 잡으니 다행임.

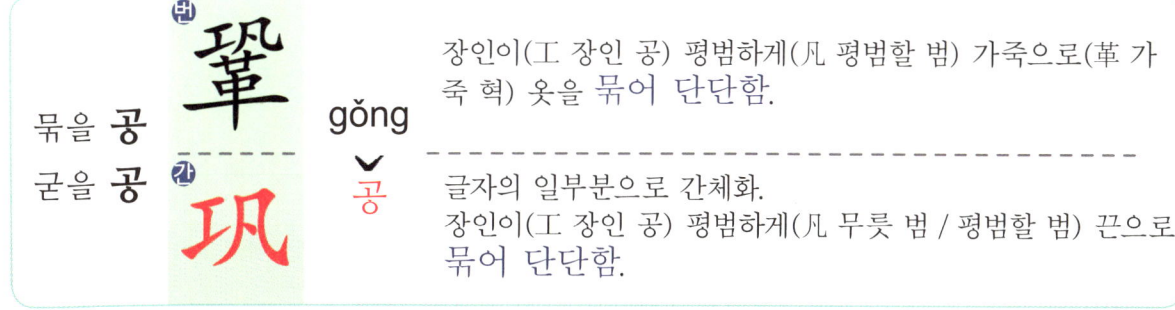

묶을 공 / 굳을 공 / 鞏 / 巩 / gǒng / 공

장인이(工 장인 공) 평범하게(凡 평범할 범) 가죽으로(革 가죽 혁) 옷을 묶어 단단함.

글자의 일부분으로 간체화.
장인이(工 장인 공) 평범하게(凡 무릇 범 / 평범할 범) 끈으로 묶어 단단함.

| 권세 권 | 權 quán / 权 취앤 | 황새의(雚 황새 관) 자태나 나무의(木 나무 목) 푸르름처럼 권세도 오래 못 감.
※雚(황새 관) : 풀밭에서(艹풀 초) 입으로 두 번(口口) 벌레를 잡아먹는 새(隹 새 추), 황새. 발음자 '관', '권', '환'을 만듦.

나무의(木) 푸르름처럼 권세도 또(又 또 우) 오래 못 감.
※雚(황새 관)은 又(또 우)로 간체화.
※속자는 '権'임, '权'도 됨. |

| 권할 권 | 勸 quàn / 劝 취앤 | 力(힘 력)과 관련.
힘써(力) 황새에게(雚) 먹이를 권함.

모양 일괄 축약.
※속자는 '勧'임. |

| 볼 관 | 觀 guān / 观 꽌 | 황새를(雚) 봄(見 볼 견).

모양 일괄 축약.
※속자는 '観·覌'임. |

| 광대뼈 관 | 顴 quán / 颧 취앤 | 頁(머리 혈)과 관련. 머리(頁) 부분에(얼굴) 있는 광대뼈.

모양 일부 축약.
여기서 '雚(황새 관)'은 간체화 되지 않음에 유의. |

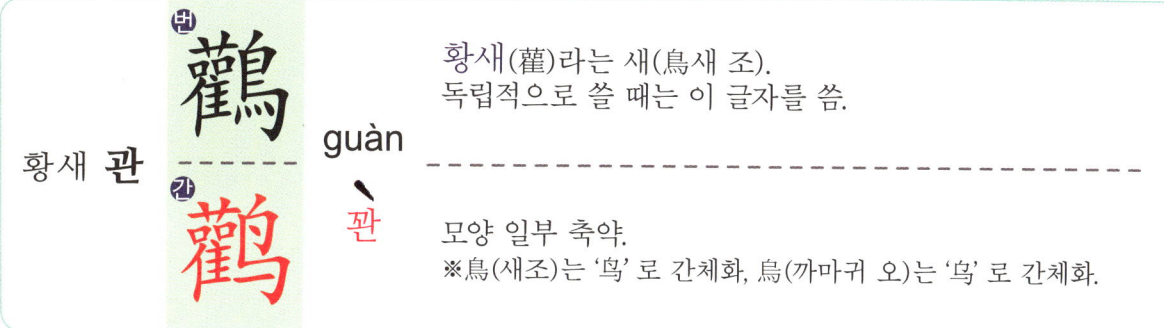

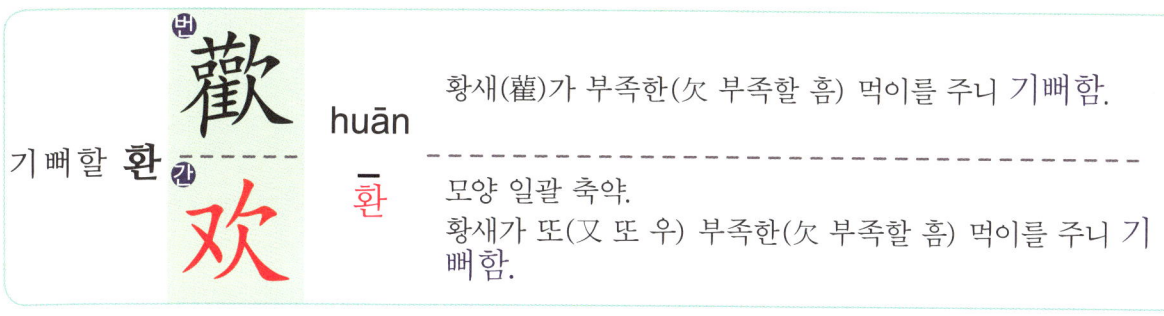

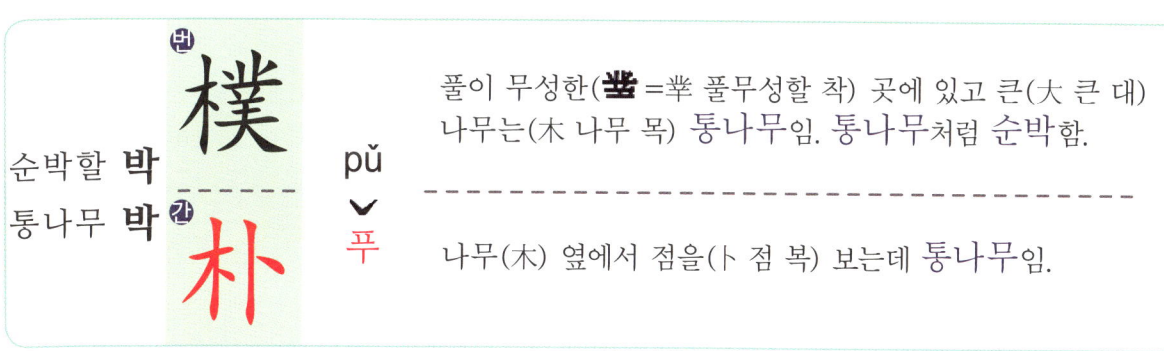

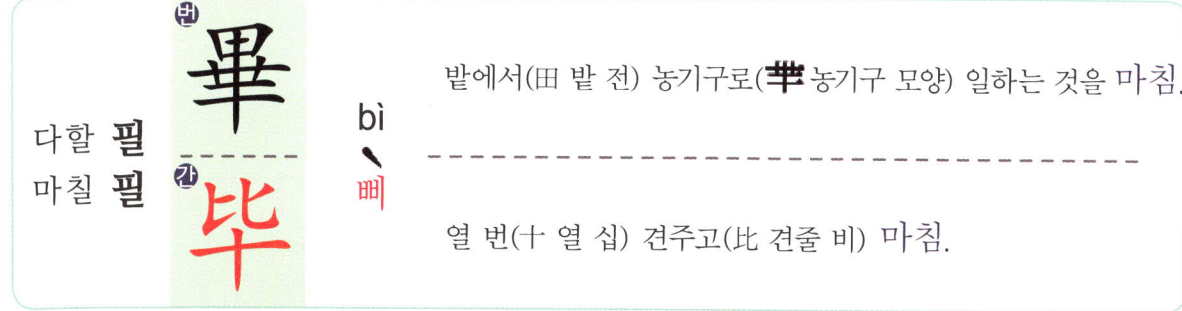

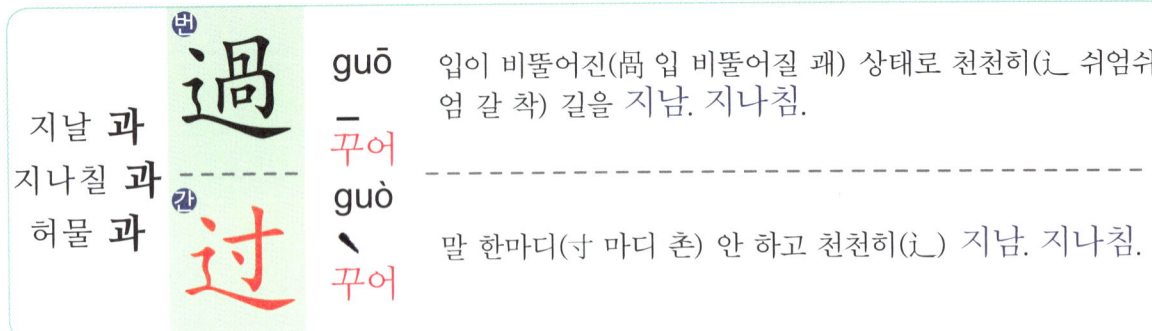

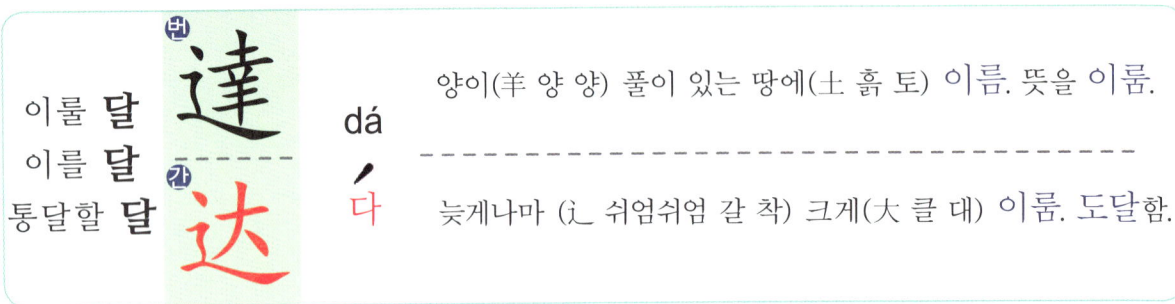

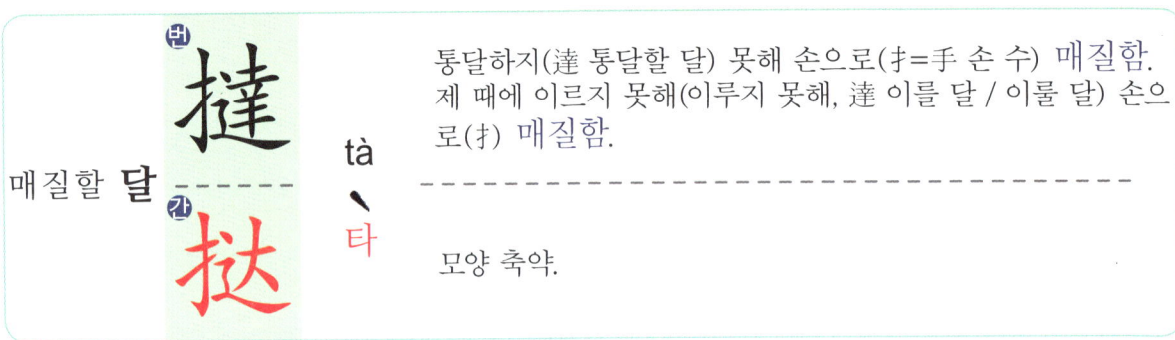

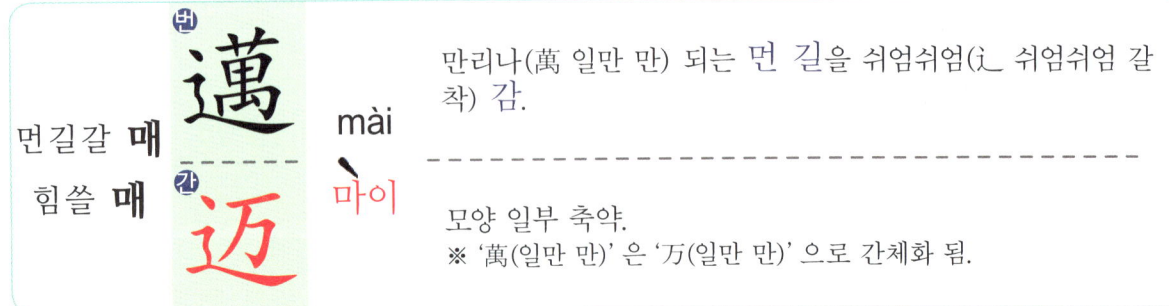

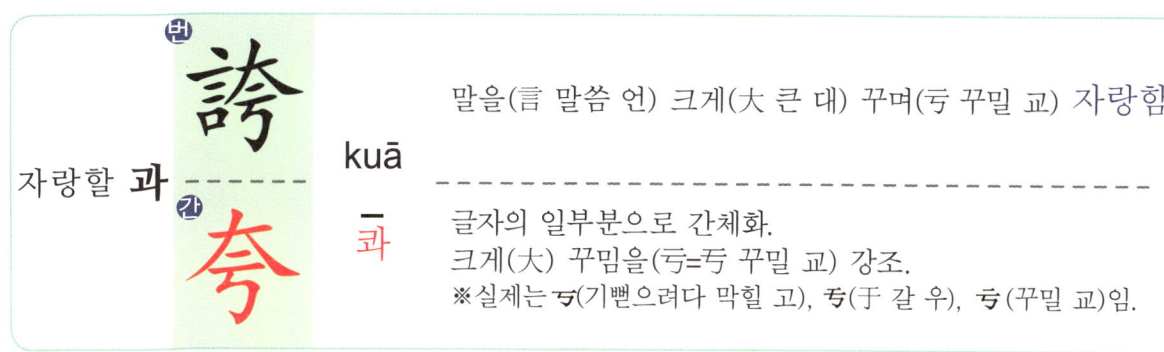

자랑할 과 / 夸 kuā / 콰

말을(言 말씀 언) 크게(大 큰 대) 꾸며(亐 꾸밀 교) 자랑함.

글자의 일부분으로 간체화.
크게(大) 꾸밈을(亐=亐 꾸밀 교) 강조.
※실제는 㐬(기뻐하려다 막힐 고), 亏(于 갈 우), 亐(꾸밀 교)임.

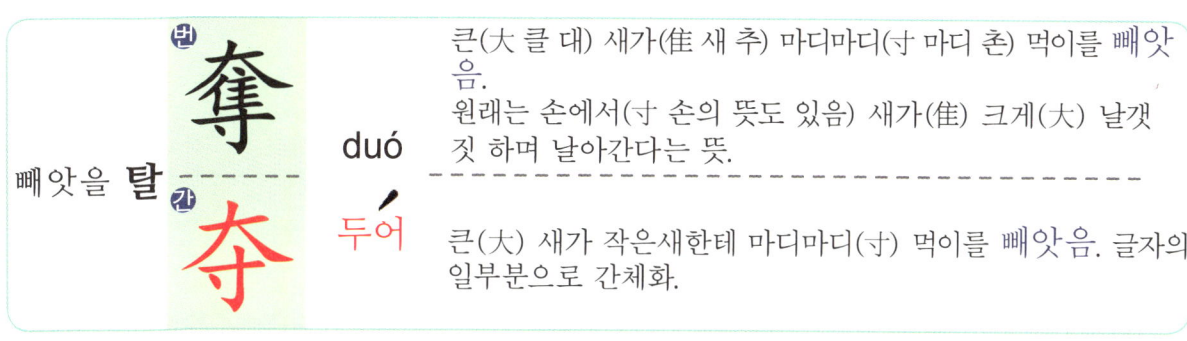

빼앗을 탈 / 夺 duó / 두어

큰(大 큰 대) 새가(隹 새 추) 마디마디(寸 마디 촌) 먹이를 빼앗음.
원래는 손에서(寸 손의 뜻도 있음) 새가(隹) 크게(大) 날갯짓 하며 날아간다는 뜻.

큰(大) 새가 작은새한테 마디마디(寸) 먹이를 빼앗음. 글자의 일부분으로 간체화.

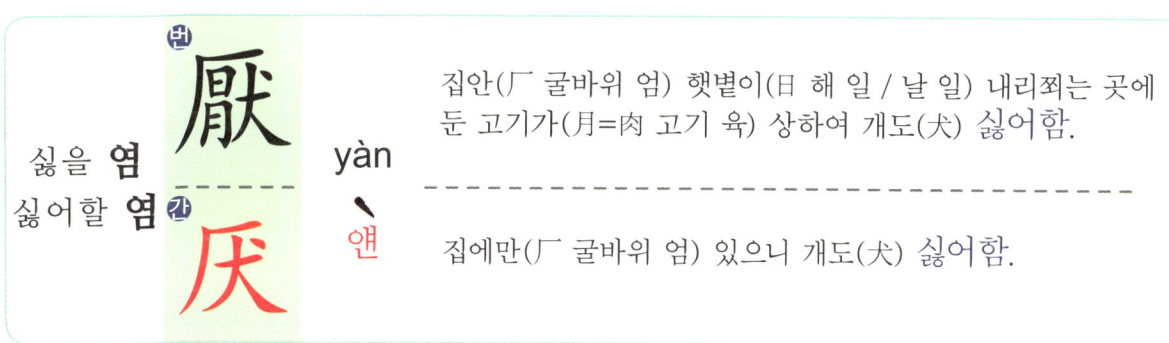

싫을 염 / 싫어할 염 / 厌 yàn / 얜

집안(厂 굴바위 엄) 햇볕이(日 해 일 / 날 일) 내리쬐는 곳에 둔 고기가(月=肉 고기 육) 상하여 개도(犬) 싫어함.

집에만(厂 굴바위 엄) 있으니 개도(犬) 싫어함.

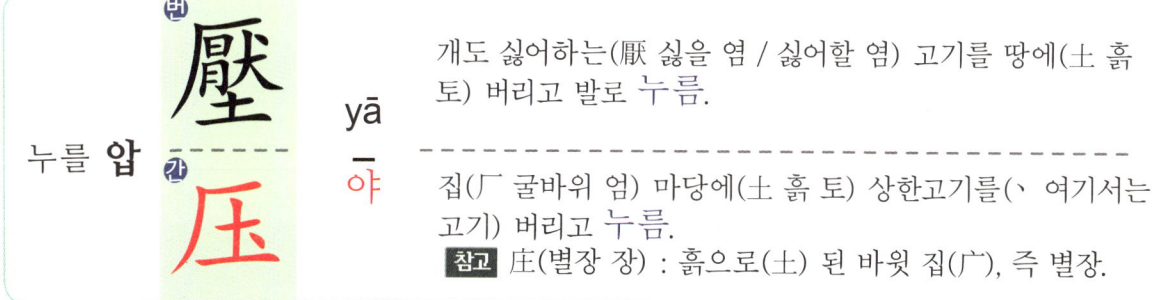

누를 압 / 压 yā / 야

개도 싫어하는(厭 싫을 염 / 싫어할 염) 고기를 땅에(土 흙 토) 버리고 발로 누름.

집(厂 굴바위 엄) 마당에(土 흙 토) 상한고기를(丶 여기서는 고기) 버리고 누름.
참고 庄(별장 장) : 흙으로(土) 된 바윗 집(广), 즉 별장.

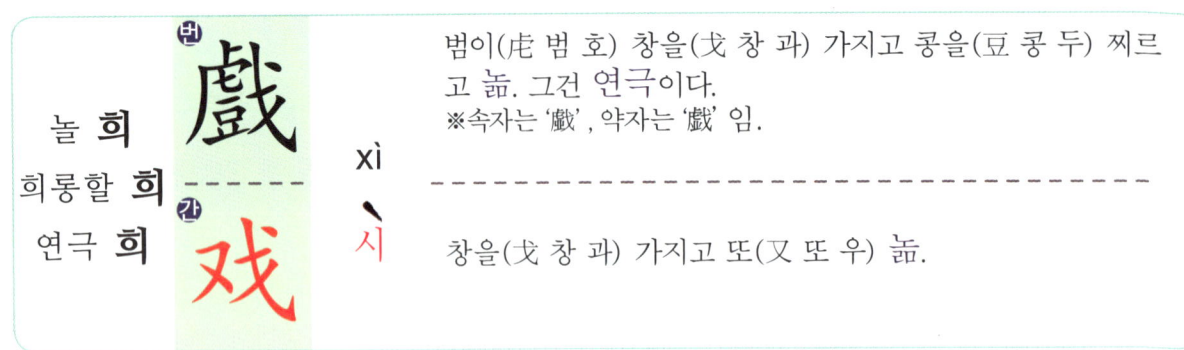

놀 희
희롱할 희
연극 희

xì
시

범이(虍 범 호) 창을(戈 창 과) 가지고 콩을(豆 콩 두) 찌르고 놂. 그건 연극이다.
※속자는 '戯', 약자는 '戱' 임.

창을(戈 창 과) 가지고 또(又 또 우) 놂.

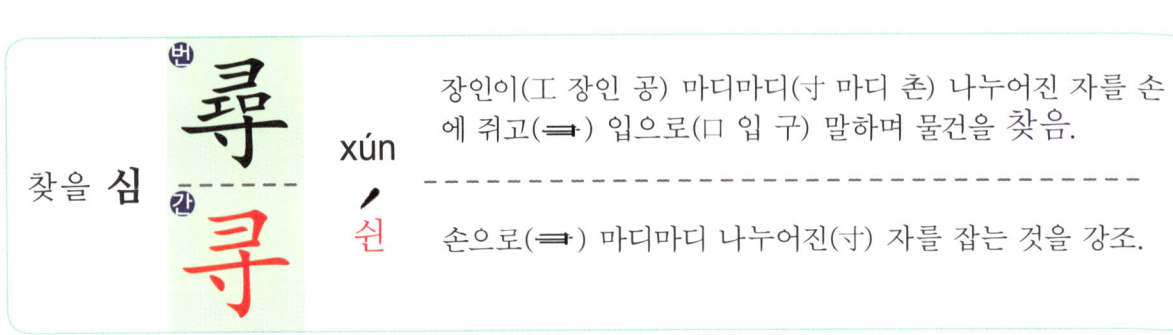

찾을 심

xún
쉰

장인이(工 장인 공) 마디마디(寸 마디 촌) 나누어진 자를 손에 쥐고(⺕) 입으로(口 입 구) 말하며 물건을 찾음.

손으로(⺕) 마디마디 나누어진(寸) 자를 잡는 것을 강조.

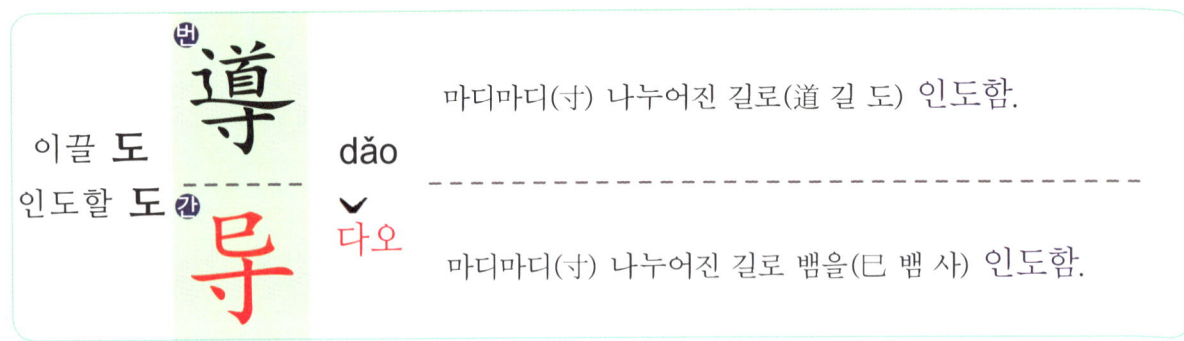

이끌 도
인도할 도

dǎo
다오

마디마디(寸) 나누어진 길로(道 길 도) 인도함.

마디마디(寸) 나누어진 길로 뱀을(巳 뱀 사) 인도함.

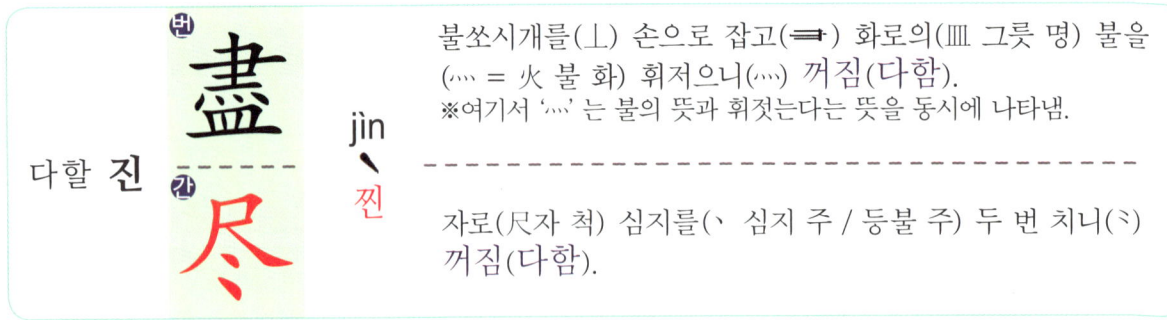

다할 진

jìn
찐

불쏘시개를(丨) 손으로 잡고(⺕) 화로의(皿 그릇 명) 불을(灬 = 火 불 화) 휘저으니(灬) 꺼짐(다함).
※여기서 '灬'는 불의 뜻과 휘젓는다는 뜻을 동시에 나타냄.

자로(尺 자 척) 심지를(丶 심지 주 / 등불 주) 두 번 치니(冫) 꺼짐(다함).

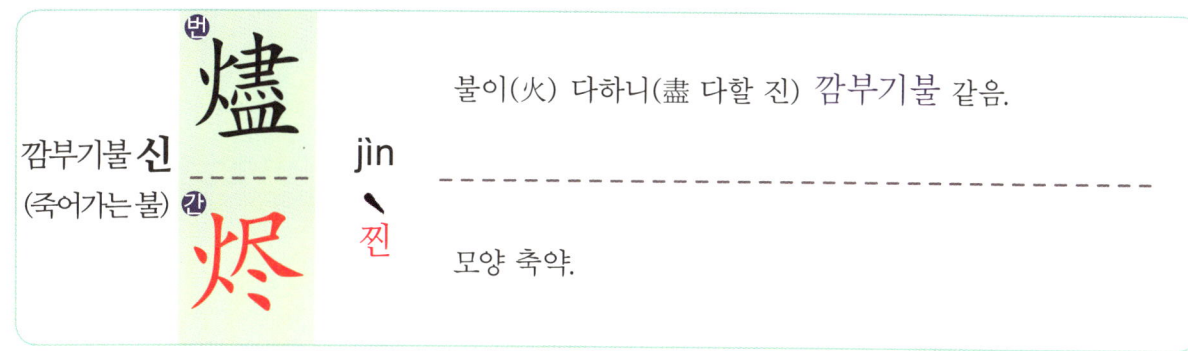

깜부기불 **신**
(죽어가는불)
燼/烬
jìn
찐

불이(火) 다하니(盡 다할 진) 깜부기불 같음.

모양 축약.

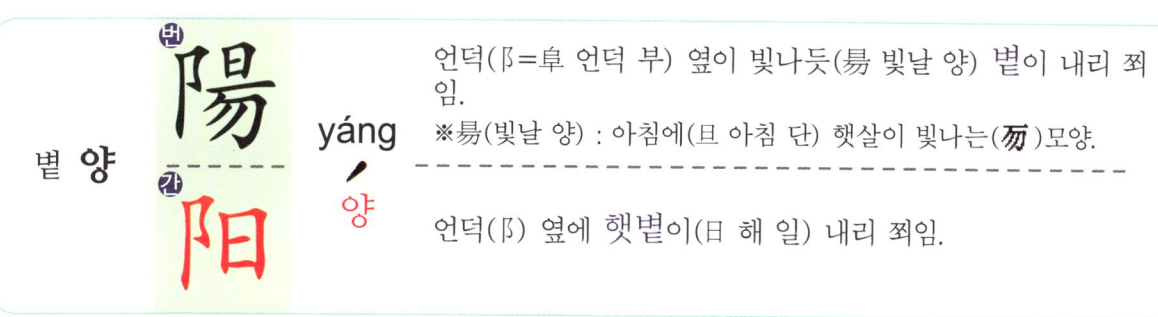

볕 **양**
陽/阳
yáng
양

언덕(阝=阜 언덕 부) 옆이 빛나듯(昜 빛날 양) 볕이 내리 쬐임.
※昜(빛날 양) : 아침에(旦 아침 단) 햇살이 빛나는(勿)모양.

언덕(阝) 옆에 햇볕이(日 해 일) 내리 쬐임.

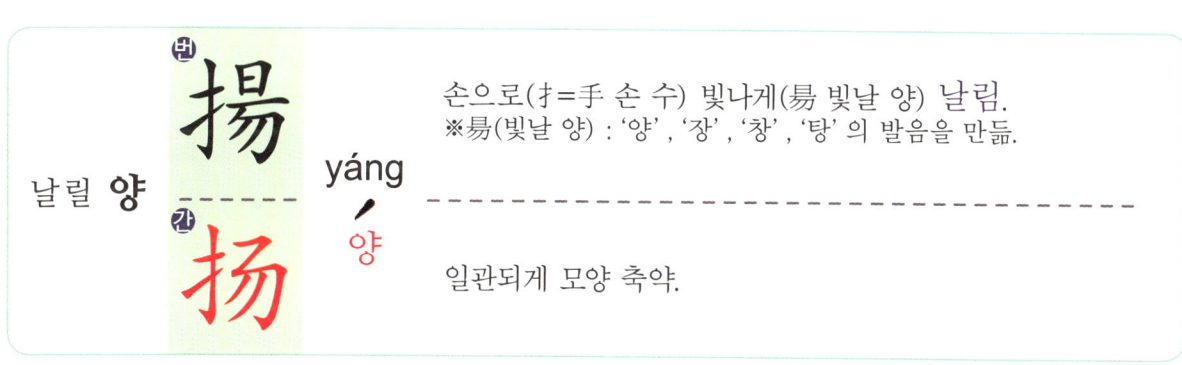

날릴 **양**
揚/扬
yáng
양

손으로(扌=手 손 수) 빛나게(昜 빛날 양) 날림.
※昜(빛날 양) : '양', '장', '창', '탕'의 발음을 만듦.

일관되게 모양 축약.

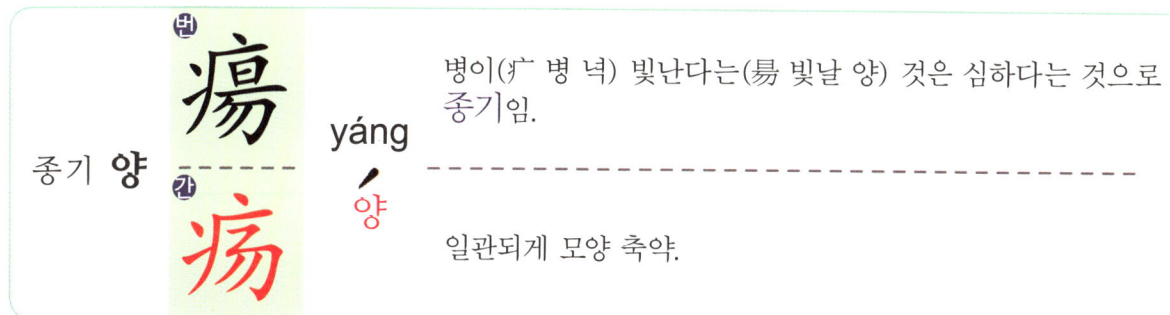

종기 **양**
瘍/疡
yáng
양

병이(疒 병 녁) 빛난다는(昜 빛날 양) 것은 심하다는 것으로 종기임.

일관되게 모양 축약.

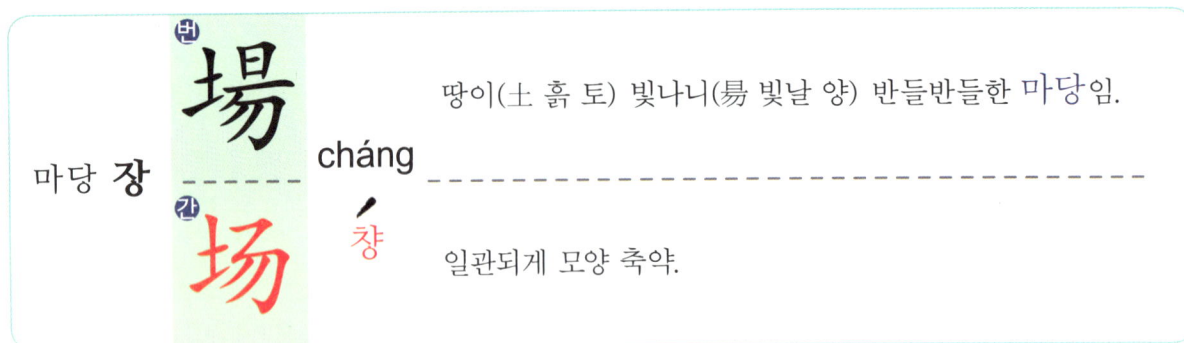

마당 장 / cháng 챙

땅이(土 흙 토) 빛나니(昜 빛날 양) 반들반들한 마당임.

일관되게 모양 축약.

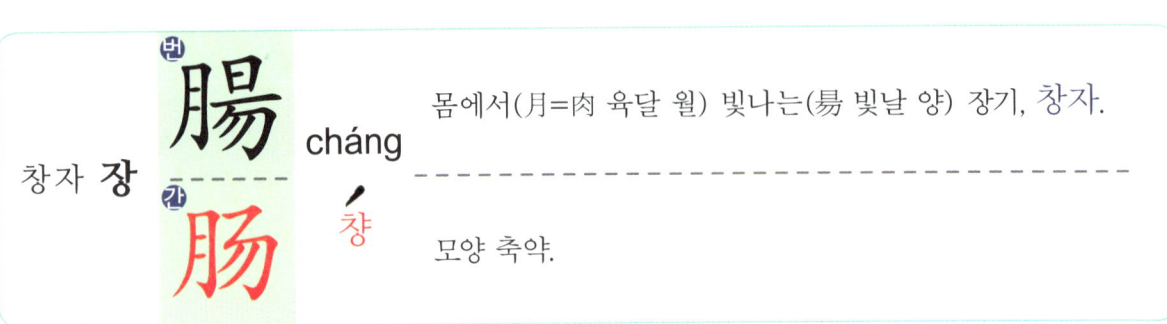

창자 장 / cháng 챙

몸에서(月=肉 육달 월) 빛나는(昜 빛날 양) 장기, 창자.

모양 축약.

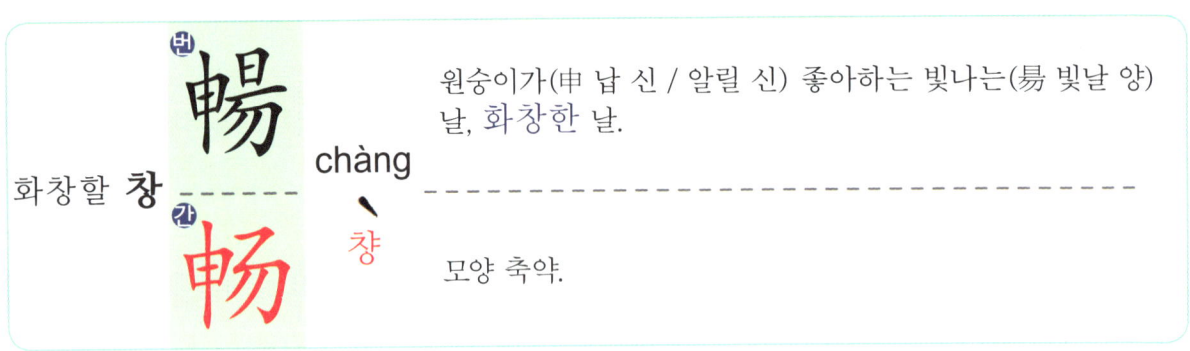

화창할 창 / chàng 챵

원숭이가(申 납 신 / 알릴 신) 좋아하는 빛나는(昜 빛날 양) 날, 화창한 날.

모양 축약.

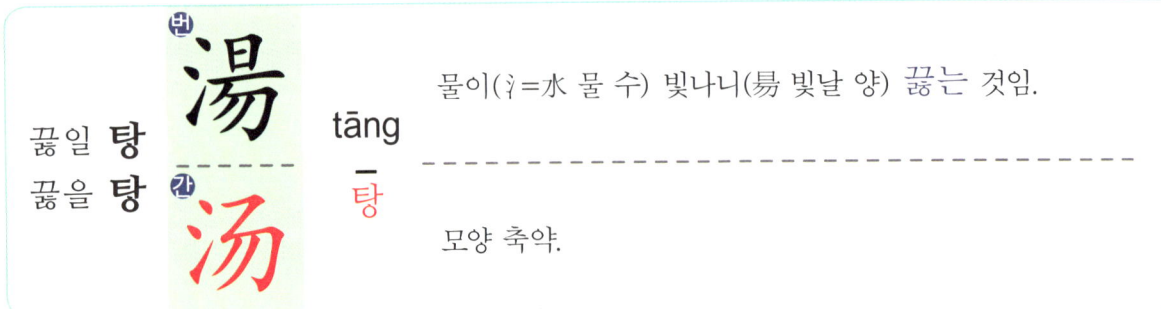

끓일 탕
끓을 탕 / tāng 탕

물이(氵=水 물 수) 빛나니(昜 빛날 양) 끓는 것임.

모양 축약.

방탕할 **탕** — dàng / 땅

蕩 / 荡

풀향기와(艹 풀 초) 물에(술, 氵=水 물 수) 취해 방탕함.

모양 축약.

층계 **계** — jiē / 지에

階 / 阶

언덕에(阝=阜 언덕 부) 오를 수 있도록 다(皆 다 개) 있는 것, 층계.
※皆(다 개) : 모두 다 서로 희다고(白 흰 백) 견줌(比 견줄 비).

언덕(阝) 사이에 끼어(介 끼일 개) 있는 것, 층계.

그늘 **음** — yīn / 인

陰 / 阴

언덕(阝) 옆에 그늘이 있다고 이제야(今 이제 금) 말할 수(云 이를 운) 있음. 원래는 언덕 옆에 그림자가 진 모습임.

언덕(阝) 옆에 달(月 달 월) 그림자가 지다. 그늘.

마땅할 **당** — dāng / 땅

當 / 当

높은데(尙 높을 상 / 오히려 상) 밭이(田 밭 전) 있는 것은 당연하다. 마땅하다.

손으로(⺕ 돼지머리 계, 손으로 물건을 잡는 모습) 작은 물건을(小 작을 소) 잡는 건 당연하다(욕심 안 부려야 되는 건 당연하다).

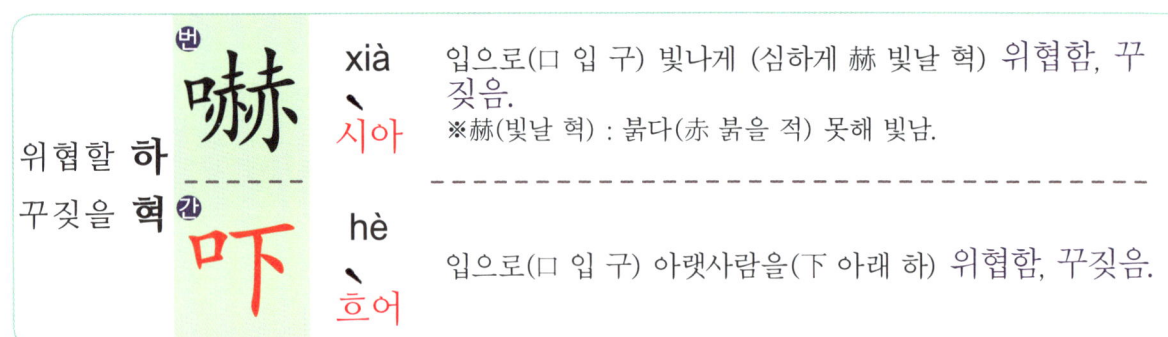

| 위협할 하 / 꾸짖을 혁 | 嚇 (번) / 吓 (간) | xià 시아 / hè 흐어 | 입으로(口 입 구) 빛나게 (심하게 赫 빛날 혁) 위협함, 꾸짖음.
※赫(빛날 혁) : 붉다(赤 붉을 적) 못해 빛남.
―――――――――
입으로(口 입 구) 아랫사람을(下 아래 하) 위협함, 꾸짖음. |

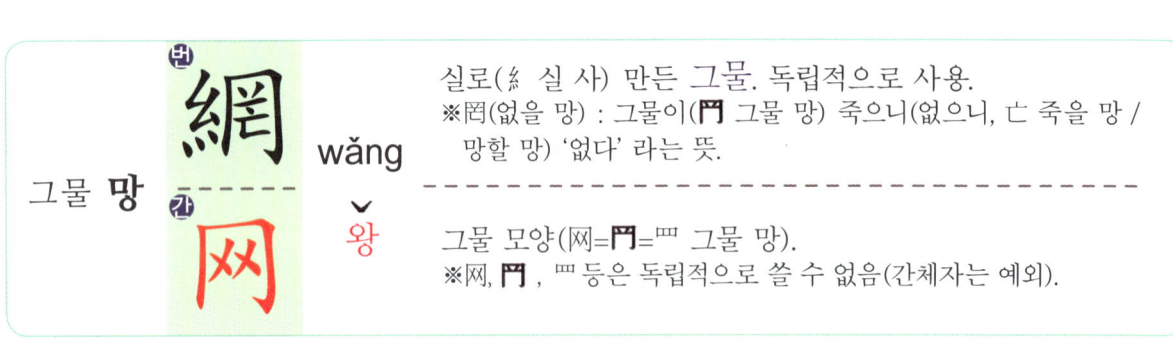

| 그물 망 | 網 (번) / 网 (간) | wǎng 왕 | 실로(糹 실 사) 만든 그물. 독립적으로 사용.
※罔(없을 망) : 그물이(冂 그물 망) 죽으니(없으니, 亡 죽을 망 / 망할 망) '없다' 라는 뜻.
―――――――――
그물 모양(网=冂=罒 그물 망).
※网, 冂, 罒 등은 독립적으로 쓸 수 없음(간체자는 예외). |

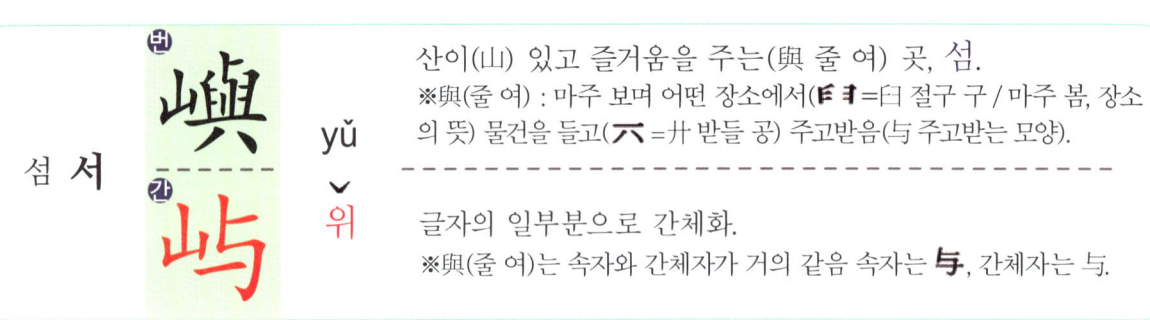

| 섬 서 | 嶼 (번) / 屿 (간) | yǔ 위 | 산이(山) 있고 즐거움을 주는(與 줄 여) 곳, 섬.
※與(줄 여) : 마주 보며 어떤 장소에서(臼=臼 절구 구 / 마주 봄, 장소의 뜻) 물건을 들고(一=廾 받들 공) 주고받음(与 주고받는 모양).
―――――――――
글자의 일부분으로 간체화.
※與(줄 여)는 속자와 간체자가 거의 같음 속자는 与, 간체자는 与. |

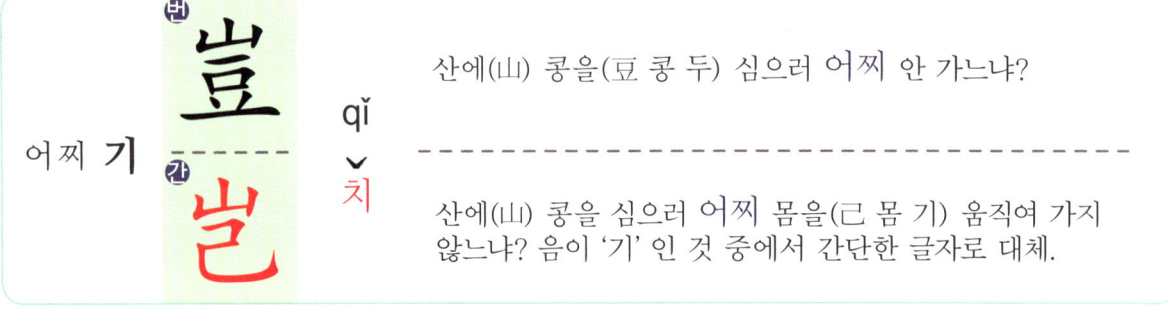

| 어찌 기 | 豈 (번) / 岂 (간) | qǐ 치 | 산에(山) 콩을(豆 콩 두) 심으러 어찌 안 가느냐?
―――――――――
산에(山) 콩을 심으러 어찌 몸을(己 몸 기) 움직여 가지 않느냐? 음이 '기' 인 것 중에서 간단한 글자로 대체. |

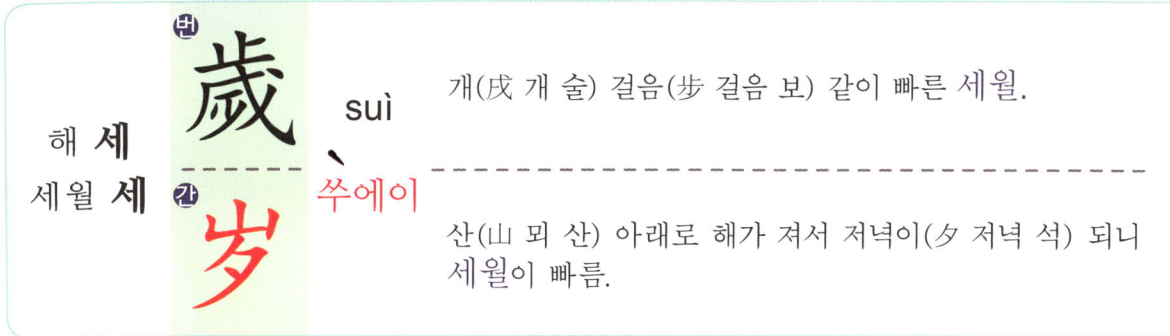

해 세
세월 세
歲 / 岁
suì
쑤에이

개(戌 개 술) 걸음(步 걸음 보) 같이 빠른 세월.

산(山 뫼 산) 아래로 해가 져서 저녁이(夕 저녁 석) 되니 세월이 빠름.

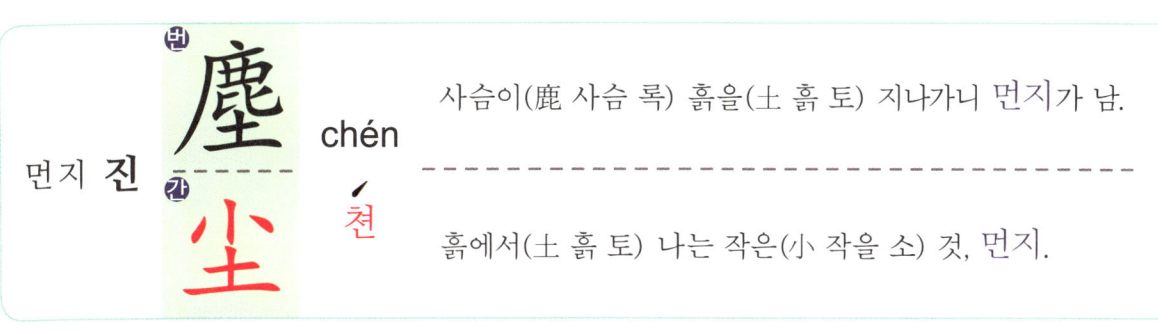

먼지 진
塵 / 尘
chén
쳔

사슴이(鹿 사슴 록) 흙을(土 흙 토) 지나가니 먼지가 남.

흙에서(土 흙 토) 나는 작은(小 작을 소) 것, 먼지.

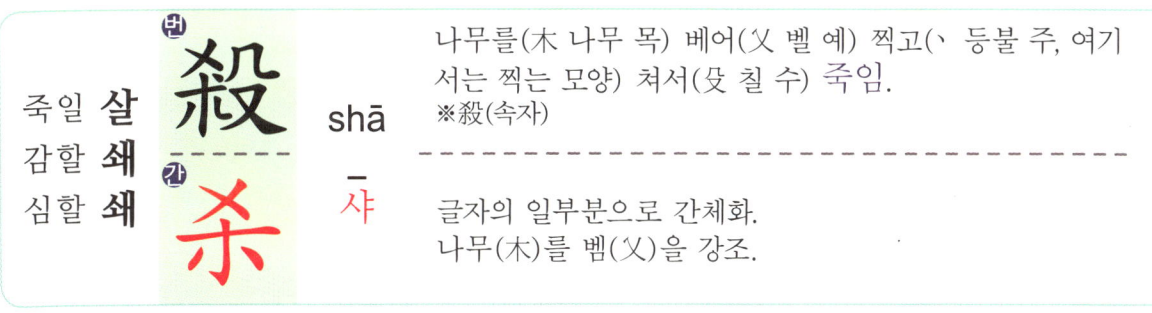

죽일 살
감할 쇄
심할 쇄
殺 / 杀
shā
샤

나무를(木 나무 목) 베어(乂 벨 예) 찍고(丶 등불 주, 여기서는 찍는 모양) 쳐서(殳 칠 수) 죽임.
※殺(속자)

글자의 일부분으로 간체화.
나무(木)를 벰(乂)을 강조.

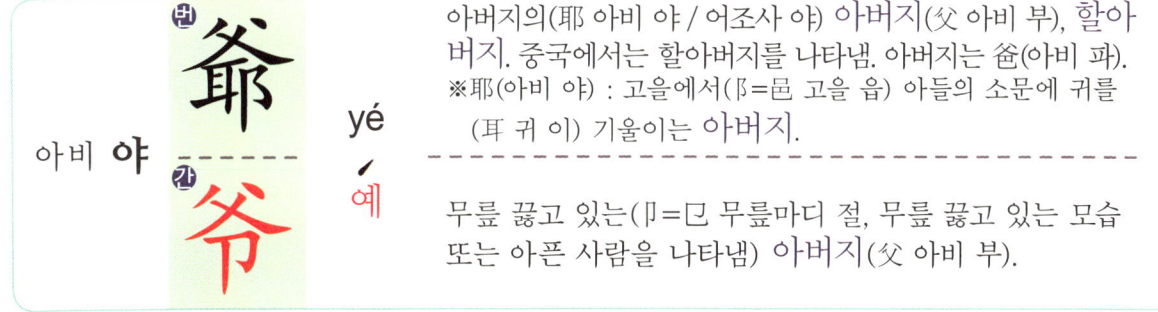

아비 야
爺 / 爷
yé
예

아버지의(耶 아비 야 / 어조사 야) 아버지(父 아비 부), 할아버지. 중국에서는 할아버지를 나타냄. 아버지는 爸(아비 파).
※耶(아비 야) : 고을에서(阝=邑 고을 읍) 아들의 소문에 귀를 (耳 귀 이) 기울이는 아버지.

무릎 꿇고 있는(卩=㔾 무릎마디 절, 무릎 꿇고 있는 모습 또는 아픈 사람을 나타냄) 아버지(父 아비 부).

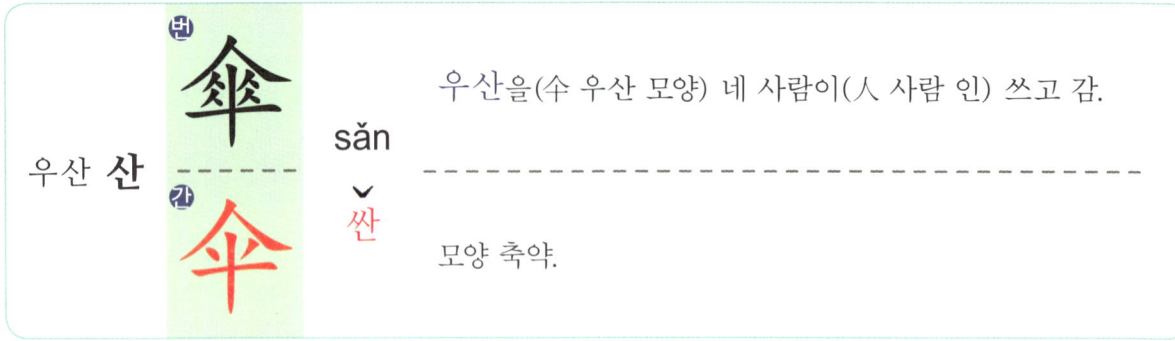

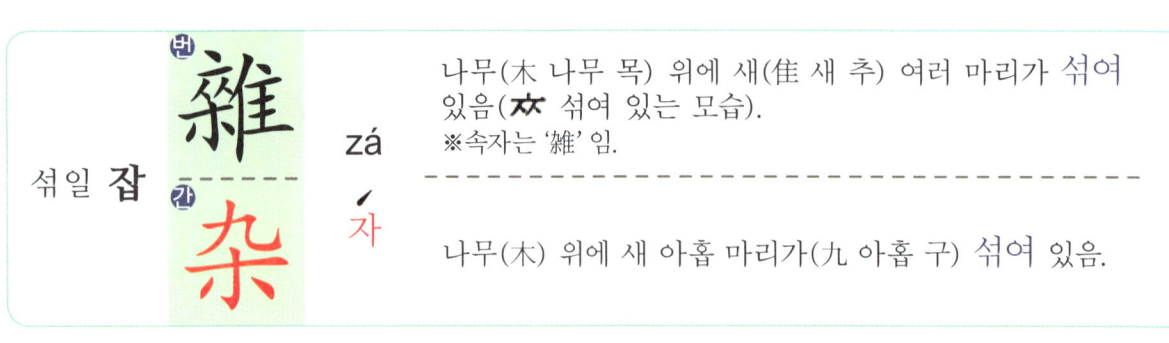

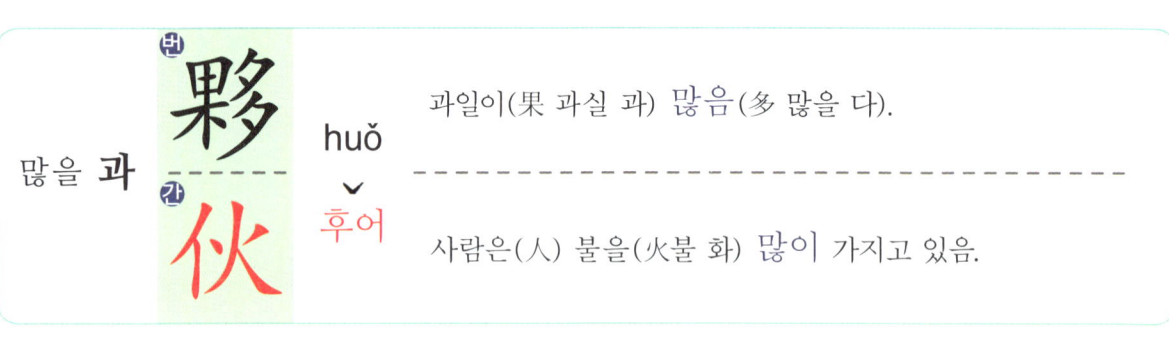

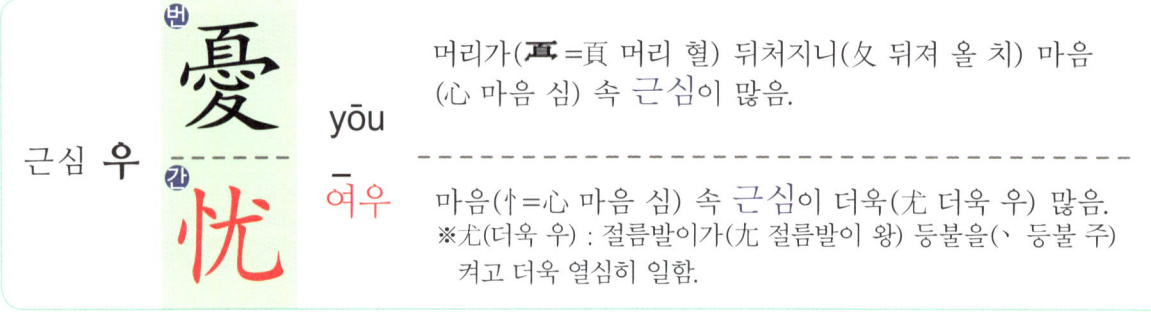

넉넉할 우 뛰어날 우	優 优	yōu 여우

근심이(憂 근심 우) 많은 사람이(人) 더욱 열심히 노력해 뛰어나게 됨.

사람이(人) 더욱(尤 더욱 우) 노력하여 뛰어나게 됨.

어지럽힐 요 요란할 요	擾 扰	rǎo 라오

근심이(憂 근심 우) 많은데 손으로(扌=手 손 수) 흔드니 더 어지러움. 어지럽힘.

손으로(扌=手 손 수) 더욱(尤 더욱 우) 어지럽히니 요란함.

값 가	價 价	jià 찌아

사람이(人) 장사하면서(賈 장사할 고) 매기는 값.
※賈(장사할 고) : 돈을(貝 조개 패 / 돈, 재물) 덮고(襾 덮을 아) 장사함.

사람(人) 사이에 끼여(介 끼일 개) 매기는 값.
※속자는 '価' 임
※ '价'은 간체자로 쓰이지 않고 정체자로 쓰일 때는 '클 개/착할 개/갑옷입을 개' 임
jià(찌아)

다칠 상	傷 伤	shāng 샹

사람이(人) 타인의(人) 빛나는(昜 빛날 양) 행동에 마음을 다침(질투함).

사람이(人) 타인을(亻=人) 힘으로(力 힘 력) 다치게 함. 이 경우 昜(빛날 양)이 '' 으로 변하지 않음에 유의.

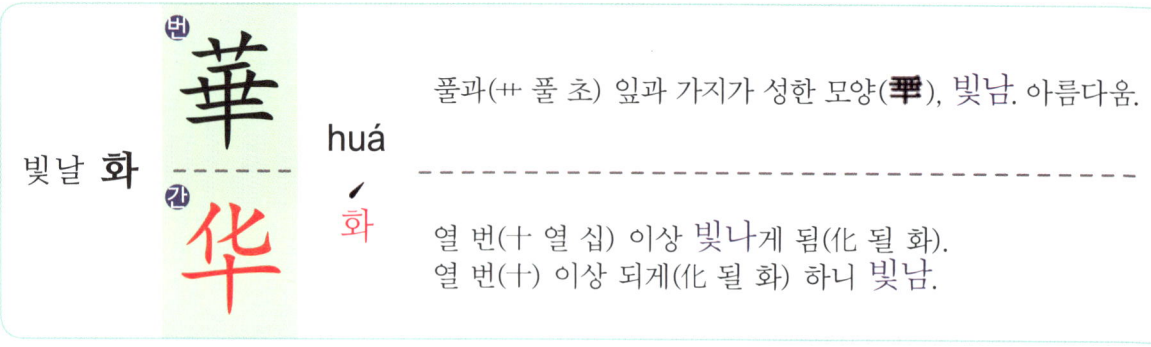

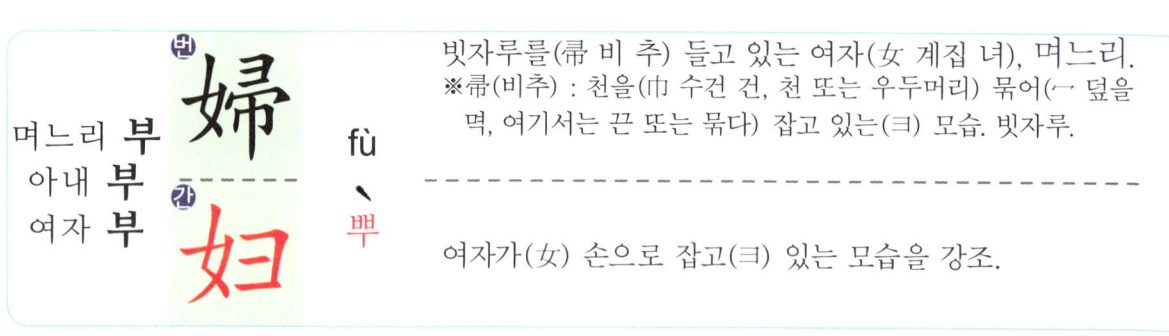

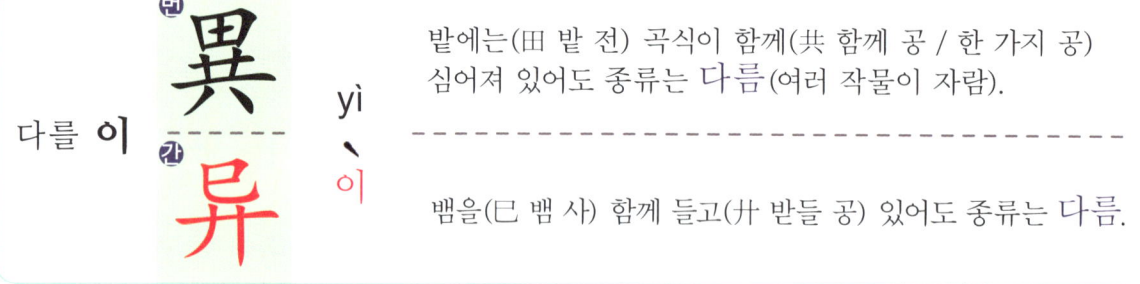

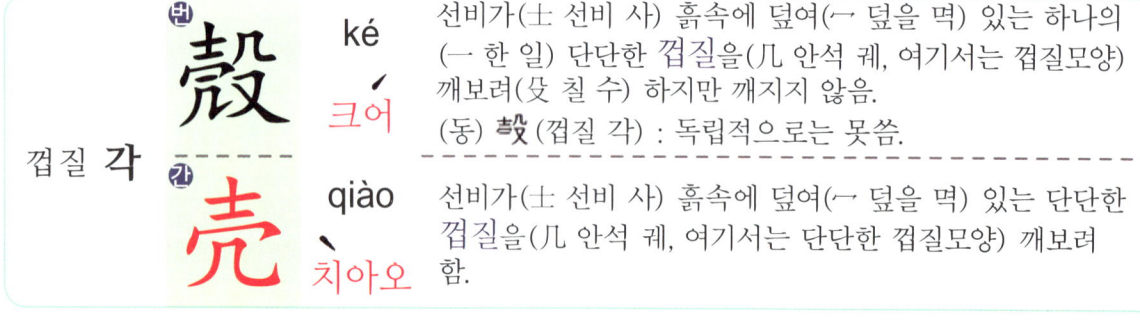

| 곡식 곡 | 穀 gǔ / 谷 구 | 껍질(殼 껍질 각) 속에 있는 벼(禾 벼 화), 즉 곡식.
* 穀(속자)

골짜기에서(谷 골짜기 곡) 자라는 곡식. 골짜기를 강조함
※간체자 아닌 원래의 '谷(골짜기 곡)' 도 음은 같음. |

| 강 이름 호 | 滬 Hù / 沪 후 | 뒤따라서(扈 뒤따를 호) 다다른 물줄기(氵=水 물 수), 강. 강 이름.
※扈(뒤따를 호) : 고을에(邑 고을 읍) 있는 집으로(戶 집 호) 뒤따름.

뒤따라서 다다른 집(戶) 옆에 있는 물줄기(氵=水 물 수), 강. 강 이름. |

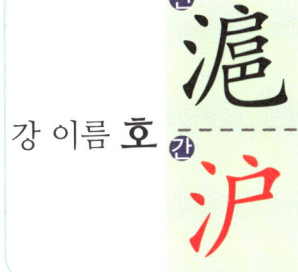

| 살필 심
찾을 심
물을 심 | 審 shěn / 审 션 | 집에서(宀 움집 면) 차례대로(番 차례 번) 물건을 찾음, 살핌.
※番(차례 번) : 밭에서(田 밭 전) 나는 곡식을 차례대로 나눔(釆 나눌 변).

집에서(宀) 원숭이를(申 원숭이 신 / 알릴 신) 찾음. 살핌. |

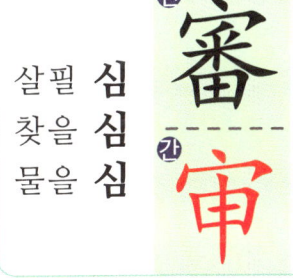

| 즙 심
물 이름 심 | 瀋 shěn / 浒沈 션 | 물을(氵=水 물 수) 찾아가니(審 찾을 심) 나오는 강. 물 이름.

沈(잠길 침) : 잠겨 있는 강 이름, 물 이름. 물에서(氵) 머뭇거리다(尢 머뭇거릴 유) 빠짐, 잠김.
※浒(물 이름 심) : 집에서(宀) 원숭이를(申) 찾아 데리고 가는 강(氵), 물이름. |

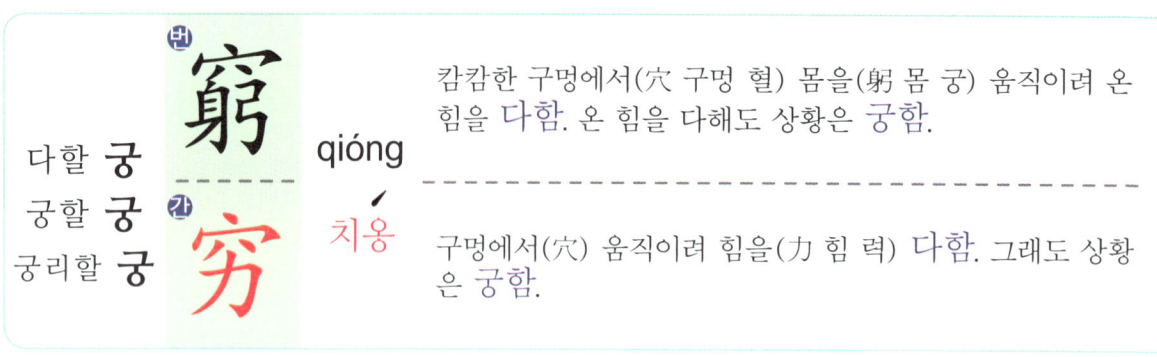

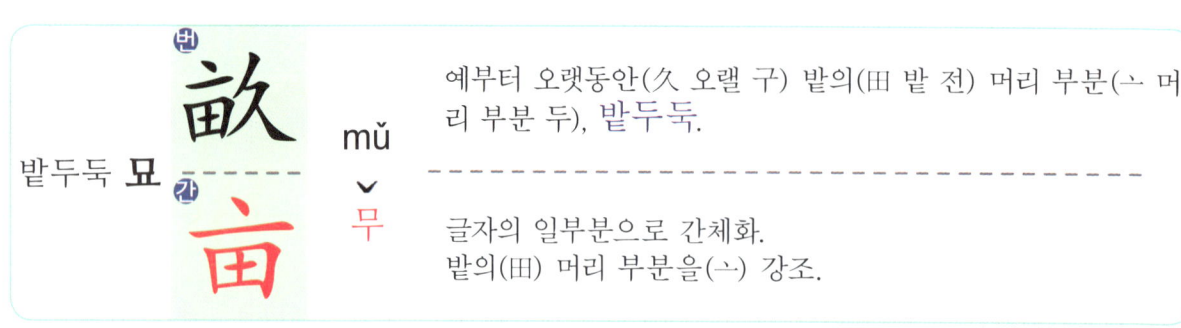

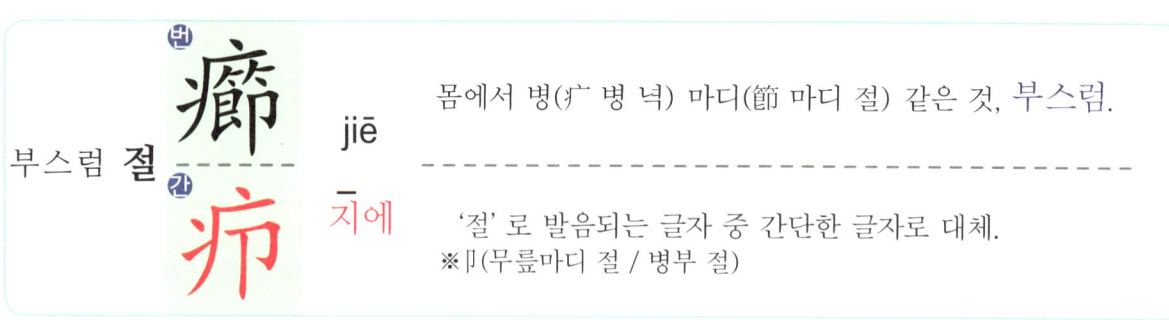

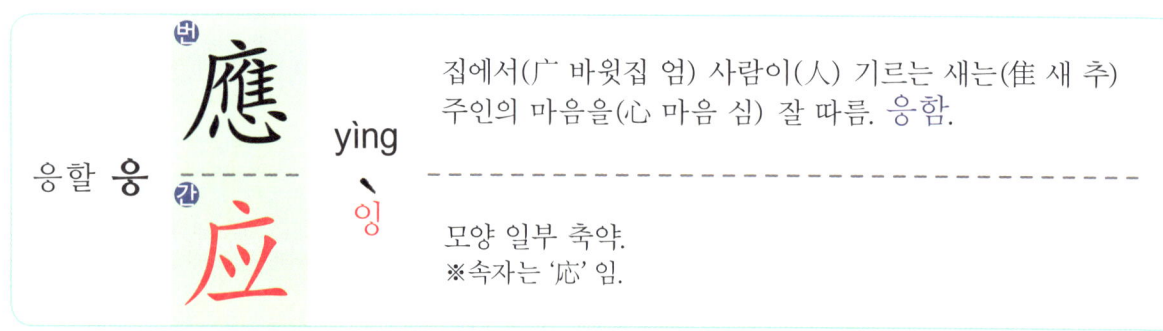

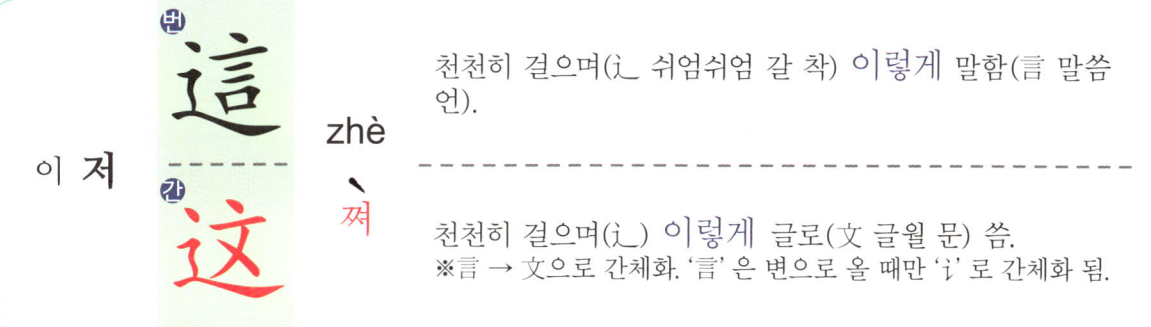

이 저

천천히 걸으며(辶 쉬엄쉬엄 갈 착) 이렇게 말함(言 말씀 언).

천천히 걸으며(辶) 이렇게 글로(文 글월 문) 씀.
※ 言 → 文으로 간체화. '言'은 변으로 올 때만 'ⅰ'로 간체화 됨.

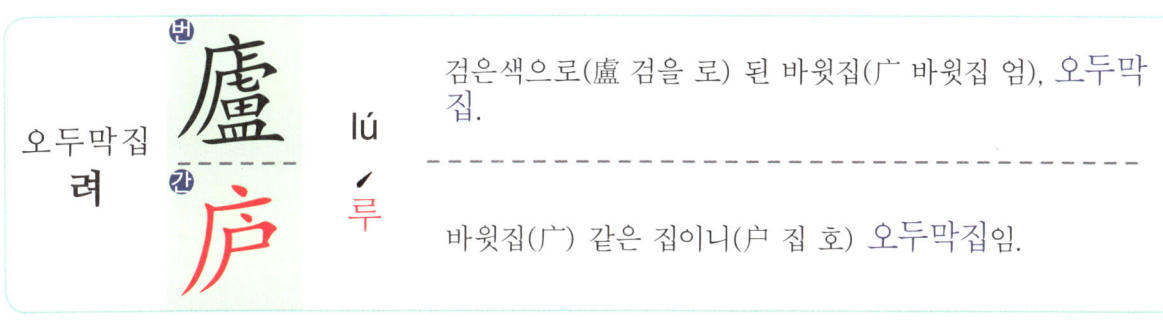

오두막집 려

검은색으로(盧 검을 로) 된 바윗집(广 바윗집 엄), 오두막집.

바윗집(广) 같은 집이니(户 집 호) 오두막집임.

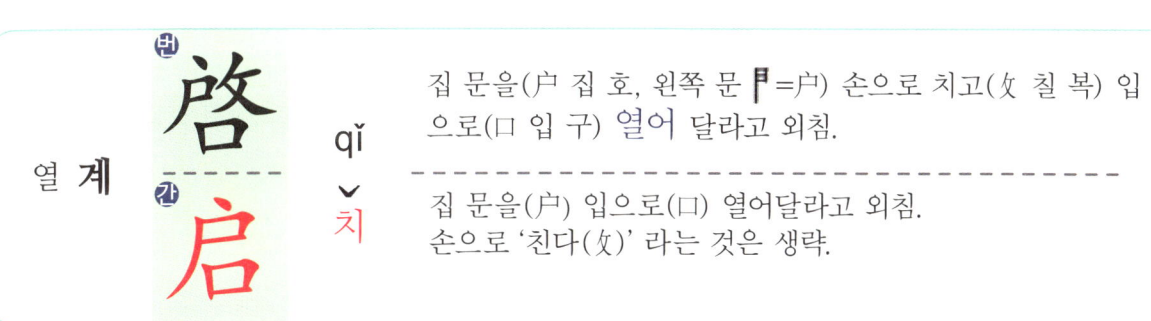

열 계

집 문을(户 집 호, 왼쪽 문 戶=户) 손으로 치고(攵 칠 복) 입으로(口 입 구) 열어 달라고 외침.

집 문을(户) 입으로(口) 열어달라고 외침.
손으로 '친다(攵)'라는 것은 생략.

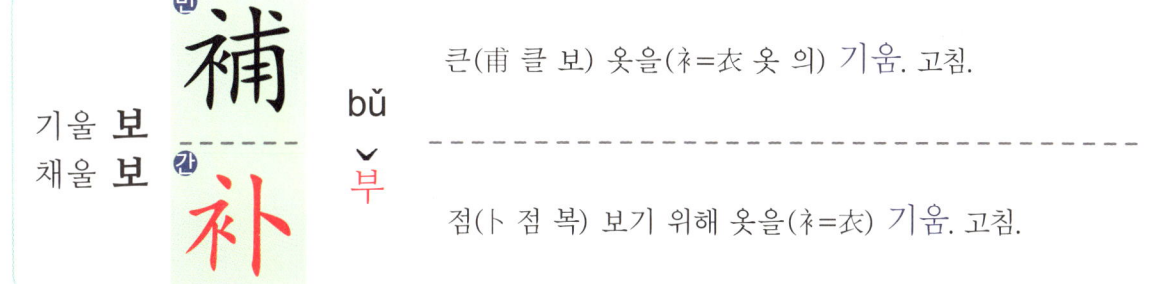

기울 보
채울 보

큰(甫 클 보) 옷을(衤=衣 옷 의) 기움. 고침.

점(卜 점 복) 보기 위해 옷을(衤=衣) 기움. 고침.

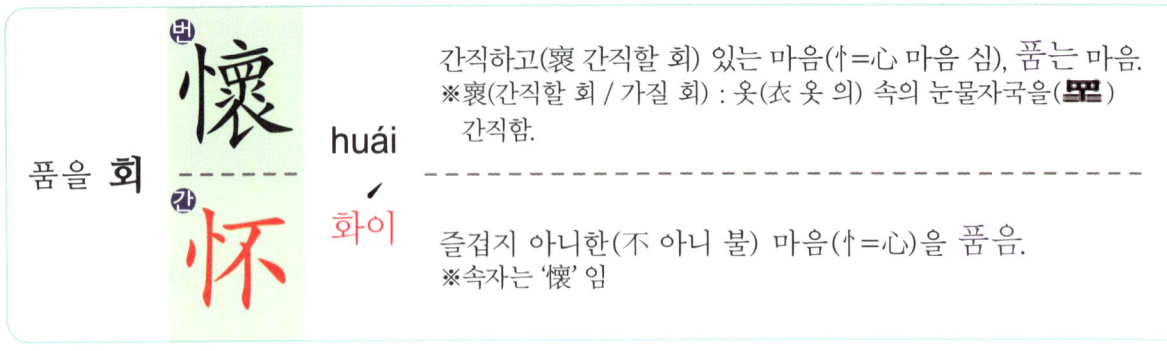

품을 회 / 懷 huái 화이

간직하고(褱 간직할 회) 있는 마음(忄=心 마음 심), 품는 마음.
※褱(간직할 회 / 가질 회) : 옷(衣 옷 의) 속의 눈물자국을(䍃) 간직함.

즐겁지 아니한(不 아니 불) 마음(忄=心)을 품음.
※속자는 '懷' 임

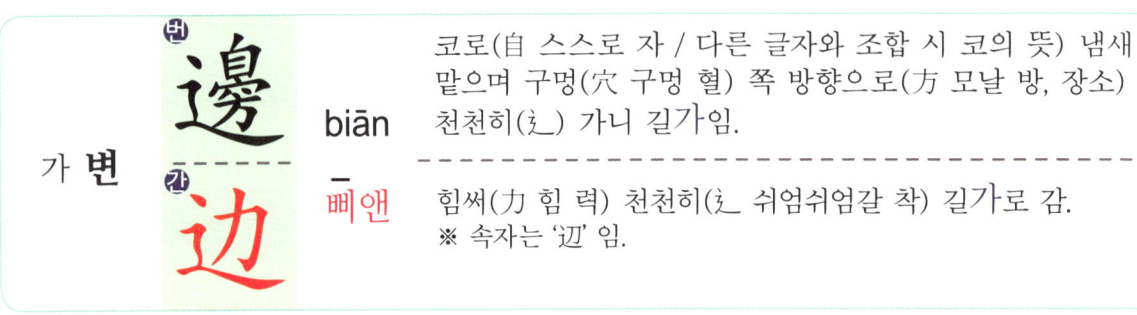

가 변 / 邊 biān 삐앤

코로(自 스스로 자 / 다른 글자와 조합 시 코의 뜻) 냄새 맡으며 구멍(穴 구멍 혈) 쪽 방향으로(方 모날 방, 장소) 천천히(辶) 가니 길가임.

힘써(力 힘 력) 천천히(辶 쉬엄쉬엄갈 착) 길가로 감.
※ 속자는 '边' 임.

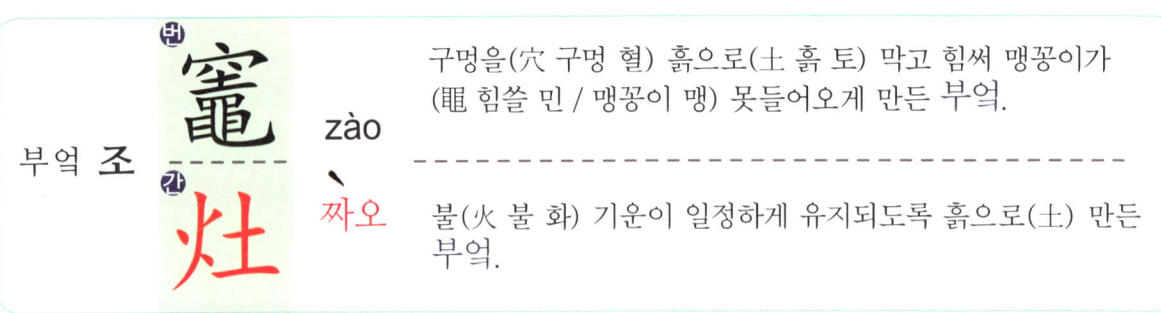

부엌 조 / 竈 zào 짜오

구멍을(穴 구멍 혈) 흙으로(土 흙 토) 막고 힘써 맹꽁이가(黽 힘쓸 민 / 맹꽁이 맹) 못들어오게 만든 부엌.

불(火 불 화) 기운이 일정하게 유지되도록 흙으로(土) 만든 부엌.

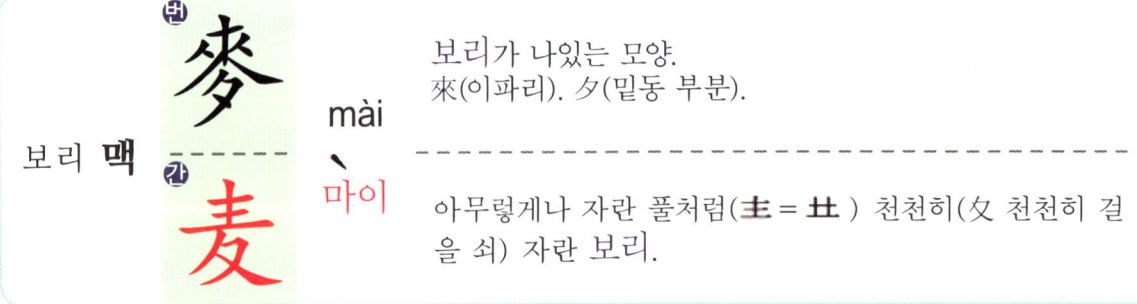

보리 맥 / 麥 mài 마이

보리가 나있는 모양.
來(이파리). 夂(밑동 부분).

아무렇게나 자란 풀처럼(圭 = 壯) 천천히(夂 천천히 걸을 쇠) 자란 보리.

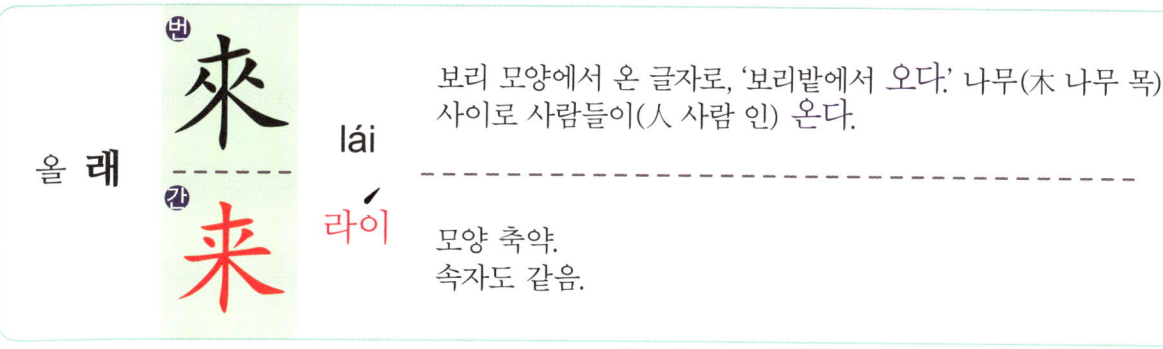

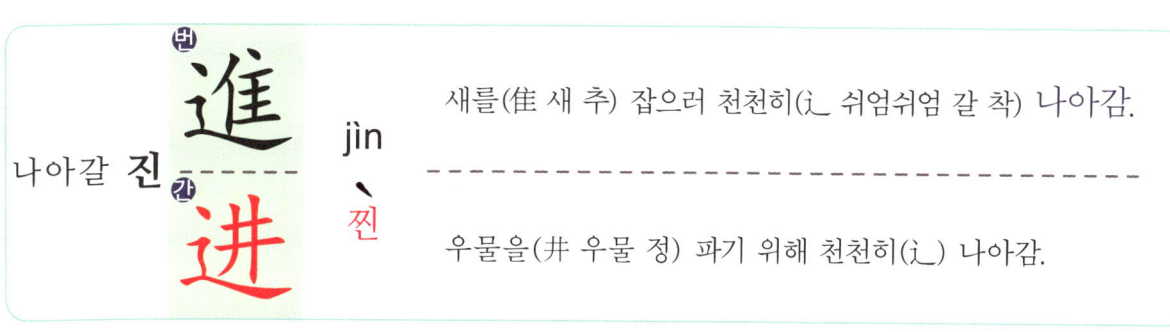

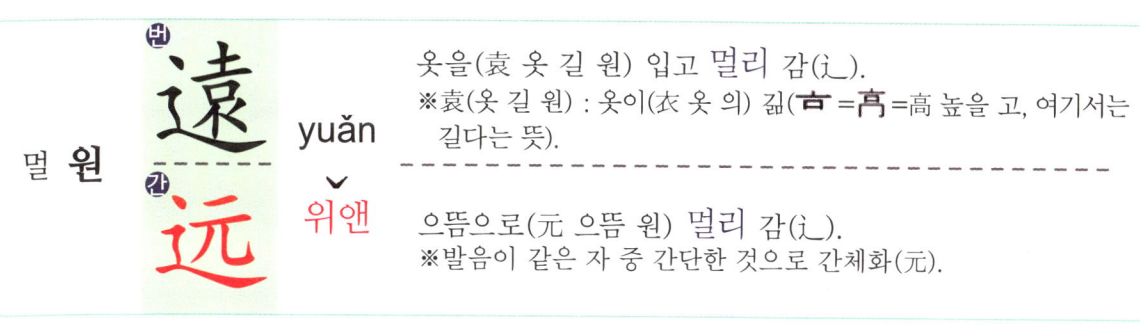

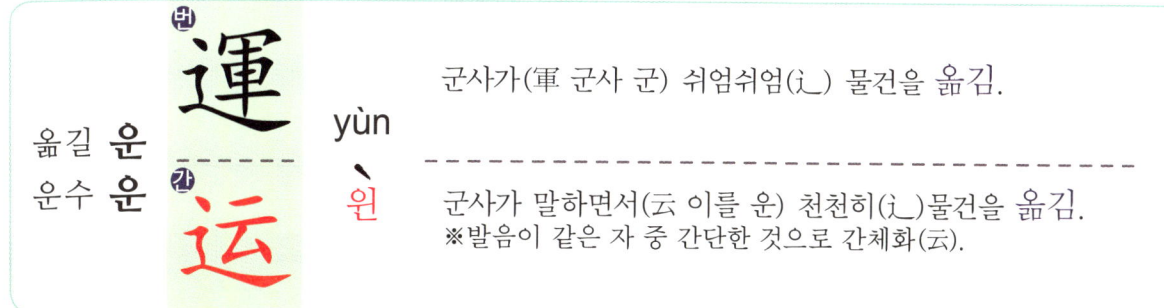

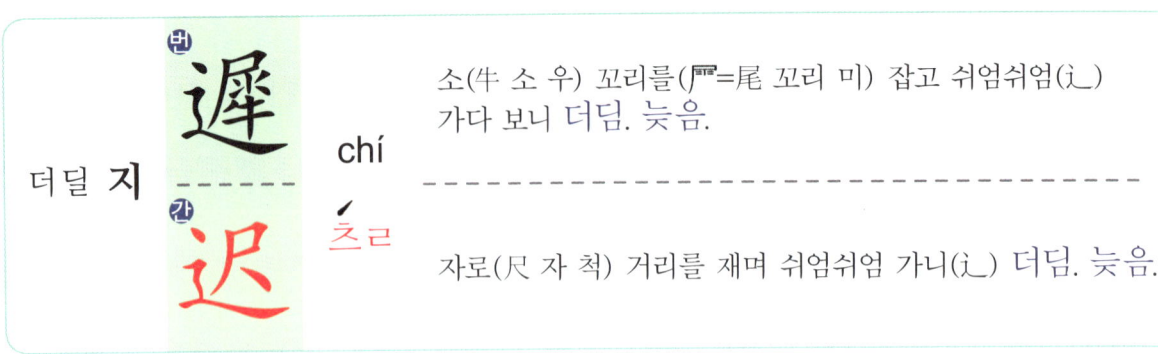

더딜 지 / chí 츠ㄹ

소(牛 소 우) 꼬리를(尸=尾 꼬리 미) 잡고 쉬엄쉬엄(辶) 가다 보니 더딤. 늦음.

자로(尺 자 척) 거리를 재며 쉬엄쉬엄 가니(辶) 더딤. 늦음.

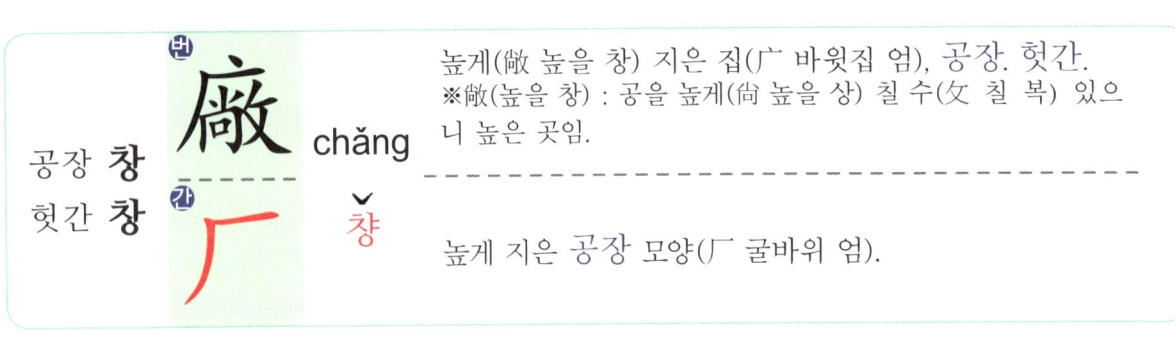

공장 창
헛간 창 / chǎng 챵

높게(敞 높을 창) 지은 집(广 바윗집 엄). 공장. 헛간.
※敞(높을 창) : 공을 높게(尚 높을 상) 칠 수(攵 칠 복) 있으니 높은 곳임.

높게 지은 공장 모양(厂 굴바위 엄).

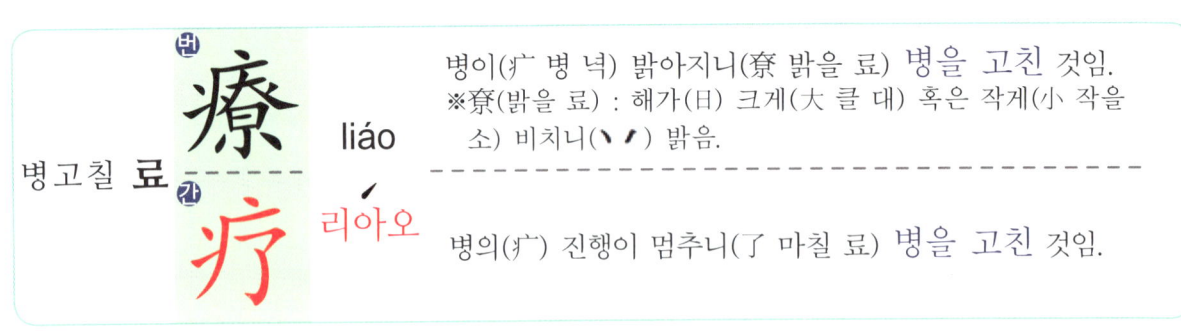

병고칠 료 / liáo 리아오

병이(疒 병 녁) 밝아지니(尞 밝을 료) 병을 고친 것임.
※尞(밝을 료) : 해가(日) 크게(大 클 대) 혹은 작게(小 작을 소) 비치니(丷) 밝음.

병의(疒) 진행이 멈추니(了 마칠 료) 병을 고친 것임.

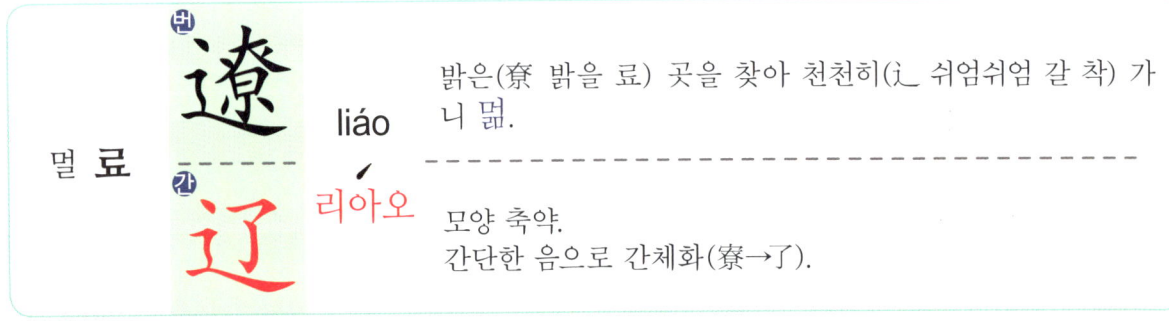

멀 료 / liáo 리아오

밝은(尞 밝을 료) 곳을 찾아 천천히(辶 쉬엄쉬엄 갈 착) 가니 멂.

모양 축약.
간단한 음으로 간체화(尞→了).

눈 밝을 **료**　瞭　liǎo / 리아오

눈이(目 눈 목) 밝아지니(尞 밝을 료) 눈 밝은 것임.

공부를 마치니(了) 눈이 밝아짐.
'마치다'를 강조.

무 **복**　蔔　bo / 보어

풀이(艹 풀 초) 기듯(匐 길 복) 자라는 무.
※匐(길 복) : 주머니가 가득 찬(畐 찰 복) 채 땅을 싸고(勹 쌀 포) 기어감.

점을(卜 점 복) 보기 위해 무를 가져감.

줄기 **간**　幹　gàn / 깐

햇살 치밀어 오를 때(𠦝 = 倝 햇살 치밀어 오를 간) 방패(干 방패 간) 모양의 줄기를 표시함.

줄기가 방패(干) 모양임을 강조.

마를 **건**
하늘 **건**　乾　gān / 깐　qián / 치앤

햇살 치밀어 오를 때(倝) 새가(乙 새 을) 목이 말라 하늘로 날아감.

새가 방패를(干 방패 간) 발판 삼아 하늘로 날아감.

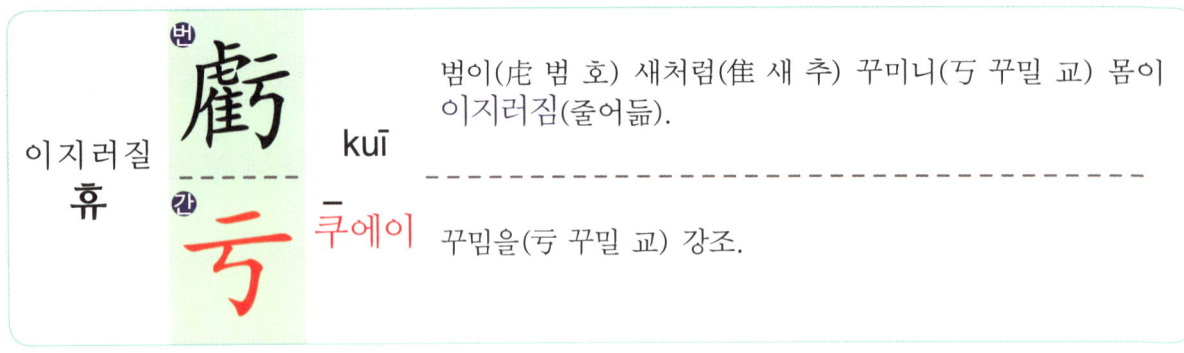

이지러질 휴 / kuī / 쿠에이

범이(虍 범 호) 새처럼(隹 새 추) 꾸미니(丂 꾸밀 교) 몸이 이지러짐(줄어듦).

꾸밈을(丂 꾸밀 교) 강조.

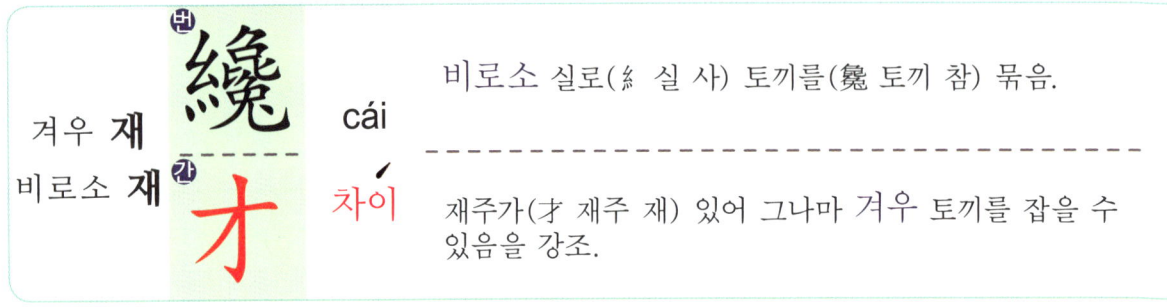

겨우 재 / 비로소 재 / cái / 차이

비로소 실로(糸 실 사) 토끼를(毚 토끼 참) 묶음.

재주가(才 재주 재) 있어 그나마 겨우 토끼를 잡을 수 있음을 강조.

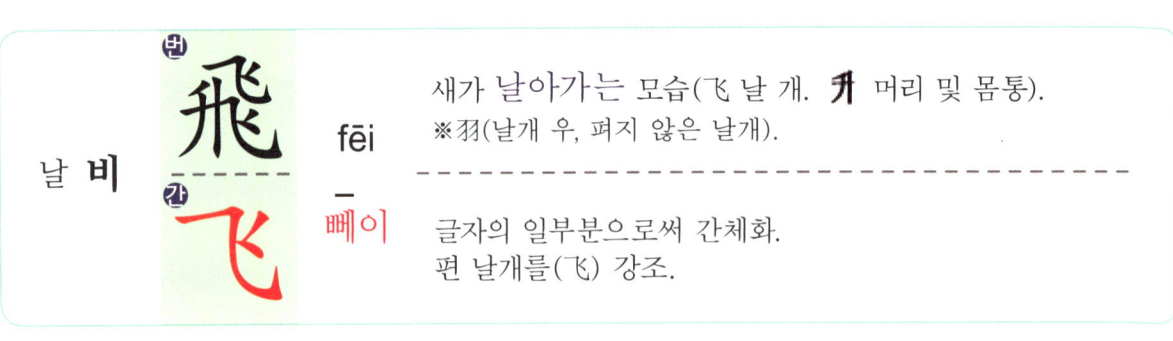

날 비 / fēi / 뻬이

새가 날아가는 모습(飞 날 개. 升 머리 및 몸통).
※羽(날개 우, 펴지 않은 날개).

글자의 일부분으로써 간체화.
편 날개를(飞) 강조.

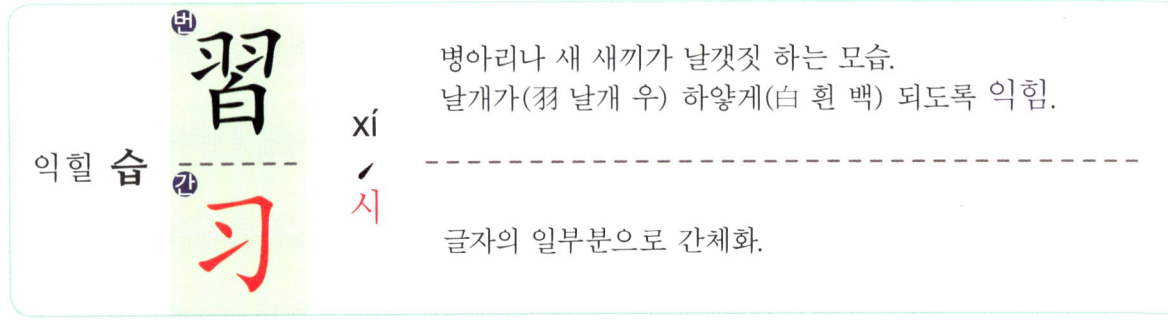

익힐 습 / xí / 시

병아리나 새 새끼가 날갯짓 하는 모습.
날개가(羽 날개 우) 하얗게(白 흰 백) 되도록 익힘.

글자의 일부분으로 간체화.

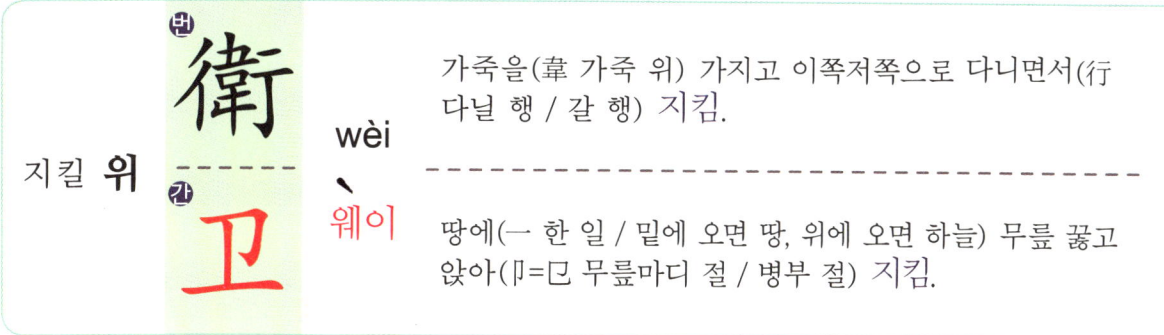

지킬 **위** 衛/卫 wèi 웨이

가죽을(韋 가죽 위) 가지고 이쪽저쪽으로 다니면서(行 다닐 행 / 갈 행) 지킴.

땅에(一 한 일 / 밑에 오면 땅, 위에 오면 하늘) 무릎 꿇고 앉아(卩=㔾 무릎마디 절 / 병부 절) 지킴.

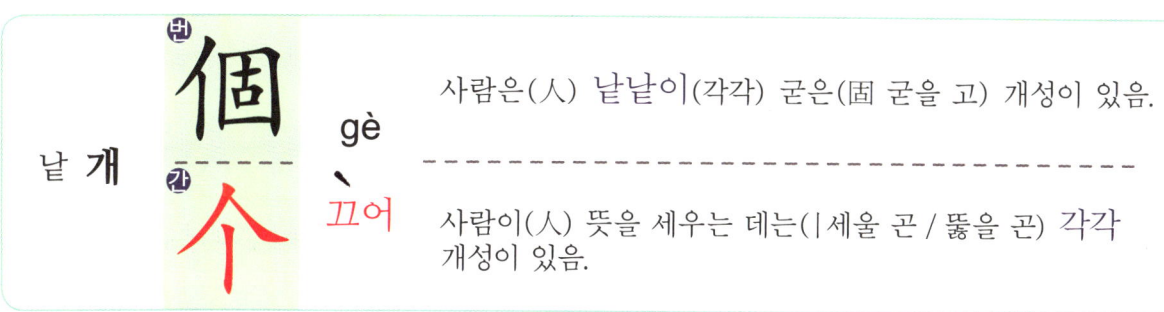

낱 **개** 個/个 gè 끄어

사람은(人) 낱낱이(각각) 굳은(固 굳을 고) 개성이 있음.

사람이(人) 뜻을 세우는 데는(丨세울 곤 / 뚫을 곤) 각각 개성이 있음.

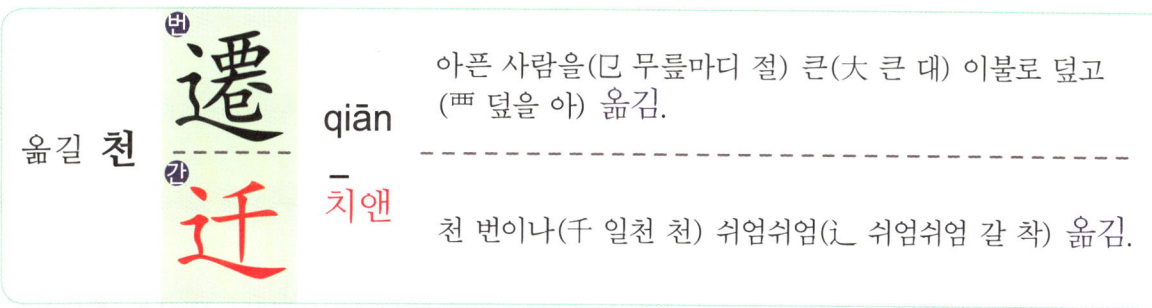

옮길 **천** 遷/迁 qiān 치앤

아픈 사람을(㔾 무릎마디 절) 큰(大 큰 대) 이불로 덮고 (覀 덮을 아) 옮김.

천 번이나(千 일천 천) 쉬엄쉬엄(辶 쉬엄쉬엄 갈 착) 옮김.

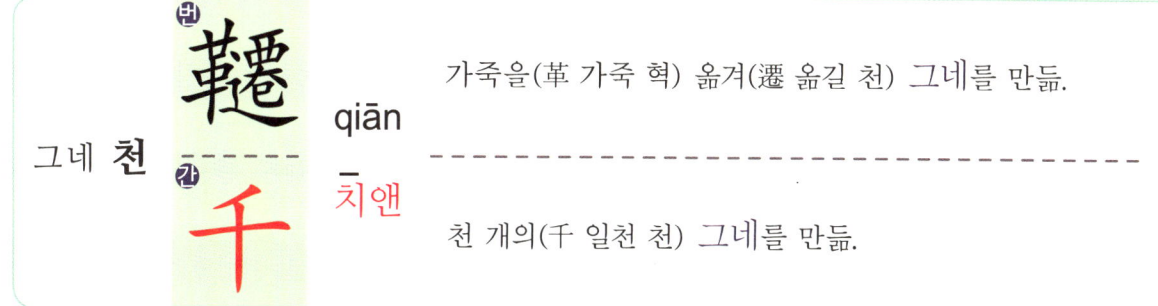

그네 **천** 韆/千 qiān 치앤

가죽을(革 가죽 혁) 옮겨(遷 옮길 천) 그네를 만듦.

천 개의(千 일천 천) 그네를 만듦.

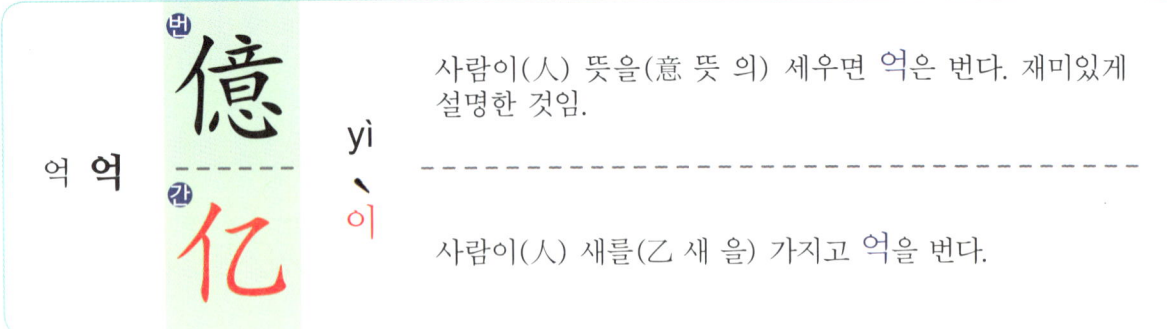

억 억 / yì / 이

사람이(人) 뜻을(意 뜻 의) 세우면 억은 번다. 재미있게 설명한 것임.

사람이(人) 새를(乙 새 을) 가지고 억을 번다.

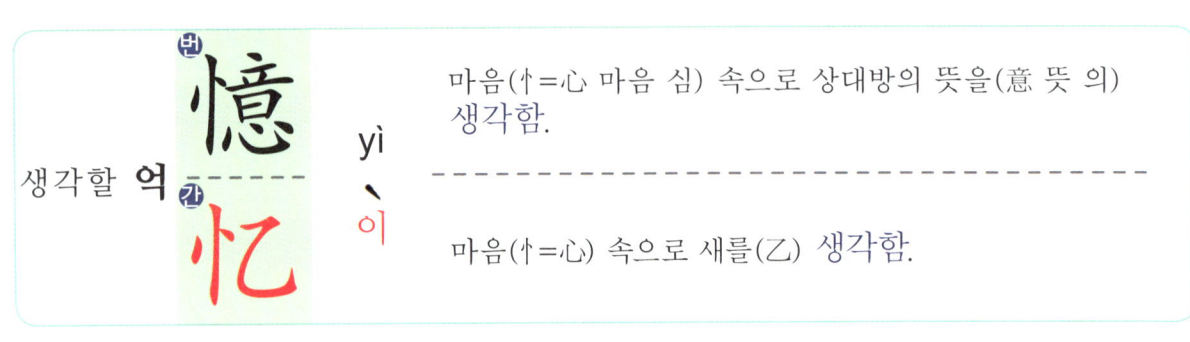

생각할 억 / yì / 이

마음(忄=心 마음 심) 속으로 상대방의 뜻을(意 뜻 의) 생각함.

마음(忄=心) 속으로 새를(乙) 생각함.

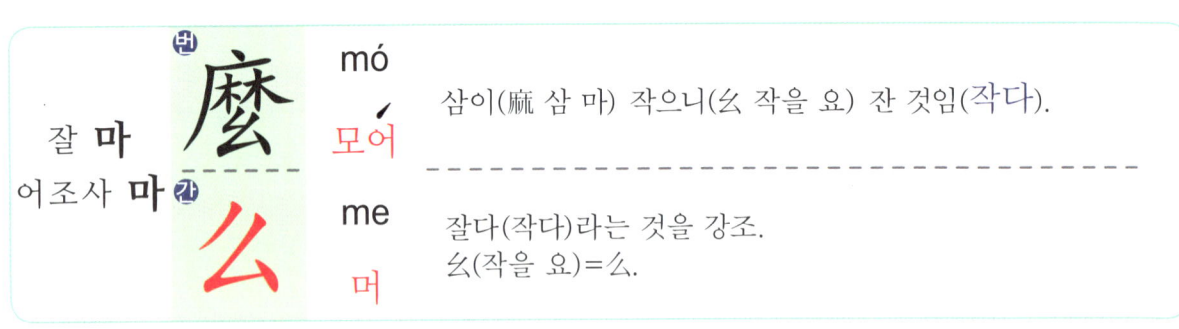

잘 마
어조사 마 / mó 모어 / me 머

삼이(麻 삼 마) 작으니(幺 작을 요) 잔 것임(작다).

잘다(작다)라는 것을 강조.
幺(작을 요)=厶.

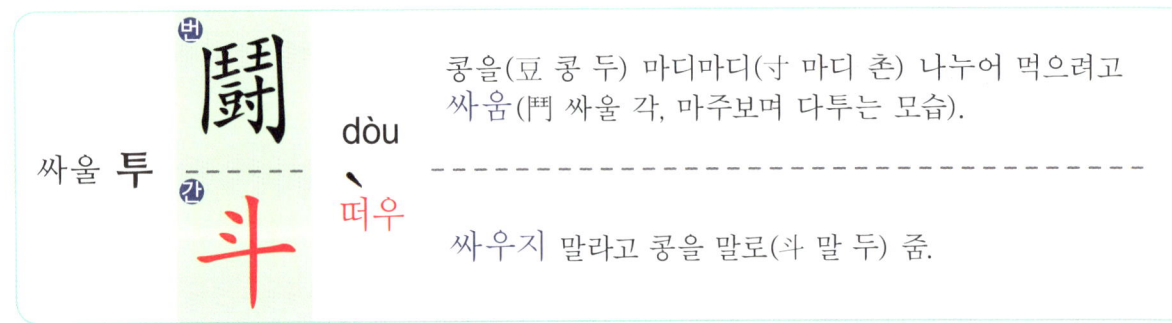

싸울 투 / dòu / 떠우

콩을(豆 콩 두) 마디마디(寸 마디 촌) 나누어 먹으려고 싸움(鬥 싸울 각, 마주보며 다투는 모습).

싸우지 말라고 콩을 말로(斗 말 두) 줌.

| 알 인 | 認 认 | rèn ㆍ 르언 | 사람이 말하는(言 말씀 언) 것을 참고(忍 참을 인) 들으니 그 뜻을 앎.

모양 축약. 사람이(人) 말하는(讠=言) 것을 들으니 뜻을 앎. |

| 할 위
위할 위 | 爲 为 | wéi ˊ 웨이 | 손톱으로(爫 손톱 조) 불을(灬=火 불 화) 켜려고(冃 성냥 불을 세 번 켜는 모습) 함.
*為(속자)

힘을(力 힘 력) 써서 대각선으로 걸려 있는 등불을(ˋ、 등불 주) 켜려고 함. |

| 거짓 위 | 僞 伪 | wěi ˇ 웨이 | 사람이(人) 말을 많이 하면(爲 할 위) 거짓이 섞임.

모양 축약. |

| 가죽 위 | 韋 韦 | wéi ˊ 웨이 | 가죽은 앞면과(㐅) 뒷면이(牛 반대모양) 같음(口). 발음자 '위'를 만듦.

갈고리로(⇀=亅 갈고리 궐) 두 번(二) 뚫어도(丨 뚫을 곤) 안 뚫어지는 가죽. |

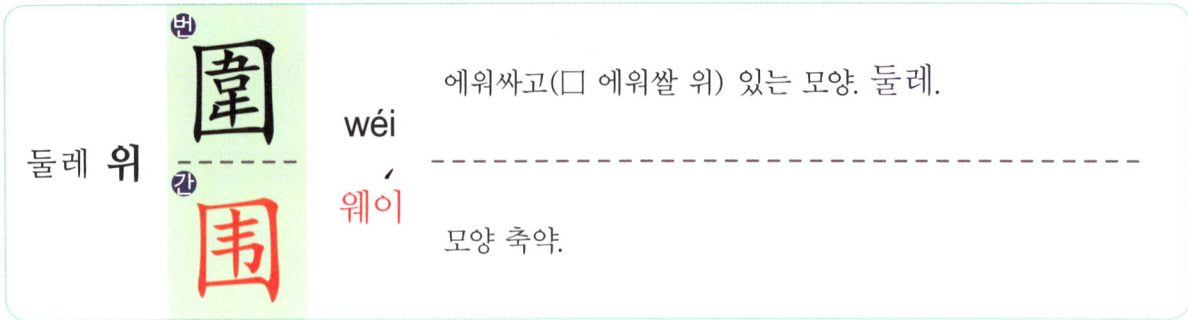

둘레 위 / 圍 / 围 / wéi / 웨이
에워싸고(囗 에워쌀 위) 있는 모양. 둘레.
모양 축약.

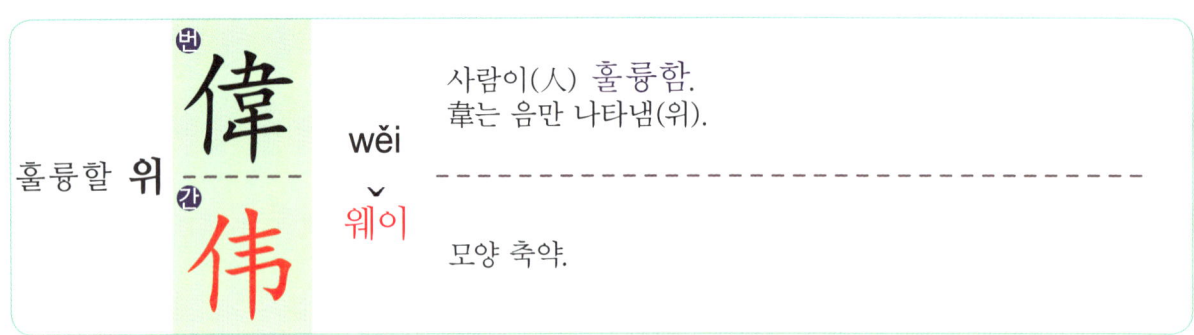

훌륭할 위 / 偉 / 伟 / wěi / 웨이
사람이(人) 훌륭함.
韋는 음만 나타냄(위).
모양 축약.

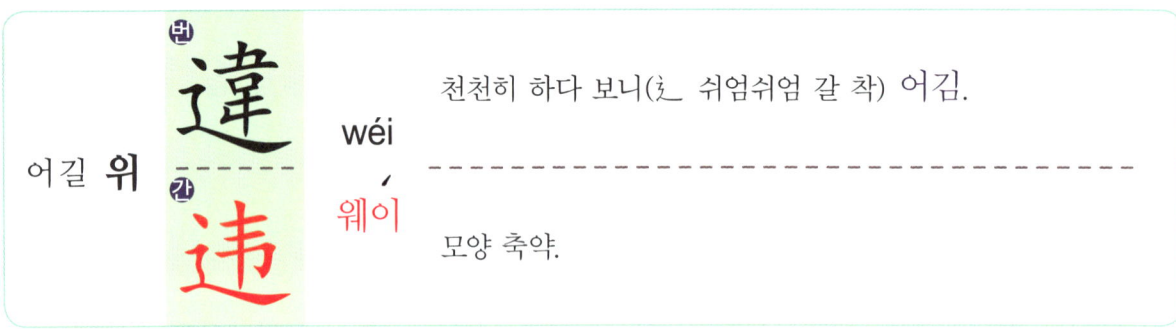

어길 위 / 違 / 违 / wéi / 웨이
천천히 하다 보니(辶 쉬엄쉬엄 갈 착) 어김.
모양 축약.

씨 위 / 緯 / 纬 / wěi / 웨이
실과(糸 실 사) 관련, 씨줄.
모양 축약.

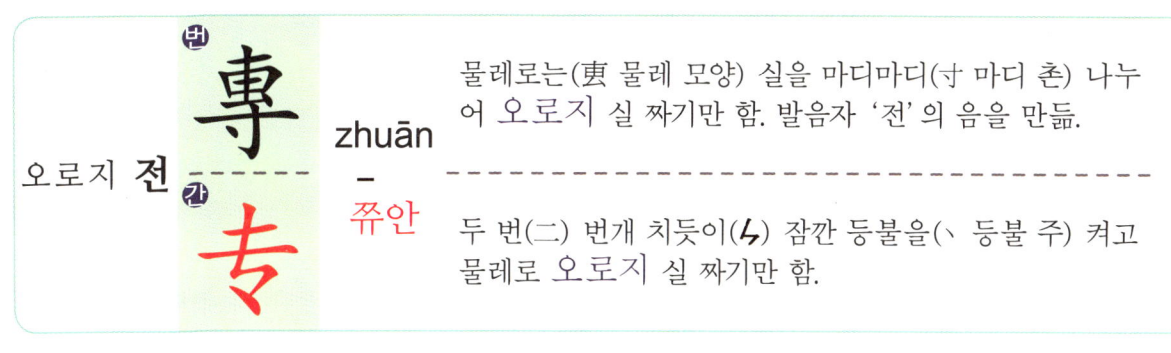

오로지 전 / 專 / 专 / zhuān / 쮜안

물레로는(叀 물레 모양) 실을 마디마디(寸 마디 촌) 나누어 오로지 실 짜기만 함. 발음자 '전'의 음을 만듦.

두 번(二) 번개 치듯이(ㄣ) 잠깐 등불을(丶 등불 주) 켜고 물레로 오로지 실 짜기만 함.

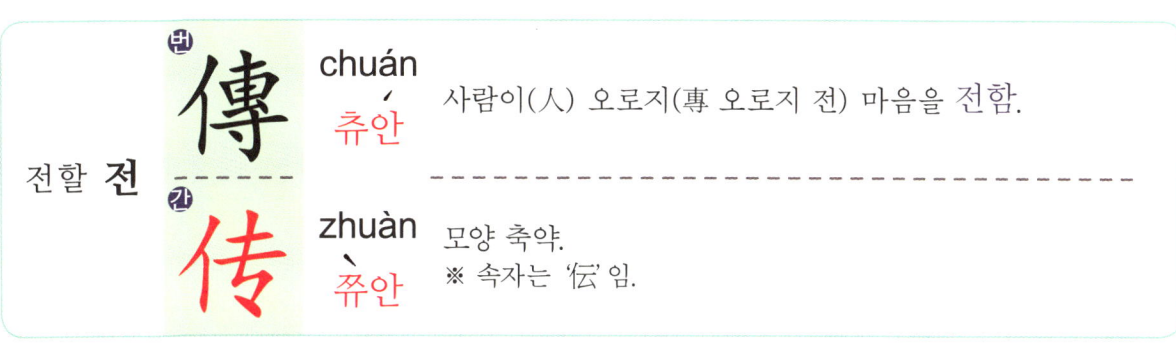

전할 전 / 傳 / 传 / chuán / 츄안 / zhuàn / 쮜안

사람이(人) 오로지(專 오로지 전) 마음을 전함.

모양 축약.
※ 속자는 '伝'임.

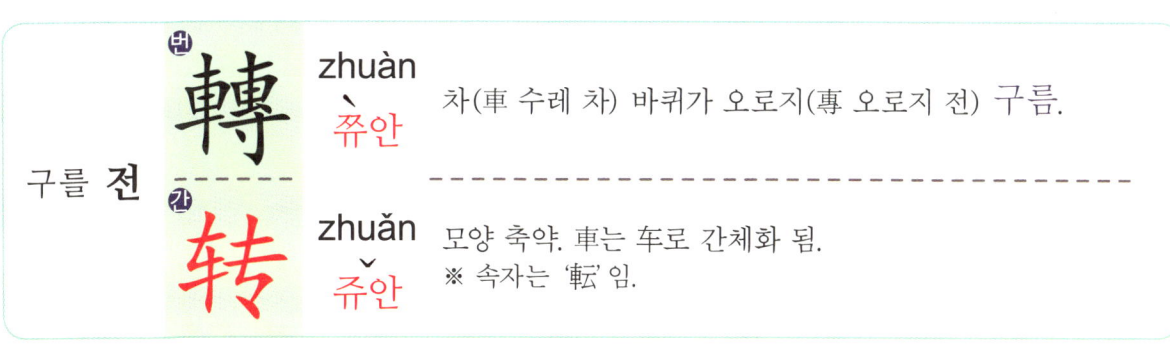

구를 전 / 轉 / 转 / zhuàn / 쮜안 / zhuǎn / 쮜안

차(車 수레 차) 바퀴가 오로지(專 오로지 전) 구름.

모양 축약. 車는 车로 간체화 됨.
※ 속자는 '転'임.

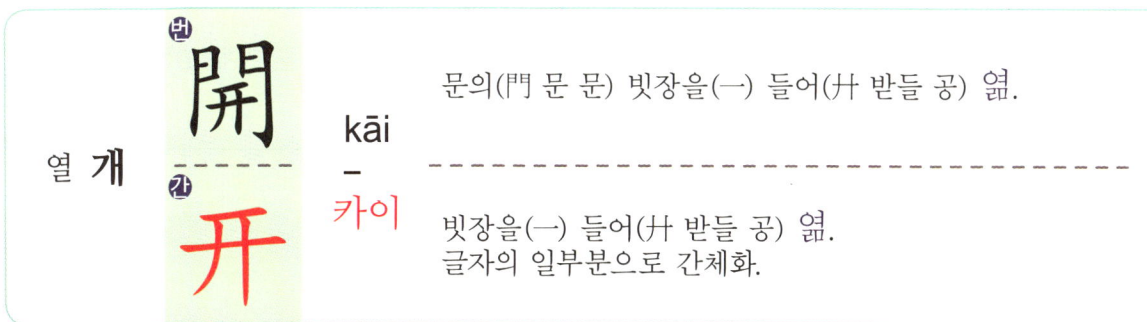

열 개 / 開 / 开 / kāi / 카이

문의(門 문 문) 빗장을(一) 들어(廾 받들 공) 엶.

빗장을(一) 들어(廾 받들 공) 엶.
글자의 일부분으로 간체화.

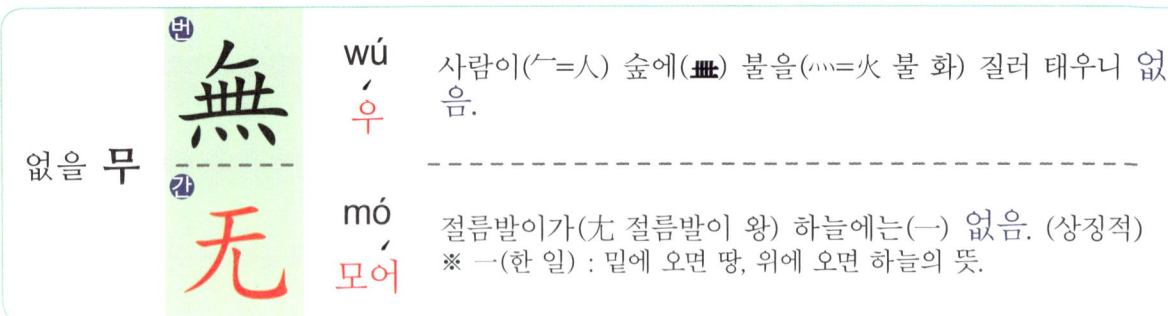

없을 무 / 無 无

wú 우

사람이(㇒=人) 숲에(卌) 불을(灬=火 불 화) 질러 태우니 없음.

mó 모어

절름발이가(尢 절름발이 왕) 하늘에는(一) 없음. (상징적)
※ 一(한 일) : 밑에 오면 땅, 위에 오면 하늘의 뜻.

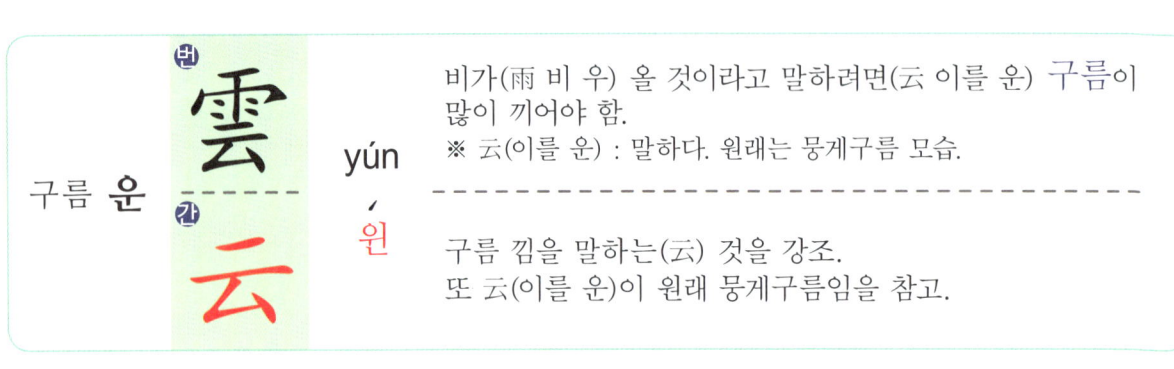

구름 운 / 雲 云

yún 윈

비가(雨 비 우) 올 것이라고 말하려면(云 이를 운) 구름이 많이 끼어야 함.
※ 云(이를 운) : 말하다. 원래는 뭉게구름 모습.

구름 낌을 말하는(云) 것을 강조.
또 云(이를 운)이 원래 뭉게구름임을 참고.

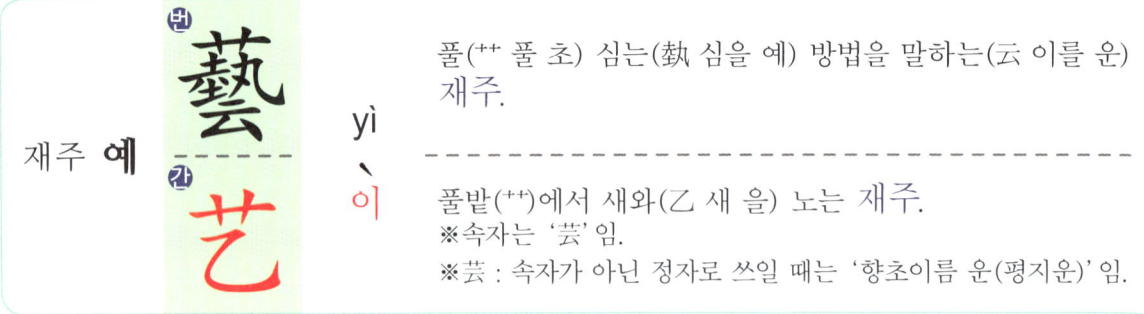

재주 예 / 藝 艺

yì 이

풀(艹 풀 초) 심는(埶 심을 예) 방법을 말하는(云 이를 운) 재주.

풀밭(艹)에서 새와(乙 새 을) 노는 재주.
※속자는 '芸'임.
※芸 : 속자가 아닌 정자로 쓰일 때는 '향초이름 운(평지운)'임.

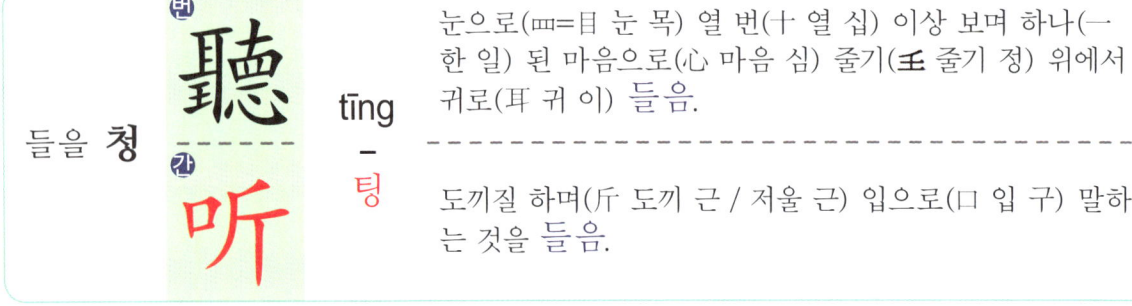

들을 청 / 聽 听

tīng 팅

눈으로(罒=目 눈 목) 열 번(十 열 십) 이상 보며 하나(一 한 일) 된 마음으로(心 마음 심) 줄기(壬 줄기 정) 위에서 귀로(耳 귀 이) 들음.

도끼질 하며(斤 도끼 근 / 저울 근) 입으로(口 입 구) 말하는 것을 들음.

관청 청	廳 / 厅 (번/간) tīng 팅	백성(국민)의 소리를 잘 들어야(聽 들을 청) 하는 집(广 바윗집 엄), 관청. 장정들이(丁 장정 정) 많이 지키고 있는 집(厂 굴바위 엄), 관청. ※ 속자는 '厅' 임.
책력 력 (음력, 양력, 달력)	曆 / 历 (번/간) lì 리	날을(日 날 일) 세어서(秝 셀 력) 만드는 책력. 집에서(厂 굴바위 엄) 힘써(力 힘 력) 만드는 책력.
지낼 력	歷 / 历 (번/간) lì 리	날짜를 세다(秝 셀 력) 그치다, 세다 그치다 하면서 지냄. 집에서(厂) 힘써(力) 책력을 만들며 지냄.
쌍 쌍	雙 / 双 (번/간) shuāng 슈앙	새(隹 새 추) 두 마리를(隹隹) 손으로(又 오른손 우 / 또 우) 한 쌍 갖고 있음. '두 손(双)으로 새 한 쌍을 갖고 있다'로 간체화. ※ 속자도 같음.

173

힘쓸 판	 辦 / 办 번/간	bàn 、 빤	양쪽에서 서로 다투는 것을(辡 서로 다툴 변) 힘써(力 힘력) 중재함. ※ 辡(서로 다툴 변) 양쪽에서 맵게(辛 매울 신) 다툼. 발음자 '변', '판'을 만듦. --- 양쪽에서(丷) 힘써(力) 노력함.
추할 추	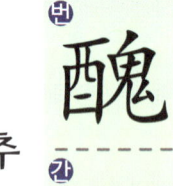 醜 / 丑 번/간	chǒu ˇ 쳐우	술을(酉 술 유 / 익을 유 / 닭 유) 먹으면 귀신처럼(鬼 귀신 귀) 추해짐. --- 소도(丑 소 축) 때로는 추함. ※간체자로 안 쓰일 때도 발음은 같음.
글 서 쓸 서 책 서	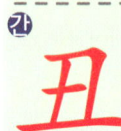 書 / 书 번/간	shū ¯ 슈	붓을(聿=肀 붓 률) 들고 말하면서(曰 가로 왈) 글을 씀. 그래서 책을 만듦. --- 등불을(丶 등불 주) 켜고 갈고리처럼(⇁ 갈고리 궐) 생긴 두 개의 붓을(⇒) 세워 (丨 세울 곤) 글을 쓰고 책을 만듦. 원래는 초서체(흘림체) 모양을 본 떠 만듦.
떼 대 무리 대	 隊 / 队 번/간	duì 、 뚜에이	언덕(阝=阜 언덕 부) 옆에서 최선을 다하는(㒸 다할 수) 무리. ※ 㒸(다할 수) : 돼지가(豕 돼지 시) 여덟 번(八 여덟 팔) 먹으려고 힘을 다함. --- 언덕(阝) 옆에 사람이(人) 떼를 지어 모여 있음.

| 좇을 종
따를 종 | 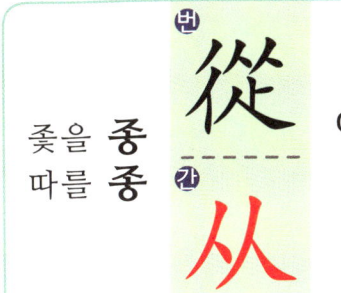 從
从 | cóng
ˊ
충 | 두 사람이(彳 두 인 / 자축거릴 척) 여러 사람을(从) 발로 (龰=足 발 족) 걸어서 좇아감, 따라감.

여러 사람을(从) 강조하여 간체화. |

| 세로 종 |  縱
纵 | zòng
ˋ
쫑 | 따르는(從 따를 종) 사람이 실처럼(糸 실 사) 세로로 줄 섬.
※ 從 (따를 종 / 좇을 종) : 부족한 두 사람(彳 두 인 / 자축거릴 척)이 여러사람을(从) 발로(龰 =足 발 족) 걸어 따름. 좇음.

모양 일부만 축약.
從(따를 종)은 '从'으로 간체화 됨. 여러 사람을 강조. |

| 권할 종 | 慫
怂 | sǒng
ˇ
쏭 | 마음까지(心 마음 심) 따르라고(從 따를 종) 권함.

모양 축약. |

| 풍년 풍 |  豐
丰 | fēng
ˉ
뻥 | ①제기(豆 콩 두, 제기 모양) 위에 음식이 가득하니(丰 가득한 모양) 풍요로움. 풍년임.
②산(山) 사이의 풀이 무성하듯(丰) 콩도(豆) 풍년임.

풀 무성하듯(丰 풀 무성할 봉) 풍요롭고 풍년임.
※ 속자는 '豊'임. |

봉황 봉	鳳 / 凤 fèng ㆍ뻥	큰 날개를(几) 갖고 제일인(一 한 일) 새는 봉황임. 실제 '凡'는 凡(무릇 범)인데 의미를 생략함.
		큰 날개를(几) 또(又 또 우) 이용하여 나는 새. 봉황.

겨우 근	僅 / 仅 jǐn ㆍ진	사람이(人) 진흙(堇 진흙 근, 땅에 쌓여있는 진흙 모양) 밭에서 겨우 나옴. ※ 堇은 음을 나타냄(근).
		堇=茣(진흙 근)은 又(또 우 / 손 우)로 간체화 됨(예외도 있음).

뵐 근	覲 / 觐 jìn ㆍ찐	진흙 밭에서(堇) 어버이를 뵘(見 볼 견).
		모양 축약. 한쪽이 간체화 되어 堇(진흙 근)은 그대로 유지.

삼갈 근	謹 / 谨 jǐn ㆍ진	진흙 밭에서는(堇) 말을(言 말씀 언) 삼간다.
		모양 축약. 한쪽이 간체화 되어 '堇(진흙 근)'은 유지.

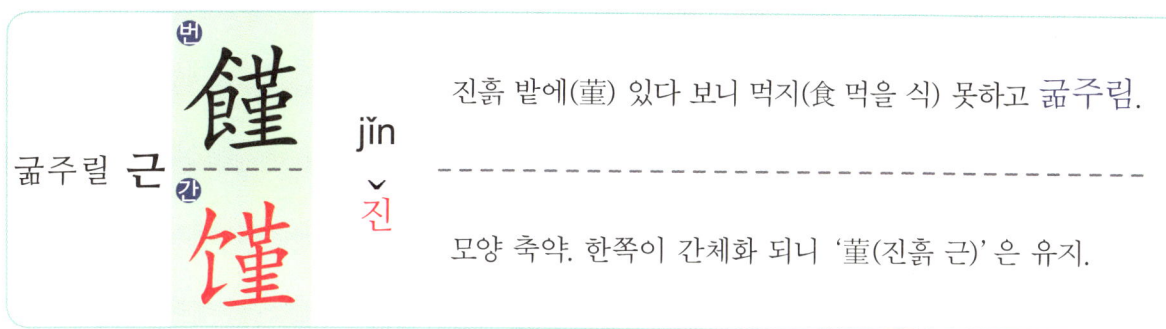

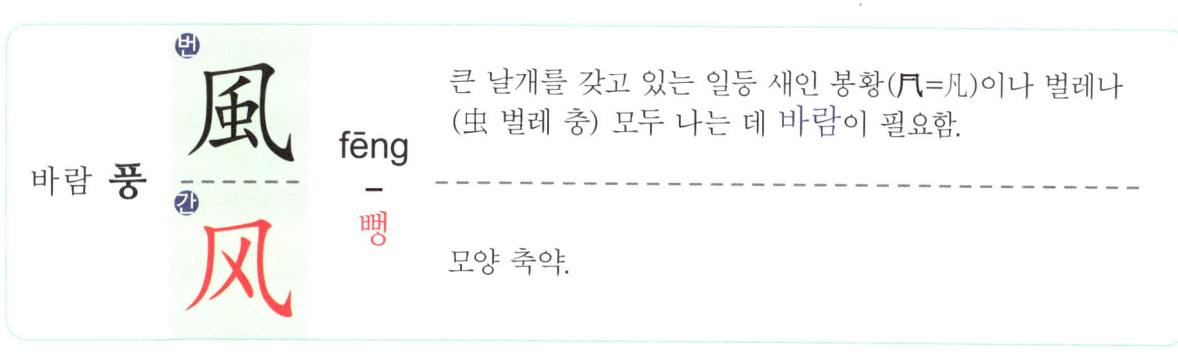

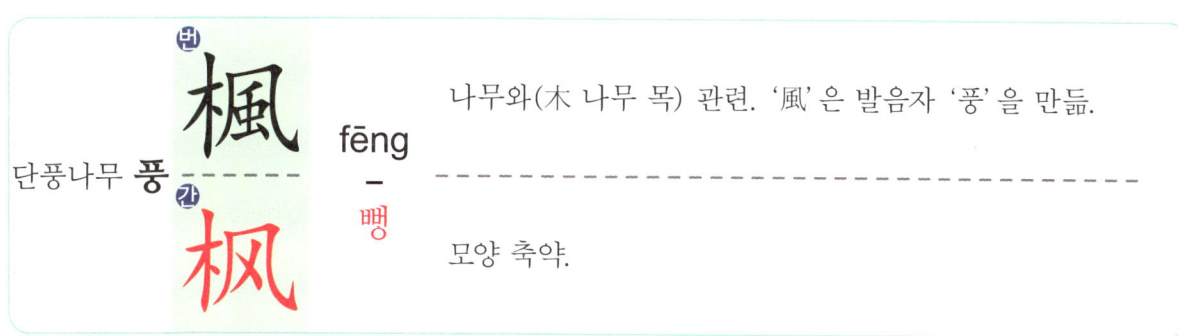

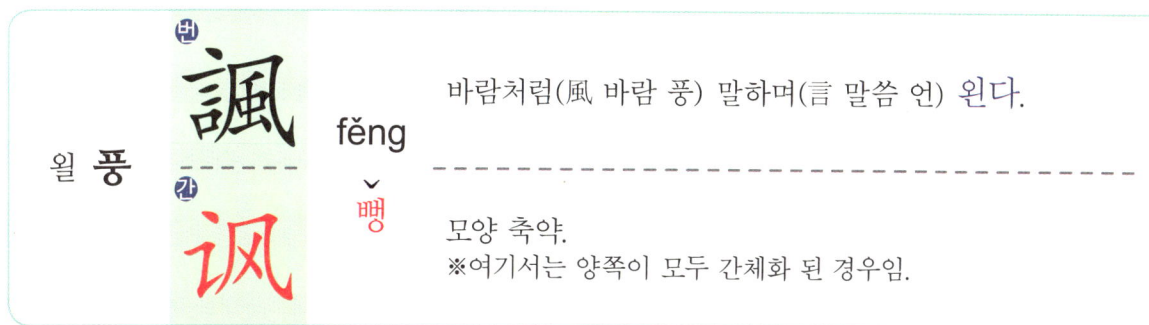

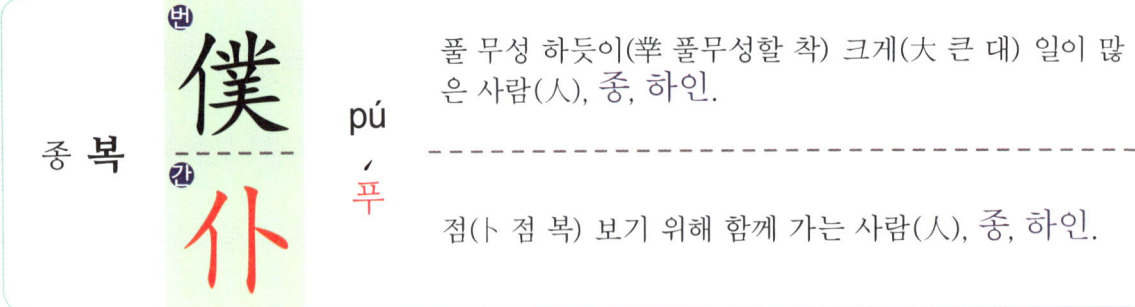

종 복　僕　pú　푸

풀 무성 하듯이(丵 풀무성할 착) 크게(大 큰 대) 일이 많은 사람(人), 종, 하인.

점(卜 점 복) 보기 위해 함께 가는 사람(人), 종, 하인.

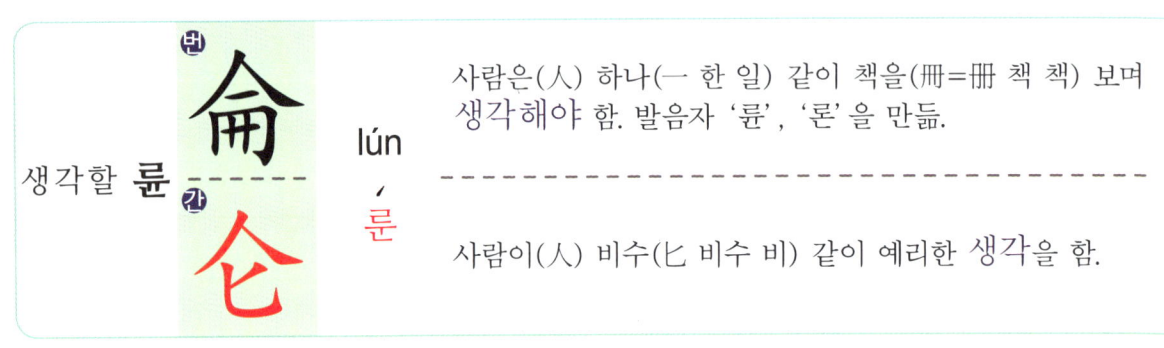

생각할 륜　侖　lún　룬

사람은(人) 하나(一 한 일) 같이 책을(冊=冊 책 책) 보며 생각해야 함. 발음자 '륜', '론'을 만듦.

사람이(人) 비수(匕 비수 비) 같이 예리한 생각을 함.

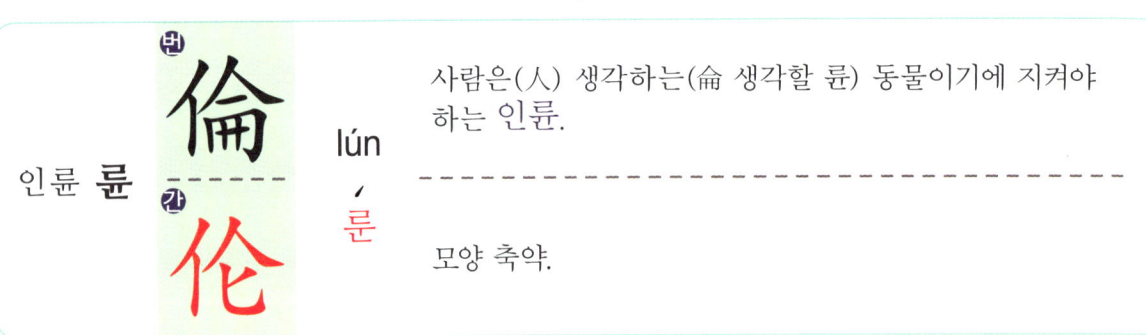

인륜 륜　倫　lún　룬

사람은(人) 생각하는(侖 생각할 륜) 동물이기에 지켜야 하는 인륜.

모양 축약.

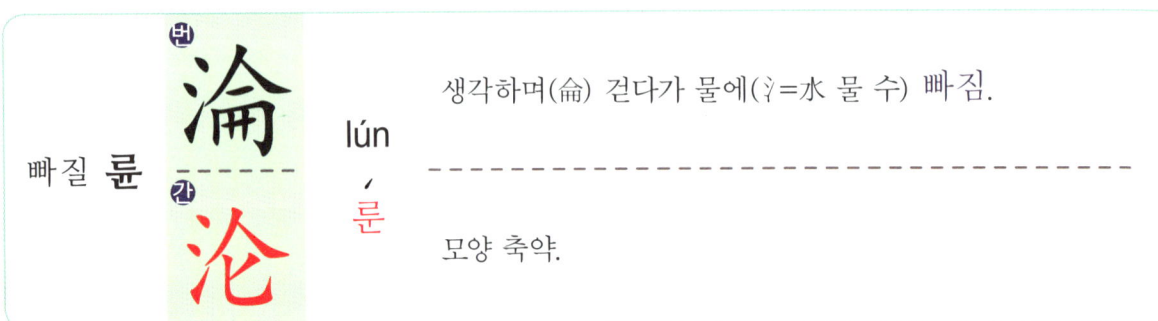

빠질 륜　淪　lún　룬

생각하며(侖) 걷다가 물에(氵=水 물 수) 빠짐.

모양 축약.

| 인끈 륜
다스릴 륜 | 綸
纶 | lún
´
룬 | 실로(糸 실 사) 짜듯 생각을(侖 생각할 륜) 짜서 잘 다스림.
―――――――――――――――――――
모양 축약. |

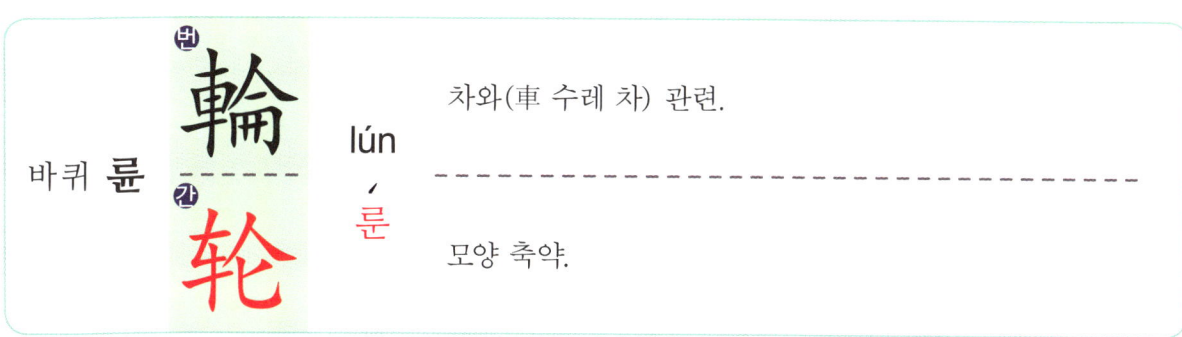

| 바퀴 륜 | 輪
轮 | lún
´
룬 | 차와(車 수레 차) 관련.
―――――――――――――――――――
모양 축약. |

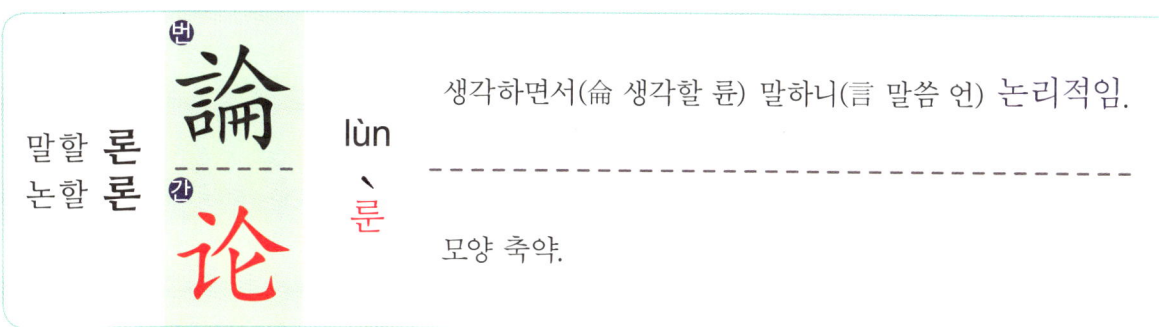

| 말할 론
논할 론 | 論
论 | lùn
`
룬 | 생각하면서(侖 생각할 륜) 말하니(言 말씀 언) 논리적임.
―――――――――――――――――――
모양 축약. |

| 물돌 회
어음 회 | 匯
汇 | huì
`
후에이 | 상자 속(匚 상자 방) 물에(氵=水 물 수) 새가(隹 새 추) 있으니 물이 돌아 움직임. 시중에 돌아다니는 어음.
―――――――――――――――――――
모양 일부 변경. |

번 간	彙 汇	hui ˋ 후에이	과실을(果 과실 과) 덮고(冖 덮을 멱) 그 위에 돼지머리를 (彑=크 돼지머리 계) 놓은 후 사람들을 모아 고사를 지냄.
모을 **휘** 무리 **휘**			상자(匚 상자 방) 밖으로 물을(氵=水) 뺀 후 사람들을 모아 고사를 지냄.

번 간	漢 汉	hàn ˋ 한	진흙에(堇=董 진흙 근, 눌려있는 진흙 모양) 물이(氵=水) 있는 한수. ※ '堇(진흙 근)'은 '간', '난', '한', '탄'의 음을 만들고 '董(진흙 근)'은 음이 모두 '근'이 됨.
한수 **한** 한나라 **한** 사내 **한**			모양 축약. ※堇(진흙 근)은 又(또 우)로 간체화 됨.

번 간	艱 艰	jiān ˉ 찌앤	진흙에(堇=董) 머무르고(艮 머무를 간) 있으니 나오기가 어려움.
어려울 **간**			모양 축약.

번 간	難 难	nán ˊ 난	진흙에(堇) 새가(隹 새 추) 빠져 있어서 나오기 어려움.
어려울 **난**			모양 축약.

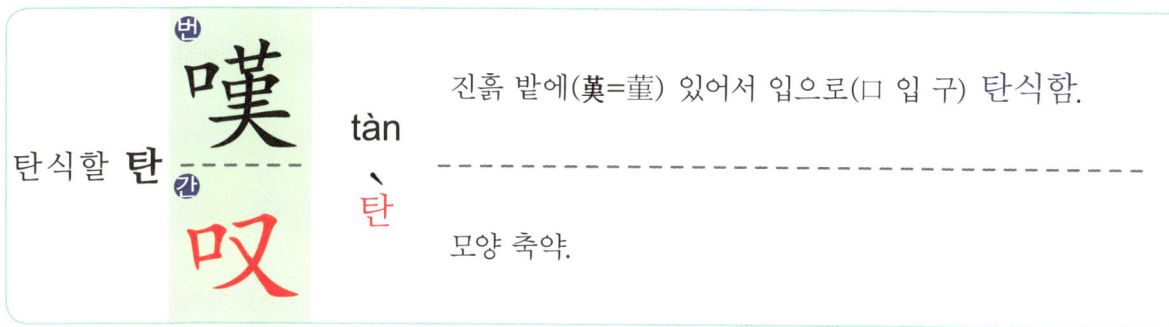

탄식할 **탄** 嘆/叹 tàn 탄

진흙 밭에(莫=堇) 있어서 입으로(口 입 구) 탄식함.

모양 축약.

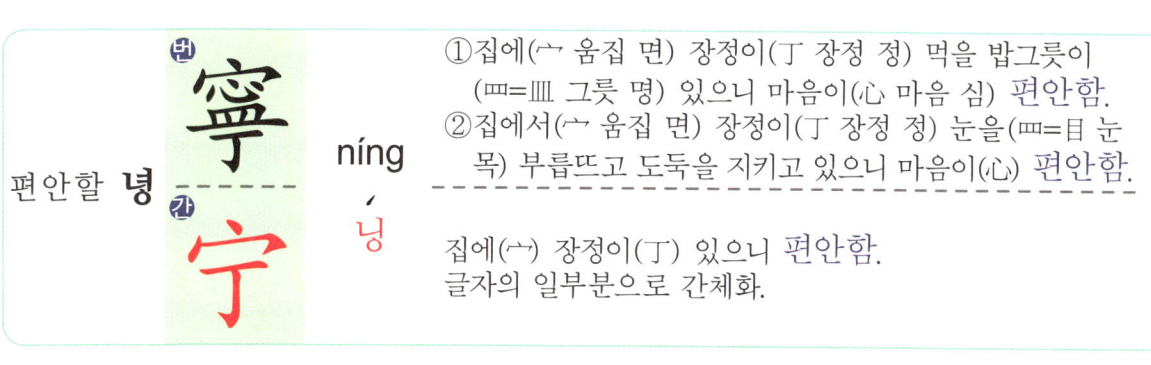

편안할 **녕** 寧/宁 níng 닝

①집에(宀 움집 면) 장정이(丁 장정 정) 먹을 밥그릇이 (皿=皿 그릇 명) 있으니 마음이(心 마음 심) 편안함.
②집에서(宀 움집 면) 장정이(丁 장정 정) 눈을(罒=目 눈 목) 부릅뜨고 도둑을 지키고 있으니 마음이(心) 편안함.

집에(宀) 장정이(丁) 있으니 편안함.
글자의 일부분으로 간체화.

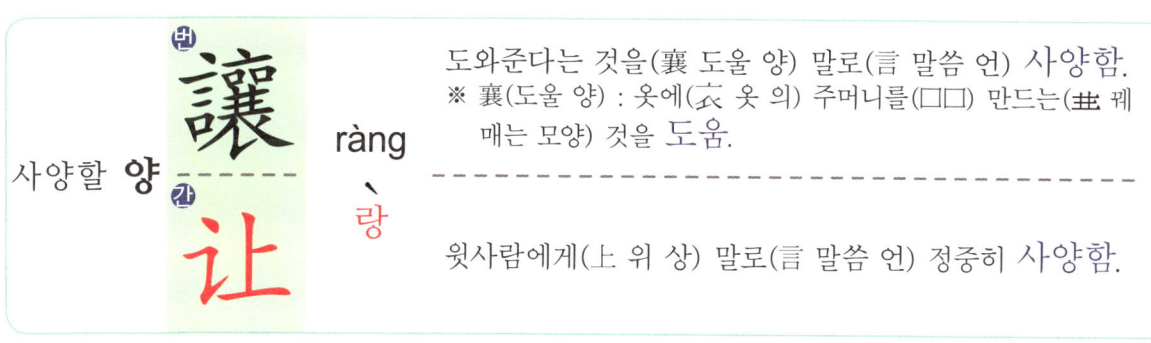

사양할 **양** 讓/让 ràng 랑

도와준다는 것을(襄 도울 양) 말로(言 말씀 언) 사양함.
※ 襄(도울 양) : 옷에(衣 옷 의) 주머니를(口口) 만드는(卌 꿰매는 모양) 것을 도움.

윗사람에게(上 위 상) 말로(言 말씀 언) 정중히 사양함.

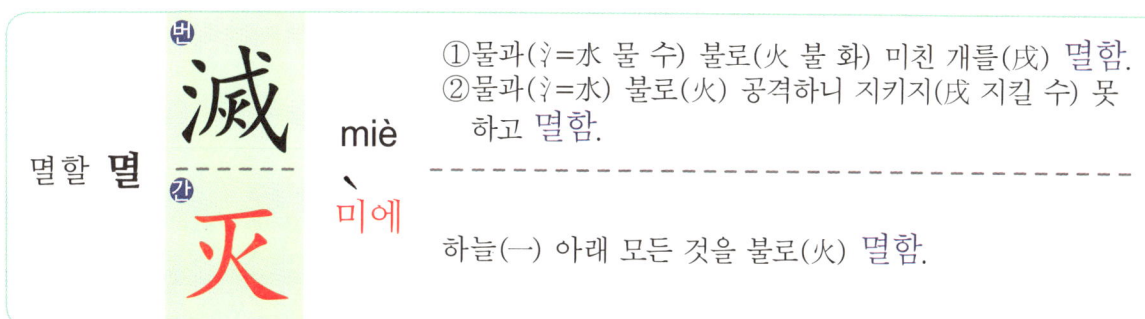

멸할 **멸** 滅/灭 miè 미에

①물과(氵=水 물 수) 불로(火 불 화) 미친 개를(戌) 멸함.
②물과(氵=水) 불로(火) 공격하니 지키지(戌 지킬 수) 못하고 멸함.

하늘(一) 아래 모든 것을 불로(火) 멸함.

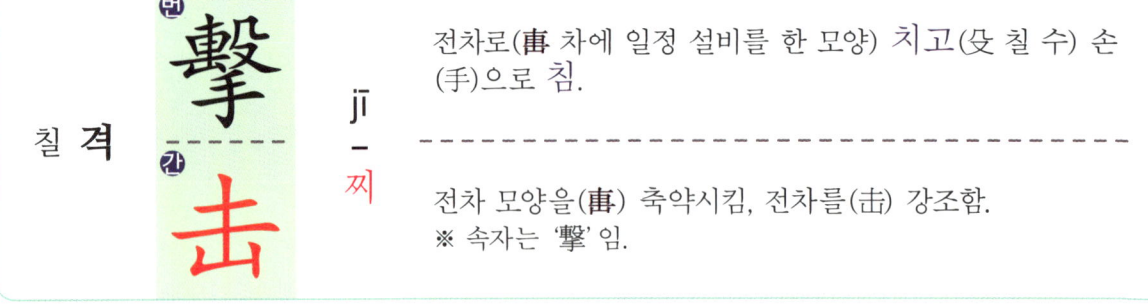

칠 격 / 擊 击 / jī 찌

전차로(車 차에 일정 설비를 한 모양) 치고(殳 칠 수) 손(手)으로 침.

전차 모양을(車) 축약시킴, 전차를(击) 강조함.
※ 속자는 '撃' 임.

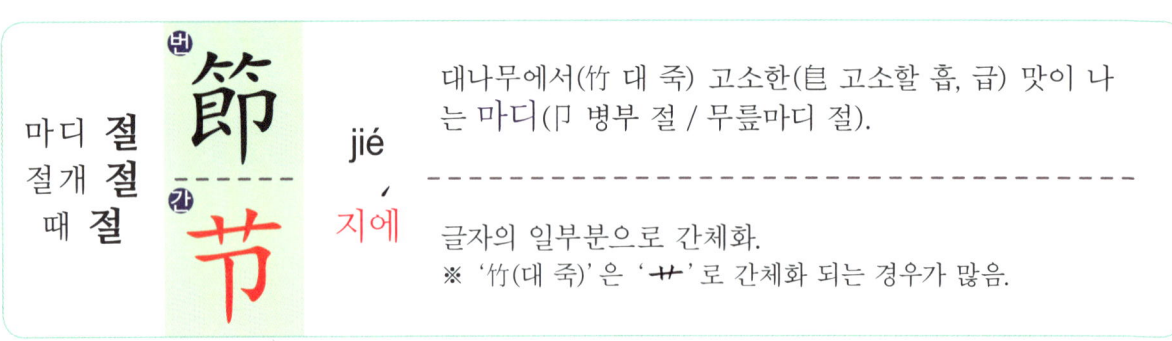

마디 절 / 절개 절 / 때 절 / 節 节 / jié 지에

대나무에서(竹 대 죽) 고소한(皀 고소할 흡, 급) 맛이 나는 마디(卩 병부 절 / 무릎마디 절).

글자의 일부분으로 간체화.
※ '竹(대 죽)'은 'ᅭ'로 간체화 되는 경우가 많음.

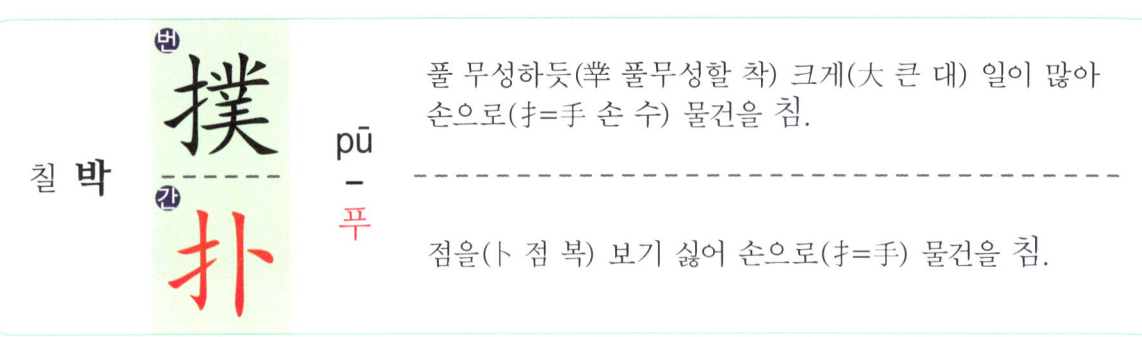

칠 박 / 撲 扑 / pū 푸

풀 무성하듯(菐 풀무성할 착) 크게(大 큰 대) 일이 많아 손으로(扌=手 손 수) 물건을 침.

점을(卜 점 복) 보기 싫어 손으로(扌=手) 물건을 침.

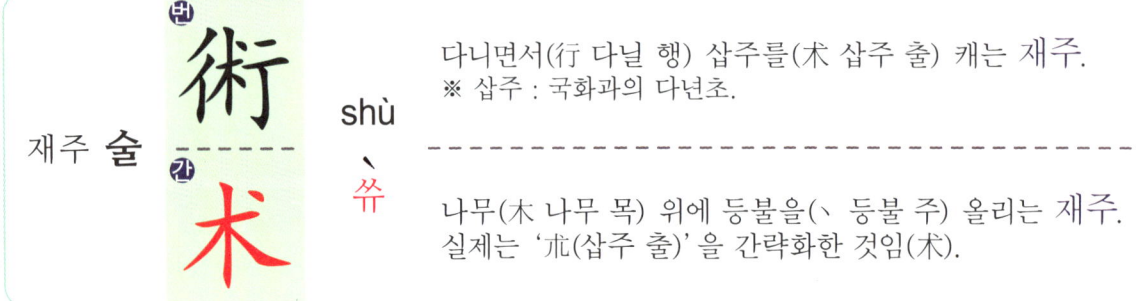

재주 술 / 術 术 / shù 슈

다니면서(行 다닐 행) 삽주를(朮 삽주 출) 캐는 재주.
※ 삽주 : 국화과의 다년초.

나무(木 나무 목) 위에 등불을(丶 등불 주) 올리는 재주. 실제는 '朮(삽주 출)'을 간략화한 것임(术).

용 룡	龍 / 龙 롱	lóng	용이 하늘로 올라가는 모양. 몸을(月=肉 고기 육) 세워 (立 설 립 / 세울 립) 하늘로 올라가는 용(龍). 발음자 '롱', '총', '방'을 만듦.
			더욱(尤 더욱 우) 힘써 땅을 치고(丿 삐칠 별, 땅을 치고 올라가는 형태) 하늘로 올라가는 용.

밭두둑 롱	壟 / 垄 롱	lǒng	흙과(土 흙 토) 관련.
			모양 축약.

옥 소리 롱	瓏 / 珑 롱	lóng	'王=玉(구슬 옥)'과 관련.
			모양 축약.

바구니 롱	籠 / 笼 롱	lóng	'竹(대 죽)'과 관련.
			모양 축약.

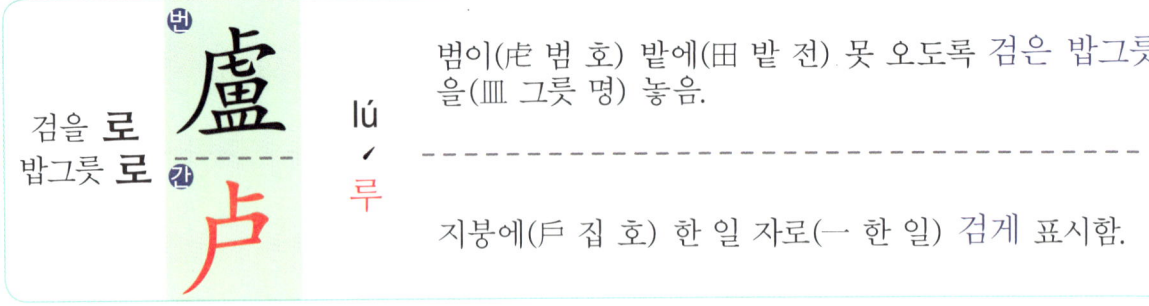

검을 로
밥그릇 로

盧
卢
lú
루

범이(虍 범 호) 밭에(田 밭 전) 못 오도록 검은 밥그릇을(皿 그릇 명) 놓음.

지붕에(戶 집 호) 한 일 자로(一 한 일) 검게 표시함.

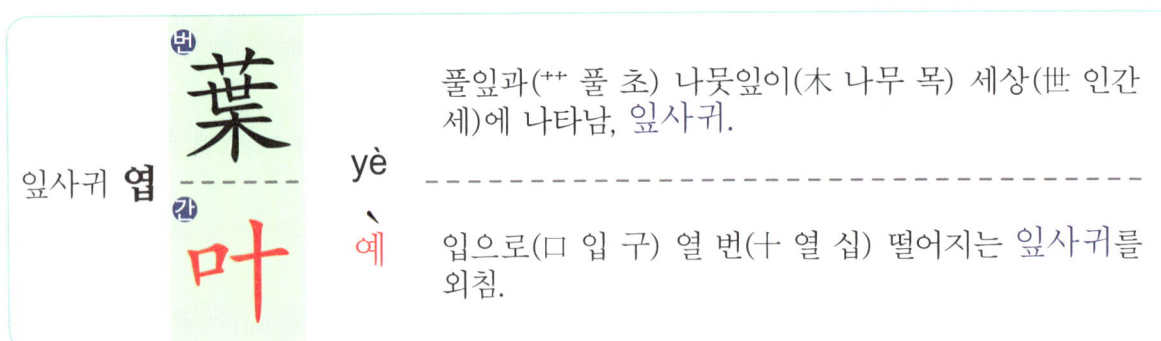

잎사귀 엽

葉
叶
yè
예

풀잎과(艹 풀 초) 나뭇잎이(木 나무 목) 세상(世 인간 세)에 나타남, 잎사귀.

입으로(口 입 구) 열 번(十 열 십) 떨어지는 잎사귀를 외침.

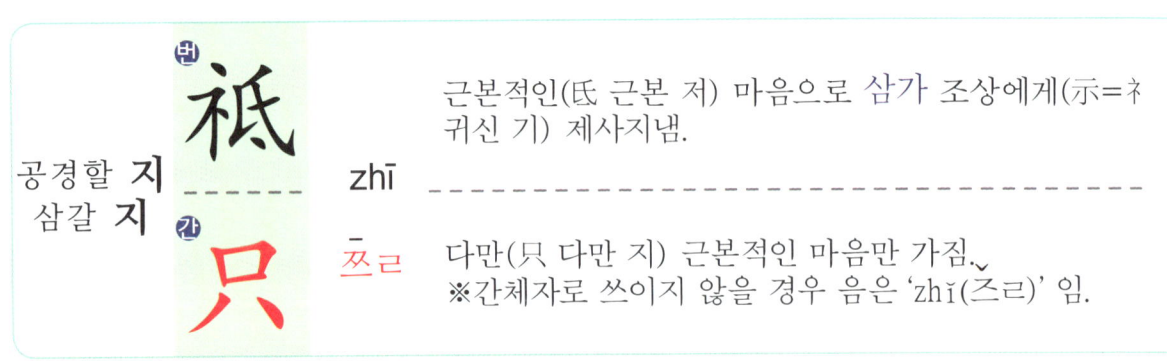

공경할 지
삼갈 지

祗
只
zhī
쯔

근본적인(氐 근본 저) 마음으로 삼가 조상에게(示=礻 귀신 기) 제사지냄.

다만(只 다만 지) 근본적인 마음만 가짐.
※간체자로 쓰이지 않을 경우 음은 'zhǐ(즈르)' 임.

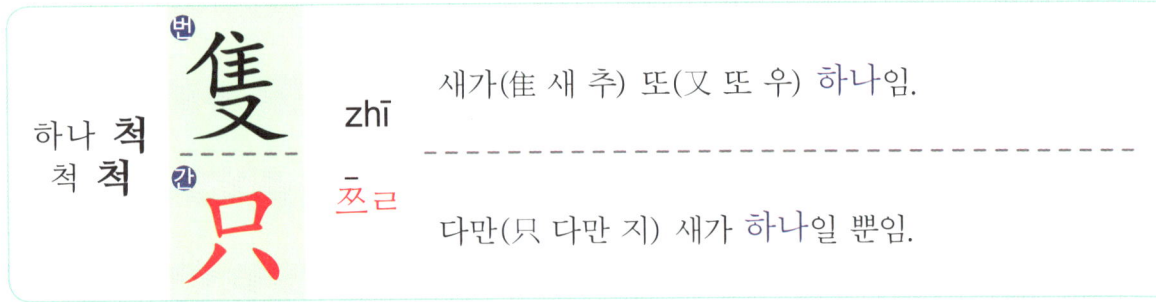

하나 척
척 척

隻
只
zhī
쯔

새가(隹 새 추) 또(又 또 우) 하나임.

다만(只 다만 지) 새가 하나일 뿐임.

184

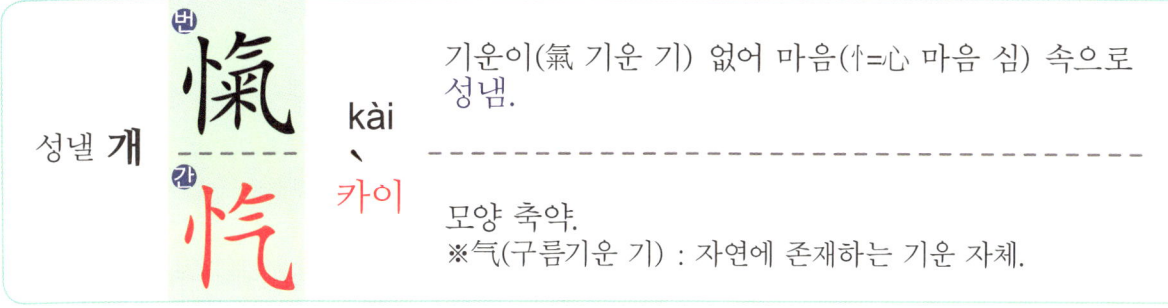

성낼 개 / 愾 / kài / 카이

기운이(氣 기운 기) 없어 마음(忄=心 마음 심) 속으로 성냄.

모양 축약.
※气(구름기운 기) : 자연에 존재하는 기운 자체.

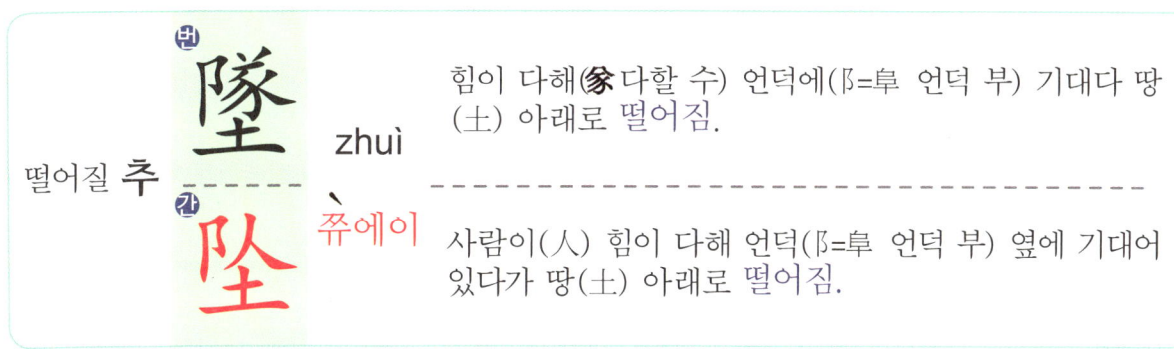

떨어질 추 / 墜 / zhuì / 쮸에이

힘이 다해(㒸 다할 수) 언덕에(阝=阜 언덕 부) 기대다 땅(土) 아래로 떨어짐.

사람이(人) 힘이 다해 언덕(阝=阜 언덕 부) 옆에 기대어 있다가 땅(土) 아래로 떨어짐.

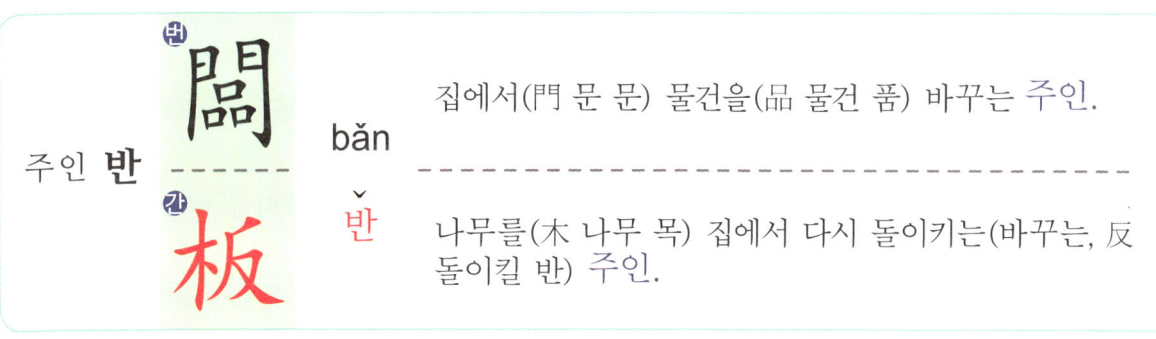

주인 반 / 闆 / bǎn / 반

집에서(門 문 문) 물건을(品 물건 품) 바꾸는 주인.

나무를(木 나무 목) 집에서 다시 돌이키는(바꾸는, 反 돌이킬 반) 주인.

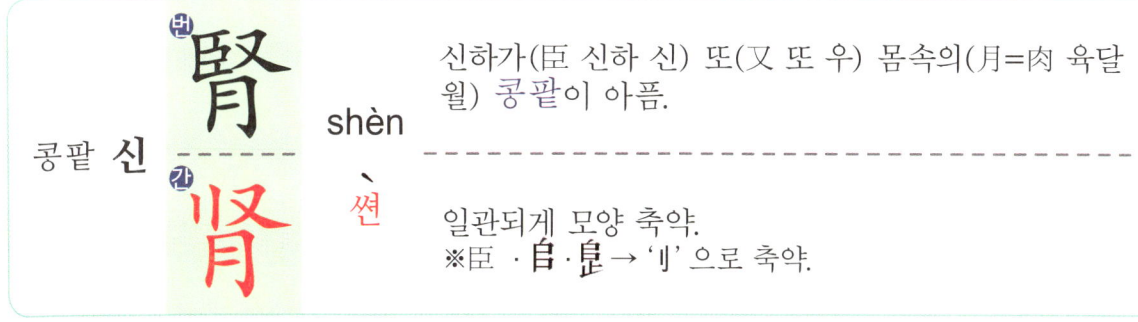

콩팥 신 / 腎 / shèn / 션

신하가(臣 신하 신) 또(又 또 우) 몸속의(月=肉 육달월) 콩팥이 아픔.

일관되게 모양 축약.
※臣·自·𦣹 → 'ㅣ'으로 축약.

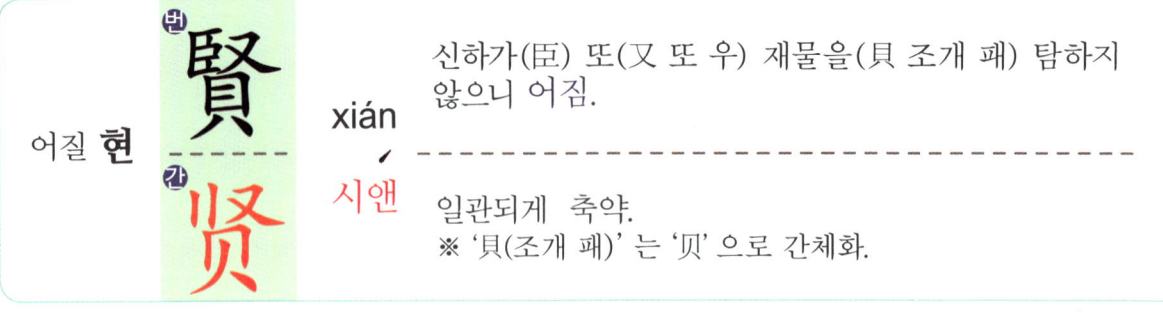

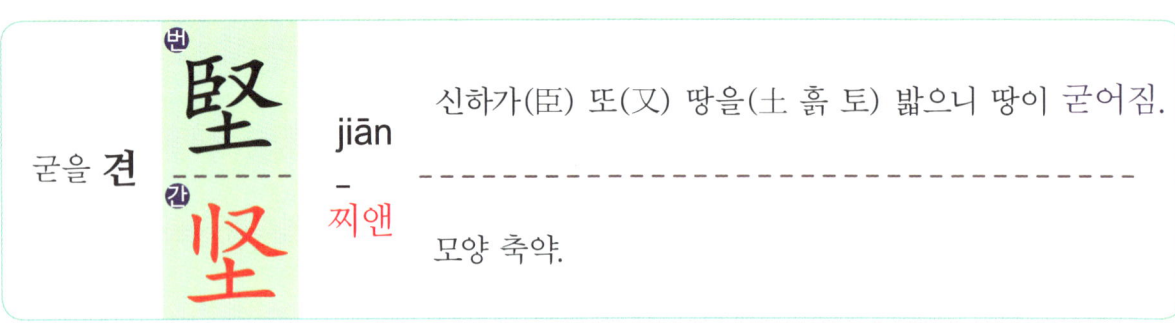

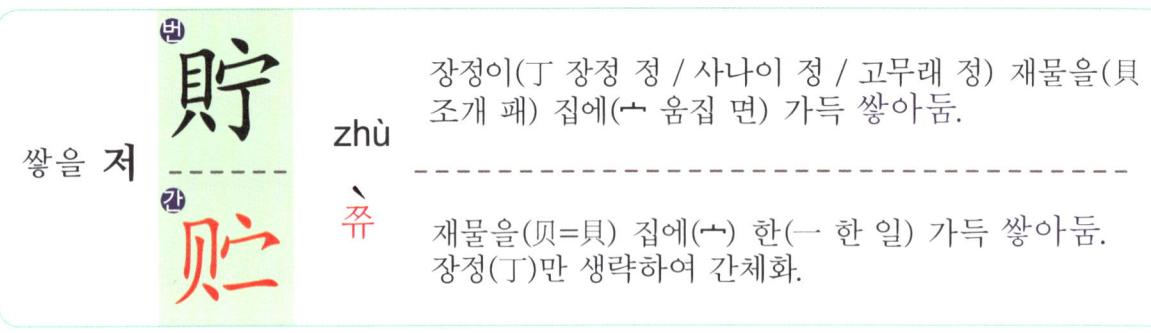

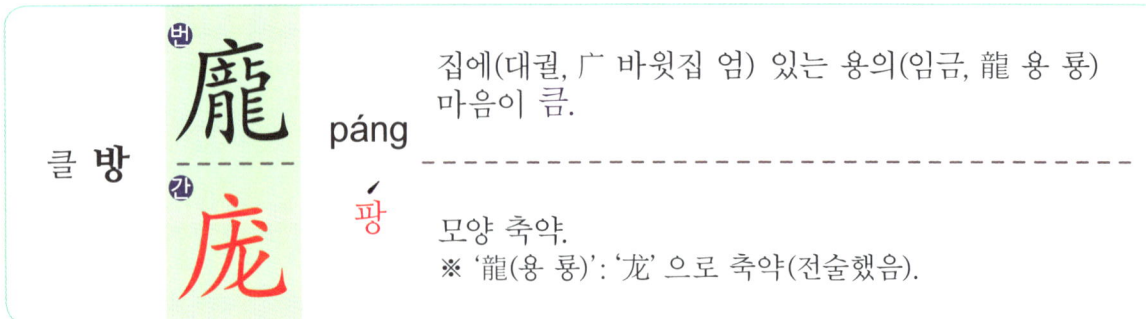

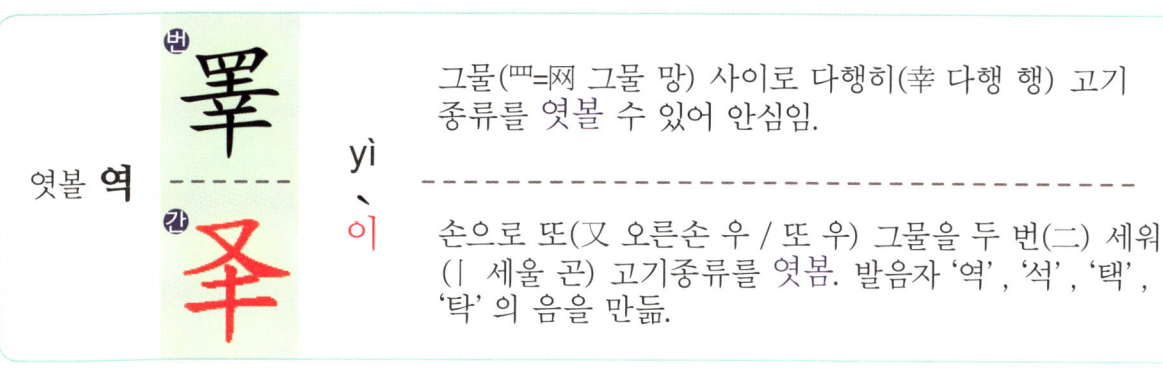

엿볼 **역** / yì / 이

그물(罒=网 그물 망) 사이로 다행히(幸 다행 행) 고기 종류를 엿볼 수 있어 안심임.

손으로 또(又 오른손 우 / 또 우) 그물을 두 번(二) 세워(丨 세울 곤) 고기종류를 엿봄. 발음자 '역', '석', '택', '탁'의 음을 만듦.

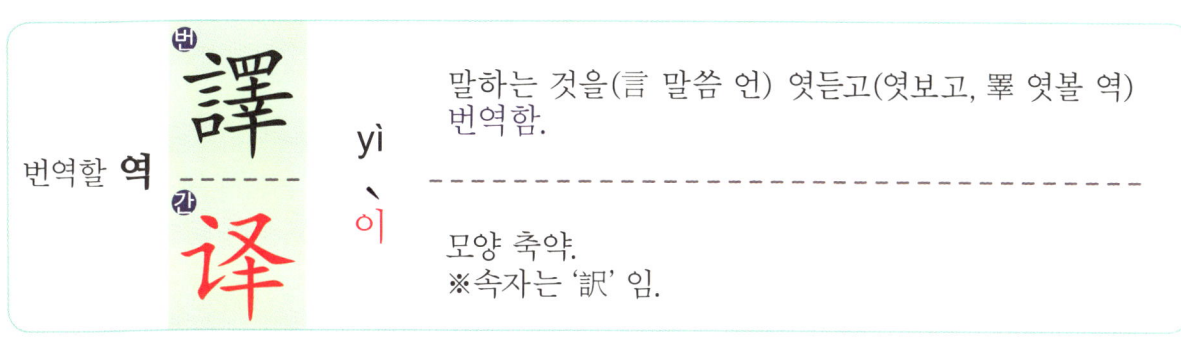

번역할 **역** / yì / 이

말하는 것을(言 말씀 언) 엿듣고(엿보고, 睪 엿볼 역) 번역함.

모양 축약.
※속자는 '訳'임.

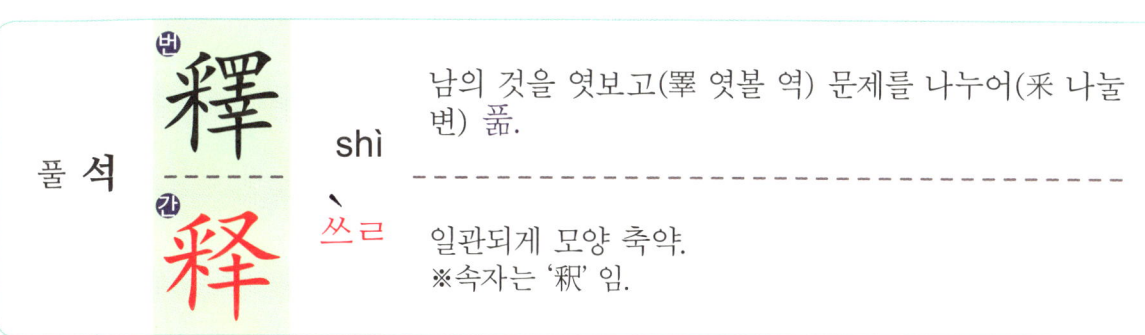

풀 **석** / shì / 쓰ㄹ

남의 것을 엿보고(睪 엿볼 역) 문제를 나누어(釆 나눌 변) 풂.

일관되게 모양 축약.
※속자는 '釈'임.

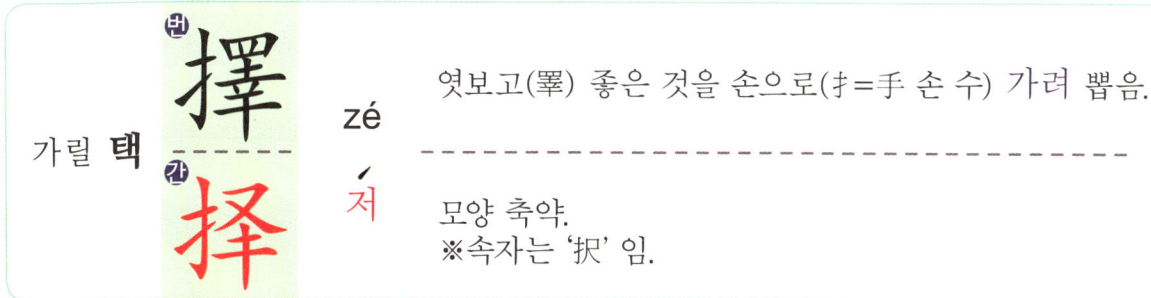

가릴 **택** / zé / 저

엿보고(睪) 좋은 것을 손으로(扌=手 손 수) 가려 뽑음.

모양 축약.
※속자는 '択'임.

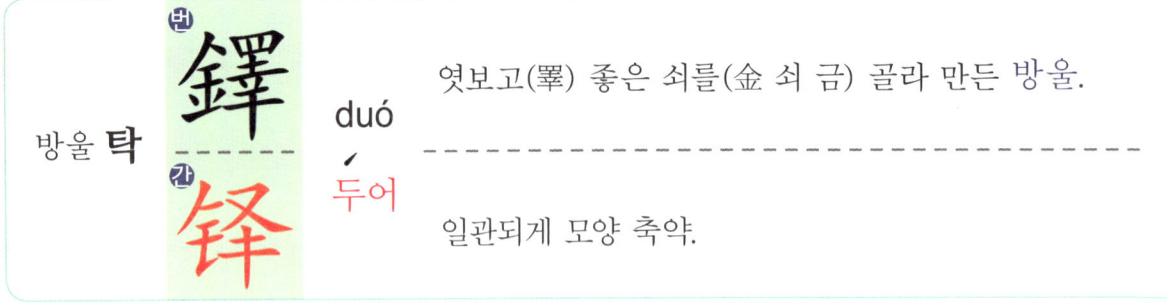

방울 탁 / 鐸铎 / duó 두어

엿보고(睪) 좋은 쇠를(金 쇠 금) 골라 만든 방울.

일관되게 모양 축약.

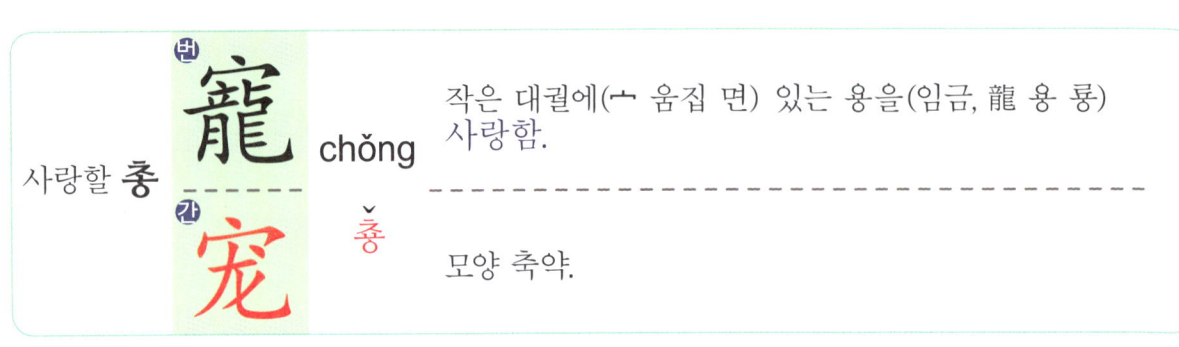

사랑할 총 / 寵宠 / chǒng 총

작은 대궐에(宀 움집 면) 있는 용을(임금, 龍 용 룡) 사랑함.

모양 축약.

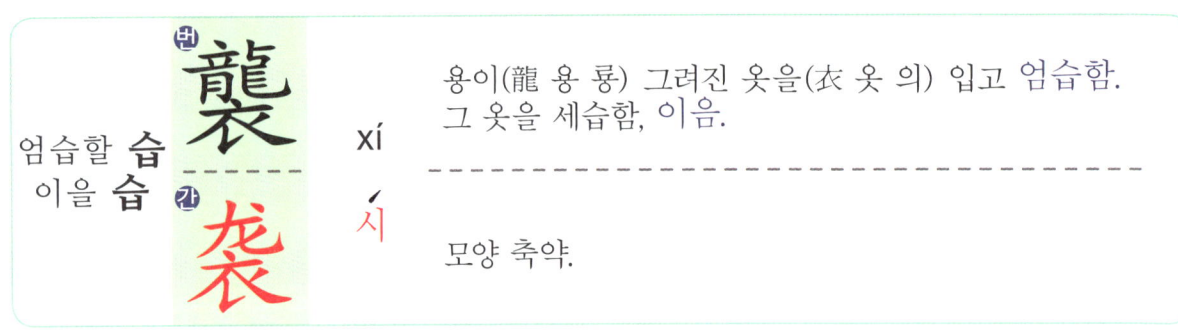

엄습할 습 / 이을 습 / 襲袭 / xí 시

용이(龍 용 룡) 그려진 옷을(衣 옷 의) 입고 엄습함. 그 옷을 세습함, 이음.

모양 축약.

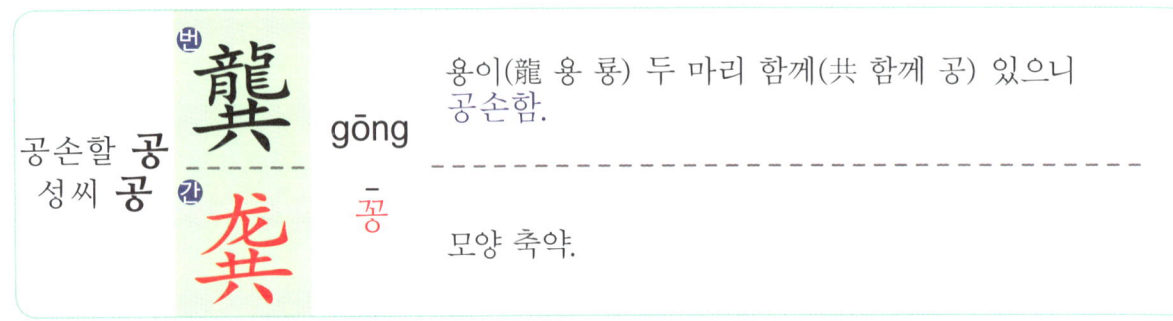

공손할 공 / 성씨 공 / 龔龚 / gōng 꽁

용이(龍 용 룡) 두 마리 함께(共 함께 공) 있으니 공손함.

모양 축약.

| 쌓을 전
적을 전 |  jiān
찌앤 | 창이(戈 창 과) 두 개 쌓여 있음. 두 개만 쌓여 있으니 적음.
발음자 '전', '천', '잔'의 음을 만듦.

창이(戈) 하나만(一 한 일) 있으니 적음.
모양이 그대로 축약된 모양. |

| 돈 전 |  qián
치앤 | 쇠를(金 쇠 금) 쌓아(戔 쌓을 전) 만든 돈.

모양 축약.
※ 속자는 '錢'임. |

| 쪽지 전
글 전 | 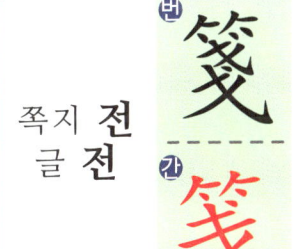 jiān
찌앤 | 대나무로(竹 대 죽) 만든 쪽지.
대나무에(竹) 쓴 글.

모양 그대로 축약. |

| 얕을 천 | 淺 / 浅 qiǎn
치앤 | 흙이 쌓여(戔 쌓을 전) 있어 물이(氵=水 물 수) 얕음.
물이(氵=水) 적어(戔 적을 전) 얕음.

모양 축약.
※ 속자는 '浅'임. |

189

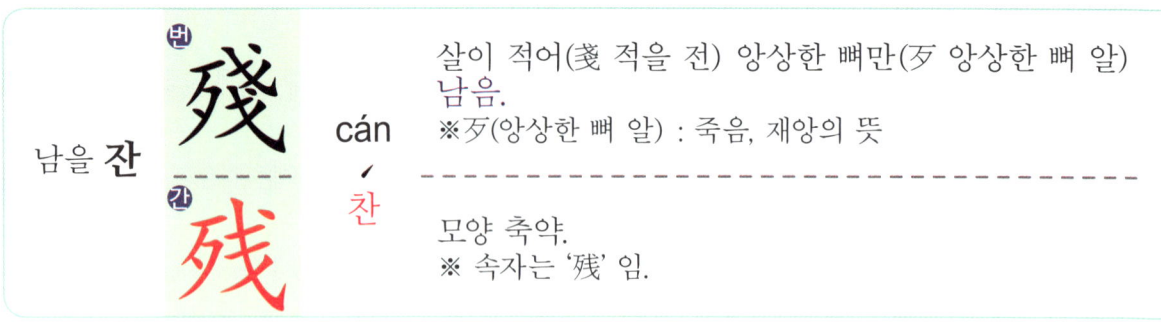

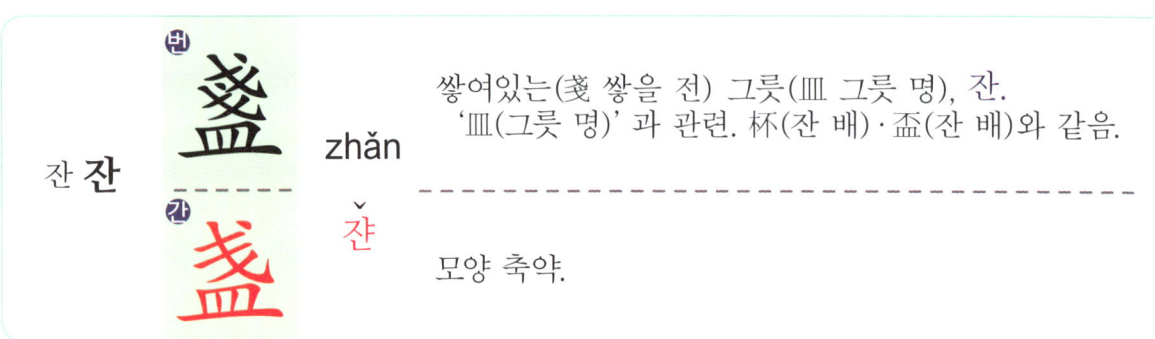

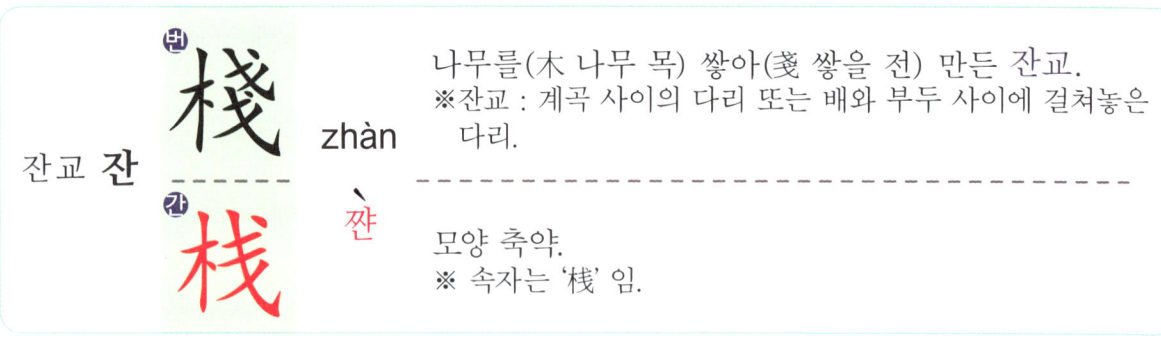

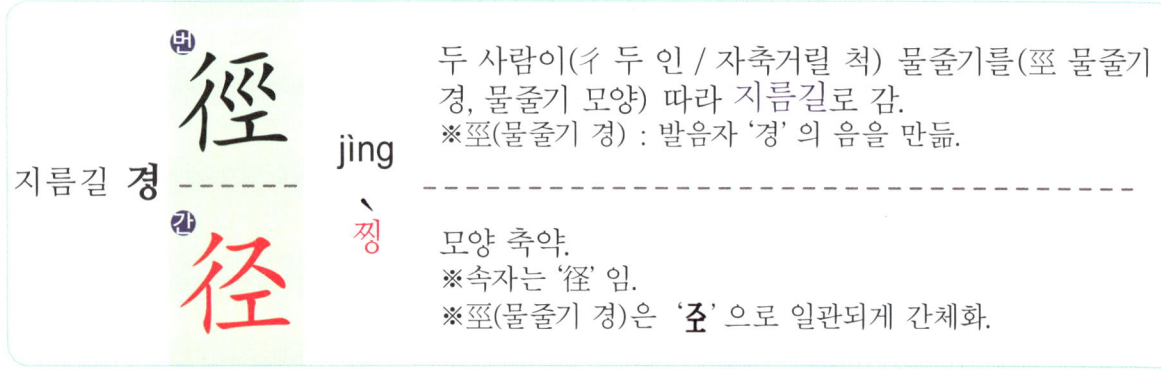

| 정강이 경 | 脛 / 胫 (jìng / 찡) | 몸과(月=肉 고기 육) 관련. 정강이 뼈.

모양 축약.
※ 속자는 '胫'임. |

| 줄기 경 | 莖 / 茎 (jīng / 찡) | 풀(⺾ 풀 초) 줄기.

모양 축약.
※ 속자는 '茎'임. |

| 힘줄땅길 경 | 痙 / 痉 (jìng / 찡) | 병과(疒 병 녁) 관련.
몸에서 물줄기가(혈관, 巠 물줄기 경) 병이(疒) 드니 힘줄(심줄)이 땅김.

모양 축약. |

| 지날 경
지낼 경
글 경 | 經 / 经 (jīng / 찡) | 실 짜기하며(糸 실 사) 지냄.
실 짜기(糸) 하듯 글을 읽고 지냄.

모양 축약.
※ 속자는 '経'임. |

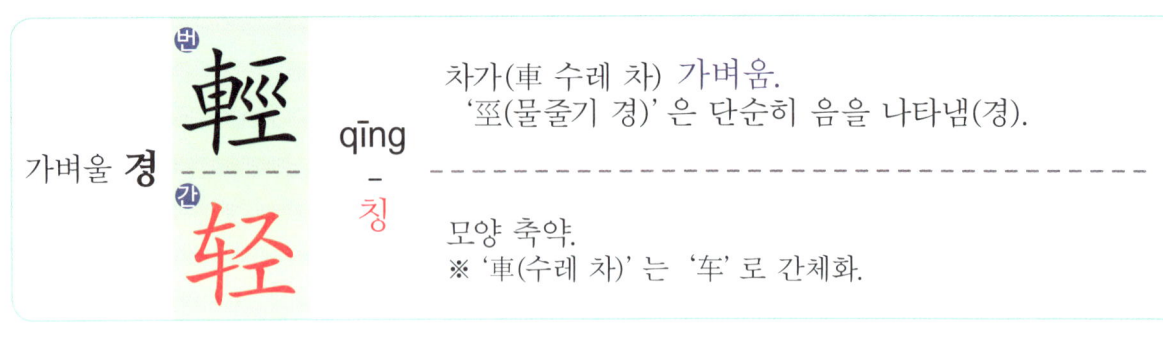

가벼울 경 / 輕 / 轻 / qīng / 칭

차가(車 수레 차) 가벼움.
'巠(물줄기 경)'은 단순히 음을 나타냄(경).

모양 축약.
※ '車(수레 차)'는 '车'로 간체화.

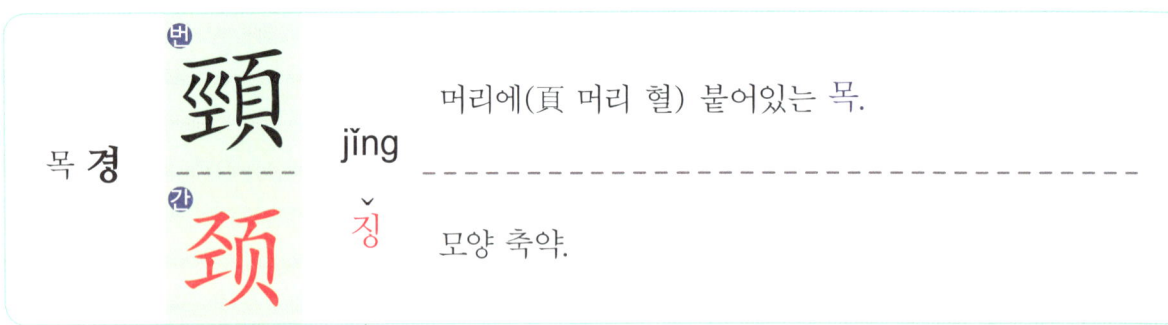

목 경 / 頸 / 颈 / jǐng / 징

머리에(頁 머리 혈) 붙어있는 목.

모양 축약.

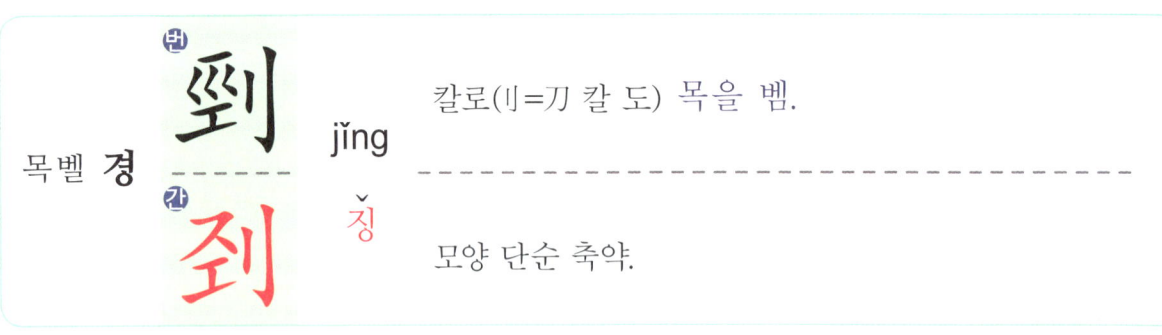

목벨 경 / 剄 / 刭 / jǐng / 징

칼로(刂=刀 칼 도) 목을 벰.

모양 단순 축약.

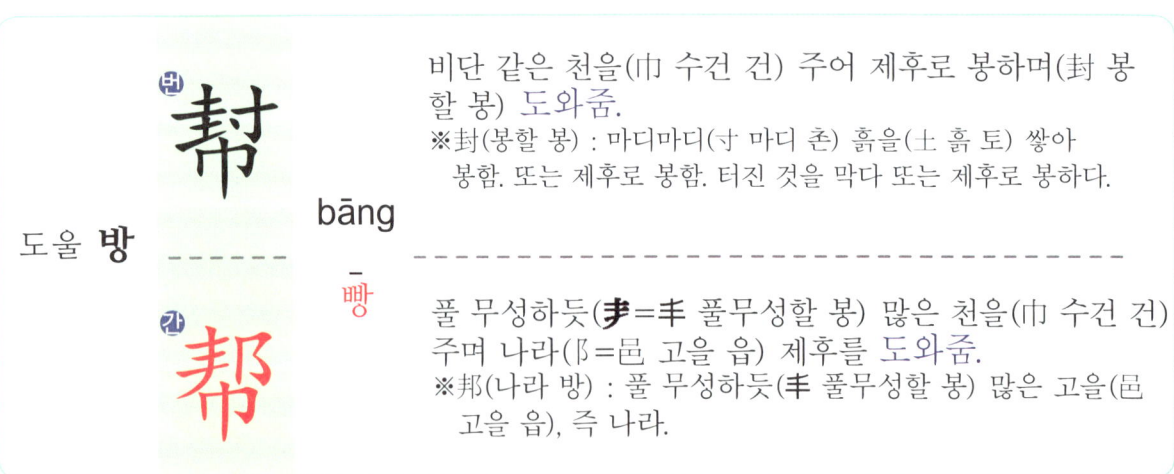

도울 방 / 幫 / 帮 / bāng / 빵

비단 같은 천을(巾 수건 건) 주어 제후로 봉하며(封 봉할 봉) 도와줌.
※封(봉할 봉) : 마디마디(寸 마디 촌) 흙을(土 흙 토) 쌓아 봉함. 또는 제후로 봉함. 터진 것을 막다 또는 제후로 봉하다.

풀 무성하듯(㣺=丰 풀무성할 봉) 많은 천을(巾 수건 건) 주며 나라(阝=邑 고을 읍) 제후를 도와줌.
※邦(나라 방) : 풀 무성하듯(丰 풀무성할 봉) 많은 고을(邑 고을 읍), 즉 나라.

무리 중	衆 (번) 众 (간)	zhòng 쭝

여러 사람이(𠅘=众 세 사람) 피를(血 피 혈) 나눔.

세 사람으로(众) 간체화, 실제 '𠅘'은 '众'의 변형임.

소용돌이 와	渦 (번) 涡 (간)	wō 워

물이(氵=水 물 수) 입 비뚤어지듯(咼 입 비뚤어질 괘) 빙빙 도는 것, 소용돌이.
※咼(입 비뚤어질 괘) : 뼈마디처럼(冎 뼈마디 모양) 얽혀 꼬여있는 입(口 입 구). 발음자 '와', '과', '화'의 음을 만듦.

모양 단순 축약.
※呙(입 비뚤어질 괘) : 입이(口) 안으로(内 안 내) 비뚤어짐.

굴 와	窩 (번) 窝 (간)	wō 워

얽혀있고 꼬여있는(咼 입 비뚤어질 괘) 구멍(穴 구멍 혈), 굴.

모양 단순 축약.

달팽이 와	蝸 (번) 蜗 (간)	wō 워

빙빙 꼬여있는(咼) 벌레, 곤충(虫 벌레 충) 달팽이. 달팽이 껍질 연상.

모양 단순 축약.

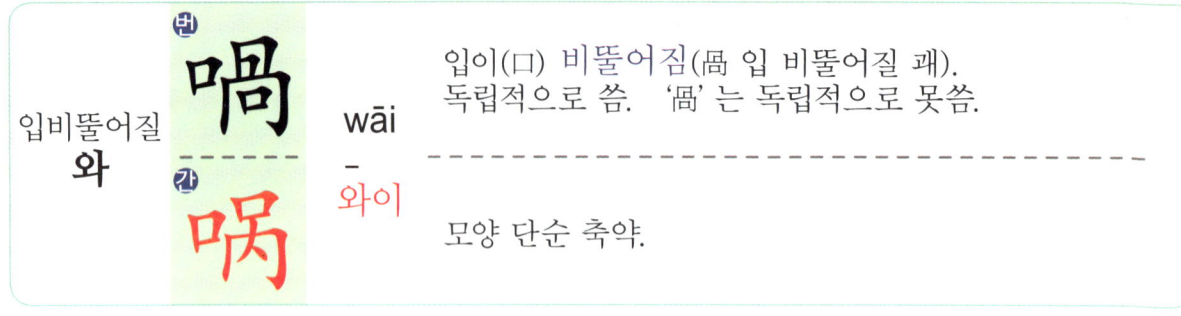

입비뚤어질 **와** / 喎 / wāi / 와이

입이(口) 비뚤어짐(咼 입 비뚤어질 괘). 독립적으로 씀. '咼' 는 독립적으로 못씀.

모양 단순 축약.

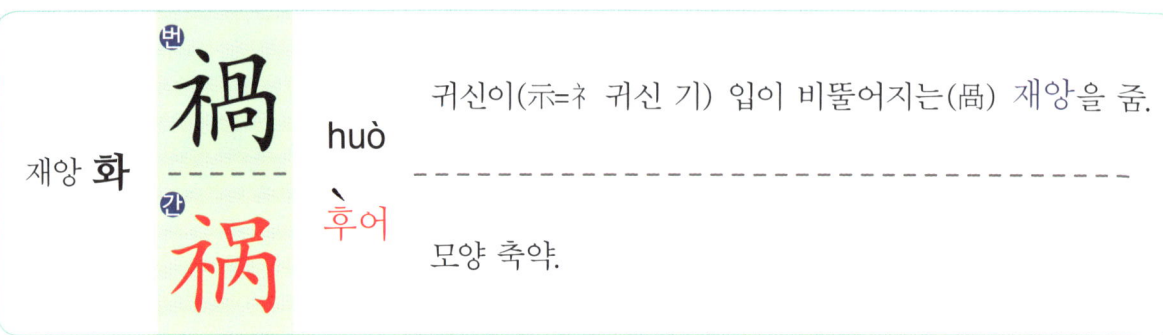

재앙 **화** / 禍 / huò / 후어

귀신이(示=礻 귀신 기) 입이 비뚤어지는(咼) 재앙을 줌.

모양 축약.

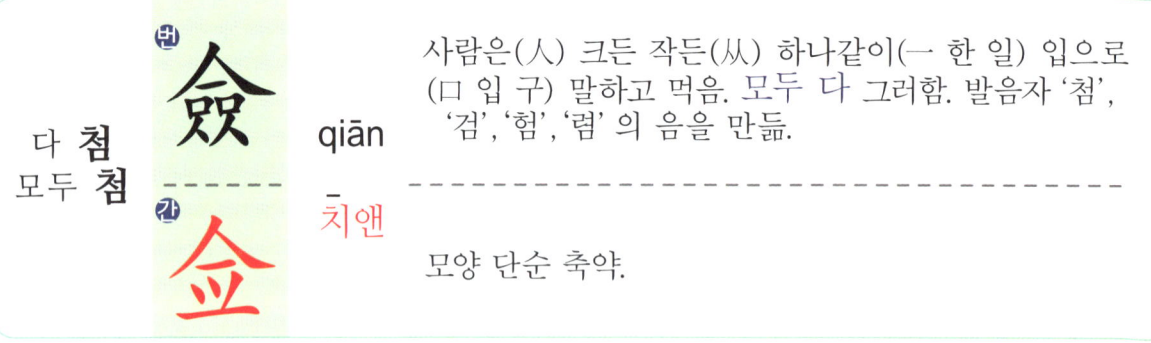

다 **첨** 모두 **첨** / 僉 / qiān / 치앤

사람은(人) 크든 작든(从) 하나같이(一 한 일) 입으로 (口 입 구) 말하고 먹음. 모두 다 그러함. 발음자 '첨', '검', '험', '렴' 의 음을 만듦.

모양 단순 축약.

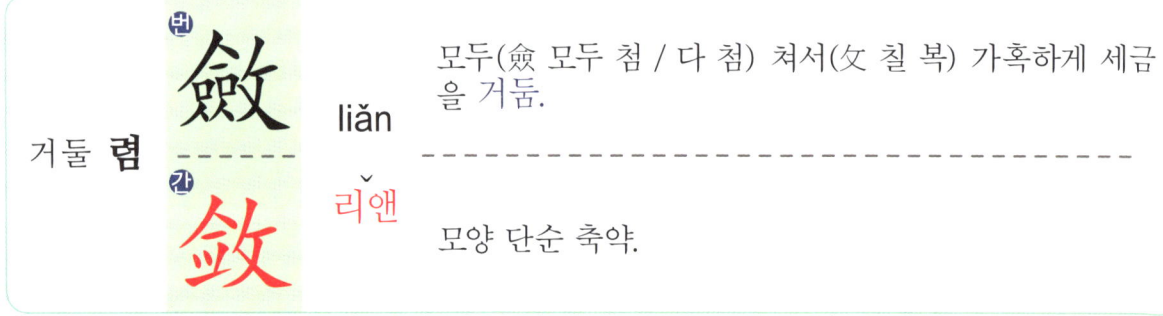

거둘 **렴** / 斂 / liǎn / 리앤

모두(僉 모두 첨 / 다 첨) 쳐서(攵 칠 복) 가혹하게 세금을 거둠.

모양 단순 축약.

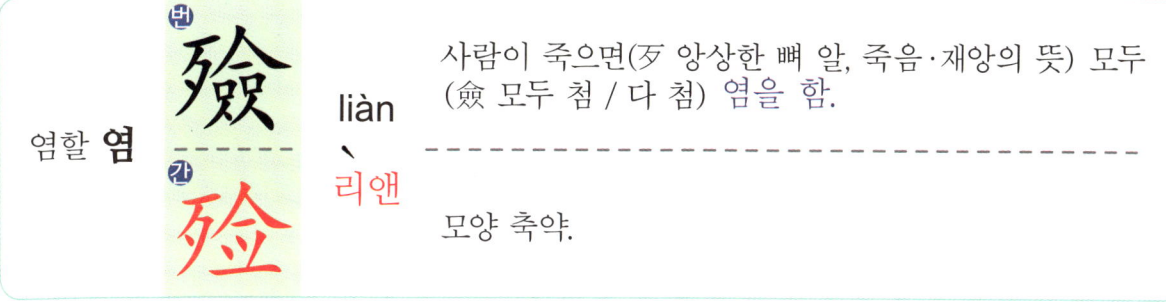

염할 염 / 殮 / liàn 리앤

사람이 죽으면(歹 앙상한 뼈 알, 죽음·재앙의 뜻) 모두(僉 모두 첨 / 다 첨) 염을 함.

모양 축약.

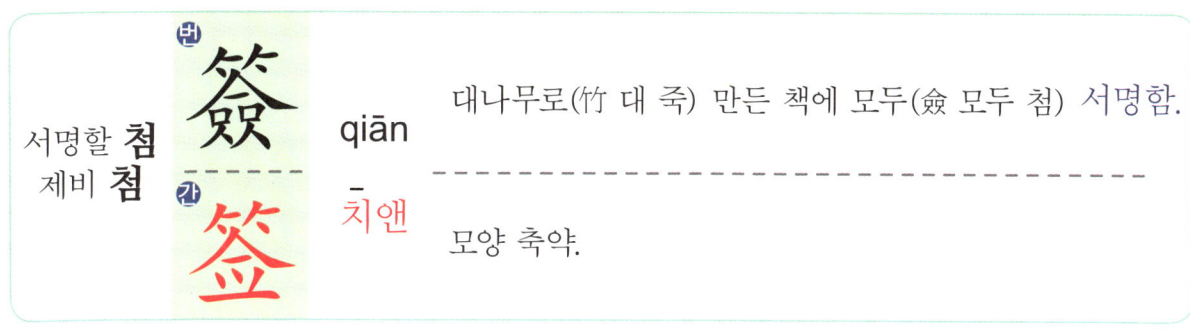

서명할 첨
제비 첨 / 簽 / qiān 치앤

대나무로(竹 대 죽) 만든 책에 모두(僉 모두 첨) 서명함.

모양 축약.

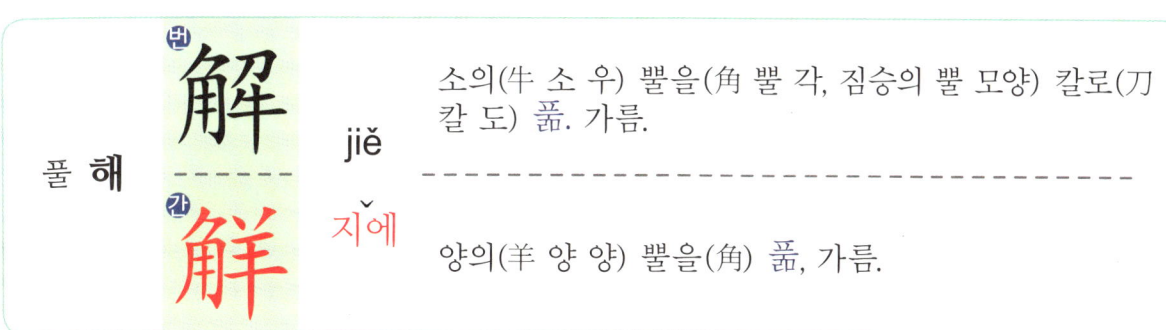

풀 해 / 解 / jiě 지에

소의(牛 소 우) 뿔을(角 뿔 각, 짐승의 뿔 모양) 칼로(刀 칼 도) 풂. 가름.

양의(羊 양 양) 뿔을(角) 풂, 가름.

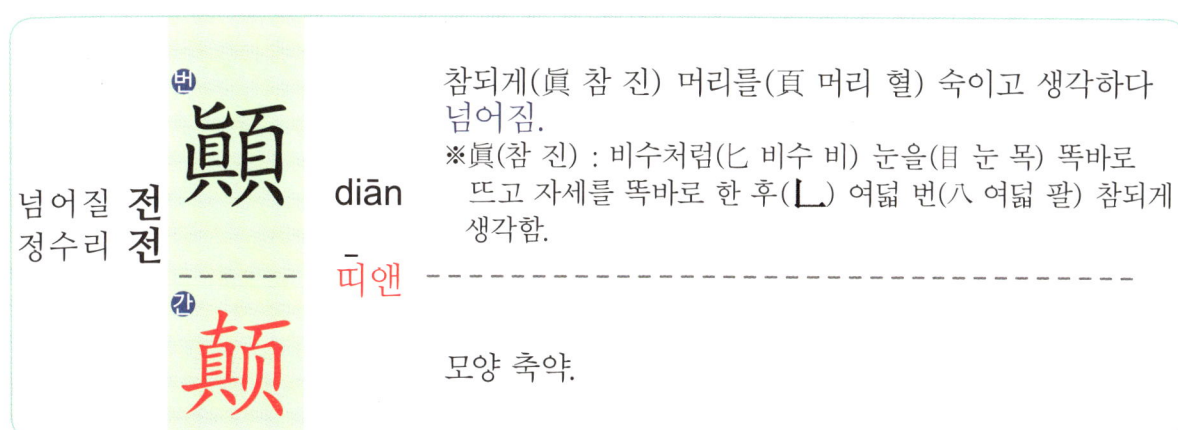

넘어질 전
정수리 전 / 顛 / diān 띠앤

참되게(眞 참 진) 머리를(頁 머리 혈) 숙이고 생각하다 넘어짐.
※眞(참 진) : 비수처럼(匕 비수 비) 눈을(目 눈 목) 똑바로 뜨고 자세를 똑바로 한 후(ㄴ) 여덟 번(八 여덟 팔) 참되게 생각함.

모양 축약.

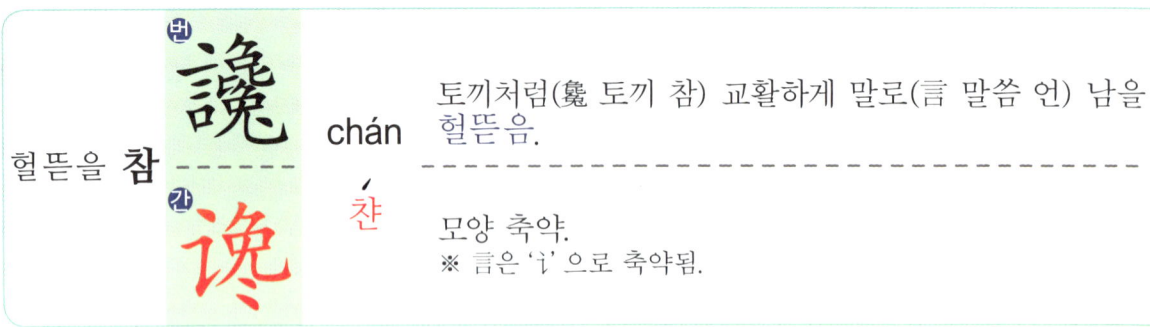

헐뜯을 참 — 讒 / 谗
chán / 챤
토끼처럼(毚 토끼 참) 교활하게 말로(言 말씀 언) 남을 헐뜯음.

모양 축약.
※ 言은 'i'으로 축약됨.

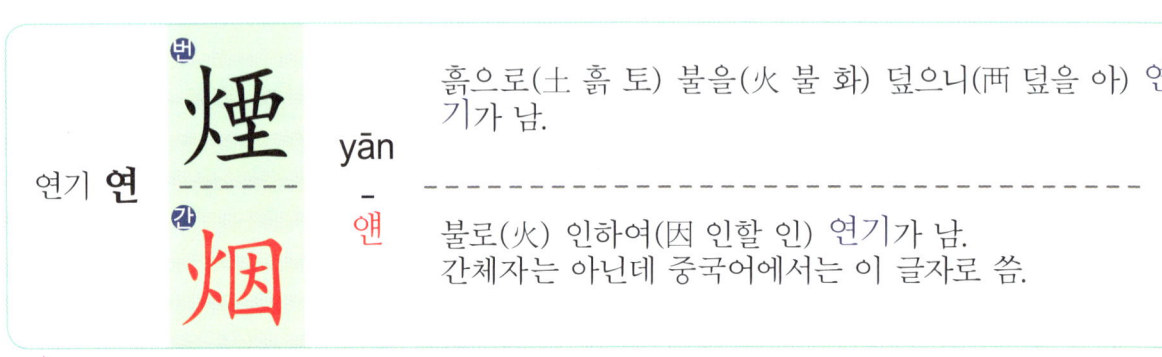

연기 연 — 煙 / 烟
yān / 얜
흙으로(土 흙 토) 불을(火 불 화) 덮으니(襾 덮을 아) 연기가 남.

불로(火) 인하여(因 인할 인) 연기가 남.
간체자는 아닌데 중국어에서는 이 글자로 씀.

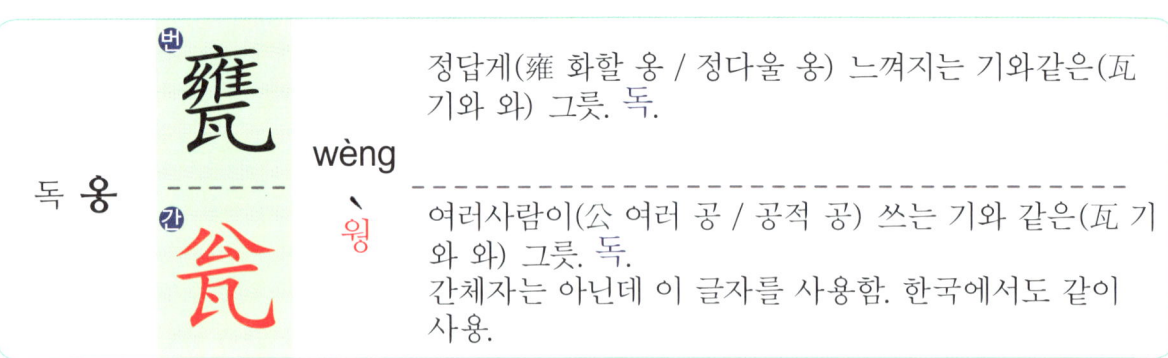

독 옹 — 甕 / 瓮
wèng / 웡
정답게(雍 화할 옹 / 정다울 옹) 느껴지는 기와같은(瓦 기와 와) 그릇. 독.

여러사람이(公 여러 공 / 공적 공) 쓰는 기와 같은(瓦 기와 와) 그릇. 독.
간체자는 아닌데 이 글자를 사용함. 한국에서도 같이 사용.

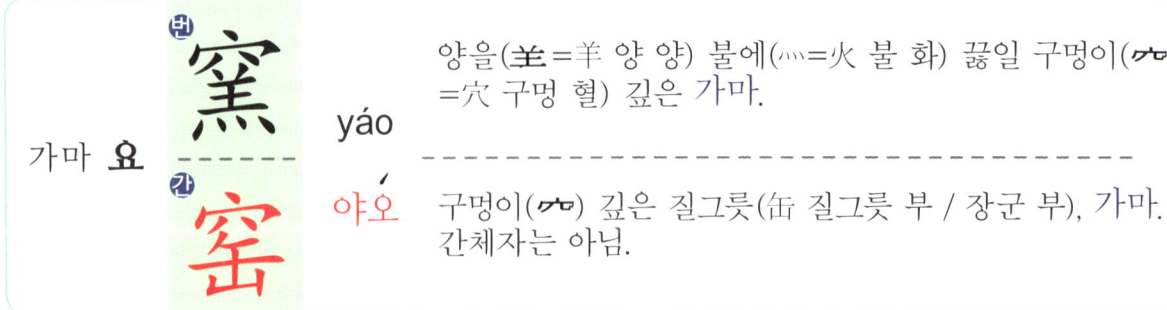

가마 요 — 窯 / 窑
yáo / 야오
양을(⺶=羊 양 양) 불에(灬=火 불 화) 끓일 구멍이(穴 구멍 혈) 깊은 가마.

구멍이(穴) 깊은 질그릇(缶 질그릇 부 / 장군 부), 가마.
간체자는 아님.

권할 용	湧 涌 yǒng 용	길에서(甬 길 용) 물이(氵=水 물 수) 솟듯 마음에서(心 마음 심) 우러나서 권함. '氵(물 수)' 생략. 길에서(甬 길 용) 마음속으로(心 마음 심) 권함.
걸 괘	掛 挂 guà 꽈	점보기(卜 점 복) 위해 손으로(扌=手 손 수) 홀을(圭 홀 규) 벽에 걺. 손으로(扌) 홀을(圭) 벽에 걺. 간체자는 아님. 동자임.
안개 분	霧 氛 fēn 뻔	빗방울이(雨 비 우) 나누어지니(分 나눌 분) 안개 같음. 우주의 기가(气 구름기운 기) 나누어지니(分) 안개 같음.
줄 선	線 线 xiàn 시앤	위에서 샘물이(泉 샘 천) 졸졸 흐르는 것처럼 실이(糹실 사) 늘어져 있음. 줄이 됨. '線(줄 선)'은 綫과 같은 글자인데 이것을 줄여 사용. '戔(쌓을 전)'은 간체자가 '戋'임.

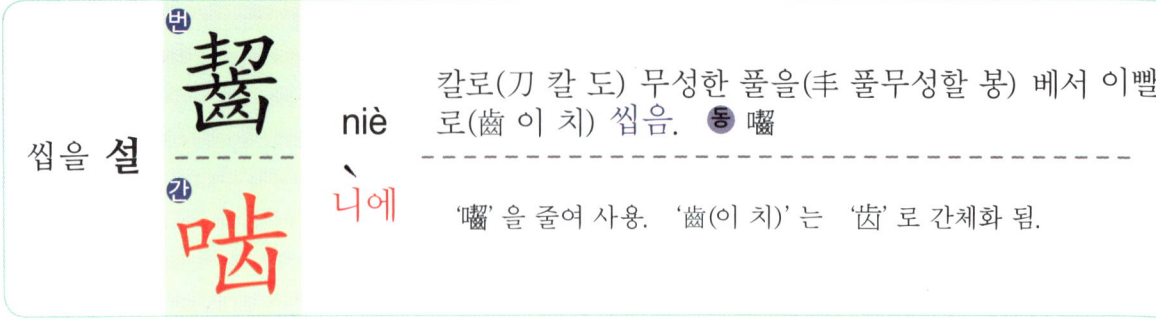

씹을 설 / 齧 啮 / niè 니에
칼로(刀 칼 도) 무성한 풀을(丰 풀무성할 봉) 베서 이빨로(齒 이 치) 씹음. 동 嚙
'嚙'을 줄여 사용. '齒(이 치)'는 '齿'로 간체화 됨.

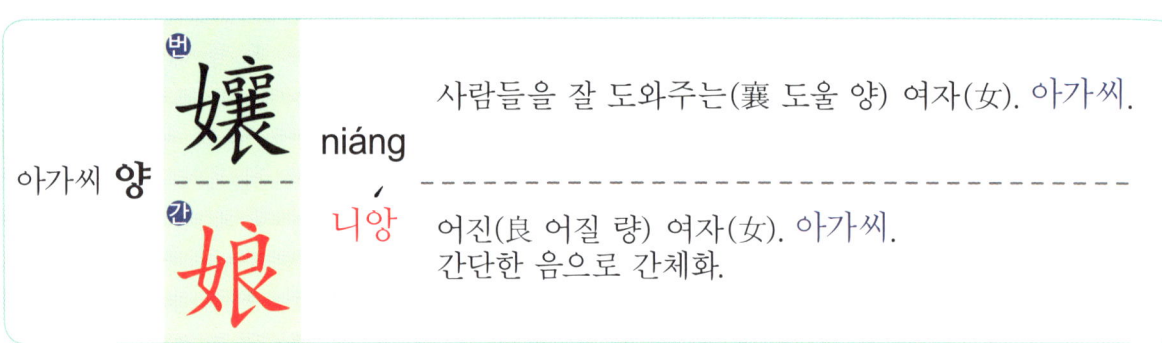

아가씨 양 / 孃 娘 / niáng 니앙
사람들을 잘 도와주는(襄 도울 양) 여자(女). 아가씨.
어진(良 어질 량) 여자(女). 아가씨.
간단한 음으로 간체화.

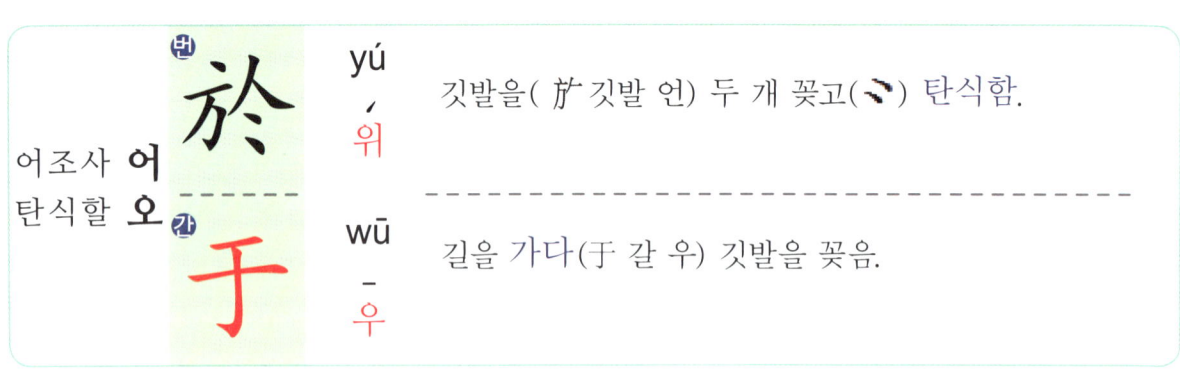

어조사 어 / 탄식할 오 / 於 于 / yú 위 / wū 우
깃발을(㫃 깃발 언) 두 개 꽂고(⌇) 탄식함.
길을 가다(于 갈 우) 깃발을 꽂음.

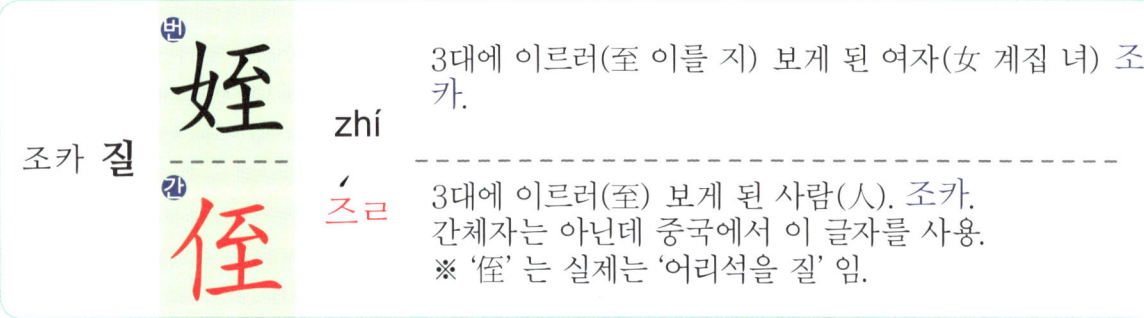

조카 질 / 姪 侄 / zhí 즈글
3대에 이르러(至 이를 지) 보게 된 여자(女 계집 녀) 조카.
3대에 이르러(至) 보게 된 사람(人). 조카.
간체자는 아닌데 중국에서 이 글자를 사용.
※ '侄'는 실제는 '어리석을 질' 임.

| 포갤 첩
겹쳐질 첩 | 疊
叠 | dié
디에 | 밭 사이를(畾 밭사이 뢰) 또(且 또 차) 흙으로 덮으니(冖 덮을 멱) 경계가 무너져 겹쳐짐.

여러 번(叒 '또 우' 세 개) 덮으니 겹쳐짐. 모양 축약. 간체자는 아닌데 중국에서 이 글자로 씀. |

| 무덤 총 | 塚
冢 | zhǒng
죵 | 돼지가(豖 돼지 시) 발이 꼬여(豖 발꼬인돼지걸음 축·촉) 걷다가 죽으니 흙으로(土 흙 토) 덮어(冖 덮을 멱) 무덤을 만듦.

실제 이 글자도 번체자에서 '무덤 총' 임. 土(흙 토)를 빼서 사용. 간체자는 아님. |

| 바늘 침 | 鍼
针 | zhēn
쪈 | 쇠로(金 쇠 금) 다(咸 다 함) 바늘(침)을 만들 수는 없음.

쇠를(金) 열(十) 번 갈아 바늘을 만듦.
※鍼(침 놓는 바늘)
※針(꿰매는 바늘) |

| 층계 계 | 階
阶 | jiē
찌에 | 언덕에(阝=阜 언덕 부) 다(皆 다 개) 만들어야 하는 층계.

언덕(阝) 사이에 끼어있는(介 끼일 개) 계단, 층계. |

대포 포	砲 / 炮	pào / 파오	돌을(石 돌 석) 싸서(包 쌀 포) 쏘는 대포. ――――――― 불을(火 불 화) 싸서(包 쌀 포) 쏘는 대포.

흉악할 흉	兇 / 凶	xiōng / 시옹	어진 사람이(儿 어진사람 인) 흉한 모습을(凶 흉할 흉) 보이니 일반 사람보다 더 흉악해 보임. ――――――― 입벌리고(凵 입벌릴 감) 있으면서 가위로 물건을 베니(乂 가위 모양, 벨 예) 흉하고 흉악함. ※凶(흉할 흉 / 흉악할 흉 / 흉년 흉) 간체자는 아닌데 중국에서 이 글자를 사용함.

물을 자	諮 / 谘	zī / 쯔	지금이 아닌 다음에(次 다음 차) 입으로(口 입 구) 여러 말을 하면서(言 말씀 언) 물음. 同) 咨(물을 자) ――――――― '言'을 'i'으로 간체화.

함정 정	穽 / 阱	jǐng / 징	구멍(宀=穴 구멍 혈) 깊은 우물에(井 우물 정) 빠지니 함정임. ――――――― 언덕 옆(阝=阜 언덕 부) 우물에(井 우물 정) 빠지니 함정임. 간체자는 아닌데 중국에서 이 글자를 사용함.

200

깨끗할 정	淨 jìng 净 찡	다투고(爭 다툴 쟁) 있는데 물을(氵=水 물 수) 부으니 깨끗하게 평정됨. ※爭(다툴 쟁) : 갈고리를(亅 갈고리 궐) 손으로 쥐고(⇒ 손으로 물건을 잡는 모습) 손톱처럼(爫=爪 손톱 조) 긁으면서 다툼. 간체자는 아닌데 중국에서 이 글자를 사용함. ※爫(손톱 조), 刀(칼 도)는 속자로 'ク'으로 많이 씀.
고요할 정	靜 jìng 静 찡	다투다가(爭 다툴 쟁) 푸른(靑 푸를 청) 하늘을 보니 고요해짐. 간체자는 아닌데 중국에서 이 글자를 사용함. 속자임.
빌 주 저주할 주	呪 zhòu 咒 쩌우	형이(兄 형 형 / 맏 형) 잘 되라고 입으로(口 입 구) 빎. 안석 위에(几 안석 궤) 올라가 부르짖으며(吅 부르짖을 훤) 신에게 빎. 간체자는 아닌데 중국에서 이 글자를 사용.
참 진	眞 zhēn 真 쩐	비수처럼(匕 비수 비) 눈을(目 눈 목) 부릅뜨고 똑바로 앉아(ㄴ) 여덟 번(八 여덟 팔) 이상 자신을 살피니 참됨. 열 번이상(十 열 십) 눈을(目 눈 목) 부릅뜨고 여덟(八) 번 이상 자신을 살피니 참됨. 속자인데 중국에서 이 글자를 사용.

비간체자 발음편

저자의 의도

본 '비간체자 발음편'은 '가, 나, 다, ……' 순으로 배열되어 있지 않고, 순서가 뒤죽박죽 되어 있는 듯한 형세인데, 여기에는 저자의 숨은 의도가 있습니다. 흔히 많은 사람들이 큰 결심을 하고 공부를 시작하지만 앞쪽만 열심히 하고 뒷쪽은 소홀히 하거나 중도에 포기하는 경우가 종종 있는데, 저자는 이러한 점을 간파하여 순서를 적절히 바꿔 놓았고, 동영상 강의도 또한 본 교재에 나와 있는 순서로 되어 있습니다. 이 점 양지 바랍니다.

연·번	번체자	한자훈음	병음	연·번	번체자	한자훈음	병음
1	表	겉 표	biǎo 비아오	11	彼	저 피	bǐ 비
2	豹	표범 표	bào 빠오	12	披	펼 피 헤칠 피	pī 피
3	票	표 표 쪽지 표	piào 피아오	13	疲	피곤할 피 지칠 피	pí 피
4	剽	빼앗을 표 표절할 표	piāo 피아오	14	被	입을 피	bèi pī 뻬이 / 피
5	慓	날랠 표 표독할 표	piāo 피아오	15	避	피할 피	bì 삐
6	漂	뜰 표 빨래할 표	piāo 피아오	16	匹	짝 필	pǐ 피
7	瓢	표주박 표	piáo 피아오	17	必	반드시 필	bì 삐
8	品	물건 품	pǐn 핀	18	弼	도울 필	bì 삐
9	稟	바탕 품 여쭐 품 곳집 름	bǐng lǐn 빙 / 린	19	乏	다할 핍 모자랄 핍	fá 빠
10	皮	가죽 피	pí 피	20	逼	닥칠 핍 핍박할 핍	bī 삐

연·번	번체자	한자훈음	병음	연·번	번체자	한자훈음	병음
21	何	어찌 하	hé 흐어	31	汗	땀 한	hàn 한
22	河	물 하	hé 흐어	32	旱	가물 한	hàn 한
23	夏	여름 하	xià 시아	33	罕	드물 한	hǎn 한
24	荷	짐 하 / 연꽃 하	hè / hé 흐어/흐어	34	邯	땅이름 한	hán 한
25	瑕	옥티 하	xiá 시아	35	恨	한 한 / 뉘우칠 한	hèn 흐언
26	遐	멀 하	xiá 시아	36	狠	사나울 흔 / 패려할 흔	hěn 흐언
27	虐	사나울 학	nüè 뉘에	37	限	한정할 한	xiàn 시앤
28	壑	골짜기 학	hè 흐어	38	寒	찰 한	hán 한
29	睿	슬기로울 예	ruì 루에이	39	翰	편지 한	hàn 한
30	叡	밝을 예	ruì 루에이	40	割	나눌 할 / 벨 할	gē 끄어

연·번	번체자	한자훈음	병음	연·번	번체자	한자훈음	병음
41	含	머금을 **함**	hán / 한	51	巷	거리 **항**	xiàng hàng / 시앙 / 항
42	咸	다 **함**	xián / 시앤	52	恒	항상 **항**	héng / 흐엉
43	喊	고함지를 **함**	hǎn / 한	53	航	배 **항**	háng / 항
44	合	합할 **합** 모을 **합**	hé / 흐어	54	港	항구 **항**	gǎng / 강
45	盒	합 **합**(그릇)	hé / 흐어	55	亥	돼지 **해**	hài / 하이
46	蛤	조개 **합**	há gé / 하 / 그어	56	咳	기침 **해**	ké / 크어
47	亢	목 **항** 높을 **항**	kàng hāng / 캉 / 항	57	垓	지경 **해** 해자 **해**	gāi / 까이
48	抗	막을 **항** 겨룰 **항**	kàng / 캉	58	孩	아이 **해**	hái / 하이
49	肛	똥구멍 **항** 항문 **항**	gāng / 깡	59	害	해칠 **해**	hài hé / 하이/흐어
50	姮	항아 **항**	héng / 흐엉	60	海	바다 **해**	hǎi / 하이

연·번	번체자	한자훈음	병음	연·번	번체자	한자훈음	병음
61	偕	함께 **해**	xié / 시에	71	幸	다행 **행**	xìng / 씽
62	楷	본보기 **해**	kǎi / 카이	72	倖	요행 **행**	xìng / 씽
63	懈	게으를 **해**	xiè / 시에	73	落	떨어질 **락**	luò / 루어
64	骸	뼈 **해**	hái / 하이	74	享	누릴 **향**	xiǎng / 시앙
65	邂	우연히만날 **해**	xiè / 시에	75	香	향기 **향**	xiāng / 시앙
66	醢	젓갈 **해**	hǎi / 하이	76	虛	빌 **허**	xū / 쉬
67	劾	캐물을 **핵**	hé / 흐어	77	歇	쉴 **헐** 값쌀 **헐**	xiē / 시에
68	核	씨 **핵**	hé / 흐어	78	革	가죽 **혁** 고칠 **혁**	gé / 그어
69	行	다닐 **행** 행할 **행** 항렬 **항**	xíng háng / 싱 / 항	79	赫	붉을 **혁**	hè / 흐어
70	杏	살구 **행** 은행 **행**	xìng / 씽	80	玄	검을 **현**	xuán / 쉬앤

연·번	번체자	한자훈음	병음	연·번	번체자	한자훈음	병음
81	眩	어지러울 현	xuàn ˋ 쉬앤	91	衡	저울 형	héng ˊ 흐엉
82	穴	구멍 혈	xué ˊ 쉬에	92	馨	향기로울 형	xīn ˉ 씬
83	血	피 혈	xiě xuè ˇ ˋ 시에/쉬에	93	彗	빗자루 혜 꼬리별 혜	huì ˋ 후에이
84	嫌	싫어할 혐 의심할 혐	xián ˊ 시앤	94	惠	은혜 혜	huì ˋ 후에이
85	兄	형 형 맏 형	xiōng ˉ 시옹	95	慧	지혜 혜	huì ˋ 후에이
86	刑	형벌 형	xíng ˊ 싱	96	醯	초 혜	xī ˉ 시
87	亨	형통할 형	hēng ˉ 흐엉	97	互	서로 호	hù ˋ 후
88	形	모양 형	xíng ˊ 싱	98	戶	집 호 지게 호	hù ˋ 후
89	型	틀 형	xíng ˊ 싱	99	好	좋을 호 좋아할 호	hǎo hào ˇ ˋ 하오/하오
90	荊	가시 형	jīng ˉ 찡	100	呼	부를 호	hū ˉ 후

연·번	번체자	한자훈음	병음	연·번	번체자	한자훈음	병음
101	弧	활 호	hú / 후	111	豪	호걸 호	háo / 하오
102	狐	여우 호	hú / 후	112	糊	풀칠할 호	hū / hù / 후 / 후
103	虎	범 호	hǔ / 후	113	壕	해자 호	háo / 하오
104	胡	오랑캐 호	hú / 후	114	濠	해자 호	háo / 하오
105	湖	물 호 호수 호	hú / 후	115	或	아마 혹	huò / 후어
106	浩	넓을 호	hào / 하오	116	惑	미혹할 혹 의심할 혹	huò / 후어
107	扈	뒤따를 호 날뛸 호	hù / 후	117	酷	심할 혹 모질 혹	kù / 쿠
108	毫	가는털 호 붓 호	háo / 하오	118	昏	어두울 혼	hūn / 훈
109	皓	흴 호	hào / 하오	119	婚	혼인할 혼	hūn / 훈
110	瑚	산호 호	hú / 후	120	混	섞을 혼	hùn / hún / 훈 / 훈

연·번	번체자	한자훈음	병음	연·번	번체자	한자훈음	병음
121	魂	넋 혼	hún 훈	131	花	꽃 화	huā 화
122	忽	갑자기 홀	hū 후	132	靴	신 화	xuē 쉬에
123	惚	황홀할 홀	hū 후	133	譁	지껄일 화	huá 화
124	弘	넓을 홍 클 홍	hóng 홍	134	剌	어그러질 랄	là 라
125	洪	넓을 홍 클 홍	hóng 홍	135	攫	움켜쥘 확	jué 쥐에
126	虹	무지개 홍	hóng 홍	136	丸	둥글 환 알 환	wán 완
127	化	될 화	huà 화	137	幻	허깨비 환	huàn 환
128	火	불 화	huǒ 후어	138	宦	벼슬 환	huàn 환
129	禾	벼 화	hé 흐어	139	桓	굳셀 환	huán 환
130	和	화목할 화	hé 흐어	140	患	근심 환	huàn 환

연·번	번체자	한자훈음	병음	연·번	번체자	한자훈음	병음
141	喚	부를 환	huàn 、 환	151	荒	거칠 황	huāng ー 황
142	換	바꿀 환	huàn 、 환	152	凰	봉황새 황	huáng ╱ 황
143	煥	빛날 환	huàn 、 환	153	徨	거닐 황 어정거릴 황	huáng ╱ 황
144	活	살 활	huó ╱ 후어	154	惶	두려워할 황	huáng ╱ 황
145	滑	미끄러질 활 익살스러울 골	huá ╱ 화	155	隍	해자 황	huáng ╱ 황
146	猾	교활할 활	huá ╱ 화	156	黃	누를 황	huáng ╱ 황
147	怳	멍할 황 황홀할 황	huǎng ∨ 황	157	慌	당황할 황 멍할 황	huāng ー 황
148	恍	황홀할 황	huǎng ∨ 황	158	煌	빛날 황	huáng ╱ 황
149	況	하물며 황 모양 황	kuàng 、 쾅	159	遑	허둥거릴 황 다급할 황	huáng ╱ 황
150	皇	임금 황 (황제 황)	huáng ╱ 황	160	回	돌 회	huí ╱ 후에이

연·번	번체자	한자훈음	병음	연·번	번체자	한자훈음	병음
161	灰	재 회	huī 후에이	171	后	왕후 후 뒤 후	hòu 허우
162	廻	돌 회	huí 후에이	172	朽	썩을 후	xiǔ 시우
163	徊	어정거릴 회	huái 후아이	173	吼	울 후 외칠 후	hǒu 허우
164	悔	뉘우칠 회	huǐ 후에이	174	侯	임금 후 제후 후	hóu 허우
165	晦	그믐 회	huì 후에이	175	厚	두터울 후	hòu 허우
166	淮	물이름 회	huái 후아이	176	候	기다릴 후 기후 후 망볼 후	hòu 허우
167	橫	가로 횡 뜻밖에 횡 사나울 횡	héng 흐엉	177	逅	우연히 만날 후	hòu 허우
168	孝	효도 효	xiào 시아오	178	喉	목구멍 후	hóu 허우
169	效	본받을 효	xiào 시아오	179	嗅	냄새맡을 후	xiù 시우
170	酵	술밑 효 술괼 효	jiào 찌아오	180	熏	탈 훈 태울 훈	xūn 쉰

연·번	번체자	한자훈음	병음	연·번	번체자	한자훈음	병음
181	薰	향기 훈 온화할 훈	xūn - 쉰	191	恤	불쌍히여길 휼	xù 、 쉬
182	燻	연기낄 훈	xūn - 쉰	192	林	수풀 림	lín ˊ 린
183	勳	공 훈	xūn - 쉰	193	立	설 립 세울 립	lì 、 리
184	喧	시끄러울 훤	xuān - 쉬앤	194	匈	오랑캐 흉	xiōng - 시옹
185	喙	부리 훼	huì 、 후에이	195	恟	두려워할 흉	xiōng - 시옹
186	毀	헐 훼	huǐ ˇ 후에이	196	洶	용솟음칠 흉	xiōng - 시옹
187	麾	대장기 휘	huī - 후에이	197	胸	가슴 흉	xiōng - 시옹
188	徽	아름다울 휘 표지 휘	huī - 후에이	198	黑	검을 흑	hēi - 흐에이
189	休	쉴 휴	xiū - 시우	199	欣	기뻐할 흔	xīn - 씬
190	攜	들 휴 낄 휴	xié ˊ 시에	200	痕	흔적 흔	hén ˊ 현

연·번	번체자	한자훈음	병음	연·번	번체자	한자훈음	병음
201	欠	하품 흠	qiàn 치앤	211	仔	자세할 자	zǐ 즈
202	吸	마실 흡	xī 시	212	字	글자 자	zì 쯔
203	恰	비슷할 흡 마치 흡	qià 치아	213	自	스스로 자 부터 자	zì 쯔
204	洽	두루미칠 흡 흡족할 흡	qià 치아	214	刺	찌를 자 찌를 척 수놓을 자 수라 라	cì 츠
205	希	바랄 희	xī 시	215	姉	손위누이 자	zǐ 즈
206	姬	계집 희	jī 찌	216	炙	고기구울 자 고기구울 적	zhì 쯔ㄹ
207	喜	기쁠 희	xǐ 시	217	咨	물을 자	zī 쯔
208	稀	드물 희	xī 시	218	姿	모양 자 맵시 자	zī 쯔
209	噫	한숨쉴 희 트림할 애	yī 이	219	者	놈 자 사람 자	zhě 져
210	子	아들 자	zǐ 즈	220	恣	방자할 자	zì 쯔

연·번	번체자	한자훈음	병음	연·번	번체자	한자훈음	병음
221	疵	허물 자	cī 츠	231	作	지을 작	zuò 쭈어
222	瓷	사기그릇 자	cí 츠	232	昨	어제 작	zuó 주어
223	紫	자주빛 자	zǐ 즈	233	炸	불터질 작	zhà 쨔
224	慈	사랑 자	cí 츠	234	酌	술따를 작 짐작할 작	zhuó 쥬어
225	滋	불을 자 번식할 자	zī 쯔	235	雀	참새 작	què 취에
226	煮	삶을 자	zhǔ 쥬	236	爵	벼슬 작	jué 쥐에
227	雌	암컷 자	cí 츠	237	嚼	씹을 작	jiáo 지아오
228	磁	자석 자	cí 츠	238	丈	어른 장	zhàng 쨩
229	蔗	사탕수수 자	zhè 쩌	239	仗	의장 장 무기 장	zhàng 쨩
230	理	다스릴 리	lǐ 리	240	匠	장인 장	jiàng 찌앙

연·번	번체자	한자훈음	병음	연·번	번체자	한자훈음	병음
241	杖	지팡이 장 몽둥이 장	zhàng 쨩	251	宰	재상 재	zǎi 자이
242	章	글 장 표지 장	zhāng 쨩	252	栽	심을 재	zāi 짜이
243	掌	손바닥 장	zhǎng 쟝	253	裁	마를 재 재단할 재	cái 차이
244	葬	묻을 장 장사지낼 장	zàng 짱	254	滓	찌꺼기 재	zǐ 즈
245	獐	노루 장	zhāng 쨩	255	爭	다툴 쟁	zhēng 쪙
246	障	막힐 장	zhàng 쨩	256	琤	옥소리 쟁	chēng 쳥
247	才	재주 재	cái 차이	257	低	낮을 저	dī 띠
248	再	두 재	zài 짜이	258	底	밑 저	dǐ 디
249	在	있을 재	zài 짜이	259	咀	씹을 저	jǔ 쥐
250	材	재목 재	cái 차이	260	姐	누이 저	jiě 지에

연·번	번체자	한자훈음	병음	연·번	번체자	한자훈음	병음
261	抵	막을 저	dǐ 디	271	寂	고요할 적	jì 찌
262	沮	막을 저	jǔ 쥐	272	笛	피리 적	dí 디
263	邸	큰집 저	dǐ 디	273	跡	발자취 적	jì 찌
264	猪	돼지 저	zhū 쮸	274	嫡	정실 적 맏아들 적	dí 디
265	著	지을 저 나타날 저	zhuó zhù 쥬어 / 쮸	275	摘	가리킬 적 들추어낼 적	zhāi 쨔이
266	箸	젓가락 저	zhù 쮸	276	滴	물방울 적	dī 띠
267	躇	머뭇거릴 저	chú 츄	277	蹟	자취 적	jì 찌
268	赤	붉을 적	chì 츠ㄹ	278	籍	문서 적 올릴 적	jí 지
269	的	과녁 적	dí de 디 / 드어	279	田	밭 전	tián 티앤
270	迹	자취 적	jì 찌	280	全	온순할 전	quán 취앤

연·번	번체자	한자훈음	병음	연·번	번체자	한자훈음	병음
281	典	책 전 법 전	diǎn 디앤	291	折	꺾을 절	zhē shé zhé 쪄/셔/져
282	前	앞 전	qián 치앤	292	截	끊을 절	jié 지에
283	展	펼 전	zhǎn 쟌	293	占	점칠 점 차지할 점	zhàn zhān 쨘 / 쨘
284	悛	고칠 전	quān 취앤	294	店	가게 점	diàn 띠앤
285	塡	메울 전 누를 진	tián 티앤	295	粘	끈끈할 점	nián zhān 니앤 / 쨘
286	殿	대궐 전	diàn 띠앤	296	接	접할 접 대접할 접	jiē 찌에
287	煎	달일 전 전 전	jiān 찌앤	297	蝶	나비 접	dié 디에
288	廛	가게 전	chán 챤	298	丁	장정 정 고무래 정	dīng 띵
289	篆	전자 전	zhuàn 쮸안	299	征	칠 정	zhēng 쩡
290	切	끊을 절 모두 체	qiè qiē 치에/치에	300	亭	정자 정	tíng 팅

연번	번체자	한자훈음	병음	연번	번체자	한자훈음	병음
301	政	정사 정	zhèng 쩡	311	艇	거룻배 정	tǐng 팅
302	梨	배 리	lí 리	312	靖	편안할 정 평정할 정	jìng 찡
303	酊	술취할 정	dǐng 딩	313	鼎	솥 정	dǐng 딩
304	庭	뜰 정	tíng 팅	314	精	찧을 정 자세할 정 날카로울 정 정신 정	jīng 찡
305	停	머무를 정	tíng 팅	315	整	가지런할 정	zhěng 정
306	情	뜻 정 정 정	qíng 칭	316	率	비율 률 거느릴 솔	lǜ shuài 뤼/쑤아이
307	凌	능가할 룽 업신여길 룽	líng 링	317	弟	아우 제 제자 제	dì 띠
308	晶	수정 정 맑을 정	jīng 찡	318	制	억제할 제 법도 제	zhì 쯔르
309	程	길 정 법 정	chéng 청	319	帝	임금 제	dì 띠
310	睛	눈동자 정	jīng 찡	320	悌	공손할 제	tì 티

연번	번체자	한자훈음	병음	연번	번체자	한자훈음	병음
321	除	덜 제 나눌 제 벼슬줄 제 섣달그믐날 제	chú 츄	331	助	도울 조	zhù 쮸
322	梯	사닥다리 제	tī 티	332	阻	막힐 조	zǔ 주
323	祭	제사 제	jì 찌	333	俎	도마 조	zǔ 주
324	第	차례 제	dì 띠	334	凋	시들 조	diāo 띠아오
325	堤	둑 제	dí 디	335	祖	할아비 조	zǔ 주
326	提	들 제	tí 티	336	租	구실 조 세금 조	zū 쭈
327	蹄	발굽 제	tí 티	337	彫	새길 조	diāo 띠아오
328	弔	조상할 조	diào 띠아오	338	措	둘 조	cuò 추어
329	兆	억조 조 조짐 조	zhào 쨔오	339	曹	무리 조 나라이름 조 성씨 조	cáo 차오
330	早	이를 조	zǎo 자오	340	眺	바라볼 조	tiào 티아오

연번	번체자	한자훈음	병음	연번	번체자	한자훈음	병음
341	窕	정숙할 조	tiǎo 티아오	351	遭	만날 조	zāo 짜오
342	粗	거칠 조	cū 추	352	操	잡을 조	cāo 차오
343	造	지을 조 / 이를 조	zào 짜오	353	燥	마를 조	zào 짜오
344	朝	아침 조 / 조정 조	zhāo 쨔오	354	糟	지게미 조	zāo 짜오
345	照	비칠 조	zhào 쨔오	355	藻	마름 조	zǎo 자오
346	稠	빽빽할 조	chóu 쳐우	356	躁	조급할 조	zào 짜오
347	漕	배저을 조	cáo 차오	357	足	발 족 / 넉넉할 족	zú 주
348	肇	시작할 조	zhào 쨔오	358	族	겨레 족	zú 주
349	嘲	조롱할 조	cháo 챠오	359	存	있을 존	cún 춘
350	潮	조수 조	cháo 챠오	360	尊	높을 존	zūn 쭌

연번	번체자	한자훈음	병음	연번	번체자	한자훈음	병음
361	卒	군사 졸 마칠 졸 갑자기 졸	cù zú `、 / ´` 추 / 주	371	朱	붉을 주	zhū `-` 쮸
362	拙	못할 졸	zhuō `-` 쮸어	372	舟	배 주	zhōu `-` 쪄우
363	猝	갑작스러울 졸 갑자기 졸	cù `、` 추	373	住	살 주	zhù `、` 쮸
364	宗	마루 종 으뜸 종	zōng `-` 쫑	374	走	달릴 주	zǒu `ˇ` 저우
365	踵	발꿈치 종	zhǒng `ˇ` 죵	375	留	머무를 류	iú `´` 리우
366	佐	도울 좌	zuǒ `ˇ` 주어	376	周	두루 주 둘레 주	zhōu `-` 쪄우
367	坐	앉을 좌	zuò `、` 쭈어	377	宙	집 주 하늘 주	zhòu `、` 쪄우
368	座	자리 좌	zuò `、` 쭈어	378	注	물댈 주	zhù `、` 쮸
369	罪	허물 죄	zuì `、` 쭈에이	379	奏	아뢸 주 연주할 주	zòu `、` 쪄우
370	州	고을 주	zhōu `-` 쪄우	380	柱	기둥 주	zhù `、` 쮸

연번	번체자	한자훈음	병음	연번	번체자	한자훈음	병음
381	洲	섬 주	zhōu ˉ 쪄우	391	准	승인할 준	zhǔn ˇ 준
382	株	그루 주	zhū ˉ 쮸	392	峻	높을 준 엄할 준	jùn ˋ 쮠
383	珠	구슬 주	zhū ˉ 쮸	393	浚	깊을 준 칠 준	jùn ˋ 쮠
384	酒	술 주	jiǔ ˇ 지우	394	竣	일마칠 준	jùn ˋ 쮠
385	做	지을 주	zuò ˋ 쭈어	395	樽	술단지 준	zūn ˉ 쭌
386	註	주낼 주	zhù ˋ 쮸	396	遵	좇을 준	zūn ˉ 쭌
387	嗾	부추길 주	sǒu ˇ 써우	397	濬	깊을 준 칠 준	jùn ˋ 쮠
388	廚	부엌 주	chú ´ 추	398	蠢	꿈틀거릴 준	chǔn ˇ 춘
389	竹	대 죽	zhú ´ 쥬	399	中	가운데 중	zhōng zhòng ˉ ˋ 쫑 / 쫑
390	俊	뛰어날 준	jùn ˋ 쮠	400	仲	버금 중 거간 중	zhòng ˋ 쫑

연번	번체자	한자훈음	병음	연번	번체자	한자훈음	병음
401	重	무거울 중 겹칠 중	zhòng ˋ 쫑	411	止	그칠 지	zhǐ ˇ 즈ㄹ
402	卽	곧 즉	jí ˊ 지	412	只	다만 지	zhī zhǐ ˉ ˇ 쯔ㄹ/즈ㄹ
403	汁	진액 즙	zhī ˉ 쯔ㄹ	413	地	땅 지	dì ˋ 띠
404	症	증세 증	zhèng ˋ 쩡	414	旨	뜻 지 맛 지	zhǐ ˇ 즈ㄹ
405	曾	일찍 증	céng zēng ˊ ˉ 청/쩡	415	池	못 지	chí ˊ 츠ㄹ
406	蒸	찔 증	zhēng ˉ 쩡	416	至	이를 지 지극할 지	zhì ˋ 쯔ㄹ
407	增	더할 증	zēng ˉ 쩡	417	址	터 지	zhǐ ˇ 즈ㄹ
408	憎	미워할 증	zēng ˉ 쩡	418	志	뜻 지	zhì ˋ 쯔ㄹ
409	之	갈 지	zhī ˉ 쯔ㄹ	419	枝	가지 지	zhī ˉ 쯔ㄹ
410	支	지탱할 지 갈릴 지 줄 지	zhī ˉ 쯔ㄹ	420	知	알 지	zhī ˉ 쯔ㄹ

연번	번체자	한자훈음	병음	연번	번체자	한자훈음	병음
421	肢	사지 지	zhī ― 쯔ㄹ	431	珍	보배 진	zhēn ― 쪈
422	咫	짧을 지	zhǐ ˇ 즈ㄹ	432	振	떨칠 진 떨 진	zhèn ˋ 쪈
423	持	가질 지	chí ´ 츠ㄹ	433	漏	샐 루	lòu ˋ 러우
424	指	손가락 지 가리킬 지	zhǐ ˇ 즈ㄹ	434	嗔	성낼 진	chēn ― 쳔
425	祉	복 지	zhǐ ˇ 즈ㄹ	435	震	떨 진 우레 진	zhèn ˋ 쪈
426	脂	비계 지	zhī ― 쯔ㄹ	436	帙	책갑 질	zhì ˋ 쯔ㄹ
427	智	슬기 지	zhì ˋ 쯔ㄹ	437	累	여러 루	lěi ˇ 레이
428	直	곧을 직 바로 직	zhí ´ 즈ㄹ	438	迭	바꿀 질	dié ´ 디에
429	辰	별 진 때 신	chén ´ 쳔	439	桎	차꼬 질	zhì ˋ 쯔ㄹ
430	津	나루 진 진액 진 넘칠 진	jīn ― 찐	440	疾	병 질	jí ´ 지

연번	번체자	한자훈음	병음	연번	번체자	한자훈음	병음
441	秩	차례 질	zhì ` 쯔ㄹ	451	此	이 차	cǐ ˇ 츠
442	窒	막힐 질	zhì ` 쯔ㄹ	452	借	빌릴 차	jiè ` 찌에
443	跌	넘어질 질	diē — 띠에	453	差	어긋날 차 병나을 차 부릴 차	chā chà chāi — ` ` 챠/챠/챠이
444	嫉	시기할 질	jí ´ 지	454	遮	가릴 차	zhē — 쪄
445	朕	나 짐 조짐 짐	zhèn ` 쩐	455	蹉	넘어질 차	cuō — 추어
446	斟	술따를 짐 헤아릴 짐	zhēn — 쩐	456	捉	잡을 착	zhuō — 쭈어
447	什	세간 집 열사람 십	shén shí ´ ´ 션 / 스ㄹ	457	窄	좁을 착	zhǎi ˇ 쟈이
448	集	모을 집	jí ´ 지	458	着	붙을 착	zháo zhuó zhe ´ ´ 쟈오/쭈어 져
449	且	또 차	jū — 쮜	459	搾	짤 착	zhà ` 쨔
450	次	다음 차	cì ` 츠	460	撰	글지을 찬	zhuàn ` 쮸안

연번	번체자	한자훈음	병음	연번	번체자	한자훈음	병음
461	餐	밥 찬	cān 찬	471	娼	노는계집 창	chāng 챵
462	簒	빼앗을 찬	cuàn 추안	472	猖	미쳐날뛸 창	chāng 챵
463	纂	모을 찬	zuǎn 주안	473	窓	창 창	chuāng 츄앙
464	刹	절 찰 짧은시간 찰	chà 챠	474	彩	캘 채 비단 채 채색 채	cǎi cài 차이/차이
465	察	살필 찰	chá 챠	475	採	캘 채	cǎi 차이
466	擦	문지를 찰	cā 차	476	綵	비단 채	cǎi 차이
467	站	역마을 참	zhàn 짠	477	彩	채색 채	cǎi 차이
468	昌	창성할 창	chāng 챵	478	菜	나물 채	cài 차이
469	昶	밝을 창	chǎng 챵	479	冊	책 책	cè 츠어
470	唱	노래부를 창	chàng 챵	480	策	꾀 책	cè 츠어

연번	번체자	한자훈음	병음	연번	번체자	한자훈음	병음
481	妻	아내 처	qī / qì 치 / 치	491	瘠	파리할 척 메마를 척	jí 지
482	凄	쓸쓸할 처	qī 치	492	千	일천 천	qiān 치앤
483	悽	슬퍼할 처	qī 치	493	川	내 천	chuān 츄안
484	尺	자 척	chǐ 츠글	494	天	하늘 천	tiān 티앤
485	斥	내칠 척 엿볼 척	chì 츠글	495	泉	샘 천	quán 취앤
486	拓	넓힐 척 박을 탁	tà tuó 타 / 투어	496	穿	뚫을 천	chuān 츄안
487	剔	뼈바를 척	tī 티	497	喘	헐떡일 천	chuǎn 츄안
488	脊	등뼈 척	jǐ 지	498	哲	밝을 철	zhé 져
489	陟	오를 척 나아갈 척	zhì 쯔글	499	撤	거둘 철	chè 쳐
490	戚	친척 척	qī 치	500	尖	뾰족할 첨	jiān 찌앤

연번	번체자	한자훈음	병음	연번	번체자	한자훈음	병음
501	添	더할 첨	tiān - 티앤	511	涕	눈물 체	tì 、 티
502	瞻	볼 첨	zhān - 짠	512	替	바꿀 체	tì 、 티
503	妾	첩 첩	qiè 、 치에	513	逮	잡을 체	dǎi ˇ 다이
504	帖	문서 첩	tiě ˇ 티에	514	初	처음 초	chū - 츄
505	捷	이길 첩 빠를 첩	jié ˊ 지에	515	抄	가릴 초 베낄 초	chāo - 챠오
506	牒	편지 첩	dié ˊ 디에	516	肖	닮을 초 같을 초	xiào 、 시아오
507	料	헤아릴 료 재료 료	liào 、 리아오	517	招	부를 초	zhāo - 쨔오
508	青	푸를 청	qīng - 칭	518	炒	볶을 초	chǎo ˇ 챠오
509	清	맑을 청	qīng - 칭	519	秒	분초 초	miǎo ˇ 미아오
510	晴	갤 청	qíng ˊ 칭	520	哨	망볼 초	shào 、 샤오

연번	번체자	한자훈음	병음	연번	번체자	한자훈음	병음
521	草	풀 초 시작할 초 초잡을 초	cǎo 차오	531	促	재촉할 촉	cù 추
522	焦	탈 초	jiāo 찌아오	532	寸	마디 촌 촌수 촌	cùn 춘
523	貂	담비 초	diāo 띠아오	533	村	마을 촌	cūn 춘
524	超	넘을 초	chāo 챠오	534	雷	우레 뢰	léi 레이
525	楚	초나라 초 매질할 초 고울 초	chǔ 츄	535	撮	취할 촬	cuō 추어
526	憔	파리할 초	qiáo 치아오	536	崔	높을 최 성 최	cuī 추에이
527	醋	초 초	cù 추	537	最	가장 최	zuì 쭈에이
528	樵	땔나무 초	qiáo 치아오	538	催	재촉할 최	cuī 추에이
529	蕉	파초 초	jiāo qiáo 찌아오 치아오	539	抽	뽑을 추	chōu 쳐우
530	礁	암초 초	jiāo 찌아오	540	秋	가을 추	qiū 치우

연번	번체자	한자훈음	병음	연번	번체자	한자훈음	병음
541	酋	두목 추	qiú 치우	551	蹴	찰 축	cù 추
542	追	따를 추 쫓을 추	zhuī 쮀이	552	春	봄 춘	chūn 츈
543	推	밀 추 밀 퇴	tuī 투에이	553	出	날 출	chū 츄
544	椎	뭉치 추 등뼈 추	chuí 츄에이	554	充	채울 충	chōng 쫑
545	丑	소 축	chǒu 쳐우	555	沖	어릴 충 빌 충	chōng 쫑
546	畜	가축 축	chù 츄	556	忠	충성 충	chōng 쫑
547	卵	알 란	luǎn 루안	557	衷	속 충 정성 충	zhōng 쫑
548	祝	빌 축	zhù 쮸	558	悴	파리할 췌	cuì 추에이
549	逐	쫓을 축	zhú 쥬	559	萃	모을 췌	cuì 추에이
550	蹙	찌푸릴 축	cù 추	560	膵	췌장 췌	cuì 추에이

연번	번체자	한자훈음	병음	연번	번체자	한자훈음	병음
561	吹	불 취	chuī 츄에이	571	治	다스릴 치	zhì 쯔ㄹ
562	取	가질 취	qǔ 취	572	侈	사치할 치	chǐ 츠ㄹ
563	炊	불땔 취	chuī 츄에이	573	値	값 치	zhí 즈ㄹ
564	脆	약할 취 무를 취	cuì 추에이	574	恥	부끄러울 치	chǐ 츠ㄹ
565	臭	냄새 취	chòu 쳐우	575	致	이를 치 이룰 취	zhì 쯔ㄹ
566	娶	장가들 취	qǔ 취	576	痔	치질 치	zhì 쯔ㄹ
567	就	나아갈 취	jiù 찌우	577	痴	어리석을 치	chī 츠ㄹ
568	聚	모을 취 모일 취	jù 쮜	578	稚	어릴 치	zhì 쯔ㄹ
569	趣	뜻 취	qù 취	579	置	둘 치	zhì 쯔ㄹ
570	醉	술취할 취	zuì 쭈에이	580	雉	꿩 치	zhì 쯔ㄹ

연번	번체자	한자훈음	병음	연번	번체자	한자훈음	병음
581	勅	조서 칙	chì ˋ 츠ㄹ	591	妥	편안할 타	tuǒ ˇ 투어
582	漆	옻 칠 옻칠할 칠	qī ˉ 치	592	咤	꾸짖을 타	zhà ˋ 쨔
583	沈	잠길 침 성 심	chén shěn ˊ/ˇ 쳔/션	593	唾	침 타	tuò ˋ 투어
584	枕	베개 침	zhěn ˇ 젼	594	惰	게으를 타	duò ˋ 뚜어
585	侵	침범할 침	qīn ˉ 친	595	卓	책상 탁 뛰어날 탁	zhuó ˊ 쥬어
586	浸	잠길 침 적실 침	jìn ˋ 찐	596	託	부탁할 탁 맡길 탁	tuō ˉ 투어
587	弄	희롱할 롱	nòng ˋ 농	597	琢	쫄 탁	zhuó ˊ 쥬어
588	快	쾌할 쾌 빠를 쾌	kuài ˋ 쿠아이	598	擢	뽑을 탁	zhuó ˊ 쥬어
589	他	다를 타	tā ˉ 타	599	濯	씻을 탁	zhuó ˊ 쥬어
590	打	칠 타	dǎ dá ˇˊ 다/다	600	吞	삼킬 탄	tūn ˉ 툰

연번	번체자	한자훈음	병음	연번	번체자	한자훈음	병음
601	坦	평탄할 탄	tǎn 탄	611	怠	게으를 태	dài 따이
602	炭	숯 탄	tàn 탄	612	殆	위태로울 태	dài 따이
603	脫	벗을 탈	tuō 투어	613	胎	아이밸 태	tāi 타이
604	眈	노려볼 탐	dān 딴	614	苔	이끼 태	tái 타이
605	耽	즐길 탐	dān 딴	615	笞	볼기칠 태	chī 츠ㄹ
606	探	찾을 탐	tàn 탄	616	宅	집 택 집 댁	zhái 쟈이
607	塔	탑 탑	tǎ 타	617	撐	버틸 탱	chēng 청
608	搨	베낄 탑 박을 탑	tà 타	618	吐	토할 토	tǔ tù 투/투
609	搭	실을 탑 탈 탑	dā 따	619	兎	토끼 토	tù 투
610	宕	호방할 탕	dàng 땅	620	桶	통 통	tǒng 통

연번	번체자	한자훈음	병음	연번	번체자	한자훈음	병음
621	通	통할 통	tōng 통	631	特	특별할 특	tè 트어
622	痛	아플 통	tòng 통	632	把	잡을 파	bǎ 바
623	筒	대롱 통 대통 통	tǒng 통	633	波	물결 파	bō 뽀어
624	退	물러날 퇴	tuì 투에이	634	爬	긁을 파	pá 파
625	堆	쌓일 퇴	duī 뚜에이	635	芭	파초 파	bā 빠
626	腿	넓적다리 퇴	tuǐ 투에이	636	派	물갈래 파	pài 파이
627	褪	빛바랠 퇴	tuì 투에이	637	破	깰 파	pò 포어
628	投	던질 투	tóu 터우	638	婆	할미 파·바	pó 포어
629	套	버릇 투 덮개 투	tào 타오	639	琶	비파 파	pá 파
630	透	통할 투	tòu 터우	640	跛	절름발이 파	bǒ 보어

연번	번체자	한자훈음	병음	연번	번체자	한자훈음	병음
641	播	뿌릴 파 옮길 파	bō 뽀어	651	烹	삶을 팽	pēng 펑
642	判	판단할 판	pàn 판	652	彭	땅이름 팽 성 팽 부풀 방	péng 펑
643	阪	비탈 판 언덕 판	bǎn 반	653	澎	물결부딪칠 팽	péng 펑
644	板	널 판	bǎn 반	654	膨	부풀 팽	péng 펑
645	版	인쇄할 판	bǎn 반	655	便	편할 편 소식 편 똥•오줌 변	biàn 삐앤
646	叭	나팔 팔	bā 빠	656	偏	치우칠 편	piān 피앤
647	佩	찰 패	pèi 페이	657	遍	두루 편	biàn 삐앤
648	悖	거스를 패	bèi 뻬이	658	篇	책 편	piān 피앤
649	牌	패 패	pái 파이	659	鞭	채찍 편	biān 삐앤
650	霸	으뜸 패	bà 빠	660	萍	개구리밥 평	píng 핑

연번	번체자	한자훈음	병음	연번	번체자	한자훈음	병음
661	吠	짖을 폐	fèi 、 뻬이	671	拋	던질 포	pāo ˉ 파오
662	肺	허파 폐	fèi 、 뻬이	672	泡	거품 포	pào 、 파오
663	陛	섬돌 폐	bì 、 삐	673	匍	길(기다) 포	pú ˊ 푸
664	露	이슬 로 드러날 로	lòu lù 、 、 러우 / 루	674	哺	먹일 포	bǔ ˇ 부
665	弊	나쁠 폐 폐단 폐	bì 、 삐	675	捕	잡을 포	bǔ ˇ 부
666	蔽	가릴 폐	bì 、 삐	676	浦	물가 포	pǔ ˇ 푸
667	咆	으르렁거릴 포	páo ˊ 파오	677	例	본보기 례	lì 、 리
668	庖	부엌 포	páo ˊ 파오	678	脯	포(육포 등) 포	fǔ ˇ 뿌
669	怖	두려워할 포	bù 、 뿌	679	逋	달아날 포	bū ˉ 뿌
670	抱	안을 포	bào 、 빠오	680	葡	포도 포	pú ˊ 푸

연번	번체자	한자훈음	병음	연번	번체자	한자훈음	병음
681	褒	기릴 포	bāo 빠오	691	寞	쓸쓸할 막	mò 모어
682	幅	폭 폭	fú 뿌	692	幕	장막 막	mù 무
683	暴	심할 폭 사나울 포·폭	bào 빠오	693	漠	아득할 막	mò 모어
684	瀑	폭포 폭	pù 푸	694	膜	꺼풀 막	mó 모어
685	爆	터질 폭	bào 빠오	695	娩	낳을 만	miǎn 미앤
686	痲	저릴 마	má 마	696	挽	당길 만	wǎn 완
687	摩	문지를 마 만질 마	mó 모어	697	晚	늦을 만	wǎn 완
688	磨	갈 마	mó 모어	698	慢	거만할 만	màn 만
689	魔	마귀 마	mó 모어	699	漫	질펀할 만 흩어질 만	màn 만
690	莫	말 막 없을 막	mò 모어	700	末	끝 말	mò 모어

연번	번체자	한자훈음	병음	연번	번체자	한자훈음	병음
701	抹	바를 말 없앨 말	mǒ 모어	711	枚	낱 매	méi 메이
702	沫	거품 말	mò 모어	712	昧	어두울 매	mèi 메이
703	妄	망령될 망 잊을 망	wàng 왕	713	埋	묻을 매	mái 마이
704	忙	바쁠 망	máng 망	714	梅	매화 매	méi 메이
705	忘	잊을 망	wàng 왕	715	媒	중매 매	méi 메이
706	罔	없을 망	wǎng 왕	716	寐	잠잘 매	mèi 메이
707	茫	아득할 망	máng 망	717	煤	그을음 매	méi 메이
708	望	바랄 망	wàng 왕	718	罵	욕할 매 꾸짖을 매·마	mà 마
709	每	매양 매 늘 매	měi 메이	719	魅	도깨비 매	mèi 메이
710	妹	손아래누이 매	mèi 메이	720	脈	맥 맥 줄기 맥	mài 마이

연번	번체자	한자훈음	병음	연번	번체자	한자훈음	병음
721	孟	맏 **맹** 맹랑할 **맹**	mèng 멍	731	冥	어두울 **명**	míng 밍
722	盲	눈멀 **맹**	máng 망	732	牟	보리 **모** 소울 **모**	móu 머우
723	猛	사나울 **맹**	měng 멍	733	牡	수컷 **모**	mǔ 무
724	盟	맹세할 **맹**	méng 멍	734	牝	암컷 **빈**	pìn 핀
725	免	면할 **면**	miǎn 미앤	735	侮	업신여길 **모**	wǔ 우
726	勉	힘쓸 **면**	miǎn 미앤	736	冒	무릅쓸 **모**	mào 마오
727	眄	곁눈질할 **면** 애꾸눈 **면**	miàn 미앤	737	帽	모자 **모**	mào 마오
728	面	낯 **면**	miàn 미앤	738	募	부를 **모**	mù 무
729	眠	잠잘 **면**	mián 미앤	739	摸	찾을 **모**	mō mó 모어/모어
730	蔑	업신여길 **멸** 없을 **멸**	miè 미에	740	貌	모양 **모**	mào 마오

연번	번체자	한자훈음	병음	연번	번체자	한자훈음	병음
741	慕	사모할 모	mù / 무	751	苗	싹 묘	miáo / 미아오
742	暮	저물 모	mù / 무	752	描	그릴 묘	miáo / 미아오
743	模	본뜰 모	mó mú / 모어/무	753	猫	고양이 묘	māo / 마오
744	牧	칠 목	mù / 무	754	墓	무덤 묘	mù / 무
745	睦	화목할 목	mù / 무	755	巫	무당 무	wū / 우
746	沒	빠질 몰	mò méi / 모어/메이	756	拇	엄지손가락 무	mǔ / 무
747	歿	죽을 몰	mò / 모어	757	武	굳셀 무 싸울 무 호반 무	wǔ / 우
748	蒙	어릴 몽 어리석을 몽	mēng méng / 멍 / 멍	758	茂	무성할 무	mào / 마오
749	妙	묘할 묘	miào / 미아오	759	舞	춤출 무	wǔ / 우
750	杳	아득할 묘	yǎo / 야오	760	墨	먹 묵	mò / 모어

연번	번체자	한자훈음	병음	연번	번체자	한자훈음	병음
761	紊	어지러울 문	wěn 원	771	拍	손뼉칠 박	pāi 파이
762	味	맛 미	wèi 웨이	772	泊	묵을 박 배댈 박	bó 보어
763	眉	눈썹 미	méi 메이	773	迫	닥칠 박 핍박할 박	pò 포어
764	美	아름다울 미	měi 메이	774	剝	벗길 박	bāo 빠오
765	迷	헤맬 미 미혹할 미	mí 미	775	舶	큰배 박	bó 보어
766	微	적을 미	wēi 웨이	776	博	넓을 박	bó 보어
767	靡	쓰러질 미 아름다울 미	mǐ 미	777	搏	칠 박	bó 보어
768	敏	빠를 민 총명할 민	mǐn 민	778	薄	엷을 박	báo bó 바오/보어
769	密	빽빽할 밀 숨길 밀	mì 미	779	伴	짝 반	bàn 빤
770	蜜	꿀 밀	mì 미	780	返	돌아올 반	fǎn 빤

연번	번체자	한자훈음	병음	연번	번체자	한자훈음	병음
781	叛	배반할 반	pàn 판	791	房	방 방	fáng 빵
782	班	나눌 반	bān 빤	792	放	놓을 방	fàng 빵
783	般	일반 반	bān 빤	793	肪	비계 방	fáng 빵
784	斑	얼룩 반	bān 빤	794	芳	꽃다울 방	fāng 빵
785	拔	뺄 발	bá 바	795	例	본보기 례	lì 리
786	坊	동네 방	fāng 빵	796	傍	곁 방	bàng 빵
787	妨	방해할 방	fáng 빵	797	膀	오줌통 방	páng 팡
788	彷	거닐 방	páng 팡	798	杯	잔 배	bēi 뻬이
789	邦	나라 방	bāng 빵	799	拜	절 배	bài 빠이
790	防	막을 방	fáng 빵	800	背	등 배	bēi / bèi 뻬이/뻬이

연번	번체자	한자훈음	병음	연번	번체자	한자훈음	병음
801	胚	아이밸 배	pēi 페이	811	魄	넋 백	pò 포어
802	倍	곱 배	bèi 뻬이	812	番	차례 번	fān 빤
803	俳	광대 배	pái 파이	813	蕃	무성할 번 울타리 번	fán 빤
804	配	짝 배 나눌 배	pèi 페이	814	繁	많을 번 번성할 번	fán 빤
805	培	북돋을 배	péi 페이	815	翻	뒤집을 번 번역할 번	fān 빤
806	徘	어정거릴 배	pái 파이	816	伐	칠 벌	fá 빠
807	排	밀 배	pái 파이	817	氾	넘칠 범	fàn 빤
808	陪	모실 배	péi 페이	818	犯	범할 범	fàn 빤
809	伯	맏 백	bó 보어	819	汎	뜰 범 넓을 범	fàn 빤
810	帛	비단 백	bó 보어	820	碧	푸를 벽	bì 삐

연번	번체자	한자훈음	병음	연번	번체자	한자훈음	병음
821	僻	후미질 벽 치우칠 벽	pì 피	831	病	병들 병	bìng 삥
822	劈	쪼갤 벽	pī pǐ 피 / 피	832	并	아우를 병	bìng 삥
823	壁	벽 벽	bì 삐	833	屛	병풍 병	píng 핑
824	璧	둥근옥 벽	bì 삐	834	甁	병 병	píng 핑
825	癖	버릇 벽	pǐ 피	835	甫	클 보	fǔ 뿌
826	霹	벼락 벽	pī 피	836	保	지킬 보	bǎo 바오
827	辨	분별할 변	biàn 삐앤	837	堡	작은성 보	bǎo 바오
828	別	다를 별 헤어질 별	bié 비에	838	普	넓을 보	pǔ 푸
829	瞥	언뜻볼 별	piē 피에	839	菩	보살 보	pú 푸
830	倂	아우를 병 합할 병	bìng 삥	840	伏	엎드릴 복	fú 뿌

연번	번체자	한자훈음	병음	연번	번체자	한자훈음	병음
841	服	옷 복 / 좇을 복 / 일할 복 / 약 먹을 복	fú ˊ 뿌	851	逢	만날 봉	féng ˊ 뻥
842	匐	길(기다) 복	fú ˊ 뿌	852	棒	몽둥이 봉	bàng ˋ 빵
843	腹	배 복	fù ˋ 뿌	853	蜂	벌 봉	fēng ˉ 뻥
844	福	복 복	fú ˊ 뿌	854	付	줄 부	fù ˋ 뿌
845	覆	엎을 복 뒤집을 복	fù ˋ 뿌	855	扶	도울 부	fú ˊ 뿌
846	奉	받들 봉	fèng ˋ 뻥	856	咐	분부할 부	fù ˋ 뿌
847	封	봉할(막다) 봉 제후봉할 봉	fēng ˉ 뻥	857	府	마을 부 관청 부	fǔ ˇ 뿌
848	俸	녹 봉	fèng ˋ 뻥	858	附	붙을 부	fù ˋ 뿌
849	峯	봉우리 봉	fēng ˉ 뻥	859	赴	다다를 부	fù ˋ 뿌
850	烽	봉화 봉	fēng ˉ 뻥	860	剖	쪼갤 부 가를 부	pōu ˉ 퍼우

연번	번체자	한자훈음	병음	연번	번체자	한자훈음	병음
861	浮	뜰 부	fú / 뿌	871	奔	달릴 분 달아날 분	bēn ー 뻔
862	副	버금 부 다음 부	fù \ 뿌	872	盆	동이(항아리) 분	pén / 펀
863	符	증거 부 들어맞을 부	fú / 뿌	873	粉	가루 분	fěn ∨ 뻔
864	部	나눌 부 떼 부	bù \ 뿌	874	焚	불사를 분	fén / 뻔
865	孵	알깔 부	fū ー 뿌	875	零	떨어질 령	líng / 링
866	腐	썩을 부	fǔ ∨ 뿌	876	不	아닐 불	bù \ 뿌
867	敷	펼 부	fū ー 뿌	877	佛	부처 불	fó / 뽀어
868	簿	장부 부	bù \ 뿌	878	拂	떨칠 불 지불할 불	fú / 뿌
869	吩	분부할 분	fēn ー 뻔	879	朋	벗 붕	péng / 펑
870	扮	꾸밀 분	bàn \ 빤	880	崩	무너질 붕	bēng ー 뻥

연번	번체자	한자훈음	병음	연번	번체자	한자훈음	병음
881	比	견줄 비	bǐ 비	891	扉	문짝 비 사립문 비	fēi 뻬이
882	妃	왕비 비	fēi 뻬이	892	脾	지라 비	pí 피
883	庇	덮을 비	bì 삐	893	翡	비취 비 물총새 비	fěi 뻬이
884	批	비평할 비	pī 피	894	碑	비석 비	bēi 뻬이
885	卑	낮을 비	bēi 뻬이	895	蜚	메뚜기 비 날 비	fěi 뻬이
886	沸	끓을 비	fèi 뻬이	896	鄙	더러울 비	bǐ 비
887	肥	살찔 비	féi 뻬이	897	鼻	코 비	bí 비
888	非	아닐 비	fēi 뻬이	898	臂	팔 비	bì 삐
889	秘	숨길 비	mì 미	899	譬	비유할 비	pì 피
890	悲	슬플 비	bēi 뻬이	900	氷	얼음 빙	bīng 삥

연번	번체자	한자훈음	병음	연·번	번체자	한자훈음	병음
901	聘	부를 빙	pìn ˋ 핀	911	事	일 사 섬길 사	shì ˋ 쓰ㄹ
902	仕	섬길 사 벼슬 사	shì ˋ 쓰ㄹ	912	使	부릴 사 하여금 사	shǐ ˇ 스ㄹ
903	司	맡을 사 관청 사	sī ― 쓰	913	祀	제사 사	sì ˋ 쓰
904	史	역사 사 사관 사	shǐ ˇ 스ㄹ	914	社	모일 사	shè ˋ 쎠
905	寺	절 사	sì ˋ 쓰	915	思	생각 사	sī ― 쓰
906	死	죽을 사	sǐ ˇ 쓰	916	查	볼 사 살필 사	chá ˊ 챠
907	些	적을 사	xiē ― 시에	917	唆	부추길 사	suō ― 쑤어
908	似	같을 사	shì ˋ 쓰ㄹ	918	射	쏠 사	shè ˋ 쎠
909	沙	모래 사	shā ― 샤	919	徙	옮길 사	xǐ ˇ 시
910	邪	간사할 사	xié ˊ 시에	920	斜	기울 사	xié ˊ 시에

연번	번체자	한자훈음	병음	연·번	번체자	한자훈음	병음
921	蛇	뱀 사	shé / 셔	931	插	꽂을 삽	chā / 챠
922	赦	용서할 사	shè / 쎠	932	床	평상 상	chuáng / 츄앙
923	奢	사치할 사	shē / 셔	933	相	서로 상 모양 상 재상 상	xiàng xiāng 씨앙/씨앙
924	嗣	대이을 사	sì / 쓰	934	桑	뽕나무 상	sāng / 쌍
925	削	깎을 삭	xiāo / 시아오	935	商	장사 상	shāng / 샹
926	散	흩어질 산	sǎn sàn / 싼/싼	936	常	항상 상	cháng / 챵
927	算	셈할 산	suàn / 쑤안	937	爽	시원할 상	shuǎng / 슈앙
928	酸	신맛 산	suān / 쑤안	938	祥	상서로울 상	xiáng / 시앙
929	撒	뿌릴 살	sǎ / 싸	939	象	코끼리 상 모양 상	xiàng / 씨앙
930	森	수풀 삼 빽빽할 삼	sēn / 썬	940	想	생각 상	xiǎng / 시앙

연번	번체자	한자훈음	병음	연·번	번체자	한자훈음	병음
941	像	모양 상 형상 상	xiàng 시앙	951	逝	갈 서	shì 쓰르
942	裳	치마 상	cháng 챵	952	婿	사위 서	xù 쉬
943	霜	서리 상	xiāng 시앙	953	棲	깃들일 서	qī 치
944	塞	변방 새 막을 색	sài sāi 싸이/싸이	954	暑	더울 서	shǔ 슈
945	索	찾을 색 쓸쓸할 삭	suǒ 쑤어	955	鼠	쥐 서	shǔ 슈
946	徐	천천히 서	xú 쉬	956	署	관청 서	shǔ 슈
947	恕	용서할 서	shù 슈	957	誓	맹세할 서	shì 쓰르
948	庶	여러 서 무리 서	shù 슈	958	昔	예 석	xī 시
949	序	차례 서 실마리 서	xù 쉬	959	席	자리 석	xí 시
950	敍	펼 서	xù 쉬	960	惜	아낄 석	xī 시

연번	번체자	한자훈음	병음	연·번	번체자	한자훈음	병음
961	潟	개펄 석	xì 시	971	舌	혀 설	shé 셔
962	宣	베풀 선	xuān 쉬앤	972	泄	샐 설	xiè 시에
963	旋	돌 선 돌아올 선	xuán 쉬앤	973	洩	샐 설	xiè 시에
964	船	배 선	chuán 츄안	974	雪	눈 설	xuě 쉬에
965	善	착할 선	shàn 쌴	975	鍊	단련할 련 익힐 련	liàng 리앙
966	羨	부러워할 선	xiàn 시앤	976	涉	건널 섭	shè 쎠
967	煽	부추길 선	shān 샨	977	成	이룰 성	chéng 쳥
968	腺	샘 선	xiàn 시앤	978	姓	성 성	xìng 씽
969	廉	청렴할 렴 값쌀 렴	lián 리앤	979	性	성품 성	xìng 씽
970	膳	반찬 선 선물 선	shàn 쌴	980	省	살필 성 덜 생	xǐng / shěng 싱 / 셩

연번	번체자	한자훈음	병음	연·번	번체자	한자훈음	병음
981	盛	성할 성	shèng 셩	991	巢	새집 소	cháo 챠오
982	醒	술깰 성 깨달을 성	xǐng 싱	992	逍	거닐 소	xiāo 시아오
983	洗	씻을 세	xǐ 시	993	疏	트일 소 드물 소	shū 슈
984	稅	세금 세 구실 세	shuì 슈에이	994	疎	드물 소 성길 소	shū 슈
985	召	부를 소	zhào 쨔오	995	搔	긁을 소	sāo 싸오
986	所	바 소 곳 소	suǒ 쑤어	996	遡	거스를 소	sù 쑤
987	昭	밝을 소 소상할 소	zhāo 쨔오	997	蔬	나물 소	shū 슈
988	消	끌 소	xiāo 시아오	998	束	묶을 속	shù 쑤
989	笑	웃을 소	xiào 시아오	999	俗	풍속 속 세상 속	sú 쑤
990	素	흴 소	sù 쑤	1000	速	빠를 속	sù 쑤

연번	번체자	한자훈음	병음	연·번	번체자	한자훈음	병음
1001	松	소나무 송	sōng 쏭	1011	狩	사냥할 수	shòu 셔우
1002	悚	겁낼 송	sǒng 쏭	1012	修	닦을 수 고칠 수	xiū 시우
1003	送	보낼 송	sòng 쏭	1013	殊	다를 수	shū 슈
1004	刷	인쇄할 쇄 박을 쇄	shuāi 슈아	1014	授	줄 수	shòu 셔우
1005	衰	쇠할 쇠 상복 최	shuāi cuī 슈아이 추에이	1015	羞	부끄러워할 수 음식 수	xiū 시우
1006	守	지킬 수	shǒu 셔우	1016	愁	근심 수	chóu 쳐우
1007	收	거둘 수	shōu 셔우	1017	搜	찾을 수	sōu 써우
1008	秀	빼어날 수	xiù 시우	1018	睡	졸 수	shuì 슈에이
1009	受	받을 수	shòu 셔우	1019	遂	이룰 수 다할 수	suì 쑤에이
1010	垂	드리울 수	chuí 츄에이	1020	酬	갚을 수	chóu 쳐우

연번	번체자	한자훈음	병음	연·번	번체자	한자훈음	병음
1021	嗽	기침할 수	sòu 〵 써우	1031	殉	따라죽을 순	xùn 〵 쒼
1022	蒐	모을 수	sōu ˉ 써우	1032	脣	입술 순	chún ˊ 춘
1023	需	구할 수	xū ˉ 쉬	1033	循	돌 순	xún ˊ 쒼
1024	瘦	파리할 수	shòu 〵 셔우	1034	醇	도타울 순 진한술 순	chún ˊ 춘
1025	髓	골수 수	suǐ ˇ 쑤에이	1035	瞬	눈깜짝할 순	shùn 〵 쓘
1026	叔	아재비 숙	shū ˉ 슈	1036	述	지을 술 말할 술	shù 〵 쓔
1027	宿	잘 숙	sù 〵 쑤	1037	崇	높을 숭 높일 숭	chóng ˊ 총
1028	淑	맑을 숙	shū ˉ 슈	1038	膝	무릎 슬	xī ˉ 시
1029	熟	익을 숙	shú ˊ 슈	1039	丞	도울 승 정승 승	chéng ˊ 청
1030	巡	돌아다닐 순	xún ˊ 쒼	1040	承	이을 승	chéng ˊ 청

연번	번체자	한자훈음	병음	연·번	번체자	한자훈음	병음
1041	昇	오를 승	shēng 성	1051	迅	빠를 신	xùn 쒼
1042	乘	탈 승	chéng 청	1052	信	믿을 신 편지 신 표시 신	xìn 씬
1043	僧	중 승	sēng 썽	1053	娠	아이밸 신	shēn 션
1044	施	베풀 시	shī 스ㄹ	1054	神	귀신 신 마음 신 신 신	shén 션
1045	猜	시기할 시	cāi 차이	1055	愼	삼갈 신	shèn 션
1046	拭	닦을 식 씻을 식	shì 쓰ㄹ	1056	新	새 신	xīn 씬
1047	植	심을 식	zhí 즈ㄹ	1057	室	집 실 아내 실	shì 쓰ㄹ
1048	殖	불릴 식	zhí 즈ㄹ	1058	甚	심할 심	shèn 션
1049	熄	불꺼질 식	xī 시	1059	深	깊을 심	shēn 션
1050	辛	매울 신	xīn 신	1060	牙	어금니 아	yá 야

연번	번체자	한자훈음	병음	연·번	번체자	한자훈음	병음
1061	芽	싹 아	yá / 야	1071	斡	돌 알 주관할 알	wò / 워
1062	阿	언덕 아 아첨할 아	ē ā / 으어 / 아	1072	庵	암자 암	ān / 안
1063	俄	갑자기 아	á / 아	1073	暗	어두울 암	àn / 안
1064	娥	예쁠 아	é / 으어	1074	癌	괴질 암	ái / 아이
1065	雅	아담할 아 맑을 아	yǎ / 야	1075	巖	바위 암	yán / 앤
1066	愕	놀랄 악	è / 으어	1076	押	누를 압	yā / 야
1067	握	잡을 악	wò / 워	1077	仰	우러를 앙	yǎng / 양
1068	按	누를 안	àn / 안	1078	怏	원망할 앙	yàng / 양
1069	案	책상 안 생각할 안	àn / 안	1079	昂	높을 앙	áng / 앙
1070	眼	눈 안	yǎn / 앤	1080	殃	재앙 앙	yāng / 양

연번	번체자	한자훈음	병음	연·번	번체자	한자훈음	병음
1081	隘	좁을 애	ài ˋ 아이	1091	量	헤아릴 량	liàng liáng ˋ ˊ 리앙/리앙
1082	液	진 액	yè ˋ 예	1092	御	임금 어	yù ˋ 위
1083	冶	불릴 야 대장간 야	yě ˇ 예	1093	掩	가릴 엄	yǎn ˇ 앤
1084	耶	어조사 야 아버지 야	yē yé ˉ ˊ 예 / 예	1094	疫	병 역	yì ˋ 이
1085	惹	일으킬 야	rě ˇ 르어	1095	逆	거스를 역	nì ˋ 니
1086	若	같을 약 젊을 약 만약 약 땅이름 야	ruò ˋ 루어	1096	域	지경 역	yù ˋ 위
1087	弱	약할 약	ruò ˋ 루어	1097	延	끌 연 미룰 연	yán ˊ 앤
1088	壤	흙 양	rǎng ˇ 랑	1098	研	갈 연	yán ˊ 앤
1089	旅	나그네 려 군대 려	lǔ ˇ 뤼	1099	衍	퍼질 연	yǎn ˇ 앤
1090	攘	물리칠 양	rǎng ˇ 랑	1100	宴	잔치 연	yàn ˋ 앤

연번	번체자	한자훈음	병음	연·번	번체자	한자훈음	병음
1101	捐	버릴 연	juān 쥐앤	1111	芮	풀날 예	ruì 루에이
1102	涼	서늘할 량	liáng 리앙	1112	裔	후손 예	yì 이
1103	演	펼 연 행할 연	yǎn 얜	1113	豫	미리 예	yù 위
1104	燃	탈 연	rán 란	1114	汚	더러울 오	wū 우
1105	燕	제비 연	yàn 얜	1115	娛	즐거워할 오	yú 위
1106	染	물들 염	rǎn 란	1116	悟	깨달을 오	wù 우
1107	焰	불꽃 염	yàn 얜	1117	梧	오동나무 오	wú 우
1108	迎	맞을 영	yíng 잉	1118	傲	거만할 오	ào 아오
1109	影	그림자 영	yǐng 잉	1119	奧	속 오 깊을 오	ào 아오
1110	曳	끌 예	yè 예	1120	寤	잠깰 오	wù 우

연번	번체자	한자훈음	병음	연·번	번체자	한자훈음	병음
1121	沃	기름질 옥	wò ˋ 워	1131	畏	두려워할 외	wèi ˋ 웨이
1122	翁	늙은이 옹	wēng ˉ 웡	1132	妖	요망할 요	yāo ˉ 야오
1123	壅	막을 옹	yōng ˉ 용	1133	拗	비뚤 요 꺾을 요	ào ǎo niù ˋ ˇ ˋ 아오/아오 니우
1124	梁	들보 량	liáng ˊ 리앙	1134	窈	깊을 요 얌전할 요	yǎo ˇ 야오
1125	宛	굽을 완 완연할 완	wǎn ˇ 완	1135	搖	흔들 요	yáo ˊ 야오
1126	腕	팔 완	wàn ˋ 완	1136	瑤	옥 요	yáo ˊ 야오
1127	旺	왕성할 왕	wàng ˋ 왕	1137	遙	멀 요 거닐 요	yáo ˊ 야오
1128	枉	굽을 왕	wǎng ˇ 왕	1138	略	간략할 략	lüè ˋ 뤼에
1129	歪	비뚤어질 왜	wāi ˉ 와이	1139	邀	맞을 요	yāo ˉ 야오
1130	矮	난쟁이 왜	ǎi ˇ 아이	1140	曜	빛날 요 요일 요	yào ˋ 야오

연번	번체자	한자훈음	병음	연·번	번체자	한자훈음	병음
1141	辱	욕될 욕	rǔ 루	1151	踊	뛸 용	yǒng 용
1142	欲	하고자할 욕	yù 위	1152	迂	멀 우 돌 우	yū 위
1143	慾	욕심 욕	yù 위	1153	祐	도울 우	yòu 여우
1144	勇	날랠 용	yǒng 용	1154	偶	짝 우 허수아비 우 뜻밖 우	ǒu 어우
1145	容	얼굴 용 받아들일 용 그릇 용 쉬울 용	róng 롱	1155	愚	어리석을 우	yú 위
1146	涌	물솟을 용	yǒng 용	1156	遇	만날 우	yù 위
1147	茸	무성할 용 녹용 용	róng 롱	1157	耘	김맬 운	yún 윈
1148	庸	떳떳할 용	yōng 용	1158	朗	밝을 랑	lǎng 랑
1149	溶	녹을 용	róng 롱	1159	雄	수컷 웅	xióng 시옹
1150	冷	찰 랭	lěng 렁	1160	熊	곰 웅	xióng 시옹

연번	번체자	한자훈음	병음	연·번	번체자	한자훈음	병음
1161	怨	원망할 원	yuàn 위앤	1171	惟	생각할 유	wéi 웨이
1162	苑	나라동산 원	yuàn 위앤	1172	悠	멀 유	yōu 여우
1163	援	도울 원	yuán 위앤	1173	喩	비유할 유	yù 위
1164	源	근원 원	yuán 위앤	1174	愉	기뻐할 유	yú 위
1165	越	넘을 월	yuè 위에	1175	揄	희롱할 유	yú 위
1166	威	위엄 위 으를 위	wēi 웨이	1176	裕	넉넉할 유	yù 위
1167	萎	시들 위	wěi 웨이	1177	楡	느릅나무 유	yú 위
1168	慰	위로할 위	wèi 웨이	1178	遊	놀 유	yóu 여우
1169	幽	그윽할 유 어두울 유 저승 유	yōu 여우	1179	蹂	밟을 유	róu 러우
1170	唯	오직 유	wéi 웨이	1180	鍮	놋쇠 유	tōu 터우

연번	번체자	한자훈음	병음	연·번	번체자	한자훈음	병음
1181	癒	병나을 유	yù \ 위	1191	移	옮길 이	yí ∕ 이
1182	融	녹을 융 화합할 융	róng ∕ 롱	1192	翌	다음날 익	yì \ 이
1183	慇	은근할 은	yīn — 인	1193	咽	목구멍 인 목멜 열	yān yè — \ 앤 / 예
1184	淫	음란할 음	yín ∕ 인	1194	姻	혼인할 인	yīn — 인
1185	泣	울 읍	qì \ 치	1195	逸	숨을 일 뛰어날 일 달아날 일	yì \ 이
1186	凝	엉길 응	níng ∕ 닝	1196	溢	넘칠 일	yì \ 이
1187	膺	가슴 응 칠 응	yīng — 잉	1197	妊	아이밸 임	rèn \ 런
1188	宜	마땅할 의 편안 의	yí ∕ 이	1198	孕	아이밸 잉	yùn \ 윈
1189	疑	의심할 의	yí ∕ 이	1199	剩	남을 잉	shèng \ 셩
1190	弛	늦출 이	chí ∕ 츠ㄹ	1200	可	옳을 가	kě ∨ 크어

연·번	번체자	한자훈음	병음	연·번	번체자	한자훈음	병음
1201	加	더할 가	jiā 찌아	1211	暇	틈 가	xiá 시아
1202	佳	아름다울 가	jiā 찌아	1212	嘉	아름다울 가	jiā 찌아
1203	呵	꾸짖을 가	hē 흐어	1213	歌	노래 가	gē 끄어
1204	架	시렁 가	jià 찌아	1214	稼	심을 가	jià 찌아
1205	苛	매울 가 혹독할 가	kē 크어	1215	各	각각 각	gè 끄어
1206	家	집 가	jiā 찌아	1216	却	물리칠 각	què 취에
1207	假	거짓 가	jiǎ 지아	1217	角	뿔 각	jiǎo 지아오
1208	街	거리 가	jiē 찌에	1218	刻	새길 각	kè 크어
1209	跏	책상다리할 가	jiā 찌아	1219	脚	다리 각	jiǎo 지아오
1210	嫁	시집갈 가	jià 찌아	1220	干	방패 간 간여할 간 구할 간	gàn gān 깐/깐

연·번	번체자	한자훈음	병음	연·번	번체자	한자훈음	병음
1221	刊	새길 간	kān 칸	1231	降	내릴 강 항복할 항	jiàng xiáng 찌앙/시앙
1222	奸	간사할 간	jiān 찌앤	1232	康	편안할 강	kāng 캉
1223	肝	간 간	gān 깐	1233	腔	속빌 강	qiāng 치앙
1224	看	볼 간	kàn 칸	1234	改	고칠 개	gǎi 가이
1225	堪	견딜 감	kān 칸	1235	慨	슬퍼할 개	kǎi 카이
1226	敢	구태여 감 용감할 감	gǎn 간	1236	漑	물댈 개	gǎi 가이
1227	感	느낄 감	gǎn 간	1237	槪	대개 개 절개 개	gài 까이
1228	憾	섭섭해할 감	hàn 한	1238	坑	구덩이 갱	kēng 컹
1229	瞰	내려다볼 감	kàn 칸	1239	居	살 거	jū 쮜
1230	郎	사내 랑	láng 랑	1240	拒	막을 거	jù 쮜

연·번	번체자	한자훈음	병음	연·번	번체자	한자훈음	병음
1241	倨	거만할 거	jù 쥐	1251	耕	밭갈 경	gēng 껑
1242	距	떨어질 거	jù 쥐	1252	景	볕 경 경치 경	jǐng 징
1243	建	세울 건	jiàn 찌앤	1253	敬	공경할 경	jìng 찡
1244	健	건강할 건 굳셀 건	jiàn 찌앤	1254	境	지경 경	jìng 찡
1245	劫	으를 겁 겁 겁	jié 지에	1255	警	경계할 경 깨우칠 경	jǐng 징
1246	揭	들 게	jiē 찌에	1256	戒	경계할 계	jiè 찌에
1247	隔	막힐 격 멀 격	gé 그어	1257	械	기계 계	xiè 시에
1248	激	물부딪칠 격	jī 찌	1258	溪	시내 계	xī 시
1249	遣	보낼 견	qiǎn 치앤	1259	固	굳을 고	gù 꾸
1250	兼	겸할 겸	jiān 찌앤	1260	孤	외로울 고	gū 꾸

연·번	번체자	한자훈음	병음	연·번	번체자	한자훈음	병음
1261	故	연고 고 죽을 고 일 고	gù ˋ 꾸	1271	功	공 공	gōng ˉ 꽁
1262	苦	쓸 고 괴로울 고	kǔ ˇ 쿠	1272	共	함께 공 한가지 공	gòng ˋ 꽁
1263	高	높을 고	gāo ˉ 까오	1273	攻	칠 공	gōng ˉ 꽁
1264	鼓	북 고 칠 고	gǔ ˇ 구	1274	供	이바지할 공 줄 공	gōng ˉ 꽁
1265	稿	볏짚 고 원고 고	gāo ˉ 까오	1275	空	빌 공 하늘 공	kōng ˉ 콩
1266	哭	울 곡	kū ˉ 쿠	1276	恐	두려울 공	kǒng ˇ 콩
1267	困	곤할 곤	kùn ˋ 쿤	1277	恭	공손할 공	gōng ˉ 꽁
1268	骨	뼈 골	gǔ ˇ 구	1278	控	당길 공 덜 공	kòng ˋ 콩
1269	工	장인 공 일 공	gōng ˉ 꽁	1279	果	과실 과 결과 과	guǒ ˇ 구어
1270	公	공평할 공 관청 공 여러 공	gōng ˉ 꽁	1280	科	과목 과 부과할 과	kē ˉ 크어

연·번	번체자	한자훈음	병음	연·번	번체자	한자훈음	병음
1281	管	대롱 관 주관할 관	guǎn ˇ 관	1291	究	연구할 구 다할 구	jiū ˉ 찌우
1282	括	묶을 괄	kuò ˋ 쿠어	1292	具	갖출 구	jù ˋ 쮜
1283	刮	비빌 괄 닦을 괄	guā ˉ 꽈	1293	拘	잡을 구 거리낄 구	jū ˉ 쮜
1284	浪	물결 랑	làng ˋ 랑	1294	狗	개 구	gǒu ˇ 거우
1285	怪	기이할 괴	guài ˋ 꽈이	1295	苟	진실로 구 구차할 구	gǒu ˇ 거우
1286	拐	속일 괴	guǎi ˇ 과이	1296	救	구제할 구 도울 구	jiù ˋ 찌우
1287	巧	공교로울 교 교묘할 교	qiǎo ˇ 치아오	1297	球	공 구	qiú ˊ 치우
1288	校	학교 교 교정할 교 장교 교	xiào jiào ˋ 시아오 찌아오	1298	局	판 국 부분 국	jú ˊ 쮜
1289	教	가르칠 교	jiāo ˉ 찌아오	1299	菊	국화 국	jú ˊ 쮜
1290	求	구할 구	qiú ˊ 치우	1300	窘	막힐 군	jiǒng ˇ 지옹

연·번	번체자	한자훈음	병음	연·번	번체자	한자훈음	병음
1301	群	무리 군	qún 췬	1311	鬼	귀신 귀	guǐ 구에이
1302	屈	굽을 굴 굽힐 굴	qū 취	1312	均	고를 균	jūn 쮠
1303	掘	팔 굴	jué 쥐에	1313	近	가까울 근	jìn 찐
1304	窟	굴 굴	kū 쿠	1314	根	뿌리 근	gēn 껀
1305	券	문서 권	quàn 취앤	1315	筋	힘줄 근	jīn 찐
1306	卷	책 권	juàn juǎn 쮜앤/쮜앤	1316	勤	부지런할 근 일할 근	qín 친
1307	倦	게으를 권	juàn 쮜앤	1317	金	쇠 금 돈 금 성 김	jīn 찐
1308	拳	주먹 권	quán 취앤	1318	禁	금할 금	jīn jìn 찐/찐
1309	圈	우리 권 둘레 권	quān 취앤	1319	禽	새 금	qín 친
1310	蹶	넘어질 궐	juě 쥐에	1320	急	급할 급	jí 지

연·번	번체자	한자훈음	병음	연·번	번체자	한자훈음	병음
1321	矜	불쌍히여길 긍 자랑할 긍	jīn 찐	1331	期	기약 기 기간 기	qī / jī 치 / 찌
1322	企	꾀할 기 바랄 기	qǐ 치	1332	器	그릇 기 기관 기 (신체)	qì 치
1323	忌	꺼릴 기	jì 찌	1333	吉	길할 길 좋을 길	jí 지
1324	技	재주 기	jì 찌	1334	喫	마실 끽 먹을 끽	chī 츠ㄹ
1325	汽	김오를 기 증기 기	qì 치	1335	那	어찌 나	nà 나
1326	其	그 기	qí 치	1336	懦	나약할 나	nuò 누어
1327	奇	기이할 기 갑자기 기	jī jí 찌 / 지	1337	暖	따뜻할 난	nuǎn 누안
1328	祈	빌 기	qí 치	1338	捺	누를 날	nà 나
1329	基	터 기	jī 찌	1339	奈	어찌 내 나락 나	nài 나이
1330	寄	보낼 기 맡길 기 붙어살 기	jì 찌	1340	耐	견딜 내	nài 나이

연·번	번체자	한자훈음	병음	연·번	번체자	한자훈음	병음
1341	努	힘쓸 노	nǔ 누	1351	徒	무리 도 걸을 도	tú 투
1342	怒	성낼 노	nù 누	1352	桃	복숭아 도	táo 타오
1343	能	능할 능	néng 넝	1353	逃	달아날 도	táo 타오
1344	茶	차 다 차 차	chá 챠	1354	渡	건널 도	dù 뚜
1345	端	끝 단 바를 단 실마리 단	duān 뚜안	1355	盜	도둑 도	dào 따오
1346	淡	묽을 담	dàn 딴	1356	都	도읍 도 모두 도	dū dōu 뚜 / 떠우
1347	答	대답할 답 갚을 답	dá 다	1357	毒	독 독	dú 두
1348	唐	당나라 당 당돌할 당 당황할 당	táng 탕	1358	督	감독할 독 재촉할 독	dū 뚜
1349	堂	집 당 정당할 당 친척 당	táng 탕	1359	豚	돼지 돈	tún 툰
1350	待	기다릴 대 대접할 대	dài / dāi 따이/따이	1360	突	부딪칠 돌 갑자기 돌 내밀 돌 당돌할 돌	tū 투

연·번	번체자	한자훈음	병음	연·번	번체자	한자훈음	병음
1361	冬	겨울 동	dōng 똥	1365	得	얻을 득	dé děi 드어/데이
1362	同	같을 동	tóng 퉁	1366	登	오를 등	dēng 떵
1363	童	아이 동	tóng 퉁	1367	等	무리 등 같을 등	děng 덩
1364	憧	그리워할 동	chōng 충	1368	匐	길 복	fú 뿌

한자숙어

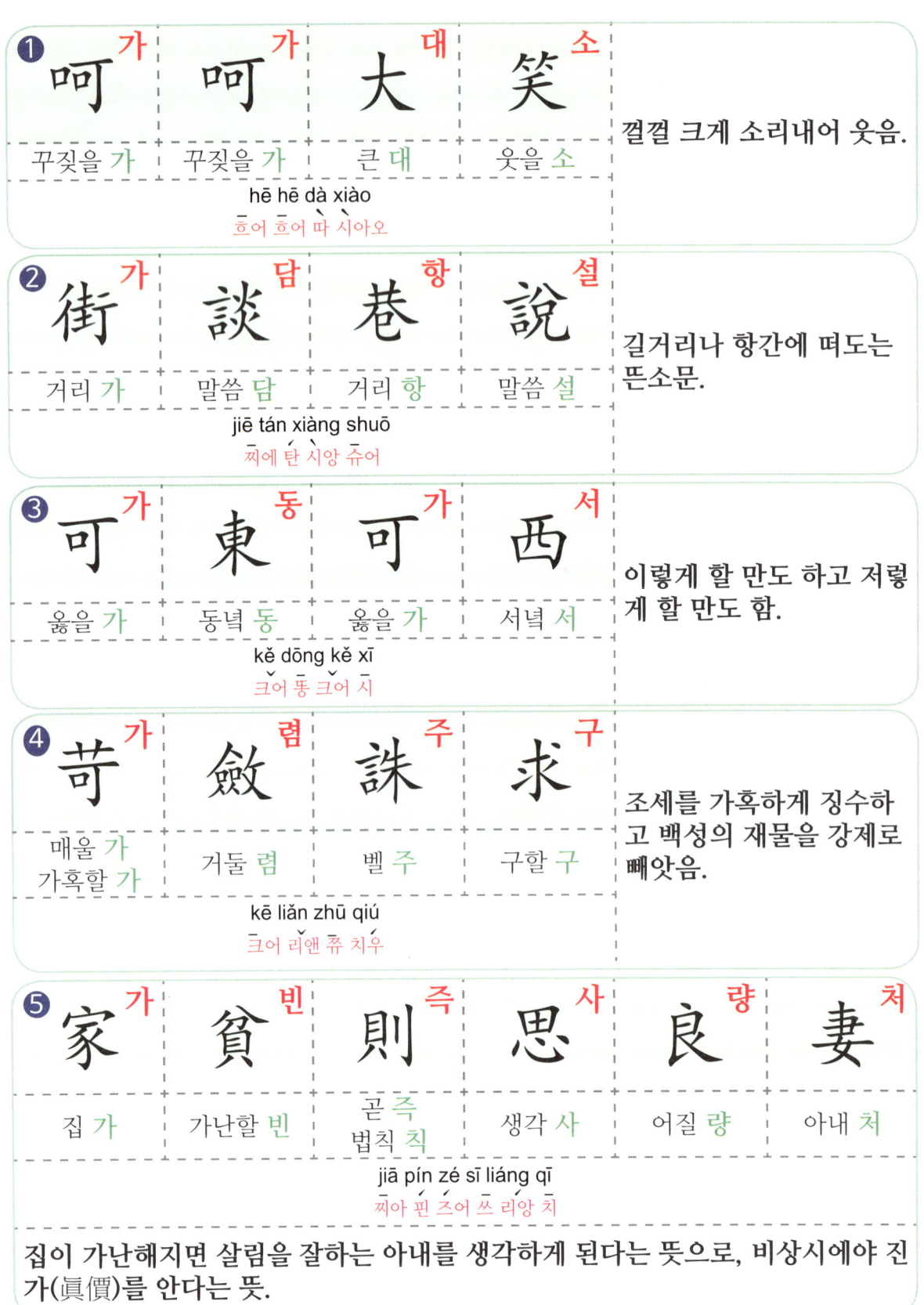

① 呵呵大笑 — 꾸짖을 가 / 꾸짖을 가 / 큰 대 / 웃을 소
hē hē dà xiào
흐어 흐어 따 시아오
껄껄 크게 소리내어 웃음.

② 街談巷說 — 거리 가 / 말씀 담 / 거리 항 / 말씀 설
jiē tán xiàng shuō
찌에 탄 시앙 슈어
길거리나 항간에 떠도는 뜬소문.

③ 可東可西 — 옳을 가 / 동녘 동 / 옳을 가 / 서녘 서
kě dōng kě xī
크어 똥 크어 시
이렇게 할 만도 하고 저렇게 할 만도 함.

④ 苛斂誅求 — 매울 가, 가혹할 가 / 거둘 렴 / 벨 주 / 구할 구
kē liǎn zhū qiú
크어 리앤 쮸 치우
조세를 가혹하게 징수하고 백성의 재물을 강제로 빼앗음.

⑤ 家貧則思良妻 — 집 가 / 가난할 빈 / 곧 즉, 법칙 칙 / 생각 사 / 어질 량 / 아내 처
jiā pín zé sī liáng qī
찌아 핀 즈어 쓰 리앙 치

집이 가난해지면 살림을 잘하는 아내를 생각하게 된다는 뜻으로, 비상시에야 진가(眞價)를 안다는 뜻.

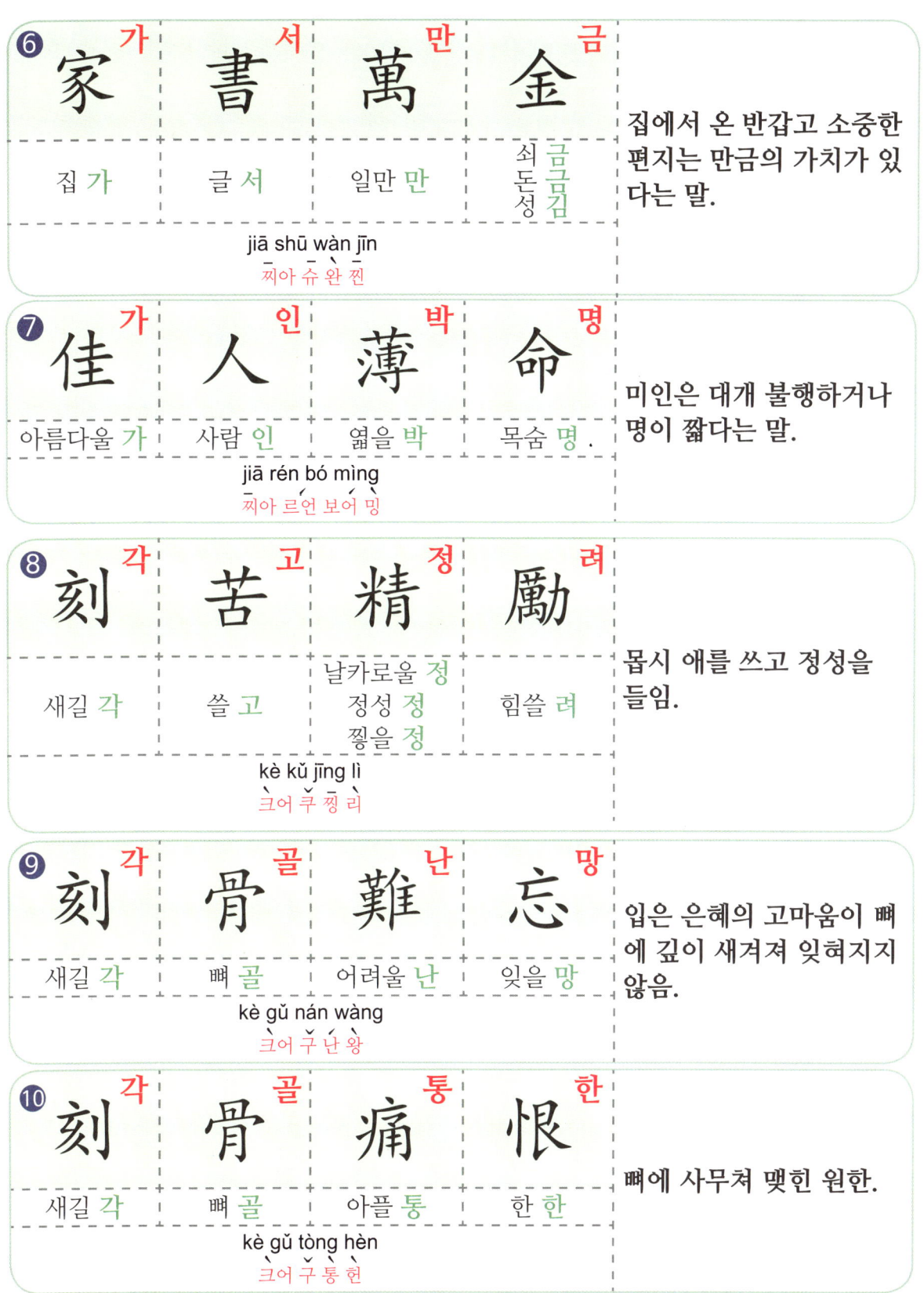

⓫ 艱難辛苦 (간난신고)

艱 간	難 난	辛 신	苦 고
어려울 간	어려울 난	매울 신	쓸 고

jiān nán xīn kǔ
찌앤 난 씬 쿠

갖은 고초를 다겪어, 몹시 고되고 괴로움.

⓬ 肝膽楚越 (간담초월)

肝 간	膽 담	楚 초	越 월
간 간	쓸개 담	초나라 초	넘을 월

gān dǎn chǔ yuè
깐 단 츄 위에

뱃속의 간과 쓸개처럼 서로 밀접한 관계에 있는 것도 보기에 따라서는 초나라와 월나라 사이처럼 아주 소원하게 느껴지고, 반대로 서로 다른 것도 동일하게 생각된다는 뜻. 곧 견해가 다르면 밀접한 관계에 있는 것도 멀게 보이고, 또 서로 다른 것도 동일한 것으로 보임의 비유.

⓭ 奸惡無道 (간악무도)

奸 간	惡 악	無 무	道 도
간사할 간	악할 악	없을 무	길 도

jiān è wú dào
찌앤 으어 우 따오

간악하고 무지막지(無知莫知 : 매우 무지하고 우악스러움)함.

⓮ 渴而穿井 (갈이천정)

渴 갈	而 이	穿 천	井 정
목마를 갈	말 이을 이 그러나 이	뚫을 천	우물 정

kě ér chuān jǐng
크어 얼 츄안 징

목이 마를 때 비로소 우물을 판다는 뜻으로, 일을 당해서 시작하면 이미 때가 늦음의 비유.

⓯ 感慨無量 (감개무량)

感 감	慨 개	無 무	量 량
느낄 감	슬퍼할 개	없을 무	헤아릴 량

gǎn kǎi wú liàng
간 카이 우 리앙

사물에 대한 회포의 느낌이 한없이 깊고 큼.

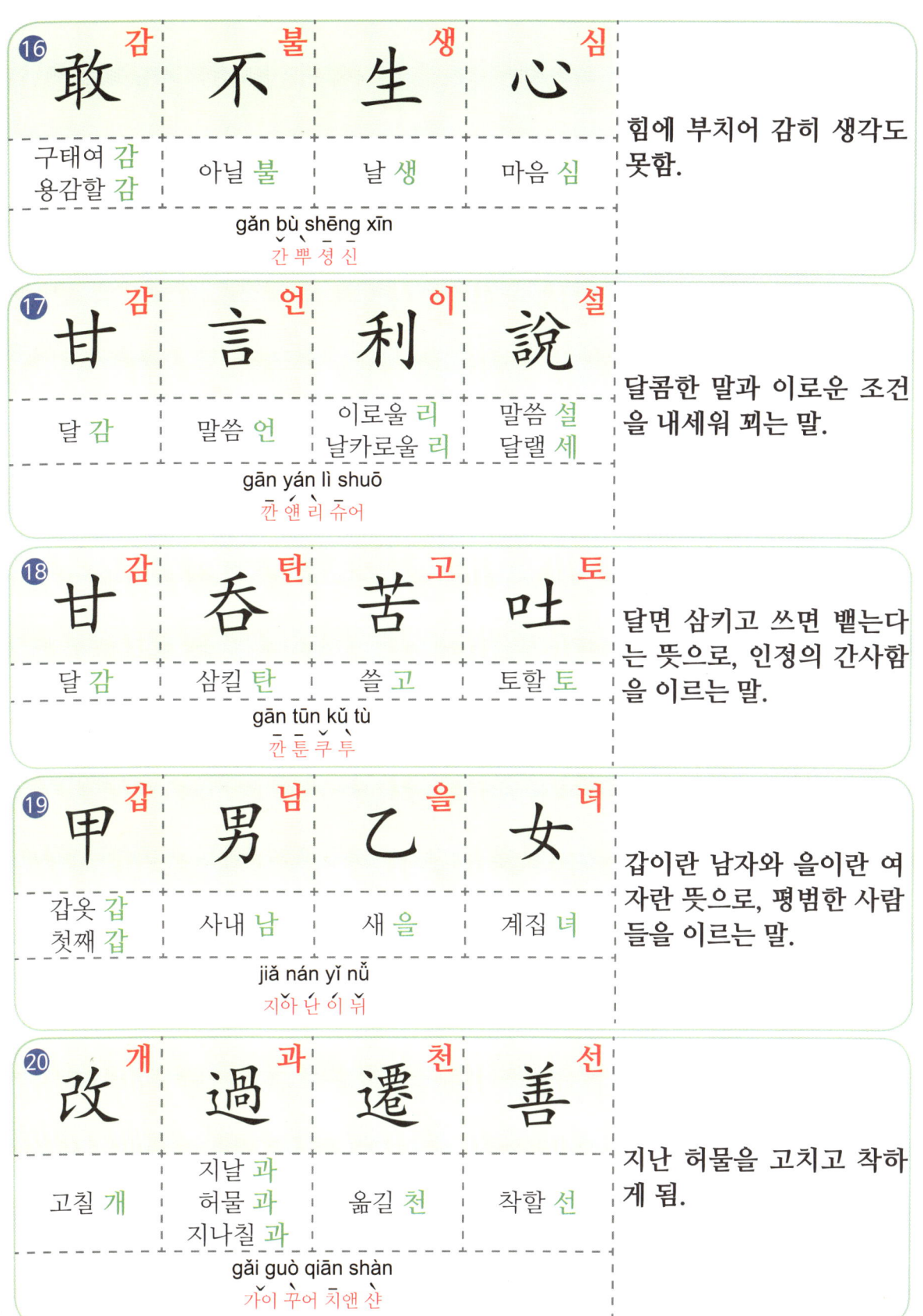

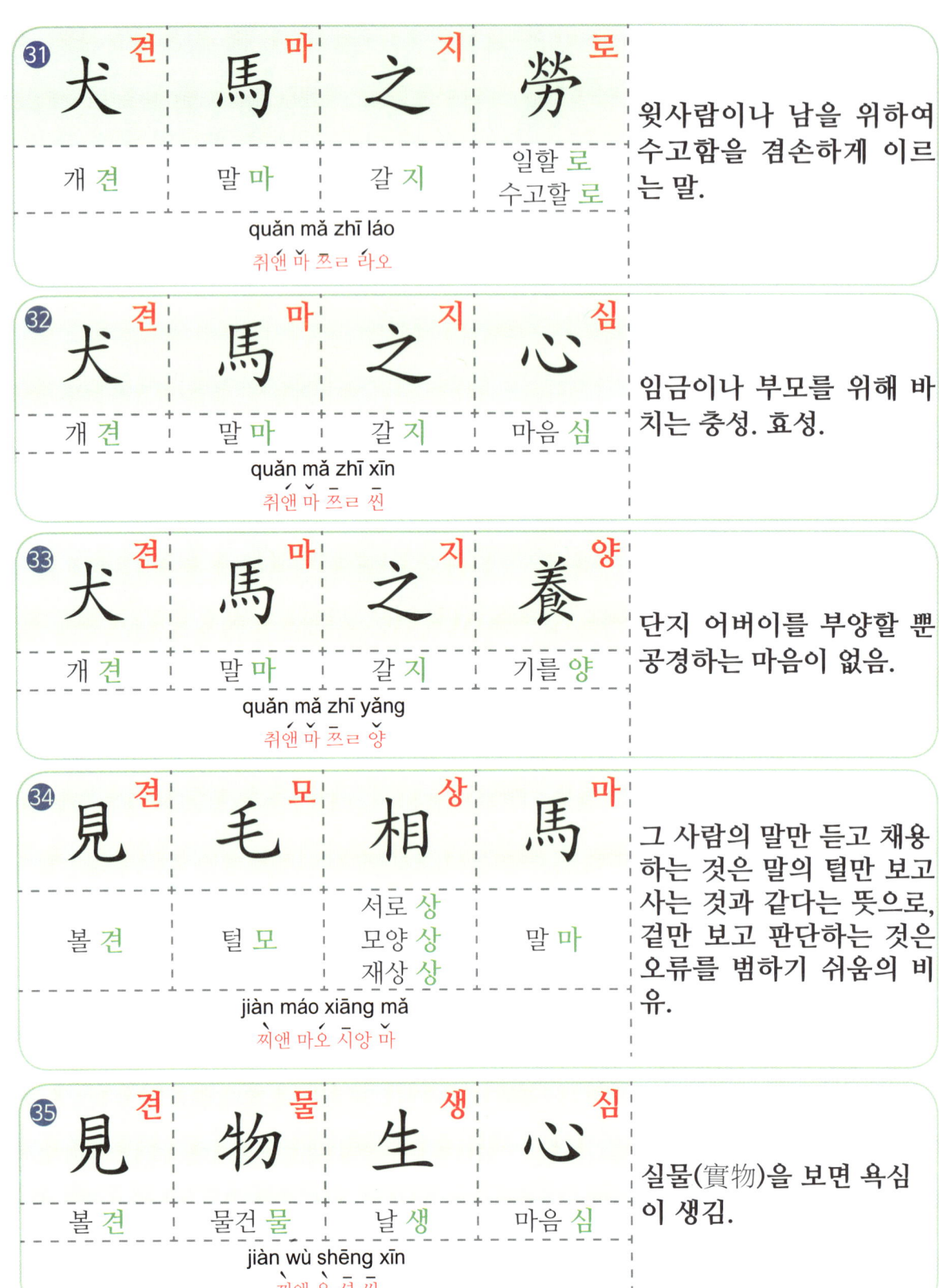

36 견 堅	여 如	금 金	석 石	서로 맺은 언약이나 맹세가 금석같이 굳음.
굳을 견	같을 여	쇠 금	돌 석	
jiān rú jīn shí 찌앤 루 찐 스ㄹ				
37 결 結	자 者	해 解	지 之	맺은 사람이 풀어야 한다는 뜻으로, 일을 저지른 사람이 해결해야 한다는 말.
맺을 결	놈 자	풀 해	갈 지	
jié zhě jiě zhī 지에 저 지에 쯔ㄹ				
38 결 結	초 草	보 報	은 恩	죽어서도 은혜를 잊지 않고 갚음.
맺을 결	풀 초	갚을 보	은혜 은	
jié cǎo bào ēn 지에 차오 빠오 으언				
39 경 輕	거 擧	망 妄	동 動	경솔하고 망령되게 행동함.
가벼울 경	들 거	망령될 망	움직일 동	
qīng jǔ wàng dòng 칭 쥐 왕 똥				
40 경 經	국 國	제 濟	세 世	나라를 잘 다스려 도탄에 빠진 백성을 구제함.
지날 경 글 경	나라 국	건널 제 구할 제	인간 세	
jīng guó jì shì 찡 구어 찌 쓰ㄹ				

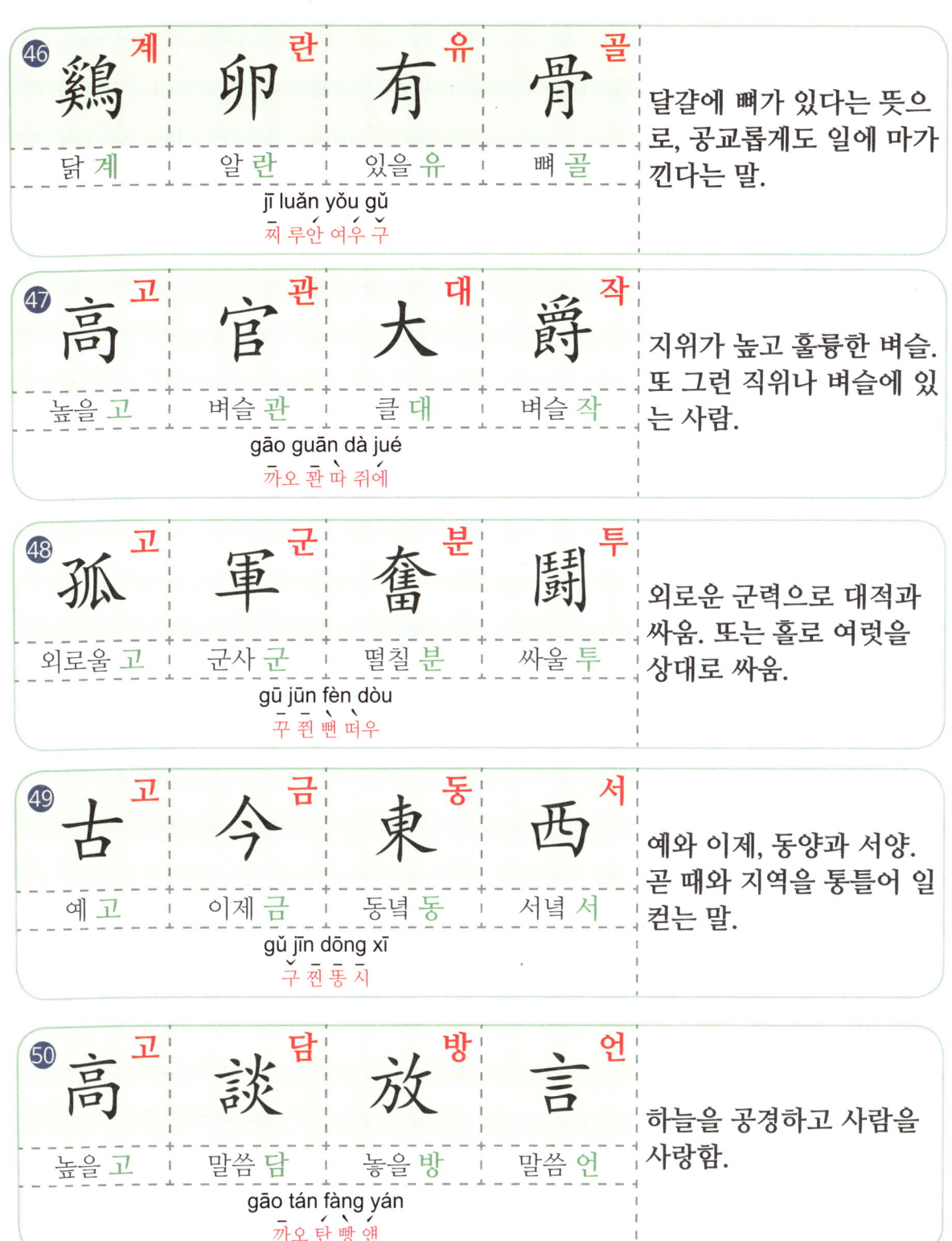

㊻ 鷄卵有骨 (계란유골) — 닭 계 / 알 란 / 있을 유 / 뼈 골
jī luǎn yǒu gǔ
찌 루안 여우 구
달걀에 뼈가 있다는 뜻으로, 공교롭게도 일에 마가 낀다는 말.

㊼ 高官大爵 (고관대작) — 높을 고 / 벼슬 관 / 클 대 / 벼슬 작
gāo guān dà jué
까오 꽌 따 쥐에
지위가 높고 훌륭한 벼슬. 또 그런 직위나 벼슬에 있는 사람.

㊽ 孤軍奮鬪 (고군분투) — 외로울 고 / 군사 군 / 떨칠 분 / 싸울 투
gū jūn fèn dòu
꾸 쮠 뻔 떠우
외로운 군력으로 대적과 싸움. 또는 홀로 여럿을 상대로 싸움.

㊾ 古今東西 (고금동서) — 예 고 / 이제 금 / 동녘 동 / 서녘 서
gǔ jīn dōng xī
구 찐 똥 시
예와 이제, 동양과 서양. 곧 때와 지역을 통틀어 일컫는 말.

㊿ 高談放言 (고담방언) — 높을 고 / 말씀 담 / 놓을 방 / 말씀 언
gāo tán fàng yán
까오 탄 빵 얜
하늘을 공경하고 사람을 사랑함.

51 姑息 (고식)
시어머니 고 / 고모 고 / 잠시 고 — 쉴 식 / 소식 식
gū xī
꾸 시

① 우선 당장에는 탈이 없는 일시적인 안정, 임시 변통이나 한때의 미봉(彌縫).
② 부녀자와 어린아이

52 姑息之計 (고식지계)
시어머니 고 — 쉴 식 — 갈 지 — 셀 계 / 꾀할 계
gū xī zhī jì
꾸 시 쯔ㄹ 찌

당장에 편한 것만 취하는 계책.

53 苦盡甘來 (고진감래)
쓸 고 — 다할 진 — 달 감 — 올 래
kǔ jìn gān lái
쿠 찐 깐 라이

쓴 것이 다하면 단것이 온다는 뜻으로, 고생 끝에 낙이 온다는 말.

54 鼓吹 (고취)
북 고 — 불 취
gǔ chuī
구 츄에이

북을 치고 피리를 분다는 뜻.
곧 ① 의견, 사상 등을 열렬히 주장하여 널리 선전함.
② 고무 격려하여 의기를 북돋아 일으킴.
③ 분명히 알림.

55 困獸猶鬪 (곤수유투)
곤할 곤 — 짐승 수 — 오히려 유 / 망설일 유 — 싸울 투
kùn shòu yóu dòu
쿤 셔우 여우 떠우

쫓기는 짐승은 사람에게도 덤빈다는 뜻으로, 약자라도 괴롭힘을 당하면 있는 힘을 다해 강자에게 대항함의 비유.

56 滑稽 (골계)
- 滑: 익살스러울 골 / 미끄러질 활
- 稽: 상고할 계
- huá jī / 화 찌
- ①남을 웃기려고 우습게 하는 말이나 짓, 익살, 해학.
- ②풍부한 지혜로 재치 있고 재미있게 이야기함.

57 骨肉相殘 (골육상잔)
- 骨: 뼈 골
- 肉: 고기 육
- 相: 서로 상
- 殘: 남을 잔 / 잔인할 잔
- gǔ ròu xiāng cán / 구 러우 시앙 찬
- 가까운 혈족(부자, 형제)끼리 서로 싸움.

58 功過相半 (공과상반)
- 功: 공 공
- 過: 지날 과 / 허물 과
- 相: 서로 상
- 半: 반 반
- gōng guò xiāng bàn / 꽁 꾸어 시앙 빤
- 공로와 허물이 서로 반반임.

59 過目成誦 (과목성송)
- 過: 지날 과 / 지나칠 과
- 目: 눈 목
- 成: 이룰 성
- 誦: 외울 송
- guò mù chéng sòng / 꾸어 무 쳥 쏭
- 어떤 책이든 한 번 읽으면 곧 왼다는 뜻으로, 기억력이 썩 좋음의 비유.

60 矯角殺牛 (교각살우)
- 矯: 바로잡을 교
- 角: 뿔 각
- 殺: 죽일 살
- 牛: 소 우
- jiǎo jiǎo shā niú / 지아오 지아오 샤 니우
- 쇠뿔을 바로잡으려다가 소를 죽인다는 뜻으로, 결점이나 흠을 고치려다 수단이 지나쳐 일을 그르침의 비유.

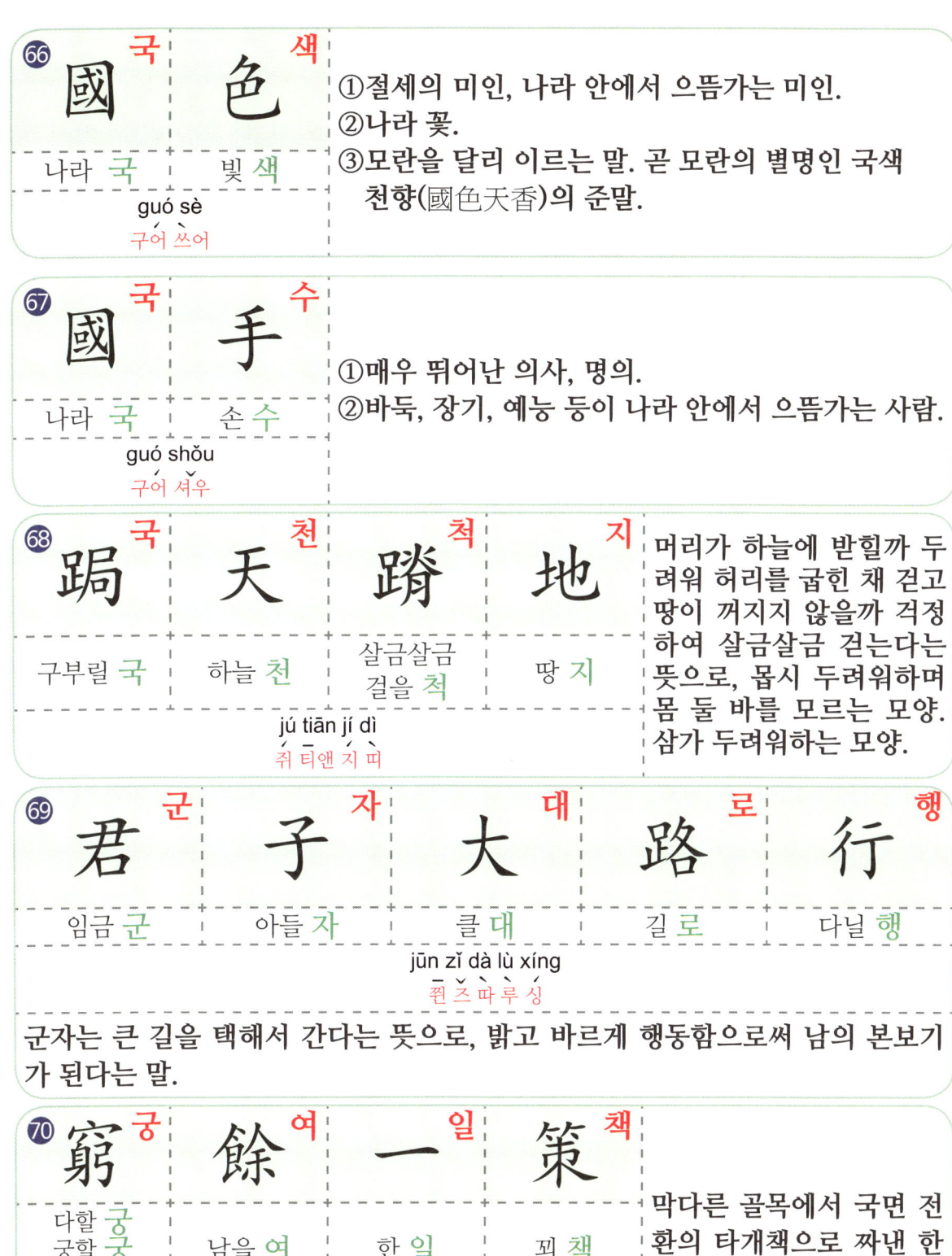

71. 勸善懲惡 (권선징악)

勸 권	善 선	懲 징	惡 악
권할 권	착할 선	징계할 징	악할 악

quàn shàn chéng è
취앤 샨 쳥 으어

착한 일을 권하고 악한일을 징계함.

72. 閨秀 (규수)

閨 규	秀 수
안방 규	빼어날 수

guī xiù
꾸에이 시우

①남의 집 '처녀'를 정중하게 이르는 말.
②학문과 재주가 뛰어난 여자.

73. 近墨者黑 (근묵자흑)

近 근	墨 묵	者 자	黑 흑
가까울 근	먹 묵	놈 자	검을 흑

jìn mò zhě hēi
찐 모어 져 흐에이

먹을 가까이하면 검어진다는 뜻으로, 나쁜 사람과 가까이하면 물들기 쉽다는 말.

74. 金科玉條 (금과옥조)

金 금	科 과	玉 옥	條 조
쇠 금	과목 과 / 법률 과 / 매길 과	구슬 옥	가지 조

jīn kē yù tiáo
찐 크어 위 티아오

조금도 움직일 수 없는, 금옥과 같이 귀중히 여기며 신봉하는 법칙이나 규정.

75. 錦上添花 (금상첨화)

錦 금	上 상	添 첨	花 화
비단 금	위 상	더할 첨	꽃 화

jǐn shàng tiān huā
진 쌍 티앤 화

비단 위에 꽃을 더한다는 뜻으로, 좋은 일 위에 좋은 일이 더함의 비유.

⑦⑥ 金(쇠 금) 石(돌 석) 之(갈 지) 交(사귈 교)
jīn shí zhī jiāo
찐 스르 쯔르 찌아오

쇠와 돌처럼 변함없는 사귐을 말함.

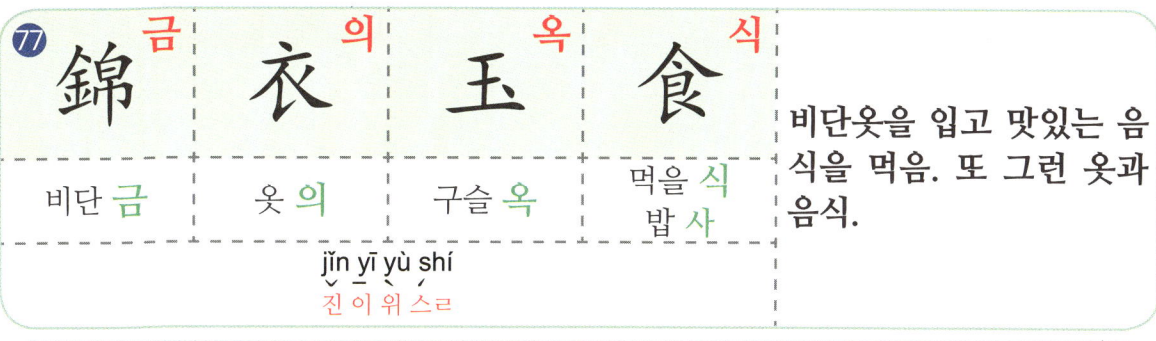

⑦⑦ 錦(비단 금) 衣(옷 의) 玉(구슬 옥) 食(먹을 식/밥 사)
jǐn yī yù shí
진 이 위 스르

비단옷을 입고 맛있는 음식을 먹음. 또 그런 옷과 음식.

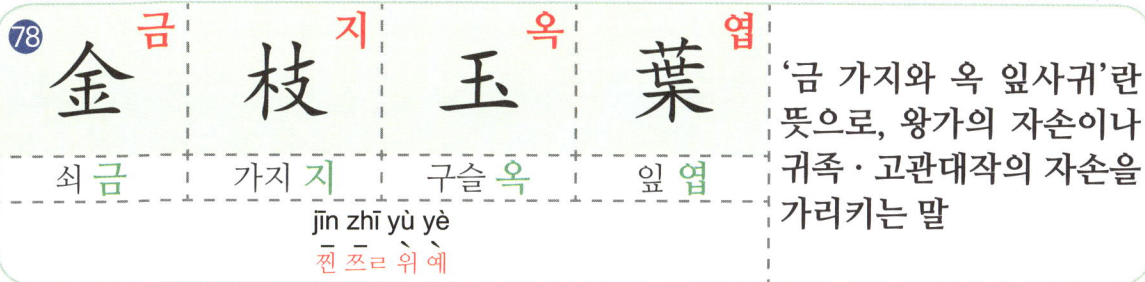

⑦⑧ 金(쇠 금) 枝(가지 지) 玉(구슬 옥) 葉(잎 엽)
jīn zhī yù yè
찐 쯔르 위 예

'금 가지와 옥 잎사귀'란 뜻으로, 왕가의 자손이나 귀족·고관대작의 자손을 가리키는 말

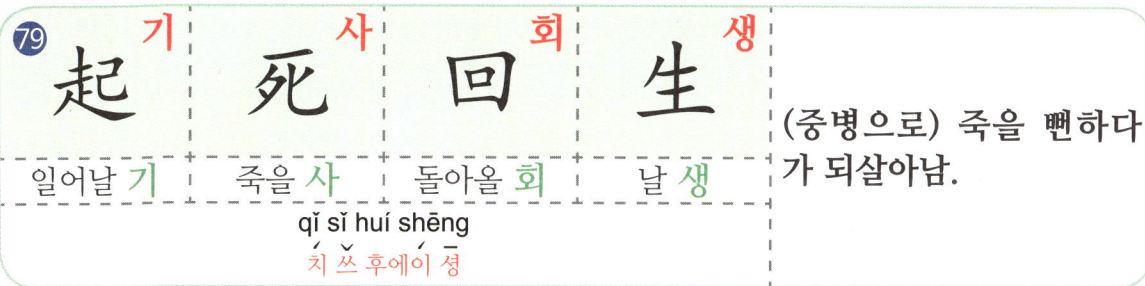

⑦⑨ 起(일어날 기) 死(죽을 사) 回(돌아올 회) 生(날 생)
qǐ sǐ huí shēng
치 쓰 후에이 셩

(중병으로) 죽을 뻔하다가 되살아남.

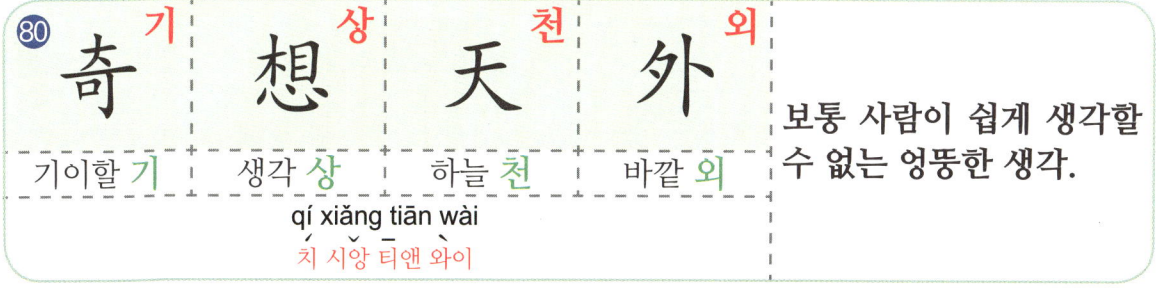

⑧⓪ 奇(기이할 기) 想(생각 상) 天(하늘 천) 外(바깥 외)
qí xiǎng tiān wài
치 시앙 티앤 와이

보통 사람이 쉽게 생각할 수 없는 엉뚱한 생각.

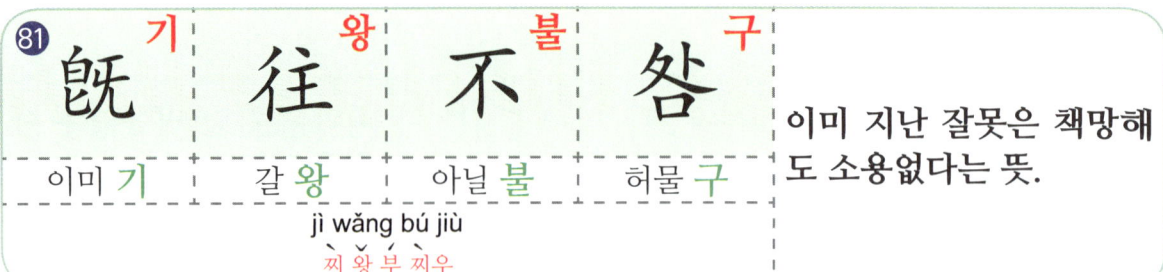

⑧¹ 旣往不咎 (이미 기 / 갈 왕 / 아닐 불 / 허물 구)
jì wǎng bú jiù
찌 왕 부 찌우

이미 지난 잘못은 책망해도 소용없다는 뜻.

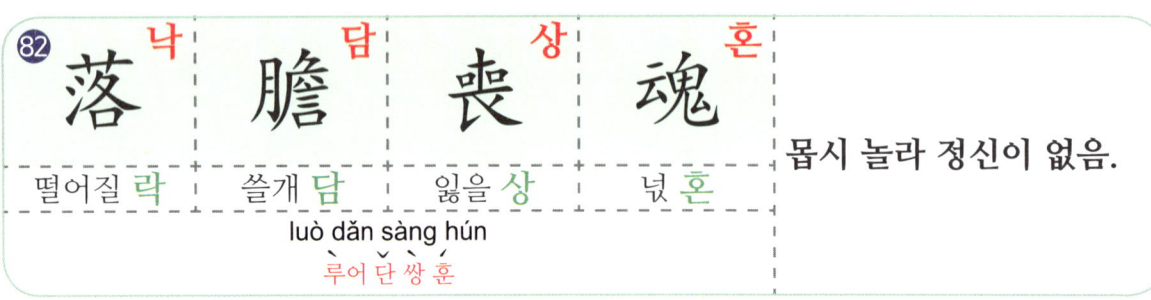

⑧² 落膽喪魂 (떨어질 락 / 쓸개 담 / 잃을 상 / 넋 혼)
luò dǎn sàng hún
루어 단 쌍 훈

몹시 놀라 정신이 없음.

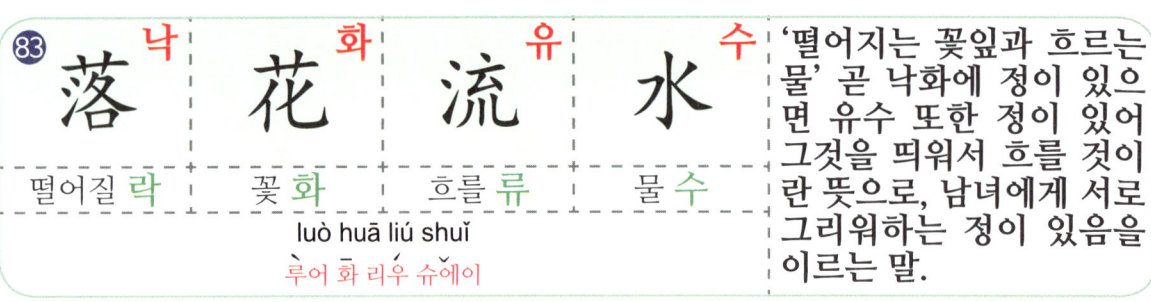

⑧³ 落花流水 (떨어질 락 / 꽃 화 / 흐를 류 / 물 수)
luò huā liú shuǐ
루어 화 리우 슈에이

'떨어지는 꽃잎과 흐르는 물' 곧 낙화에 정이 있으면 유수 또한 정이 있어 그것을 띄워서 흐를 것이란 뜻으로, 남녀에게 서로 그리워하는 정이 있음을 이르는 말.

⑧⁴ 卵上加卵 (알 란 / 위 상 / 더할 가 / 알 란)
luǎn shàng jiā luǎn
루안 쌍 찌아 루안

'알 위에다 알을 포갠다'는 뜻으로, 정성이 지극하여 감천(感天)함의 비유.

⑧⁵ 蘭芷漸滫 (난초 란 / 어수리 지 / 점점 점 / 뜨물 수)
lán zhǐ jiàn xiǔ
란 즈르 찌앤 시우

향기 높은 난초도 오래된 구정물이나 오줌에 담가놓으면 악취가 밴다는 뜻으로, 선인도 악인과 가까이 사귀면 악에 물든다는 말.

86. 難兄難弟 (난형난제)

難 난	兄 형	難 난	弟 제
어려울 난	형 형	어려울 란	아우 제

nán xiōng nán dì
난 시옹 난 띠

누구를 형이라 아우라 하기 어렵다는 뜻으로, 두 사물이 서로 엇비슷하여 낫고 못함을 분간하기 어려움의 비유.

87. 難化之物 (난화지물)

難 난	化 화	之 지	物 물
어려울 난	될 화	갈 지	물건 물

nán huà zhī wù
난 화 쯔르 우

교화 시키기 어려운 사람이나 동물을 일컫는 말.

88. 南橘北枳 (남귤북지)

南 남	橘 귤	北 북	枳 지
남녘 남	귤 귤	북녘 북	탱자 지

nán jú běi zhǐ
난 쥐 베이 즈르

강남(江南 : 양자강 이남)의 귤을 강북에 옮겨 심으면 탱자로 변한다는 뜻으로, 사람도 환경에 따라 성품이 변함을 비유하여 이르는 말.

89. 男負女戴 (남부여대)

男 남	負 부	女 여	戴 대
사내 남	질 부	계집 녀	일 대 / 받들 대

nán fù nǚ dài
난 뿌 뉘 따이

남자는 지고 여자는 인다는 뜻으로, 가난한 사람이 살 곳을 찾아 이리저리 떠돌아다님을 이르는 말.

90. 南田北畓 (남전북답)

南 남	田 전	北 북	畓 답
남녘 남	밭 전	북녘 북	논 답

nán tián běi duō
난 티앤 베이 뚜어

소유한 논밭이 여기저기 많이 흩어져 있음.

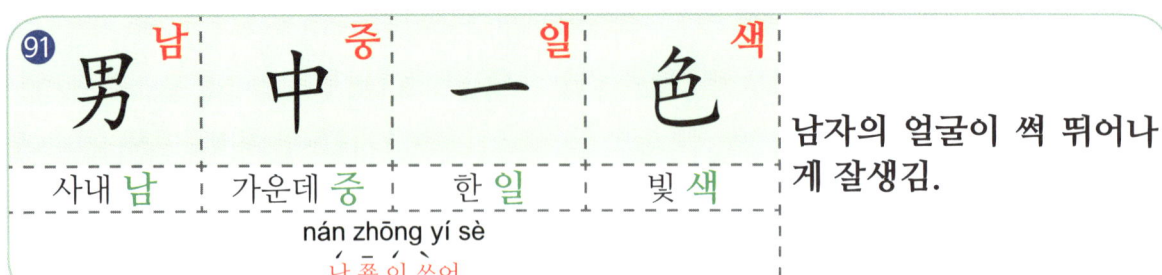

91 男中一色 (남중일색) 사내 남 / 가운데 중 / 한 일 / 빛 색
nán zhōng yí sè
난 쫑 이 쓰어

남자의 얼굴이 썩 뛰어나게 잘생김.

92 來語不美去語何美 (내어불미거어하미) 올 래 / 말씀 어 / 아니 불 / 아름다울 미 / 갈 거 / 말씀 어 / 어찌 하 / 아름다울 미
lái yǔ bù měi qù yǔ hé měi
라이 위 뿌 메이 취 위 흐어 메이

'오는 말이 곱지 않는데 가는 말이 어찌 고우랴'라는 뜻으로, 남에게 한 만큼 같은 대접을 받게 된다는 말.

93 內憂外患 (내우외환) 안 내 / 근심 우 / 바깥 외 / 근심 환
nèi yōu wài huàn
네이 여우 와이 환

나라 안팎의 근심 걱정.

94 內柔外剛 (내유외강) 안 내 / 부드러울 유 / 바깥 외 / 군셀 강
nèi róu wài gāng
네이 러우 와이 깡

사실은 마음이 약한데도 겉으로 나타난 태도는 강하게 보임.

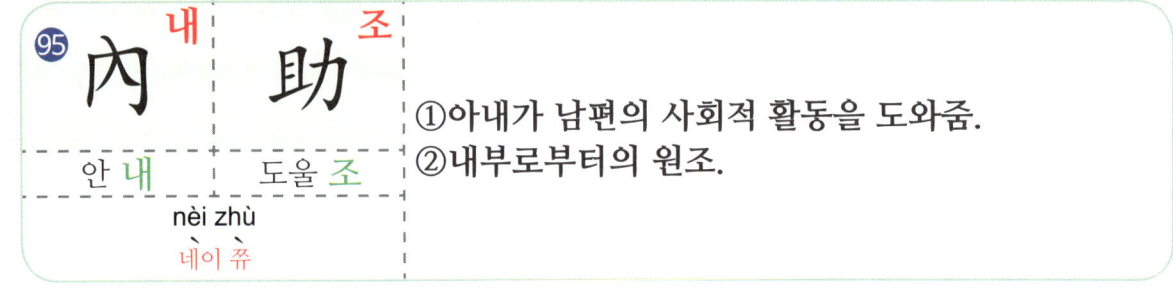

95 內助 (내조) 안 내 / 도울 조
nèi zhù
네이 쮸

①아내가 남편의 사회적 활동을 도와줌.
②내부로부터의 원조.

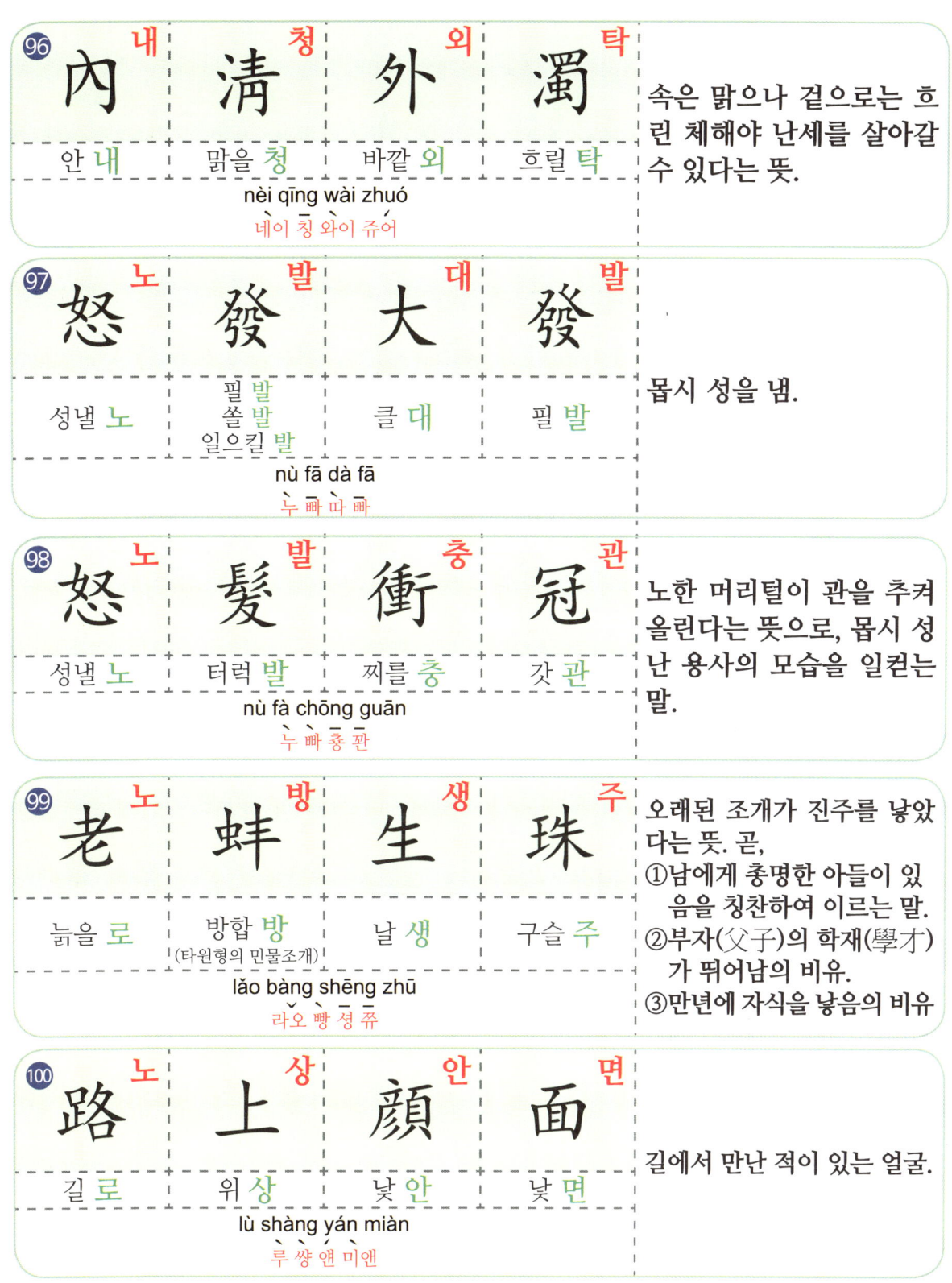

※ 참고 : 앞서 언급한 바와 같이 숙어는 1~100번까지는 중국어 발음을 숙어 단위로 응용하는 방법을 예시하였으며, 뒷부분은 독자들께서 스스로 공부해 보시기 바랍니다.

101 怒(성낼 노) 蠅(파리 승) 拔(뽑을 발) 劍(칼 검)

귀찮게 구는 파리에게 노하여 칼을 뺀다는 뜻으로, 사소한 일에 화를 냄의 비유.

102 勞(일할 로/수고할 로) 心(마음 심) 焦(탈 초) 思(생각 사)

애를 쓰며 속을 태움.

103 綠(푸를 녹) 衣(옷 의) 黃(누를 황) 裏(속 리)

①귀(貴).천(賤)의 위치를 바꾼다는 뜻.
②천한 첩이 부인의 자리를 차지함을 이르는 말.

104 弄(희롱할 롱) 瓦(기와 와) 之(갈 지) 慶(경사 경)

딸을 낳은 경사를 이름.

105 陵(언덕 릉) 谷(골 곡) 之(갈 지) 變(변할 변)

언덕과 꼴짜기가 서로 바뀐다는 뜻으로, 세상의 변천이 심함의 비유.

111 多情多恨
多 다	情 정	多 다	恨 한
많을 다	뜻 정	많을 다	한 한

애틋한 정도 많고 한스러운 일도 많음.

112 斷金之契
斷 단	金 금	之 지	契 계
끊을 단	쇠 금	갈 지	맺을 계

무쇠라도 끊을 만큼 마음이 굳은 두 사람의 사귐이란 뜻으로, 정의가 썩 두터운 친구 간의 우정을 이르는 말.

113 單刀直入
單 단	刀 도	直 직	入 입
홑 단	칼 도	곧을 직	들 입

①혼자서 칼을 휘두르며 거침없이 적진으로 쳐들어감.
②말을 하거나 글을 쓸 때 처음부터 본론으로 들어감.

114 簞食瓢飮
簞 단	食 사	瓢 표	飮 음
소쿠리 단 대광주리 단	밥 사	바가지 표 표주박 표	마실 음

도시락밥과 표주박의 물이란 뜻으로, 소박한 생활의 비유.

115 簞瓢屢空
簞 단	瓢 표	屢 루	空 공
소쿠리 단 대광주리 단	바가지 표 표주박 표	여러 루	빌 공

청빈하게 삶.

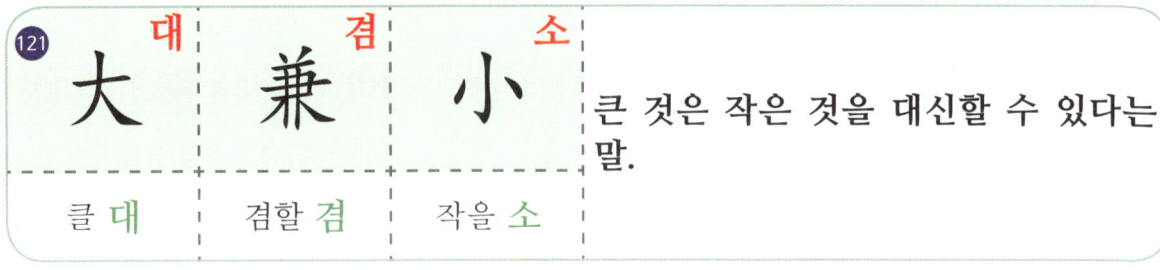

큰 것은 작은 것을 대신할 수 있다는 말.

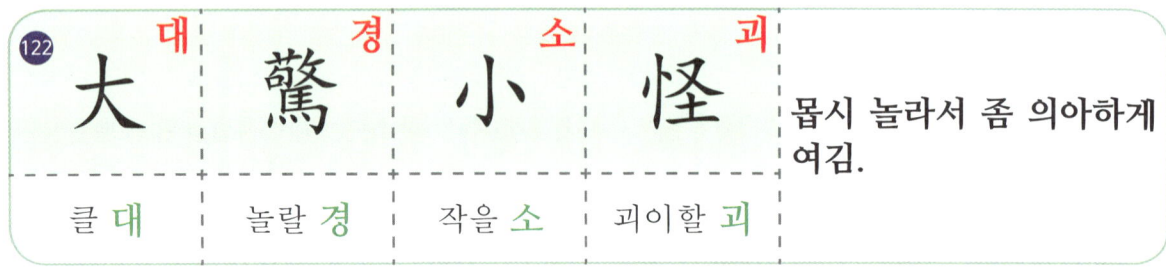

몹시 놀라서 좀 의아하게 여김.

크게 놀라서 낯빛을 잃음.

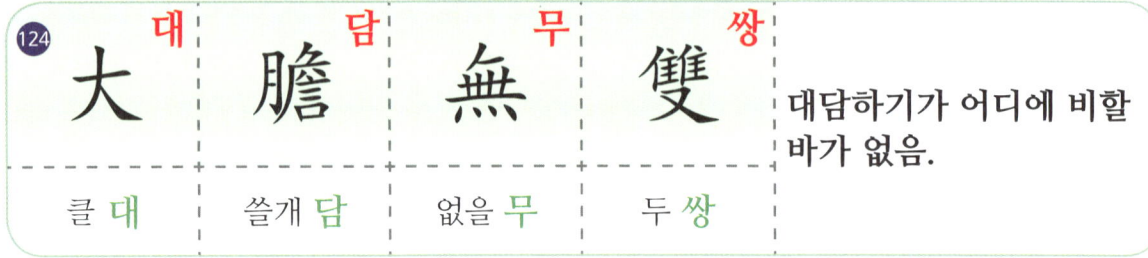

대담하기가 어디에 비할 바가 없음.

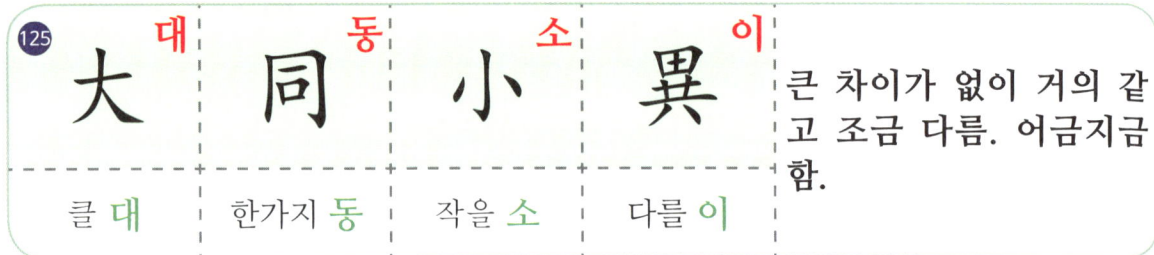

큰 차이가 없이 거의 같고 조금 다름. 어금지금함.

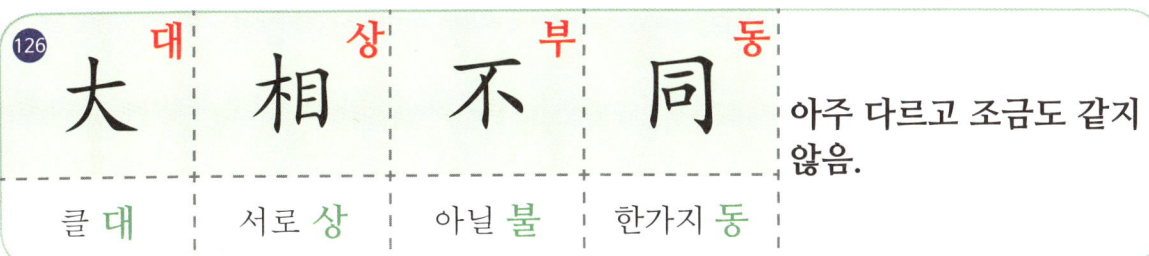

126. 大相不同 — 클 대 / 서로 상 / 아닐 불 / 한가지 동
아주 다르고 조금도 같지 않음.

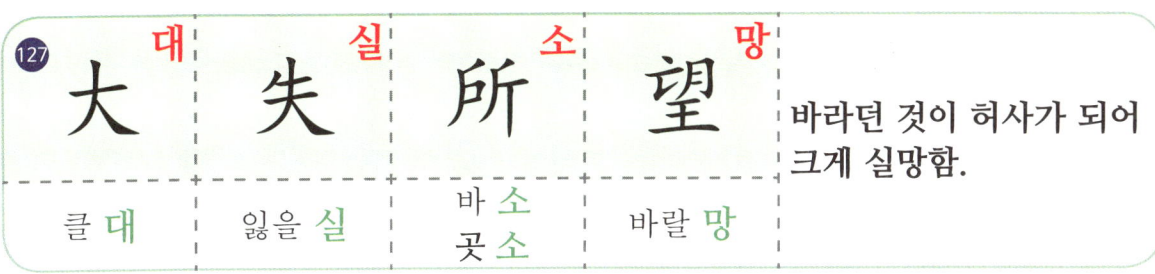

127. 大失所望 — 클 대 / 잃을 실 / 바 소, 곳 소 / 바랄 망
바라던 것이 허사가 되어 크게 실망함.

128. 大言壯談 — 클 대 / 말씀 언 / 장할 장, 씩씩할 장 / 말씀 담
제 분수에 당치 않은 말을 희떱게 지껄임. 또 그러한 말.

129. 對牛彈琴 — 대할 대 / 소 우 / 탄알 탄 / 거문고 금
소에게 거문고를 들려준다는 뜻으로, 어리석은 사람에게 도리를 가르쳐도 소용없음의 비유.

130. 徒勞無益 — 무리 도 / 일할 로, 수고할 로 / 없을 무 / 더할 익
한갓 수고만 하고 아무 이로움이 없음.

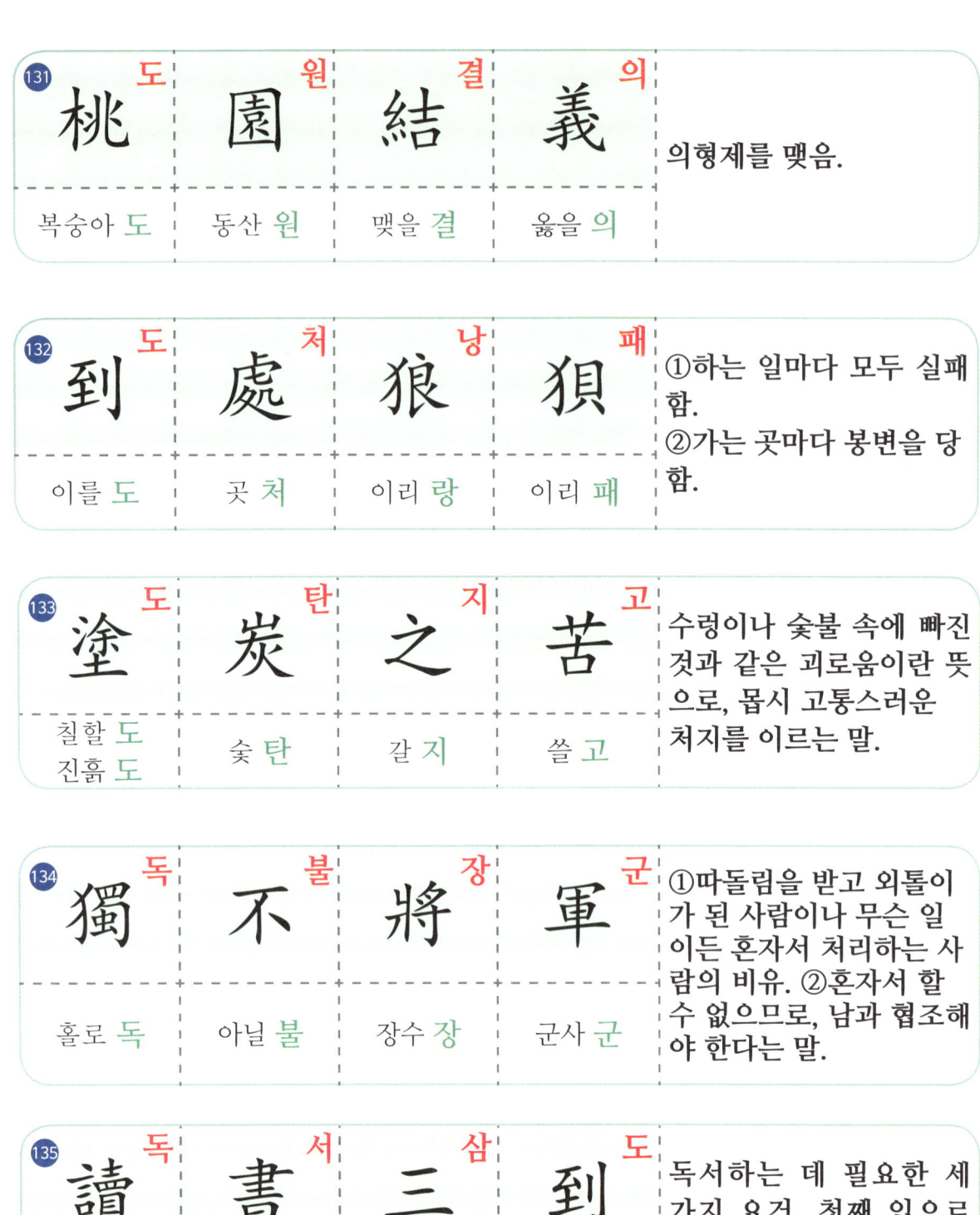

136. 讀書三昧 (독서삼매)
읽을 독 / 글 서 / 석 삼 / 어두울 매

오직 책 읽기에만 골몰함.

137. 獨學孤陋 (독학고루)
홀로 독 / 배울 학 / 외로울 고 / 더러울 루

독학한 사람은 견문이 좁아 정도(正道)에 들기 어렵다는 말.

138. 同價紅裳 (동가홍상)
한가지 동 / 값 가 / 붉을 홍 / 치마 상

'같은 값이면 다홍치마'란 뜻으로, 같은 값이면 좋은 것을 택한다는 말.

139. 東問西答 (동문서답)
동녘 동 / 물을 문 / 서녘 서 / 대답 답

묻는 말에 당치도 않은 엉뚱한 대답.

140. 東奔西走 (동분서주)
동녘 동 / 달릴 분 / 서녘 서 / 달릴 주

사방으로 바삐 돌아다님.

146 登高自卑 — 오를 등, 높을 고, 스스로 자, 낮을 비
①낮은 곳에서부터 위로 오르듯이 일을 행하는 데는 반드시 차례를 밟아야 함. ②지위가 높아질수록 자신을 낮춤.

147 燈下不明 — 등잔 등/등불 등, 아래 하, 아니 불, 밝을 명
'등잔 밑이 어둡다'는 뜻으로, 바로 눈앞에 있는 것을 보지 못함의 비유.

148 燈火可親 — 등잔 등/등불 등, 불 화, 옳을 가, 친할 친
가을 밤은 등불을 가까이 하여 글 읽기에 아주 좋다는 뜻.

149 莫逆之友 — 없을 막, 거스릴 역, 갈 지, 벗 우
썩 친한 벗. 서로 거스름이 없는 의기 투합한 벗.

150 萬年之計 — 일만 만, 해 년, 갈 지, 셀 계
아주 먼 훗날까지 미리 내다본 계획.

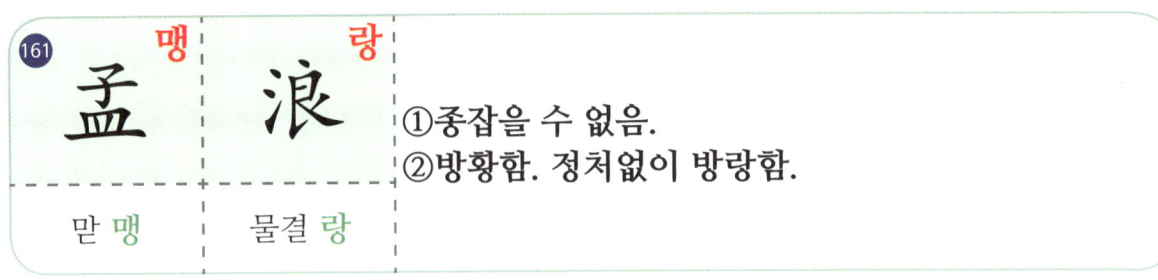

161 孟浪 (맹랑) — 만 맹 / 물결 랑
① 종잡을 수 없음.
② 방황함. 정처없이 방랑함.

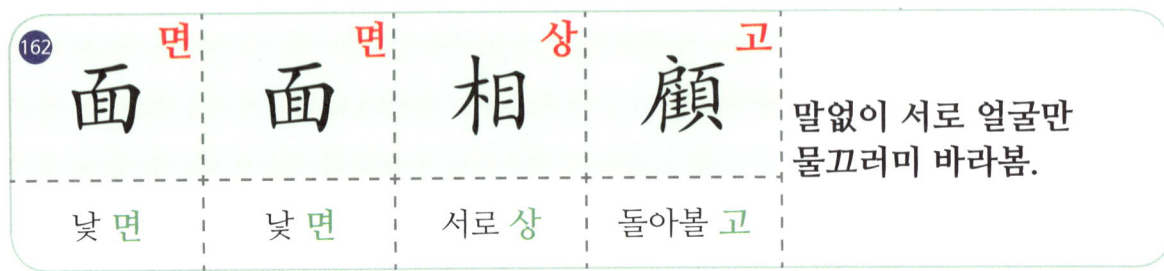

162 面面相顧 (면면상고) — 낯 면 / 낯 면 / 서로 상 / 돌아볼 고
말없이 서로 얼굴만 물끄러미 바라봄.

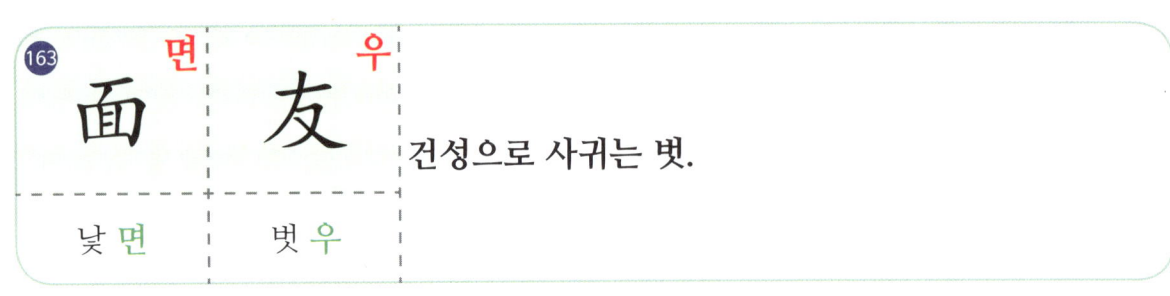

163 面友 (면우) — 낯 면 / 벗 우
건성으로 사귀는 벗.

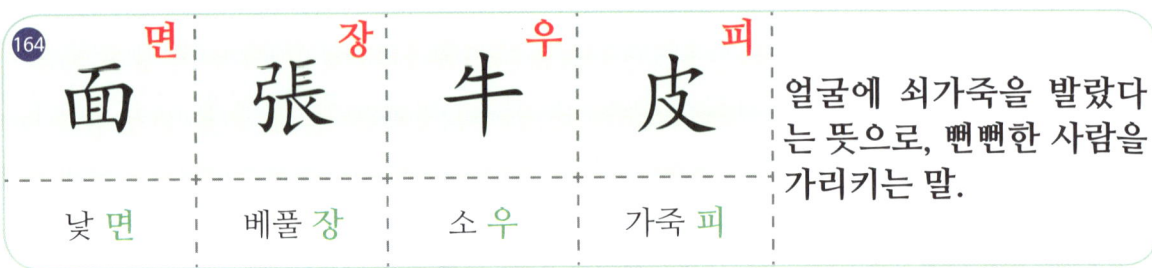

164 面張牛皮 (면장우피) — 낯 면 / 베풀 장 / 소 우 / 가죽 피
얼굴에 쇠가죽을 발랐다는 뜻으로, 뻔뻔한 사람을 가리키는 말.

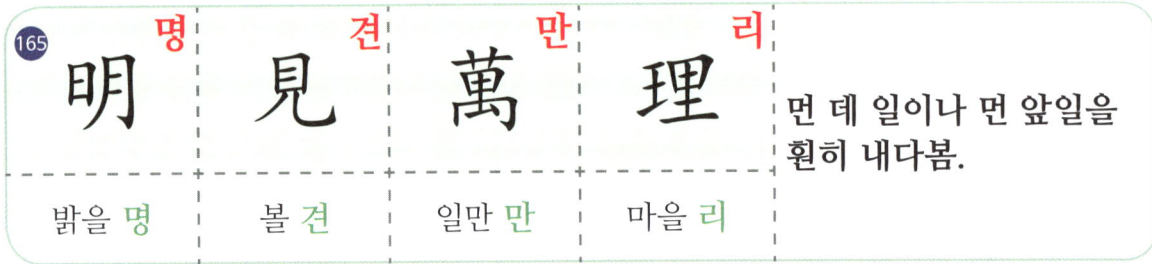

165 明見萬理 (명견만리) — 밝을 명 / 볼 견 / 일만 만 / 마을 리
먼 데 일이나 먼 앞일을 훤히 내다봄.

166 名 명	過 과	其 기	實 실	헛이름만 나고 실상인즉 그만하지 못함.
이름 명	지날 과	그 기	열매 실	

167 名 명	實 실	相 상	符 부	이름과 실상이 서로 부합함.
이름 명	열매 실 실제 실	서로 상	부호 부 알맞을 부	

168 明 명	若 약	觀 관	火 화	불을 보듯 분명함. 더 말할 나위 없이 명백함.
밝을 명	같을 약	볼 관	불 화	

169 名 명	存 존	實 실	無 무	이름뿐이고 실상이 없음.
이름 명	있을 존	열매 실	없을 무	

170 目 목	耕 경	독서에 힘쓰며 학문을 닦는다는 뜻.
눈 목	밭갈 경	

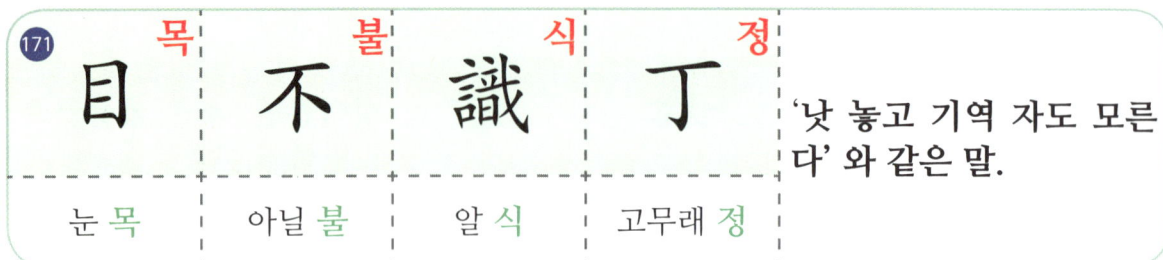

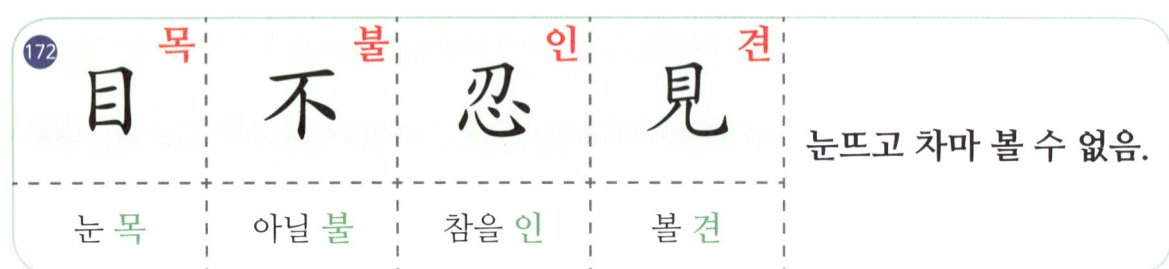

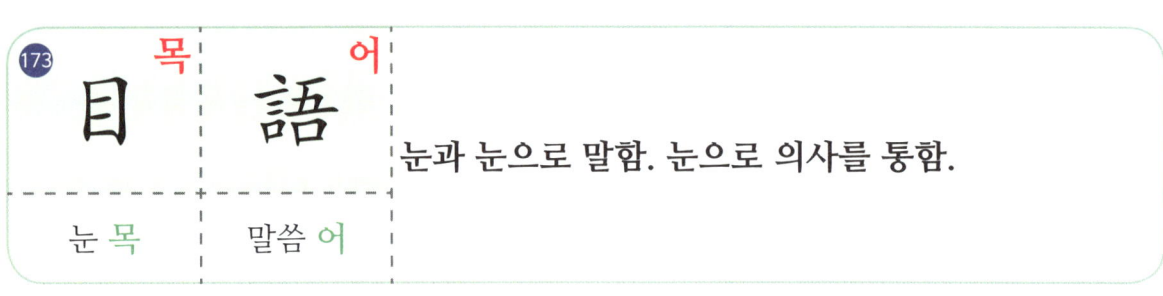

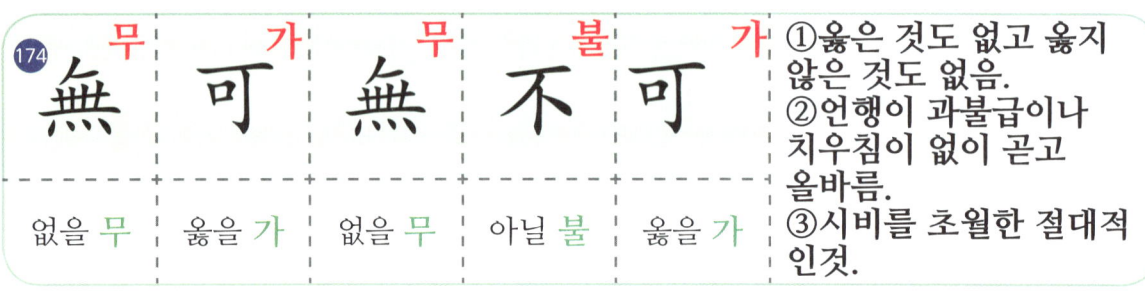

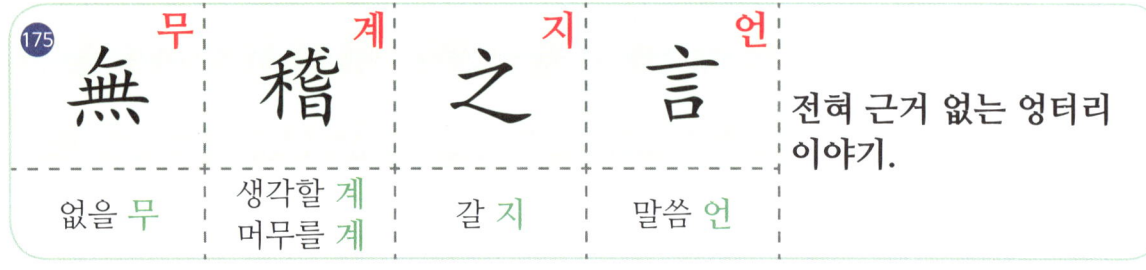

176	武 무	陵 릉	桃 도	源 원	신선이 살았다는 전설적인 중국의 명승지. 별천지(이상향)의 비유.
	호반 무 / 싸울 무	언덕 릉	복숭아 도	근원 원	

177	無 무	所 소	不 불	爲 위	①못하는 일이 없이 다 잘함. ②참견하지 않는 것이 없음.
	없을 무	바 소	아닐 불	할 위	

178	無 무	顔 안	色 색		①면목을 잃음. ②아름다움이 전혀 두드러지지 않음
	없을 무	얼굴 안	빛 색		

179	無 무	用 용	之 지	用 용	언뜻 보아 아무 쓸모없는 것으로 생각되는 것이 도리어 크게 쓰임.
	없을 무	쓸 용	갈 지	쓸 용	

180	無 무	二 이	無 무	三 삼	오로지 유일하여 비할 것이 없음. 곧 매우 열중하는 모양의 비유.
	없을 무	둘 이	없을 무	석 삼	

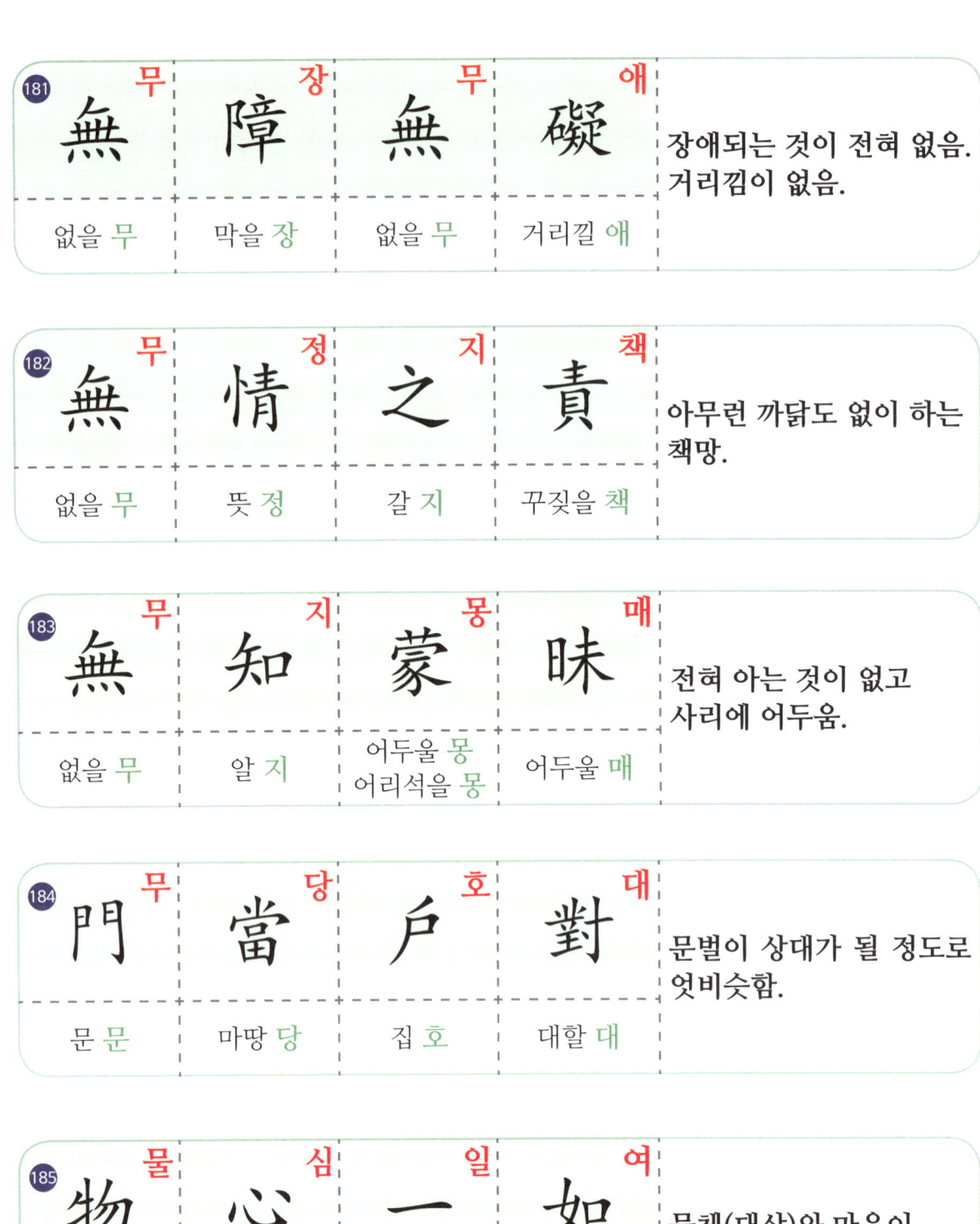

186 未(미) 亡(망) 人(인) — 남편을 여의고 혼자된 여자를 일컫는 말.
아닐 미 / 망할 망 / 사람 인

187 剝(박) 面(면) 皮(피) — 낯가죽이 너무 두꺼우므로 벗겨 주겠다는 뜻으로, 부끄러움을 모르는 뻔뻔한 사람을 공박할 때 하는 말.
벗길 박 / 낯 면 / 가죽 피

188 博(박) 物(물) 君(군) 子(자) — 온갖 사물에 정통한 사람을 일컫는 말.
넓을 박 / 물건 물 / 임금 군 / 아들 자

189 迫(박) 不(부) 得(득) 已(이) — 일이 매우 급박하여 어찌할 수가 없음.
핍박할 박 / 아닐 불 / 얻을 득 / 이미 이

190 拔(발) 本(본) 塞(색) 源(원) — 일을 올바로 처리하기 위하여 폐단의 근원을 아주 뽑아 없애버림.
뽑을 발 / 근본 본 / 막힐 색 / 근원 원

191. 跋扈 (발호)
밟을 발 / 따를 호

통발을 뛰어넘는 큰 물고기처럼 세차고 사납게 날뛴다는 뜻.
곧 ①제어할 수 없을 만큼 세차고 사납게 날뜀.
②세력이 강성하여 다스리기가 매우 어려움.

192. 白骨難忘 (백골난망)
흰 백 / 뼈 골 / 어려울 난 / 잊을 망

죽어 백골이 되어도 그 은덕을 잊을 수 없음.

193. 百年之客 (백년지객)
일백 백 / 해 년 / 갈 지 / 손 객

아무리 스스럼이 없어져도 한평생 손(客)으로 맞아 예의를 잊지 말아야 한다는 뜻으로, 사위를 가리키는 말.

194. 百代過客 (백대과객)
일백 백 / 대신할 대 / 지날 과 / 손 객

영원히 지나가고 다시 돌아오지 않는 나그네. 곧, 세월.

195. 百發百中 (백발백중)
일백 백 / 필 발 / 일백 백 / 가운데 중

①총이나 활 등을 쏠 때마다 겨눈 곳에 꼭꼭 들어맞음.
②미리 생각한 일들이 착착 들어맞음.
③하는 일마다 실패 없이 다 잘됨.

196	百 백	折 절	不 불	屈 굴	어떤 난관에도 굴하지 않음.
	일백 백	꺾을 절	아닐 불	굽힐 굴	

197	百 백	尺 척	竿 간	頭 두	아주 높은 장대 끝에 오른 것처럼 극도로 위태한 지경에 이름의 비유.
	일백 백	자 척	낚싯대 간	머리 두	

198	兵 병	家 가	常 상	事 사	전쟁에서 이기고 지는 것은 흔히 있는 일이니 지더라도 낙담하지 말라는 뜻.
	병사 병	집 가	항상 상 / 떳떳할 상	일 사	

199	輔 보	時 시	救 구	難 난	시대를 도와서 환난을 구한다는 뜻으로, 잘못된 것을 바로잡고 미치지 못하는 곳을 보필함을 이르는 말.
	도울 보	때 시	구원할 구	어려울 난	

200	蜂 봉	起 기	벌이 떼지어 일어나듯, 각처에 병란이나 민란이 일어남.
	벌 봉	일어날 기	

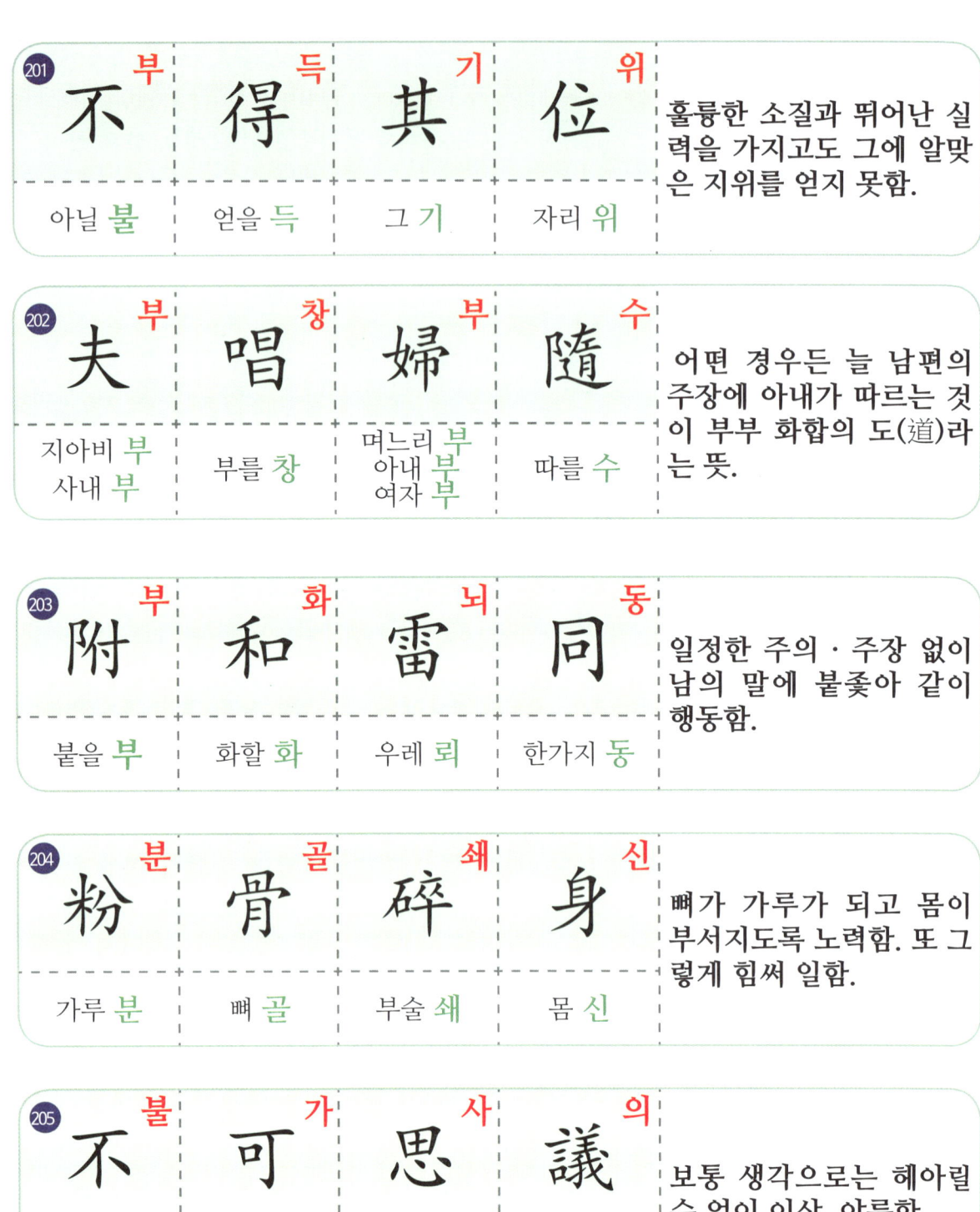

206	不 불	敢 감	生 생	心 심	힘에 부쳐 감히 쳐다보지도 못함.
	아닐 불	감히 감 구태여 감	날 생	마음 심	

207	不 불	經 경	之 지	說 설	허망하고 간사한 말.
	아닐 불	지날 경	갈 지	말씀 설	

208	不 불	立 립	文 문	字 자	도(道)는 글이나 말로 전하는 것이 아니라 마음에서 마음으로 전하는 것이라는 뜻.
	아닐 불	설 립	글월 문	글자 자	

209	不 불	亦 역	說 열	乎 호	'또한 기쁘지 않으랴'라는 뜻.
	아닐 불	또 역	기뻐할 열 말씀 설	어조사 호	

210	不 불	撓 요	不 불	屈 굴	뜻이나 결심이 휘어지지 않고 굽히지도 않음.
	아닐 불	어지러울 요	아니 불	굽힐 굴	

211
不 불	怨 원	天 천	不 불	尤 우	人 인
아닐 불	원망할 원	하늘 천	아닐 불	더욱 우	사람 인

(자기의 뜻이 시대·사회에 맞지 않더라도) 하늘을 원망하지 않으며 남을 탓하지 않는다는 뜻.

212
悲 비	憤 분	慷 강	慨 개
슬플 비	분할 분	슬플 강	슬퍼할 개

슬프고 분해서 마음이 복받침.

213
髀 비	肉 육	之 지	嘆 탄
넓적다리 비	고기 육	갈 지	탄식할 탄

재능을 발휘할 기회를 갖지 못하고 헛되이 세월만 보냄을 탄식함.

214
氷 빙	壺 호	之 지	心 심
얼음 빙	병 호	갈 지	마음 심

백옥으로 만든 항아리에 얼음 한 조각을 넣은 것처럼 맑고 투명한 심경. 곧 지극히 청렴결백한 마음.

215
四 사	君 군	子 자
넉 사	임금 군	아들 자

동양화에서 그 고귀함이 군자와 같다는 뜻으로, 매화·국화·난초·대나무를 일컫는 말.

216 四窮之首
넉 사 / 다할 궁, 궁할 궁 / 갈 지 / 머리 수

환(鰥:늙은 홀아비), 과(寡:늙은 홀어미), 고(孤:부모 없는 아이), 독(獨:자식 없는 노인)의 사궁(四窮:네 가지 불행한 일) 중 첫째는 늙어서 아내 없는 홀아비라는 뜻.

217 四歸一成
넉 사 / 돌아갈 귀 / 한 일 / 이룰 성

본래의 넷이 결과적으로 하나를 이룬다는 뜻. 곧 목화 너 근이 솜 한 근으로, 수삼 너 근이 건삼 한 근으로 되는 일 따위.

218 捨短取長
버릴 사 / 짧을 단 / 가질 취 / 길 장

단점을 버리고 장점을 취함.

219 斯文亂賊
천할 사, 이 사 / 글월 문 / 어지러울 난 / 도둑 적

교리에 어긋나는 언동으로 유교를 어지럽히는 사람.

220 死生決斷
죽을 사 / 날 생 / 결단할 결 / 끊을 단

죽고 삶을 돌보지 않고 끝장을 냄.

231 三省 (삼성)
석삼 / 살필성
매일 몇 번이고 자신을 반성함.

232 三歲之習至于八十 (삼세지습지우팔십)
석삼 / 해세 / 갈지 / 익힐습 / 이를지 / 갈우·어조사우 / 여덟팔 / 열십
'세 살적 버릇이 여든까지 간다'는 뜻으로, 어릴 때 버릇(마음)은 늦도록 버리기 어렵다는 말.

233 三十而立 (삼십이립)
석삼 / 열십 / 말 이을 이 / 설립
30세로 학문이나 견식이 일가(一家)를 이루어 도덕상으로 흔들리지 아니함.

234 三益友 (삼익우)
석삼 / 더할익 / 벗우
사귀어 이로운 세 가지 벗. 곧 곧은 사람·믿음직한 사람·견문이 많은 사람.

235 桑田碧海 (상전벽해)
뽕나무상 / 밭전 / 푸를벽 / 바다해
뽕나무밭이 변하여 푸른 바다가 된다는 뜻으로, 세상 일이 덧없이 변천함이 심함의 비유.

236 塞翁得失

새	옹	득	실
塞	翁	得	失
변방 새	늙은이 옹	얻을 득	잃을 실

한때의 이(利)가 장래의 해가 되기도 하고, 화(禍)가 복을 가져오기도 함.

237 色卽是空 空卽是色

색	즉	시	공	공	즉	시	색
色	卽	是	空	空	卽	是	色
빛 색	곧 즉	옳을 시	빌 공	빌 공	곧 즉	옳을 시	빛 색

색에 의하여 표현된 모든 유형의 사물은 공허한 것이며, 공허한 것은 유형의 사물과 다르지 않다는 뜻.

238 生者必滅

생	자	필	멸
生	者	必	滅
날 생	놈 자	반드시 필	멸할 멸

생명이 있는 것은 반드시 죽을 때가 있음.

239 先見之明

선	견	지	명
先	見	之	明
먼저 선	볼 견	갈 지	밝을 명

앞일을 미리 내다보는 지혜.

240 善供無德

선	공	무	덕
善	供	無	德
착할 선	이바지할 공	없을 무	덕 덕

부처에게 공양해도 아무 소용이 없다는 뜻으로, 남을 위해 힘써도 별로 소득이 없음을 이르는 말.

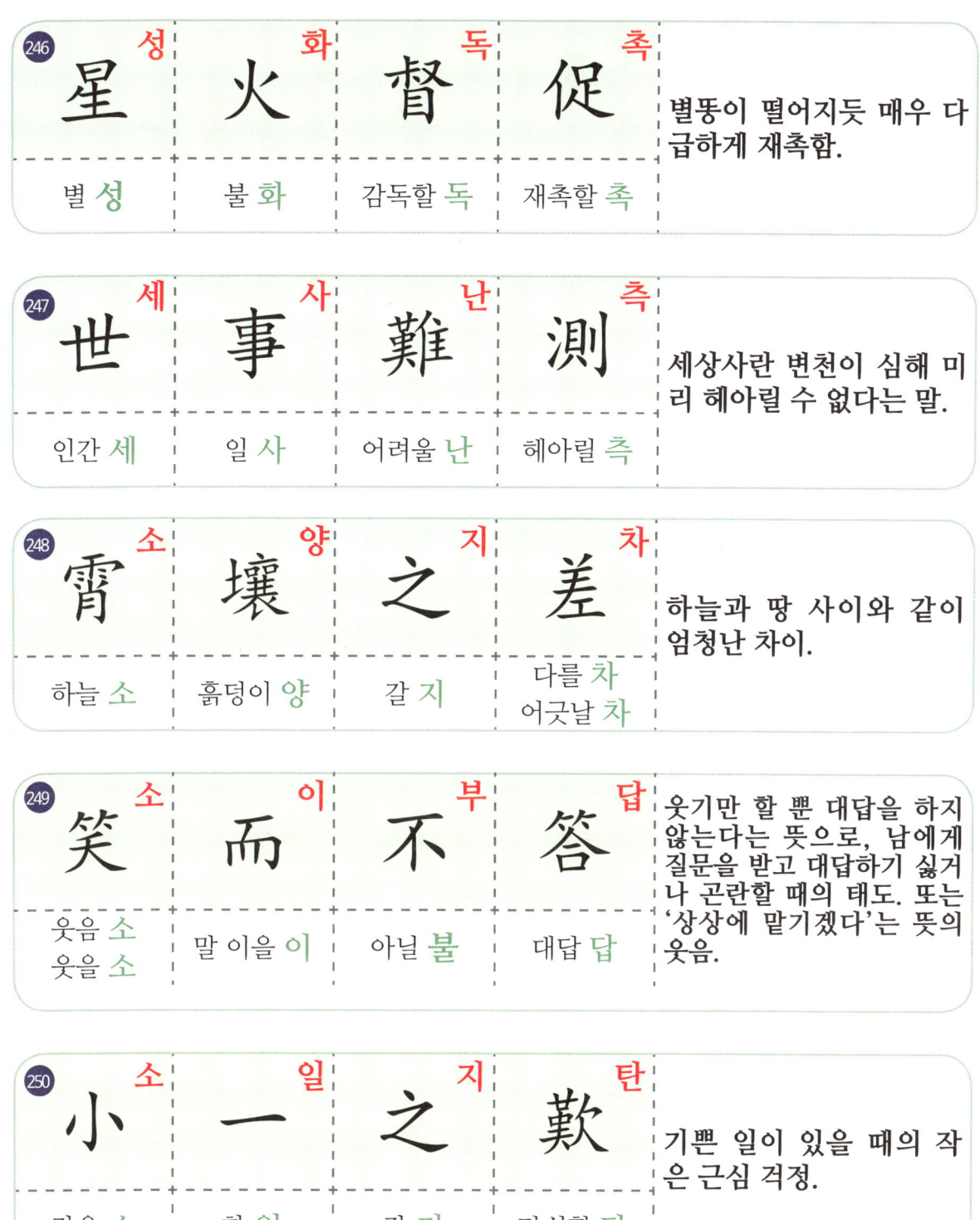

256 羞惡之心
부끄러울 수 · 미워할 오 · 갈 지 · 마음 심

사단(四端)의 하나. 자기의 잘못을 부끄러워할 줄 알고 남의 착하지 못함을 미워하는 마음.

257 誰怨誰咎
누구 수 · 원망할 원 · 누구 수 · 허물 구

누구를 원망하고 탓하랴. 곧 남을 원망하거나 책망할 것이 없다는 말.

258 修人事待天命
닦을 수 · 사람 인 · 일 사 · 기다릴 대 · 하늘 천 · 목숨 명

사람의 힘으로 할 수 있는 일은 다하고 하늘의 명을 기다림.

259 守株待兔
지킬 수 · 그루 주 · 기다릴 대 · 토끼 토

그루터기를 지키며 토끼를 기다린다는 뜻으로, 완고하고 미련함의 비유. 밭 가운데 있는 그루터기에 부딪쳐 토끼가 죽기를 기다림.

260 是是非非
옳을 시 · 옳을 시 · 아닐 비 · 아닐 비

공평무사하게 옳은 것은 옳다 하고 그른 것은 그르다고 판단함.

261	市 시	井 정	之 지	徒 도	시중의 무뢰한(無賴漢).
	저자 시	우물 정	갈 지	무리 도	

262	識 식	字 자	憂 우	患 환	글자를 아는 것이 도리어 근심의 씨앗이 됨.
	알 식	글자 자	근심 우	근심 환	

263	新 신	陳 진	代 대	謝 사	묵은 것이 없어지고 그 대신 새것이 생김.
	새 신	묵을 진 베풀 진 말할 진	대신할 대	사례할 사	

264	身 신	體 체	髮 발	膚 부	몸,머리,피부, 곧 몸뚱이 전체.
	몸 신	몸 체	터럭 발	살갗 부	

265	神 신	出 출	鬼 귀	沒 몰	귀신처럼 자유자재로 출몰하여 그 변화를 헤아릴 수 없음.
	귀신 신	날 출	귀신 귀	빠질 몰	

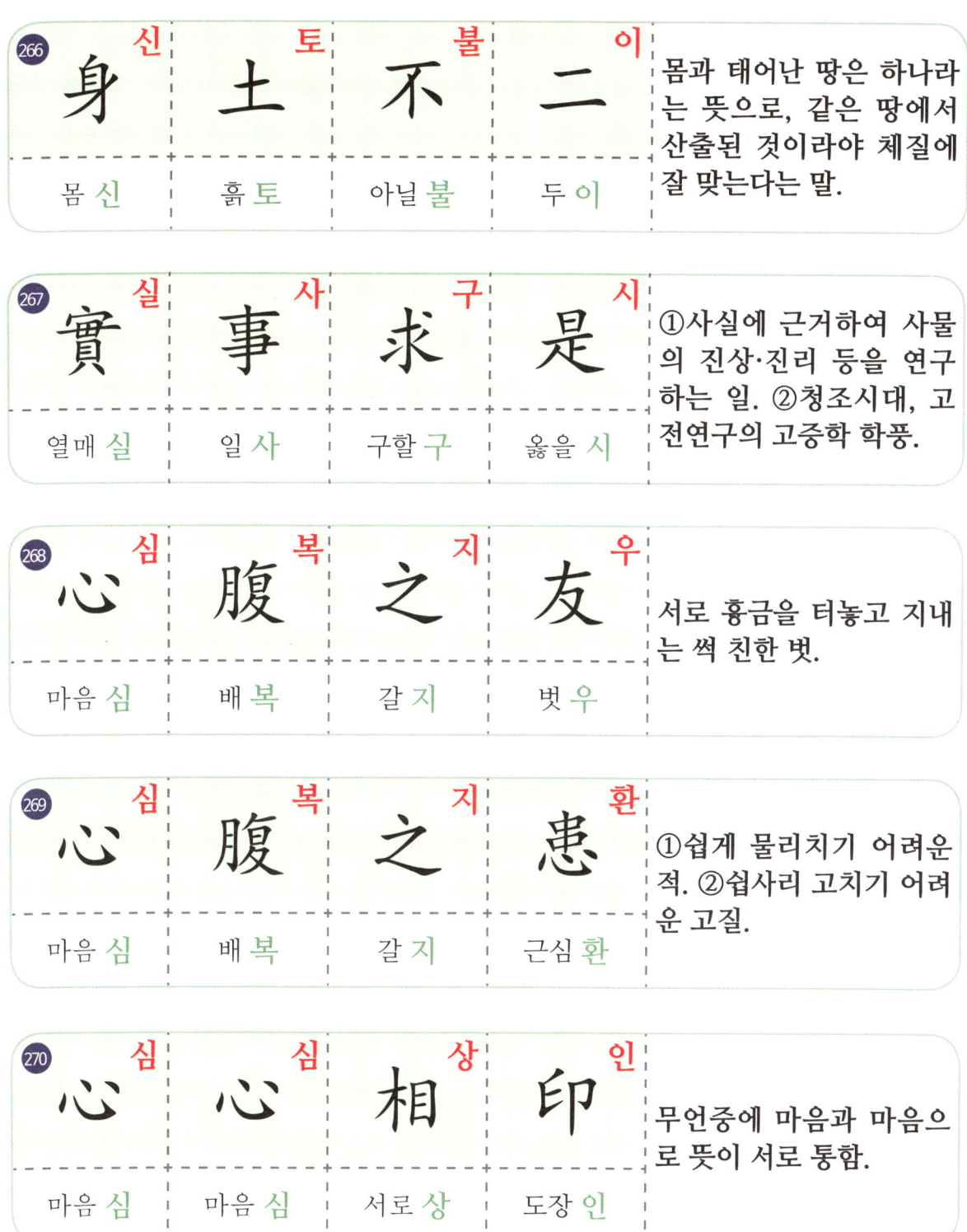

266 身(신) 土(토) 不(불) 二(이) — 몸신 / 흙토 / 아닐불 / 두이
몸과 태어난 땅은 하나라는 뜻으로, 같은 땅에서 산출된 것이라야 체질에 잘 맞는다는 말.

267 實(실) 事(사) 求(구) 是(시) — 열매실 / 일사 / 구할구 / 옳을시
①사실에 근거하여 사물의 진상·진리 등을 연구하는 일. ②청조시대, 고전연구의 고증학 학풍.

268 心(심) 腹(복) 之(지) 友(우) — 마음심 / 배복 / 갈지 / 벗우
서로 흉금을 터놓고 지내는 썩 친한 벗.

269 心(심) 腹(복) 之(지) 患(환) — 마음심 / 배복 / 갈지 / 근심환
①쉽게 물리치기 어려운 적. ②쉽사리 고치기 어려운 고질.

270 心(심) 心(심) 相(상) 印(인) — 마음심 / 마음심 / 서로상 / 도장인
무언중에 마음과 마음으로 뜻이 서로 통함.

286	與 여	世 세	推 추	移 이	세상의 변함에 따라 함께 변함.
	더불 여 / 줄 여	인간 세	밀 추	옮길 이	

287	如 여	合 합	符 부	節 절	부절을 맞춘 듯 사물이 꼭 들어맞음.
	같을 여	합할 합	부호 부	마디 절	

288	易 역	之 지	思 사	之 지	서로 처지를 바꾸어 생각함.
	바꿀 역	갈 지	생각 사	갈 지	

289	炎 염	凉 량	世 세	態 태	세력이 있을 때는 붙잡고 세력이 없어지면 푸대접하는 세상의 인심.
	불꽃 염	서늘할 량	인간 세	모습 태	

290	英 영	雄 웅	欺 기	人 인	①영웅은 뛰어나 계교로 보통 사람이 상상할 수 없는 일을 함. ②재지(才智)가 뛰어난 인물은 남의 의표를 찌름.
	꽃부리 영	수컷 웅	속일 기	사람 인	

291	潁 영	川 천	洗 세	耳 이	영천에서 귀를 씻다(직역). ①몸가짐이 결백함의 비유. ②불쾌한 이야기를 듣는 것을 싫어함.
	강 이름 영	내 천	씻을 세	귀 이	

292	令 영	出 출	多 다	門 문	한 가지 일에 대하여 명령이 여러 곳에서 나옴.
	하여금 영	날 출	많을 다	문 문	

293	寤 오	寐 매	不 불	忘 망	자나 깨나 잊지 못함.
	잠 깰 오	잘 매	아닐 불	잊을 망	

294	烏 오	飛 비	梨 이	落 락	'까마귀 날자 배 떨어진다'는 뜻으로, 우연의 일로서 공연히 남의 의심을 받게 됨의 비유.
	까마귀 오	날 비	배 리 / 배나무 리	떨어질 락	

295	烏 오	飛 비	一 일	色 색	'날고 있는 까마귀가 모두 같은 빛깔'이란 뜻으로, 모두 똑같다는 뜻.
	까마귀 오	날 비	한 일	빛 색	

296 烏合之卒 (오합지졸)
까마귀 오 / 합할 합 / 갈 지 / 마칠 졸
까마귀의 모임이란 뜻으로, 갑자기 모아들인 훈련 없는 군사, 또는 규율도 통일도 없는 군중을 이르는 말.

297 屋上架屋 (옥상가옥)
집 옥 / 위 상 / 시렁 가 / 집 옥
지붕 위에 거듭 지붕을 씌운다는 뜻으로, 일이 무익하게 중복됨을 이르는 말.

298 王侯將相寧有種乎 (왕후장상영유종호)
왕 왕 / 제후 후 / 장수 장 / 재상 상·서로 상 / 어찌 녕·편안할 녕 / 있을 유 / 씨 종 / 어조사 호
'왕과 제후, 장수와 재상의 씨가 따로 없다'는 뜻으로, 누구나 노력하면 높은 자리에 올라 부귀영화를 누릴 수 있다는 말.

299 外富內貧 (외부내빈)
바깥 외 / 부유할 부·부자 부 / 안 내 / 가난할 빈
겉으로 보기에는 부자인 듯 하나 실상은 구차하고 가난함.

300 畏首畏尾 (외수외미)
두려워할 외 / 머리 수 / 두려워할 외 / 꼬리 미
남이 알까 꺼리고 두려워함.

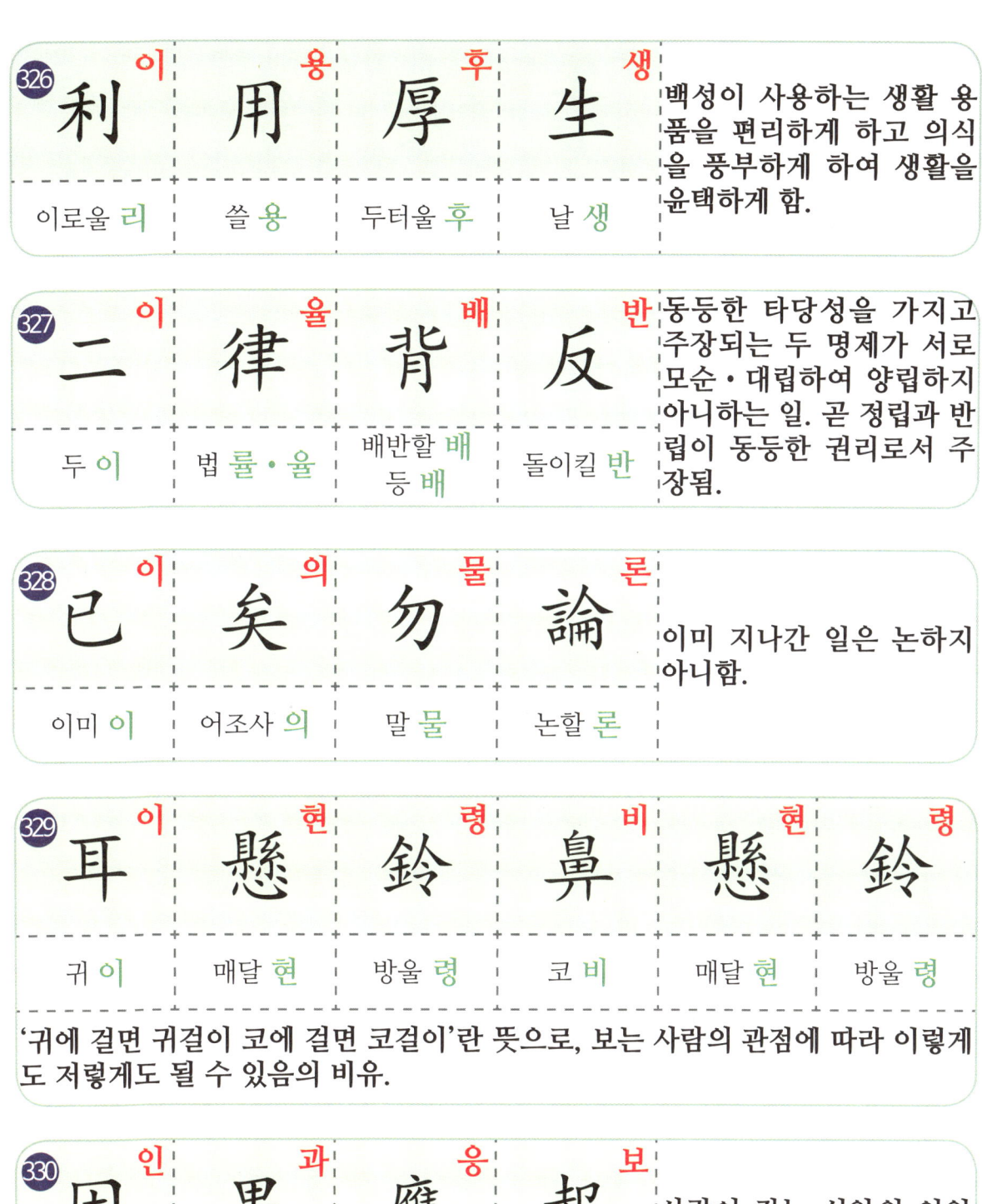

326	利 이	用 용	厚 후	生 생	백성이 사용하는 생활 용품을 편리하게 하고 의식을 풍부하게 하여 생활을 윤택하게 함.
	이로울 리	쓸 용	두터울 후	날 생	

327	二 이	律 율	背 배	反 반	동등한 타당성을 가지고 주장되는 두 명제가 서로 모순·대립하여 양립하지 아니하는 일. 곧 정립과 반립이 동등한 권리로서 주장됨.
	두 이	법률·율	배반할 배 / 등 배	돌이킬 반	

328	已 이	矣 의	勿 물	論 론	이미 지나간 일은 논하지 아니함.
	이미 이	어조사 의	말 물	논할 론	

329	耳 이	懸 현	鈴 령	鼻 비	懸 현	鈴 령
	귀 이	매달 현	방울 령	코 비	매달 현	방울 령

'귀에 걸면 귀걸이 코에 걸면 코걸이'란 뜻으로, 보는 사람의 관점에 따라 이렇게도 저렇게도 될 수 있음의 비유.

330	因 인	果 과	應 응	報 보	사람이 짓는 선악의 인업(因業)에 응하여 과보가 있음.
	인할 인	실과 과 / 결과 과	응할 응	갚을 보	

331 人事不省 (인사불성)
사람 인 / 일 사 / 아닐 불 / 살필 성

①의식을 잃고 실신한 상태.
②사람으로서의 예절을 차릴 줄 모름.

332 人死留名 (인사유명)
사람 인 / 죽을 사 / 머무를 류 / 이름 명

사람은 죽어도 이름은 남겨진다는 뜻으로, 그 삶이 헛되지 않으면 방명(芳名)은 길이 남는다는 말.

333 人生七十古來稀 (인생칠십고래희)
사람 인 / 날 생 / 일곱 칠 / 열 십 / 예 고 / 올 래 / 드물 희

사람으로 일흔 살까지 살기가 예로부터 드문 일이라는 뜻.

334 仁者樂山 (인자요산)
어질 인 / 놈 자 / 좋아할 요 / 뫼 산

인자는 의리에 만족하여 몸가짐이 진중하고 심덕이 두터워 그 마음이 산과 비슷하므로 자연히 산을 좋아함.

335 一刻三秋 (일각삼추)
한 일 / 새길 각 / 석 삼 / 가을 추

짧은 동안도 삼 년같이 길게 느껴진다는 뜻으로, 애타게 기다리는 마음이 간절함을 이르는 말.

336 一刻千金
한 일 | 새길 각 | 일천 천 | 쇠 금

극히 짧은 시각도 그 귀중하고 아깝기가 천금과 같다는 뜻.

337 一擧手一投足
한 일 | 들 거 | 손 수 | 한 일 | 던질 투 | 발 족

손 한 번 들고 발 한 번 내딛는다는 뜻. 곧 ①아주 사소한 수고. ②사소한 행위나 동작.

338 一騎當千
한 일 | 말탈 기 | 마땅 당 | 일천 천

한 기병이 천명의 적을 당해 낼 수 있다는 뜻으로, 무예가 썩 뛰어남의 비유.

339 一瀉千里
한 일 | 쏟을 사 | 일천 천 | 마을 리 거리단위 리

강물의 흐름이 빨라 단숨에 천리 밖에 다다른다는 뜻으로, 사물이 거침없이 매우 빠르게 진행됨의 비유.

340 一言半句
한 일 | 말씀 언 | 반 반 | 글귀 구

한 마디의 말과 한 구의 반. 곧 아주 짧은 말.

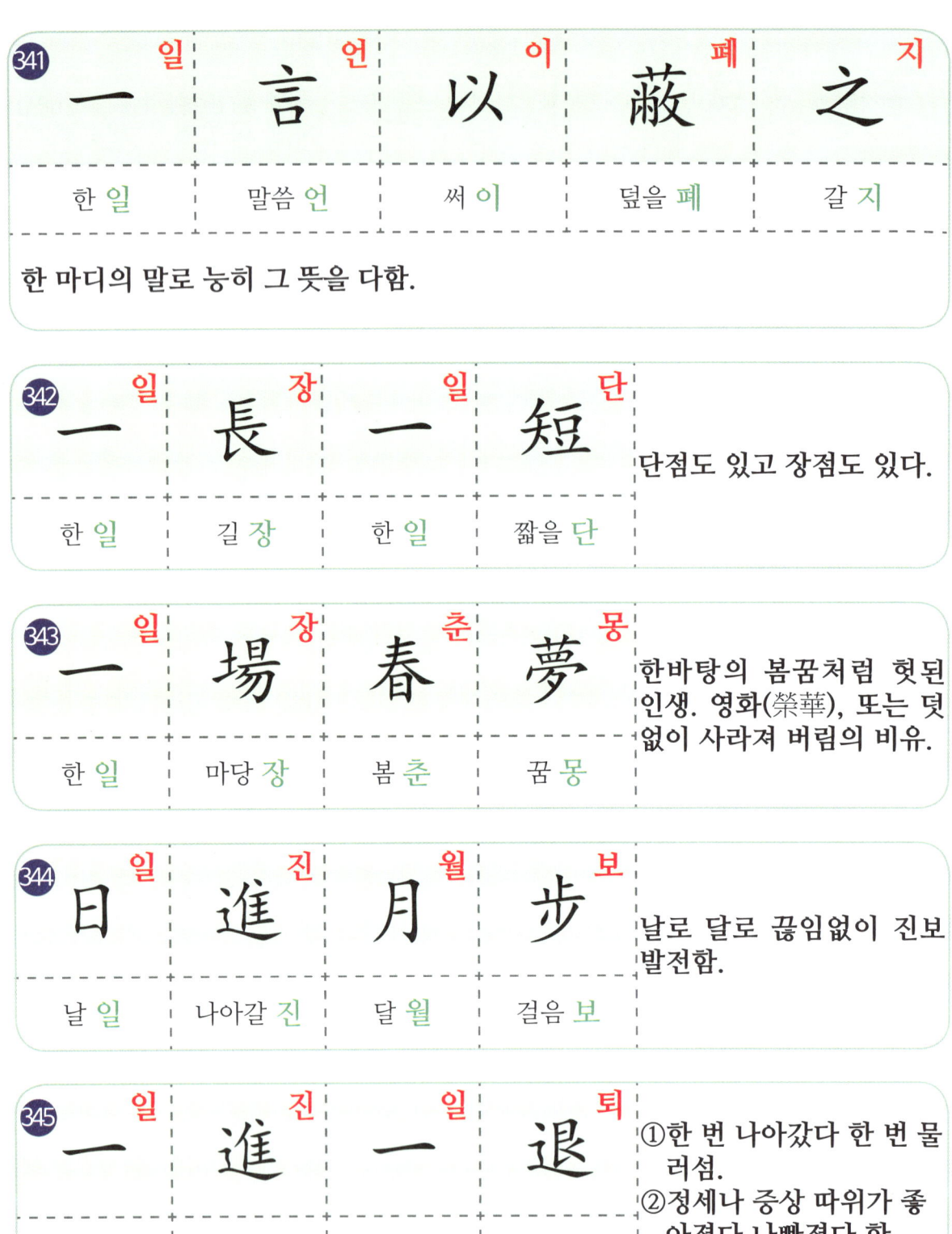

346 一寸光陰不可輕

一	寸	光	陰	不	可	輕
일	촌	광	음	불	가	경
한 일	마디 촌	빛 광	그늘 음	아닐 불	옳을 가	가벼울 경

아주 짧은 시간이라도 헛되이 보내지 말라는 뜻.

347 日就月將

日	就	月	將
일	취	월	장
해 일 / 날 일	나아갈 취	달 월	장수 장 / 장차 장 / 나아갈 장

날로 달로 진보 발전함.

348 一片丹心

一	片	丹	心
일	편	단	심
한 일	조각 편	붉을 단	마음 심

한 조각 붉은 마음. 곧 진정에서 우러나는 충성된 마음.

349 一筆揮之

一	筆	揮	之
일	필	휘	지
한 일	붓 필	휘두를 휘	갈 지

한숨에 힘차게 글씨를 써 내림.

350 一壺千金

一	壺	千	金
일	호	천	금
한 일	병 호	일천 천	쇠 금

한 개의 표주박도 배가 난파했을 때는 이것으로 뜰 수 있으므로 천금의 값어치가 있다는 뜻.

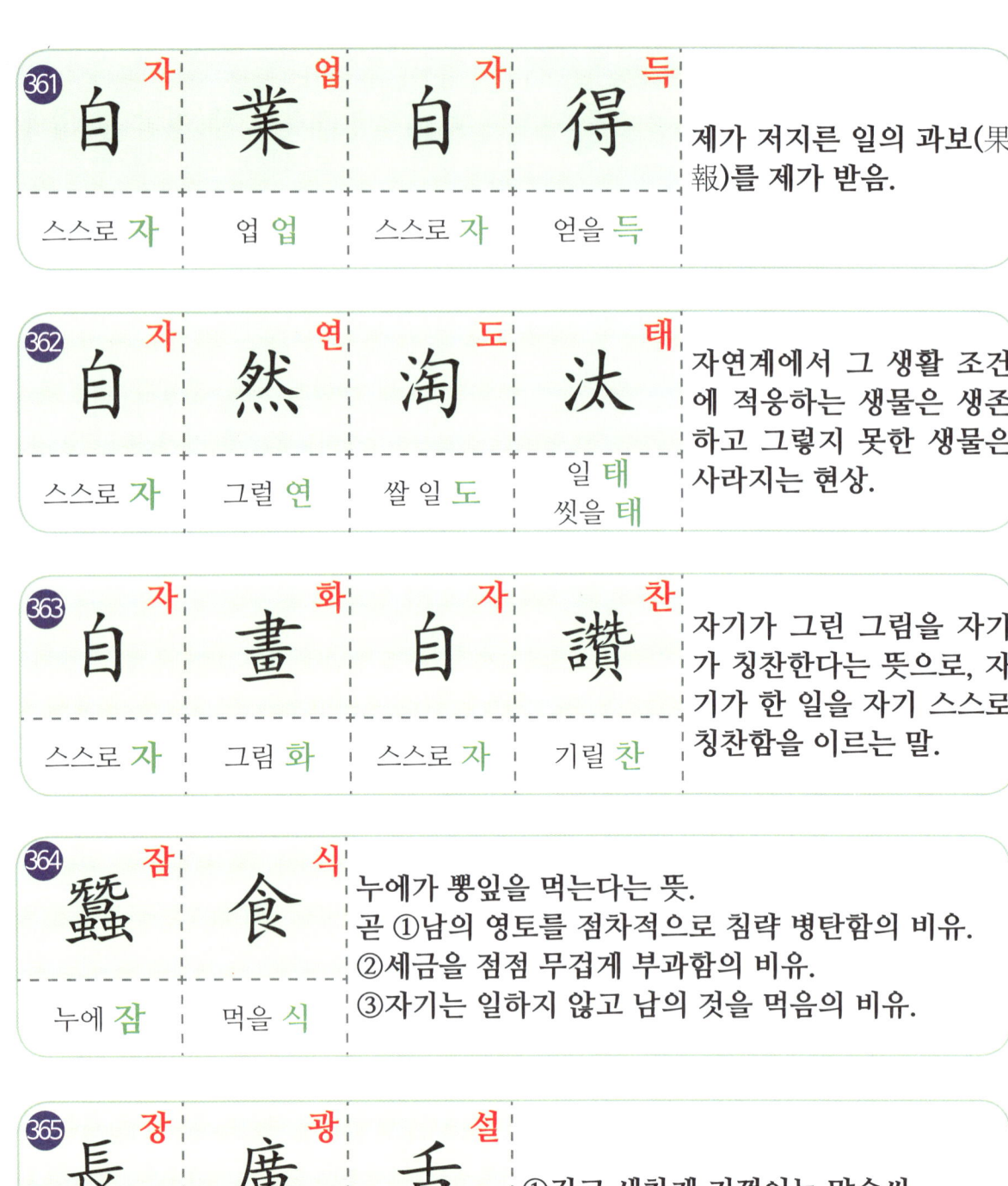

366. 張三李四 (장삼이사)

張 장	三 삼	李 이	四 사
베풀 장	석 삼	성씨 이 / 오얏 리	넉 사

장 씨의 셋째 아들, 이 씨의 넷째 아들이란 뜻으로 성명이나 신분이 분명하지 않은 평범한 사람들을 이르는 말.

367. 賊反荷杖 (적반하장)

賊 적	反 반	荷 하	杖 장
도둑 적	돌이킬 반	멜 하	지팡이 장

도둑이 도리어 몽둥이를 든다는 뜻으로, 잘못한 사람이 도리어 잘한 사람을 나무랄 경우에 이르는 말.

368. 積小成大 (적소성대)

積 적	小 소	成 성	大 대
쌓을 적	작을 소	이룰 성	클 대

작은 것도 모이고 쌓이면 크게 됨. 적은 것도 쌓이고 쌓이면 많아짐.

369. 輾轉不寐 (전전불매)

輾 전	轉 전	不 불	寐 매
돌아누울 전	구를 전	아닐 불	잘 매

누워서 이리저리 뒤척이며 잠을 못 이룸.

370. 頂門一鍼 (정문일침)

頂 정	門 문	一 일	鍼 침
정수리 정	문 문	한 일	침 침

정수리에 침을 놓는다는 뜻으로, 남의 잘못의 급소를 찔러 훈계함.

376	朝 조	得 득	暮 모	失 실	얻은 지 얼마 안 되어 곧 잃어버린다는 뜻.
	아침 조	얻을 득	저물 모	잃을 실	

377	朝 조	變 변	夕 석	改 개	아침저녁으로 뜯어 고친다는 뜻으로, 계획이나 결정 따위를 이랬다저랬다 자꾸 고침을 이르는 말.
	아침 조	변할 변	저녁 석	고칠 개	

378	種 종	豆 두	得 득	豆 두	'콩 심은 데 콩 난다'는 뜻으로, 원인에 따라 결과가 생긴다는 말.
	씨 종	콩 두	얻을 득	콩 두	

379	坐 좌	井 정	觀 관	天 천	우물 속에 앉아 하늘을 쳐다보고 하늘의 크기가 그것밖에 안 되는 줄 안다는 뜻으로, 견문이 몹시 좁음의 비유.
	앉을 좌	우물 정	볼 관	하늘 천	

380	左 좌	之 지	右 우	之 지	①제 마음대로 휘두르거나 처리함. ②남을 마음대로 지휘함.
	왼 좌	갈 지	오른쪽 우	갈 지	

381. 左遷 (좌천)
왼 좌 / 옮길 천

벼슬자리가 못한 데로 떨어짐을 이르는 말.

382. 左衝右突 (좌충우돌)
왼 좌 / 찌를 충 / 오른쪽 우 / 부딪칠 돌, 갑자기 돌

이리저리 닥치는 대로 찌르고 맞닥뜨림.

383. 主客顚倒 (주객전도)
주인 주, 임금 주 / 손 객 / 뒤집힐 전, 넘어질 전 / 넘어질 도

주되는 것과 부차적인 것이 뒤바뀌었다는 뜻으로, 사물의 선후, 완급, 경중이 서로 뒤바뀜을 이르는 말.

384. 晝耕夜讀 (주경야독)
낮 주 / 밭갈 경 / 밤 야 / 읽을 독

낮에는 농사짓고 밤에는 글을 읽는다는 뜻으로, 어렵게 공부함을 이르는 말.

385. 走馬加鞭 (주마가편)
달릴 주 / 말 마 / 더할 가 / 채찍 편

달리는 말에 채찍질한다는 뜻으로, 잘하는 사람을 더 잘하도록 격려함을 이르는 말.

386. 走馬看山 (달릴주 · 말마 · 볼간 · 뫼산)
말을 타고 달리면서 산을 바라본다는 뜻으로, 바빠서 그냥 휙휙 지나쳐 봄의 비유.

387. 走爲上策 (달릴주 · 할위 · 위상 · 꾀책)
해를 피하려면 달아나는 것이 상책이라는 말.

388. 衆寡不敵 (무리중 · 적을과 · 아닐불 · 대적할적)
적은 수효는 많은 수효를 대적하지 못한다는 뜻.

389. 衆口難防 (무리중 · 입구 · 어려울란 · 막을방)
뭇사람의 입은 막기가 어려움.

390. 中道而廢 (가운데중 · 길도 · 말이을이 · 폐할폐)
일을 하다가 중도에서 그만둠.

396	智(지)	者(자)	樂(요)	水(수)	지자는 사리에 통달하여 막힘이 없는 것이 흐르는 물과 비슷하므로 늘 물과 친하여 물을 좋아함.
	슬기 지	놈 자	좋아할 요 / 즐거울 락	물 수	
397	知(지)	足(족)	者(자)	富(부)	가난하더라도 분수를 지켜 만족할 줄 알면 마음이 부자라는 뜻.
	알 지	족할 족 / 발 족	놈 자	부유할 부	
398	知(지)	行(행)	合(합)	一(일)	'지식과 행위는 표리 일체'라는 명(明)나라 왕양명(王陽明)의 학설.
	알 지	행할 행 / 갈 행	합할 합	한 일	
399	秦(진)	庭(정)	之(지)	哭(곡)	진나라 조정 뜰에서 곡하다(울다). 남에게 울음으로 원조를 청함의 비유. 춘추시대 초나라 사신이 진나라 조정 뜰에서 울음으로 원군을 청하여 마침내 이루었다는 고사에서 유래.
	진나라 진 / 성씨 진	뜰 정	갈 지	울 곡	
400	進(진)	退(퇴)	維(유)	谷(곡)	궁지에 몰려 앞으로 나아갈 수도, 뒤로 물러날 수도 없어 꼼짝하지 못함.
	나아갈 진	물러날 퇴	맬 유	골 곡	

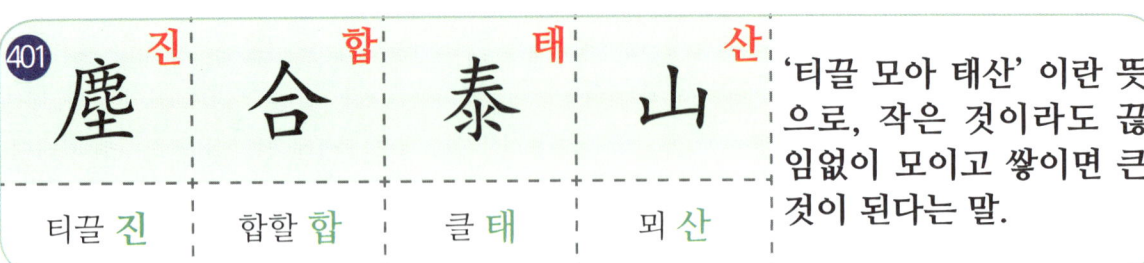

401 塵(진) 合(합) 泰(태) 山(산)
티끌 진 / 합할 합 / 클 태 / 뫼 산

'티끌 모아 태산' 이란 뜻으로, 작은 것이라도 끊임없이 모이고 쌓이면 큰 것이 된다는 말.

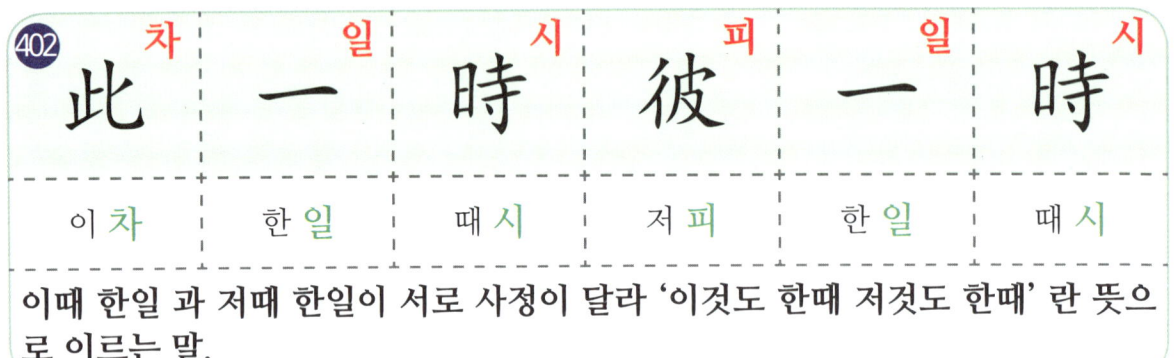

402 此(차) 一(일) 時(시) 彼(피) 一(일) 時(시)
이 차 / 한 일 / 때 시 / 저 피 / 한 일 / 때 시

이때 한일 과 저때 한일이 서로 사정이 달라 '이것도 한때 저것도 한때' 란 뜻으로 이르는 말.

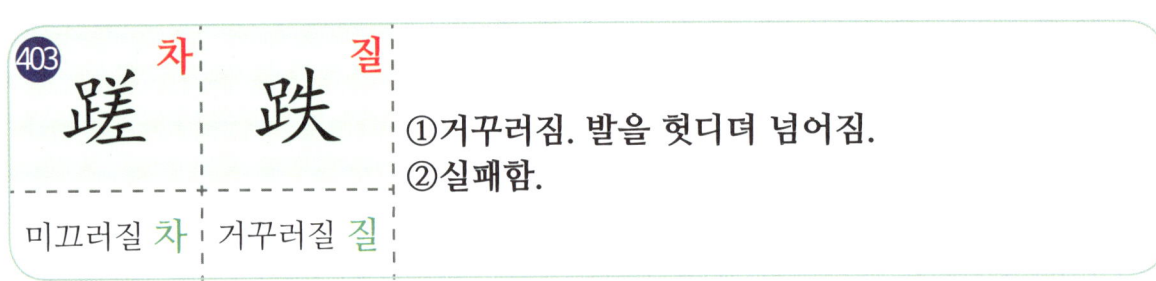

403 蹉(차) 跌(질)
미끄러질 차 / 거꾸러질 질

①거꾸러짐. 발을 헛디뎌 넘어짐.
②실패함.

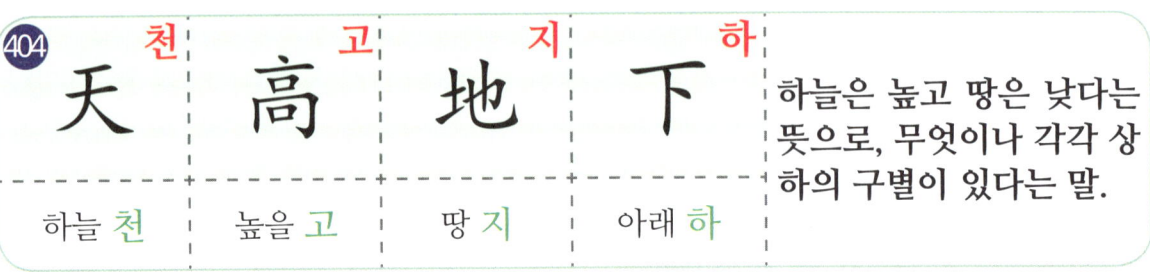

404 天(천) 高(고) 地(지) 下(하)
하늘 천 / 높을 고 / 땅 지 / 아래 하

하늘은 높고 땅은 낮다는 뜻으로, 무엇이나 각각 상하의 구별이 있다는 말.

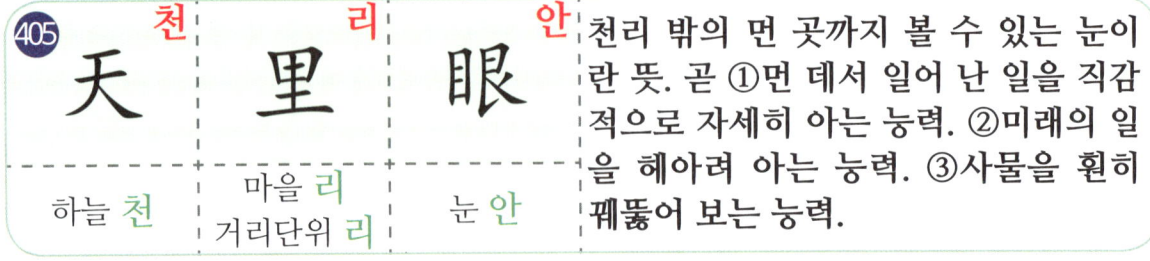

405 天(천) 里(리) 眼(안)
하늘 천 / 마을 리 거리단위 리 / 눈 안

천리 밖의 먼 곳까지 볼 수 있는 눈이란 뜻. 곧 ①먼 데서 일어 난 일을 직감적으로 자세히 아는 능력. ②미래의 일을 헤아려 아는 능력. ③사물을 훤히 꿰뚫어 보는 능력.

406. 千里之行始於一步
千	里	之	行	始	於	一	步
천	리	지	행	시	어	일	보
일천 천	마을 리	갈 지	갈 행/다닐 행	처음 시	어조사 어 ("~부터")	한 일	걸음 보

천리 길도 첫 걸음으로부터 시작된다는 뜻. 곧 ①큰 사업도 처음에는 손쉬운 것부터 시작됨의 비유. ②무슨 일이든지 작은 것을 쌓아서 큰 것을 이룸의 비유.

407. 天方地軸
天	方	地	軸
천	방	지	축
하늘 천	모 방	땅 지	굴대 축

①어리석은 사람이 종작 없이 덤벙이는 일. ②너무 급하여 방향을 잡지 못하고 허둥지둥 마구 날뛰는 일.

408. 天壤之差
天	壤	之	差
천	양	지	차
하늘 천	흙덩이 양	갈 지	다를 차/어긋날 차

하늘과 땅 사이와 같이 엄청난 차이.

409. 天眞爛漫
天	眞	爛	漫
천	진	난	만
하늘 천	참 진	빛날 란	흩어질 만

조금도 꾸밈이 없이 있는 그대로 언행에 나타남.

410. 千篇一律
千	篇	一	律
천	편	일	률
일천 천	책 편	한 일	법칙 률

①여러 시·문의 격조가 변화 없이 비슷비슷함. ②사물이 다 개별적 특성 없이 엇비슷함.

416 追二兎不得一兎

| 쫓을 추 / 좇을 추 | 두 이 | 토끼 토 | 아닐 불 | 얻을 득 | 한 일 | 토끼 토 |

두 마리의 토끼를 쫓다가는 한 마리의 토끼도 잡지 못한다는 말.

417 秋風落葉

| 가을 추 | 바람 풍 | 떨어질 락 | 잎 엽 |

가을바람에 우수수 떨어지는 낙엽이란 뜻으로, 세력 따위가 하루아침에 힘없이 떨어짐의 비유.

418 醉生夢死

| 취할 취 | 날 생 / 살 생 | 꿈 몽 | 죽을 사 |

술에 취한 듯이 살다가 꿈을 꾸듯이 죽는다는 뜻으로, 아무 일도 하지 않고 흐리멍덩하게 한평생을 살아감.

419 醉中眞情發

| 취할 취 | 가운데 중 | 참 진 | 뜻 정 | 필 발 |

'평시에 먹은 마음 취중에 난다'는 뜻으로, 술에 취하면 평시에 품고 있던 속마음을 모두 털어놓는다는 말.

420 惻隱之心

| 슬퍼할 측 | 숨을 은 | 갈 지 | 마음 심 |

사단(四端)의 하나. 불쌍히 여기는 마음.

421 七去之惡 (칠거지악)

| 일곱 칠 | 갈 거 | 갈 지 | 악할 악 |

유교 도덕에서 아내를 내쫓을 수 있는 이유의 일곱 가지. 곧 시부모에게 순종하지 않는 것[不順舅姑(불순구고)], 자식을 못 낳는 것[無子(무자)], 행실이 음탕한 것[淫行(음행)], 질투하는 것[嫉妬(질투)], 나쁜 병이 있는 것[惡疾(악질)], 말썽이 많은 것[口舌(구설)], 도둑질하는 것[盜竊(도절)].

422 七顚八起 (칠전팔기)

| 일곱 칠 | 넘어질 전 | 여덟 팔 | 일어날 기 |

일곱 번 넘어지고 여덟 번 일어난다는 뜻으로, 여러 번 실패해도 굽히지 않고 재기하여 분투함을 이르는 말.

423 七顚八倒 (칠전팔도)

| 일곱 칠 | 넘어질 전 | 여덟 팔 | 넘어질 도 |

일곱 번 구르고 여덟 번 거꾸러진다는 뜻으로, 수없이 실패하여 몹시 고생함을 이르는 말.

424 針小棒大 (침소봉대)

| 바늘 침 | 작을 소 | 몽둥이 봉 / 막대 봉 | 큰 대 |

바늘만 한 작은 것을 막대기만큼 크게 늘린다는 뜻으로, 작은 일을 크게 허풍 떨어 말함의 비유.

425 貪官汚吏 (탐관오리)

| 탐낼 탐 | 벼슬 관 | 더러울 오 | 벼슬아치 리 |

행실이 깨끗하지 못하고 탐욕이 많은 관리.

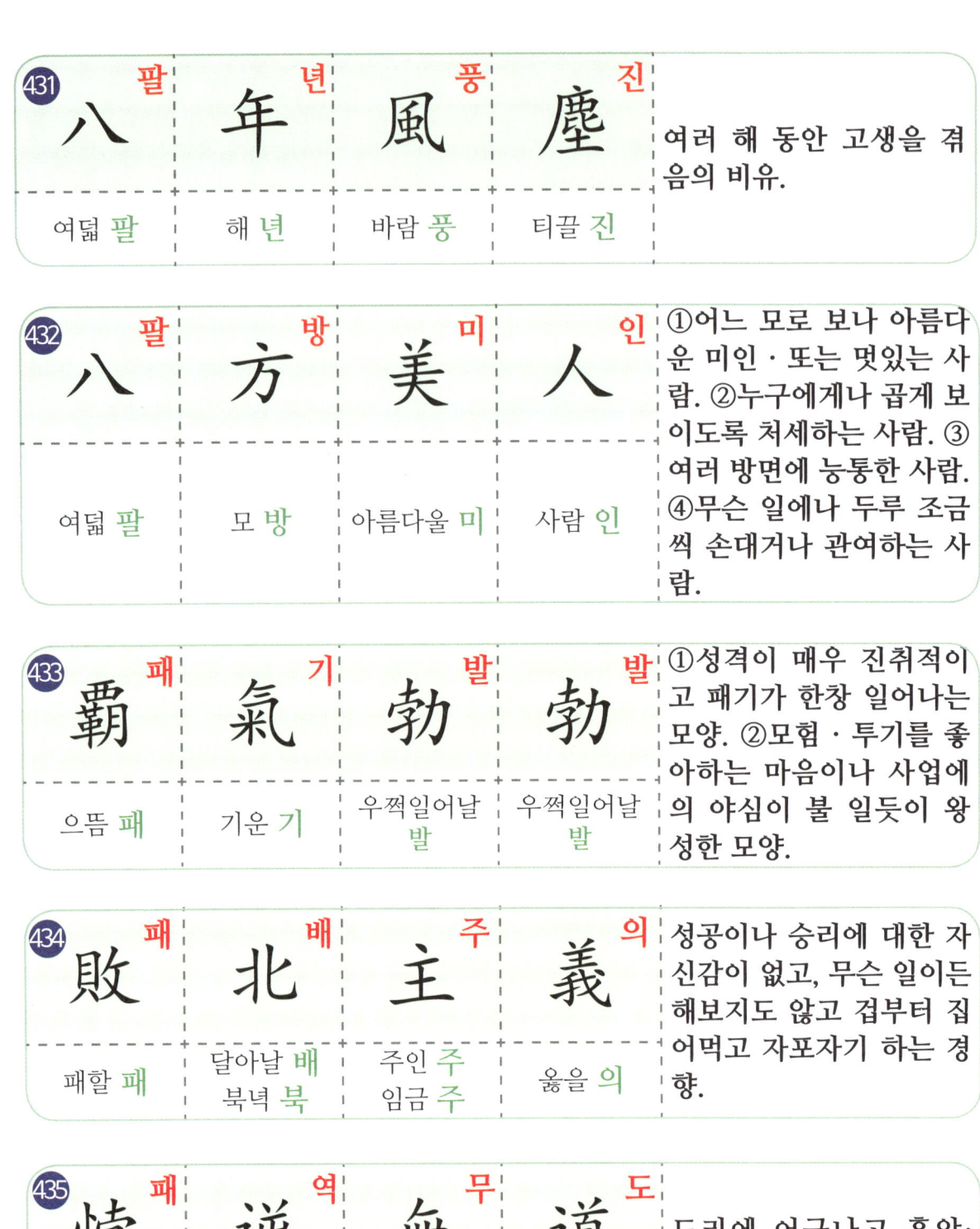

431. 八年風塵 (팔년풍진)
여덟 팔 / 해 년 / 바람 풍 / 티끌 진

여러 해 동안 고생을 겪음의 비유.

432. 八方美人 (팔방미인)
여덟 팔 / 모 방 / 아름다울 미 / 사람 인

①어느 모로 보나 아름다운 미인·또는 멋있는 사람. ②누구에게나 곱게 보이도록 처세하는 사람. ③여러 방면에 능통한 사람. ④무슨 일에나 두루 조금씩 손대거나 관여하는 사람.

433. 覇氣勃勃 (패기발발)
으뜸 패 / 기운 기 / 우쩍일어날 발 / 우쩍일어날 발

①성격이 매우 진취적이고 패기가 한창 일어나는 모양. ②모험·투기를 좋아하는 마음이나 사업에의 야심이 불 일듯이 왕성한 모양.

434. 敗北主義 (패배주의)
패할 패 / 달아날 배, 북녘 북 / 주인 주, 임금 주 / 옳을 의

성공이나 승리에 대한 자신감이 없고, 무슨 일이든 해보지도 않고 겁부터 집어먹고 자포자기 하는 경향.

435. 悖逆無道 (패역무도)
거스를 패 / 거스릴 역 / 없을 무 / 길 도

도리에 어긋나고 흉악·불순하여 사람다운 점이 없음.

436	風 풍	樹 수	之 지	嘆 탄	효도를 하려 해도 이미 부모가 죽고 없어 효행을 다할 수 없는 슬픔.
	바람 풍	나무 수	갈 지	탄식할 탄	

437	風 풍	前 전	燈 등	火 화	바람 앞의 등불이라는 뜻. 곧 ①사물이 매우 위급한 지경에 놓여 있음의 비유. ②인생의 덧없음의 비유.
	바람 풍	앞 전	등 등	불 화	

438	風 풍	前 전	之 지	塵 진	바람 앞의 먼지란 뜻으로, 사물의 무상함의 비유.
	바람 풍	앞 전	갈 지	티끌 진	

439	必 필	死 사	則 즉	生 생	必 필	生 생	則 즉	死 사
	반드시 필	죽을 사	곧 즉	날 생	반드시 필	날 생	곧 즉	죽을 사

죽기로 싸우면 반드시 살고 살려고 비겁하면 반드시 죽는다는 뜻으로, 위기에 처한 나라를 구하려는 충신의 각오를 토로한 말.

440	下 하	石 석	上 상	臺 대	아랫돌 빼서 윗돌 괴고 윗돌 빼서 아랫돌 괴기. 곧 임시변통으로 이리저리 둘러맞춰서 겨우 버텨 나감.
	아래 하	돌 석	위 상	대 대 / 집 대	

441 下愚不移 (하우불이)
아래 하 | 어리석을 우 | 아닐 불 | 옮길 이

아주 어리석고 못난 사람은 늘 그대로 있고 발전하지 못한다는 말.

442 下學上達 (하학상달)
아래 하 | 배울 학 | 윗 상 | 통달할 달

아래를 배워 위에 달한다는 뜻으로, 낮고 쉬운 것을 배워 깊고 어려운 것을 깨달음.

443 學如不及 (학여불급)
배울 학 | 같을 여 | 아닐 불 | 미칠 급

학문은 쉬지 않고 노력해도 따라갈 수 없다는 뜻. 곧 학문은 잠시라도 게을리 해서는 안 된다는 말.

444 汗牛充棟 (한우충동)
땀 한 | 소 우 | 채울 충 | 마룻대 동

수레에 실으면 소가 땀을 흘릴 정도이고 방 안에 쌓으면 들보에 닿을 정도란 뜻으로, 장서가 매우 많음의 비유.

445 咸興差使 (함흥차사)
다 함 | 일 흥 | 다를 차 | 하여금 사

심부름을 가서 깜깜 무소식이거나 늦게 돌아올 때의 비유.

446 海東孔子 (해동공자)
바다 해 / 동녘 동 / 구멍 공 / 아들 자

고려 사람으로서 공자에 견줄 만한 인물이란 뜻으로, 고려 11대 문종(文宗) 때의 학자 최충(崔沖)을 가리키는 말.

447 行雲流水 (행운유수)
다닐 행 / 구름 운 / 흐를 류 / 물 수

떠가는 구름과 흐르는 물이란 뜻. 곧 ①일정한 형체 없이 늘 변하는 것의 비유. ②어떤 것에도 구애함이 없이 사물에 따라 순응함의 비유. ③마음씨가 시원하고 씩씩함의 비유.

448 虛張聲勢 (허장성세)
빌 허 / 베풀 장 / 소리 성 / 형세 세

실력은 없으면서 헛소문과 허세로만 떠벌림.

449 虛虛實實 (허허실실)
빌 허 / 빌 허 / 열매 실·실제 실 / 열매 실·실제 실

①서로 계모비책(計謀祕策)을 다해 상대방의 실(實)을 피하고 허(虛)를 노림. ②서로 허실의 계책을 써서 싸움.

450 懸象無變 (현상무변)
매달 현 / 코끼리 상 / 없을 무 / 변할 변

천문(天文)에 이상이 없다는 뜻으로, 세상에 이변이 없음의 비유.

고사성어

❶ 苛(가) 政(정) 猛(맹) 於(어) 虎(호)

가혹할 가 | 정사 정 | 사나울 맹 | 어조사 어 | 범 호

가혹한 정치는 호랑이보다 더 사납다는 뜻으로, 가혹한 정치는 백성들에게 있어 호랑이에게 잡아 먹히는 고통보다 더 무섭다는 말.

❷ 刻(각) 舟(주) 求(구) 劍(검)

새길 각 | 배 주 | 구할 구 | 칼 검

칼을 강물에 떨어뜨리자 뱃전에 표시를 했다가 나중에 그 칼을 찾으려 한다는 뜻으로, 어리석어 시세에 어둡거나 완고함의 비유.

❸ 乾(건) 坤(곤) 一(일) 擲(척)

하늘 건 | 땅 곤 | 한 일 | 던질 척

하늘과 땅을 걸고 한 번 주사위를 던진다는 뜻. 곧 ①운명과 흥망을 걸고 단판걸이로 승부나 성패를 겨룸. ②흥하든 망하든 운명을 하늘에 맡기고 결행함의 비유.

❹ 敬(경) 遠(원)

공경할 경 | 멀 원

존경하되 멀리함. 공경하되 가까이하지 않음.

❺ 鷄(계) 口(구) 牛(우) 後(후)

닭 계 | 입 구 | 소 우 | 뒤 후

닭의 부리가 될지언정 쇠꼬리는 되지 말라는 뜻. 곧 큰 집단의 말석보다는 작은 집단의 우두머리가 낫다는 말.

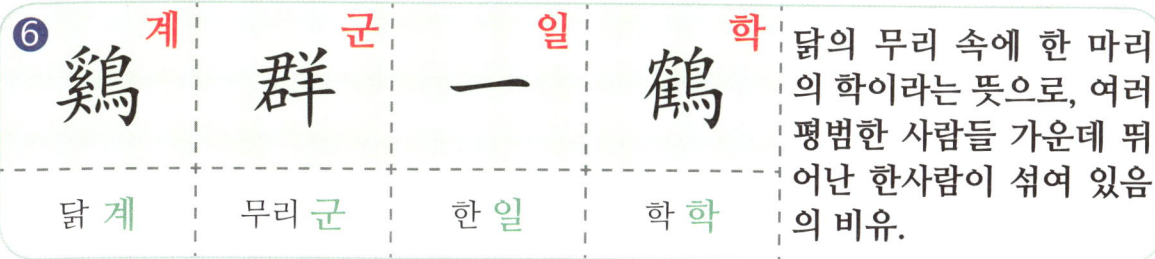

⑥ 鷄(계) 群(군) 一(일) 鶴(학) — 닭 계 / 무리 군 / 한 일 / 학 학
닭의 무리 속에 한 마리의 학이라는 뜻으로, 여러 평범한 사람들 가운데 뛰어난 한사람이 섞여 있음의 비유.

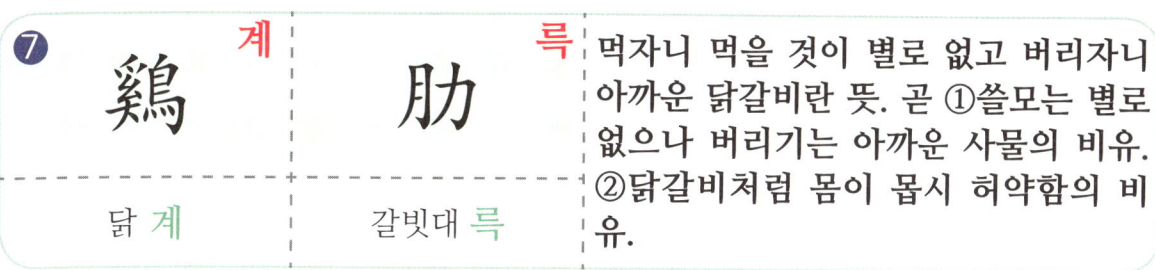

⑦ 鷄(계) 肋(륵) — 닭 계 / 갈빗대 륵
먹자니 먹을 것이 별로 없고 버리자니 아까운 닭갈비란 뜻. 곧 ①쓸모는 별로 없으나 버리기는 아까운 사물의 비유. ②닭갈비처럼 몸이 몹시 허약함의 비유.

⑧ 曲(곡) 學(학) 阿(아) 世(세) — 굽을 곡 / 배울 학 / 아첨할 아 / 인간 세
학문을 굽히어 세속(世俗)에 아첨한다는 뜻으로, 정도(正道)를 벗어난 학문으로 세상 사람에게 아첨함을 이르는 말.

⑨ 過(과) 猶(유) 不(불) 及(급) — 지나칠 과, 지날 과 / 오히려 유 / 아닐 불 / 미칠 급
정도를 지나침은 미치지 못한 것과 같다는 뜻.

⑩ 管(관) 鮑(포) 之(지) 交(교) — 대롱 관, 주관할 관 / 절인 고기 포 / 갈 지 / 사귈 교
관중(管仲)과 포숙아(鮑叔牙) 사이와 같은 사귐이란 뜻으로, 시세(時勢)를 떠나 친구를 위하는 두터운 우정을 일컫는 말.

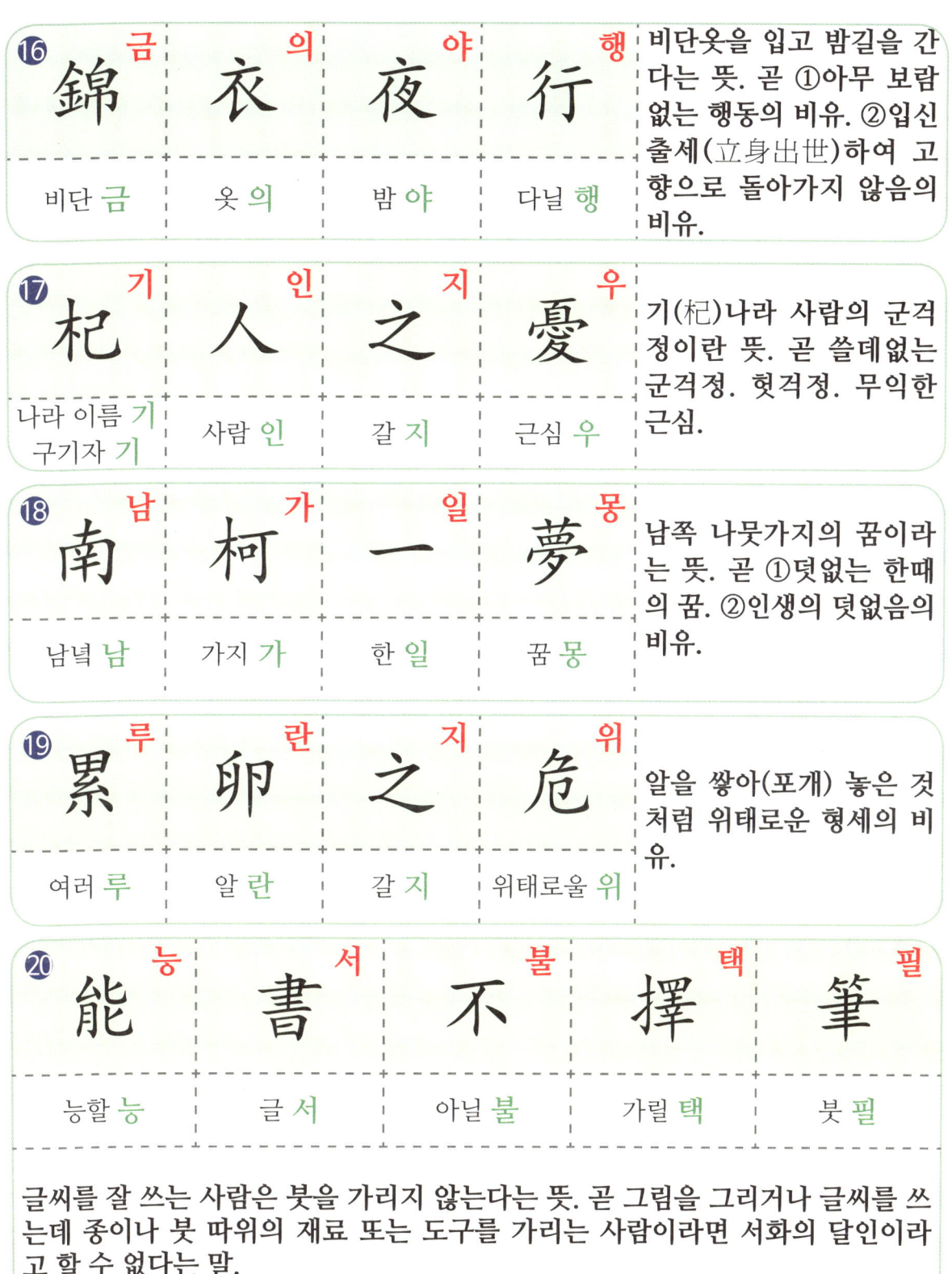

⑯ 錦衣夜行 (비단 금 / 옷 의 / 밤 야 / 다닐 행)
비단옷을 입고 밤길을 간다는 뜻. 곧 ①아무 보람 없는 행동의 비유. ②입신출세(立身出世)하여 고향으로 돌아가지 않음의 비유.

⑰ 杞人之憂 (나라 이름 기·구기자 기 / 사람 인 / 갈 지 / 근심 우)
기(杞)나라 사람의 군걱정이란 뜻. 곧 쓸데없는 군걱정. 헛걱정. 무익한 근심.

⑱ 南柯一夢 (남녘 남 / 가지 가 / 한 일 / 꿈 몽)
남쪽 나뭇가지의 꿈이라는 뜻. 곧 ①덧없는 한때의 꿈. ②인생의 덧없음의 비유.

⑲ 累卵之危 (여러 루 / 알 란 / 갈 지 / 위태로울 위)
알을 쌓아(포개) 놓은 것처럼 위태로운 형세의 비유.

⑳ 能書不擇筆 (능할 능 / 글 서 / 아닐 불 / 가릴 택 / 붓 필)
글씨를 잘 쓰는 사람은 붓을 가리지 않는다는 뜻. 곧 그림을 그리거나 글씨를 쓰는데 종이나 붓 따위의 재료 또는 도구를 가리는 사람이라면 서화의 달인이라고 할 수 없다는 말.

㉖ 登龍門 (등용문)
오를 등 / 용 룡 / 문 문

용문에 오른다는 뜻. 곧 ①입신출세의 관문을 일컫는 말. ②영달의 비유. ③주요한 시험의 비유. ④유력자를 만나는 일.

㉗ 馬耳東風 (마이동풍)
말 마 / 귀 이 / 동녘 동 / 바람 풍

말의 귀에 동풍(東風:春風)이 불어도 전혀 느끼지 못한다는 뜻. 곧 ①남의 말을 귀담아듣지 않고 그대로 흘려버림의 비유. ②무슨 말을 들어도 전혀 느끼지 못함의 비유. ③남의 일에 상관하지 않음의 비유.

㉘ 孟母三遷 (맹모삼천)
맏 맹 / 어미 모 / 석 삼 / 옮길 천

맹자의 어머니가 맹자의 교육을 위해 세 번 이사했다는 고사.

㉙ 明鏡止水 (명경지수)
밝을 명 / 거울 경 / 그칠 지 / 물 수

맑은 거울과 조용한 물이라는 뜻으로, 티 없이 맑고 고요한 심경을 이르는 말.

㉚ 矛盾 (모순)
창 모 / 방패 순

말이나 행동의 앞뒤가 서로 맞지 않음.

㉛ 巫山之夢 (무산지몽) — 무당 무 / 메 산 / 갈 지 / 꿈 몽
무산(巫山)의 꿈이란 뜻으로, 남녀 간의 밀회(密會)나 정교(情交)를 이르는 말.

㉜ 墨翟之守 (묵적지수) — 먹 묵 / 꿩 깃 적 / 갈 지 / 지킬 수
'묵적의 지킴'이란 뜻. 곧 ①자기 의견이나 주장을 굽히지 않고 끝까지 지킴. ②융통성이 없음의 비유.

㉝ 刎頸之交 (문경지교) — 목자를 문 / 목 경 / 갈 지 / 사귈 교
목을 베어 줄 수 있을 정도로 절친한 사귐. 또 그런 벗.

㉞ 門前成市 (문전성시) — 문 문 / 앞 전 / 이룰 성 / 저자 시
문 앞이 저자(市)를 이룬다는 뜻으로, 권세가나 부잣집 문 앞이 방문객으로 저자를 이루다시피 붐빈다는 말.

㉟ 門前雀羅 (문전작라) — 문 문 / 앞 전 / 참새 작 / 벌일 라
문 앞에 새그물을 친다는 뜻으로, 권세를 잃거나 빈천(貧賤)해지면 문 앞(밖)에 새그물을 쳐 놓을 수 있을 정도로 방문객의 발길이 끊어진다는 말.

㊱ 彌縫 (미봉)

더할 미 / 꿰맬 미 · 꿰맬 봉

빈 구석이나 잘못된 것을 그때그때 임시변통으로 이리저리 주선해서 꾸며 댐.

㊲ 傍若無人 (방약무인)

곁 방 · 같을 약 · 없을 무 · 사람 인

곁에 사람이 없는 것 같이 여긴다는 뜻으로, 주위의 다른 사람을 전혀 의식하지 않은 채 제멋대로 마구 행동함을 이르는 말.

㊳ 背水之陣 (배수지진)

등 배 · 물 수 · 갈 지 · 진칠 진

물을 등지고 친 진지라는 뜻으로, 목숨을 걸고 어떤 일에 대처하는 경우의 비유.

㊴ 百聞不如一見 (백문불여일견)

일백 백 · 들을 문 · 아닐 불 · 같을 여 · 한 일 · 볼 견

백 번 듣는 것이 한 번 보는 것만 못하다는 뜻으로, 무엇이든지 경험해야 확실히 알 수 있다는 말.

㊵ 白眉 (백미)

흰 백 · 눈썹 미

흰 눈썹(白眉)을 가진 사람이 가장 뛰어났다는 뜻. 곧 ①형제 중에서 가장 뛰어난 사람. ②여럿 중에서 가장 뛰어난 사람이나 물건을 일컫는 말.

㊶ 百戰百勝 (백전백승) — 일백 백, 싸울 전, 일백 백, 이길 승

백 번 싸워 백 번 이긴다는 뜻으로, 싸울 때마다 반드시 이긴다는 말.

㊷ 覆水不返盆 (복수불반분) — 엎을 복, 물 수, 아닐 불, 돌이킬 반, 동이 분

한 번 엎지른 물은 다시 그릇에 담을 수 없다는 뜻. 곧 ①한 번 떠난 아내는 다시 돌아올 수 없음의 비유. ②일단 저지른 일은 다시 되돌릴 수 없음의 비유.

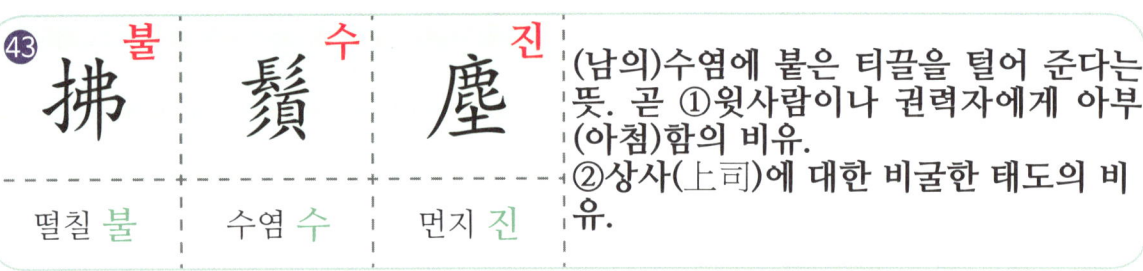

㊸ 拂鬚塵 (불수진) — 떨칠 불, 수염 수, 먼지 진

(남의)수염에 붙은 티끌을 털어 준다는 뜻. 곧 ①윗사람이나 권력자에게 아부(아첨)함의 비유. ②상사(上司)에 대한 비굴한 태도의 비유.

㊹ 不入虎穴不得虎子 (불입호혈부득호자) — 아닐 불, 들 입, 범 호, 구멍 혈, 아닐 불, 얻을 득, 범 호, 아들 자

호랑이 굴에 들어가지 않고는 호랑이 새끼를 못 잡는다는 뜻으로, 모험을 하지 않고는 큰일을 할 수 없음의 비유.

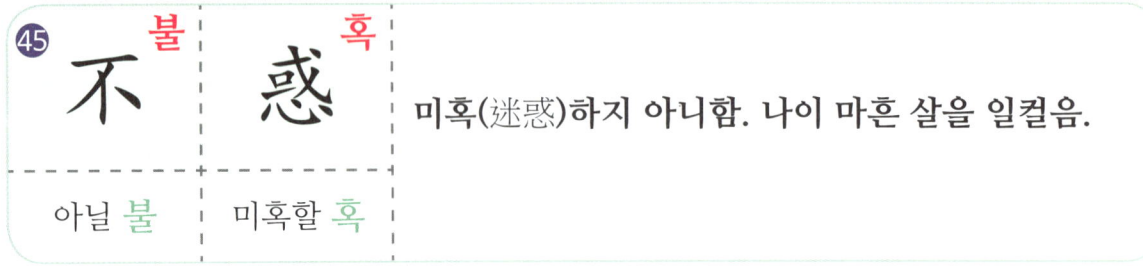

㊺ 不惑 (불혹) — 아닐 불, 미혹할 혹

미혹(迷惑)하지 아니함. 나이 마흔 살을 일컬음.

㊻ 四(사) 面(면) 楚(초) 歌(가)

넉 사 / 낯 면 / 초나라 초, 가시나무 초 / 노래 가

사면에서 들려오는 초나라 노래란 뜻. 곧 ①사방 빈틈없이 적에게 포위된 고립무원(孤立無援)의 상태. ②주위에 반대자 또는 적이 많아 고립되어 있는 처지. ③사방으로부터 비난받음의 비유.

㊼ 似(사) 而(이) 非(비)

같을 사 / 어조사 이, 그러나 이 / 아닐 비

①겉은 제법 비슷하나 속은 전혀 다름. ②진짜같이 보이나 실은 가짜임.

㊽ 蛇(사) 足(족)

뱀 사 / 발 족

뱀의 발. 곧 ①쓸데없는 것. 무용지물(無用之物)의 비유. ②있는 것보다 없는 편이 더 나음의 비유. ③공연히 쓸데없는 군일을 하다가 실패함의 비유.

㊾ 殺(살) 身(신) 成(성) 仁(인)

죽일 살 / 몸 신 / 이룰 성 / 어질 인

몸을 죽여 어진 일을 이룬다는 뜻으로, 다른 사람 또는 대의를 위해 목숨을 버린다는 말.

㊿ 三(삼) 顧(고) 草(초) 廬(려)

석 삼 / 돌아볼 고 / 풀 초 / 오두막집 려, 풀집 려

초가집을 세 번 찾아간다는 뜻. 곧 ①사람을 맞이함에 있어 진심으로 예를 다함(三顧之禮)의 비유. ②윗사람으로부터 후히 대우 받음의 비유.

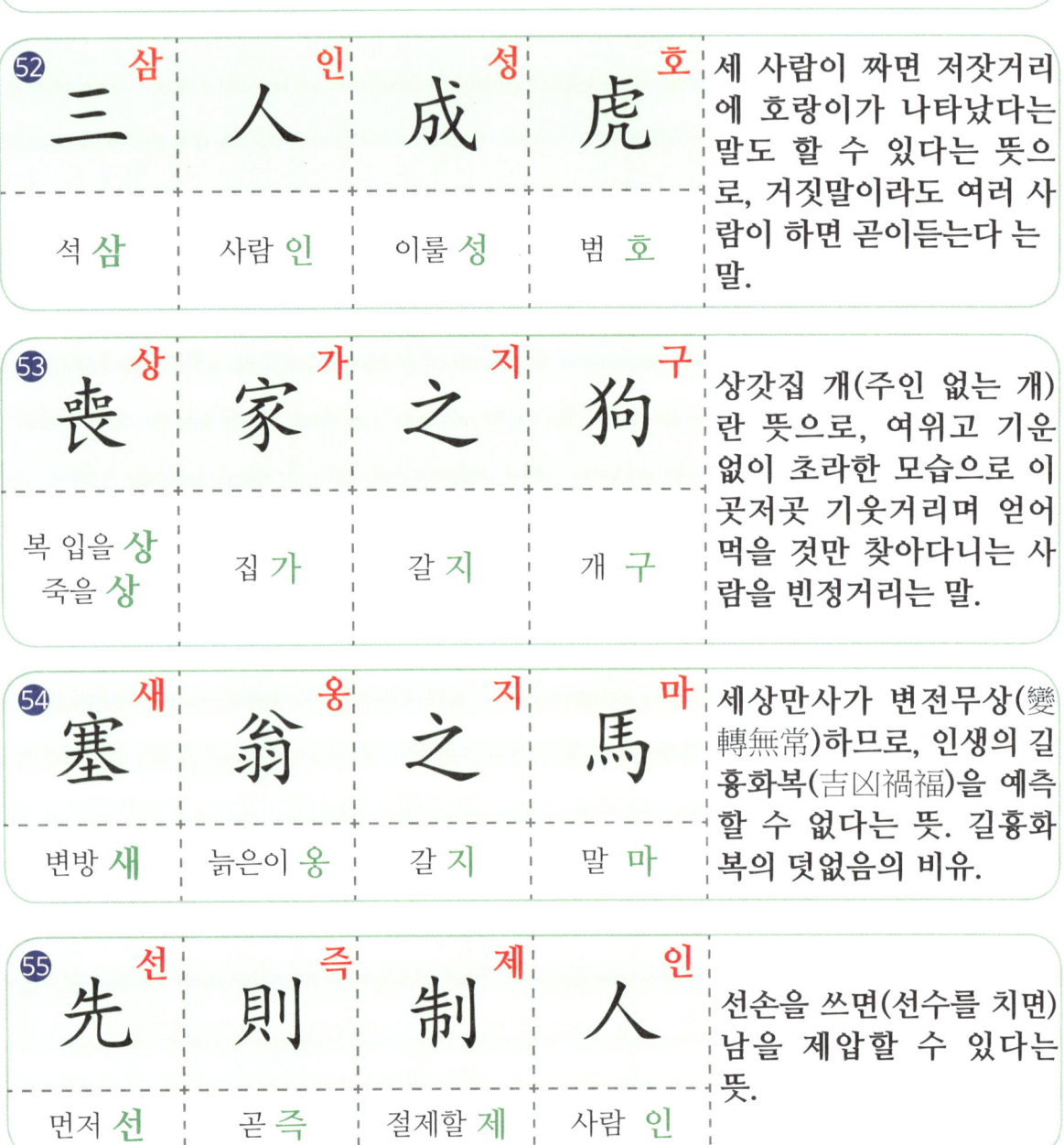

(51)

삼	십	육	계	주	위	상	계
三	十	六	計	走	爲	上	計
석 삼	열 십	여섯 육	꾀할 계	달아날 주	할 위	위 상	꾀할 계

서른여섯 가지 계책 중에서 피하는 것이 제일 좋은 계책이란 뜻으로, 일의 형편이 불리할 때는 도망가는 것이 상책이라는 말.

(52)

삼	인	성	호
三	人	成	虎
석 삼	사람 인	이룰 성	범 호

세 사람이 짜면 저잣거리에 호랑이가 나타났다는 말도 할 수 있다는 뜻으로, 거짓말이라도 여러 사람이 하면 곧이듣는다 는 말.

(53)

상	가	지	구
喪	家	之	狗
복 입을 상 죽을 상	집 가	갈 지	개 구

상갓집 개(주인 없는 개)란 뜻으로, 여위고 기운 없이 초라한 모습으로 이곳저곳 기웃거리며 얻어먹을 것만 찾아다니는 사람을 빈정거리는 말.

(54)

새	옹	지	마
塞	翁	之	馬
변방 새	늙은이 옹	갈 지	말 마

세상만사가 변전무상(變轉無常)하므로, 인생의 길흉화복(吉凶禍福)을 예측할 수 없다는 뜻. 길흉화복의 덧없음의 비유.

(55)

선	즉	제	인
先	則	制	人
먼저 선	곧 즉	절제할 제	사람 인

선손을 쓰면(선수를 치면) 남을 제압할 수 있다는 뜻.

㊴ 成 성 蹊 혜
이룰 성 | 지름길 혜

샛길이 생긴다는 뜻. 곧 덕(德)이 높은 사람은 자기 선전을 하지 않아도 자연히 사람들이 흠모하여 모여 듦의 비유.

㊵ 首 수 鼠 서 兩 양 端 단
머리 수 | 쥐 서 | 두 량 | 끝 단 / 바를 단

구멍에서 머리만 내밀고 좌우를 살피는 쥐라는 뜻. 곧 ①진퇴 거취를 정하지 못하고 망설이는 상태. ②두 마음을 가지고 기회를 엿봄.

㊶ 漱 수 石 석 枕 침 流 류
양치질 수 | 돌 석 | 베개 침 | 흐를 류

돌로 양치질하고 흐르는 물을 베개로 삼는다는 뜻. 곧 ①(실패를 인정하려 들지 않고)억지를 씀. 억지로 발라맞춰 발뺌을 함. ②(남에게 지기 싫어서 좀처럼 체념을 안 하고) 억지가 셈의 비유.

㊷ 水 수 淸 청 無 무 大 대 魚 어
물 수 | 맑을 청 | 없을 무 | 클 대 | 고기 어

물이 (너무) 맑으면 큰 물고기가 (몸을 숨기지 못해 살 수)없다는 뜻으로, 사람이 너무 결백하면 남이 가까이하지 않음의 비유.

㊸ 脣 순 亡 망 齒 치 寒 한
입술 순 | 망할 망 | 이 치 | 찰 한

입술을 잃으면 이가 시리다는 뜻. 곧 ①이웃 나라나 가까운 사이의 한쪽이 망하면 다른 한쪽도 온전하기 어려움의 비유. ②서로 도우며 떨어질 수 없는 밀접한 관계, 또는 서로 도움으로써 성립되는 관계의 비유.

㉑ 雁書 (안서)
기러기 안 / 글 서
철따라 이동하는 기러기가 먼 곳에 소식을 전한다는 뜻으로, 편지를 일컫는 말.

㉒ 良禽擇木 (양금택목)
어질 량 / 새 금 / 가릴 택 / 나무 목
현명한 새는 좋은 나무를 가려서 둥지를 친다는 뜻으로, 현명한 사람은 자기 재능을 키워 줄 훌륭한 사람을 가려서 섬김의 비유.

㉓ 藥籠中物 (약롱중물)
약 약 / 농 롱, 바구니 롱 / 가운데 중 / 만물 물
약 농 속의 약품이란 뜻으로, 항상 곁에 없어서는 안 될 긴요한 인물(심복)을 이르는 말.

㉔ 羊頭狗肉 (양두구육)
양 양 / 머리 두 / 개 구 / 고기 육
밖에는 양 머리를 걸어 놓고 안에서는 개고기를 판다는 뜻. 곧 ①거짓 간판을 내검. ②좋은 물건을 내걸고 나쁜 물건을 팖. ③겉과 속이 일치하지 않음의 비유. ④겉으로는 훌륭하나 속은 전혀 다른 속임수의 비유.

㉕ 梁上君子 (양상군자)
들보 량 / 위 상 / 임금 군 / 아들 자
대들보 위의 군자라는 뜻. 곧 ①집 안에 들어온 도둑의 비유. ②(전하여) 천장 위의 쥐를 달리 일컫는 말.

66 漁父之利 (어부지리)

고기 잡을 **어** | 아비 **부** | 갈 **지** | 이로울 **리**

어부의 이득이라는 뜻으로, 쌍방이 다투는 사이에 제삼자가 힘들이지 않고 이득을 챙긴다는 말.

67 餘桃之罪 (여도지죄)

남을 **여** | 복숭아 **도** | 갈 **지** | 허물 **죄**

'먹다 남은 복숭아를 먹인 죄'란 뜻으로 애정과 증오의 변화가 심함의 비유.

68 緣木求魚 (연목구어)

인연 **연** | 나무 **목** | 구할 **구** | 고기 **어**

나무에 올라 물고기를 구한다는 뜻. 곧 ①도저히 불가능한 (가당찮은)일을 하려 함의 비유. ②잘못된 방법으로 목적을 이루려 함의 비유. ③수고만 하고 아무것도 얻지 못함의 비유.

69 五里霧中 (오리무중)

다섯 **오** | 마을 리 / 거리단위 **리** | 안개 **무** | 가운데 **중**

사방(四方)5리에 안개가 덮여 있는 속이라는 뜻으로, 사물의 행방이나 사태의 추이를 알 길이 없음의 비유.

70 五十步百步 (오십보백보)

다섯 **오** | 열 **십** | 걸음 **보** | 일백 **백** | 걸음 **보**

오십 보 도망친 사람이 백 보 도망친 사람을 비웃는다는 뜻으로, 정도의 차이는 있으나 본질적으로 마찬가지라는 말.

71 吳越同舟 (오월동주)

吳 오	越 월	同 동	舟 주
오나라 오	나라이름 월 / 넘을 월	한가지 동	배 주

적대(敵對)관계에 있는 오나라 사람과 월나라 사람이 같은 배에 타고 있다는 뜻.
곧 ①서로 적의를 품은 사람끼리 같은 장소·처지에 놓임. 원수끼리 함께 있음의 비유. ②적의를 품은 사람끼리라도 필요한 경우에는 서로 도움.

72 溫故知新 (온고지신)

溫 온	故 고	知 지	新 신
따뜻할 온	연고 고	알 지	새 신

옛것을 익히고 그것으로 미루어 새것을 안다는 뜻.

73 臥薪嘗膽 (와신상담)

臥 와	薪 신	嘗 상	膽 담
누울 와	섶나무 신	맛볼 상	쓸개 담

섶 위에서 잠을 자고 쓸개를 핥는다는 뜻으로, 목적을 달성하기 위해 온갖 고난을 참고 견딤의 비유.

74 完璧 (완벽)

完 완	璧 벽
완전할 완	둥근 옥 벽

①흠이 없는 구슬[璧 : 환상(環狀)의 옥(玉)]. 결점 없이 훌륭함. ②빌려 온 물건을 온전히 돌려보냄.

75 遠水不救近火 (원수불구근화)

遠 원	水 수	不 불	救 구	近 근	火 화
멀 원	물 수	아닐 불	구원할 구	가까울 근	불 화

먼 데 있는 물은 가까운 곳에서 난 불을 끄지 못한다는 뜻으로, 먼 데 있으면 급할 때 아무 소용이 없다는 말.

86 前(앞 전) 車(수레 차) 覆(엎어질 복) 轍(바퀴자국 철)
앞 수레가 엎어진 바퀴자국이란 뜻. 곧 ①앞 사람의 실패. 실패의 전례. ②앞 사람의 실패를 거울 삼아 주의하라는 교훈.

87 轉(구를 전) 禍(재화 화) 爲(할 위) 福(복 복)
①화(禍)를 바꾸어 오히려 복(福)이 되게 함. ②화가 바뀌어 오히려 복이 됨.

88 糟(술 재강 조) 糠(겨 강) 之(갈 지) 妻(아내 처)
술 재강과 겨로 끼니를 이을 만큼 구차할 때 함께 고생하던 아내.

89 朝(아침 조) 三(석 삼) 暮(저물 모) 四(넉 사)
아침에 세 개, 저녁에 네 개라는 뜻. 곧 ①당장 눈 앞의 차별만을 알고 그 결과가 같음을 모름의 비유. ②간사한 잔꾀로 남을 속여 희롱함을 이르는 말.

90 竹(대나무 죽) 馬(말 마) 故(예 고) 友(벗 우)
어릴 때 같이 죽마(대말)을 타고 놀던 벗이란 뜻. 곧 ①어렸을 때의 벗. 소꿉동무. ②어렸을 때 친하게 사귄 사이. ③어렸을 때부터의 오랜 친구.

91. 樽俎折衝 (준조절충)

樽 준	俎 조	折 절	衝 충
술통 준	도마 조	꺾을 절	충돌할 충

술자리(樽俎(間))에서 유연한 담소(談笑)로 적의 창끝을 꺾어 막는다(折衝)는 뜻으로, 외교를 비롯하여 그 밖의 교섭에서 유리하게 담판하거나 흥정함을 이르는 말.

92. 中原逐鹿 (중원축록)

中 중	原 원	逐 축	鹿 록
가운데 중	근원 원	쫓을 축	사슴 록

중원(天下)의 사슴(帝位)을 쫓는다는 뜻. 곧
①제위(帝位)를 다툼.
②정권을 다툼.
③어떤 지위를 얻기 위해 서로 경쟁함.

93. 指鹿爲馬 (지록위마)

指 지	鹿 록	爲 위	馬 마
가리킬 지 / 손가락 지	사슴 록	할 위	말 마

사슴을 가리켜 말(馬)이라고 한다는 뜻. 곧 ①윗사람을 농락하여 권세를 마음대로 휘두름의 비유. ②위압적으로 남에게 잘못을 밀어붙여 끝까지 속이려 함의 비유.

94. 知彼知己百戰不殆 (지피지기백전불태)

知 지	彼 피	知 지	己 기	百 백	戰 전	不 불	殆 태
알 지	저 피	알 지	몸 기	일백 백	싸울 전	아닐 불	위태로울 태

상대를 알고 나를 알면 백 번 싸워도 위태롭지 않다는 뜻. 곧 상대방과 자신의 약점과 강점을 알아보고 승산(勝算)이 있을 때 싸워야 이길 수 있다는 말.

95. 創業守成 (창업수성)

創 창	業 업	守 수	成 성
비롯할 창	업 업	지킬 수	이룰 성

일을 시작하기는 쉬우나 이룬 것을 지키기는 어렵다는 말.

96 天(천) 高(고) 馬(마) 肥(비)

하늘 천 | 높을 고 | 말 마 | 살찔 비

하늘이 높고 말이 살찐다는 뜻. 곧 ①하늘이 맑고 오곡백과(五穀百果)가 무르익는 가을을 형용하는 말. ②(흉노에게 있어, 전하여 오늘날에는 누구에게나) 활약(동)하기 좋은 계절을 이르는 말.

97 千(천) 慮(려) 一(일) 失(실)

일천 천 | 생각할 려 | 한 일 | 잃을 실

천 가지 생각 가운데 한 가지 실책이란 뜻으로, 지혜로운 사람이라도 많은 생각을 하다 보면 하나쯤은 실책이 있을 수 있다는 말.

98 千(천) 載(재) 一(일) 遇(우)

일천 천 | 실을 재 | 한 일 | 만날 우

천 년(千載)에 한 번 만날 수 있는 기회란 뜻으로, 좀처럼 만나기 어려운 기회를 이르는 말.

99 鐵(철) 面(면) 皮(피)

쇠 철 | 낯 면 | 가죽 피

①얼굴에 철판을 깐 듯 수치를 수치로 여기지 않는 사람.
②뻔뻔스러워 부끄러워할 줄 모름. 또 그런 사람.
③낯가죽이 두꺼워 부끄러움이 없음. 후안무치(厚顔無恥).

100 淸(청) 談(담)

맑을 청 | 말씀 담

①명리(名利)·명문(名聞)을 떠난 청아(淸雅)한 이야기. 고상한 이야기. ②위진 시대에 유행한 노장(老莊)을 조술(祖述)하고 속세를 떠난 청정무위(淸淨無爲)의 공리공론(空理空論).

101 靑天白日 (청천백일)

靑 청	天 천	白 백	日 일
푸를 청	하늘 천	흰 백	해 일

푸른 하늘에 쨍쨍하게 빛나는 해라는 뜻. 곧 ①맑게 갠 대낮. ②뒤가 썩 깨끗한 일. ③원죄가 판명되어 무죄가 되는 일. ④푸른 바탕의 한복판에 12개의 빛살이 있는 흰 태양을 배치한 무늬.

102 靑天霹靂 (청천벽력)

靑 청	天 천	霹 벽	靂 력
푸를 청	하늘 천	벼락 벽	벼락 력

맑게 갠 하늘의 벼락(날벼락)이라는 뜻. ①약동하는 필세(筆勢)의 형용. ②생각지 않았던 무서운 일. ③갑자기 일어난 큰 사건이나 이변(異變)의 비유.

103 靑出於藍 (청출어람)

靑 청	出 출	於 어	藍 람
푸를 청	날 출	어조사 어 (~부터 ~에서)	쪽 람

쪽(藍)에서 나온 푸른 물감이 쪽빛보다 더 푸르다는 뜻으로, 제자가 스승보다 더 나음을 이르는 말.

104 逐鹿者不見山 (축록자불견산)

逐 축	鹿 록	者 자	不 불	見 견	山 산
쫓을 축	사슴 록	놈 자	아닐 불	볼 견	메 산

사슴을 쫓는 사람은 산을 보지 못한다는 뜻. 곧 ①명예와 이욕(利慾)에 미혹(迷惑)된 사람은 도리도 저버림. ②이욕에 눈이 먼 사람은 눈앞의 위험도 돌보지 않음. 또는 보지 못함. ③한 가지 일에 마음을 빼앗기는 사람은 다른 일을 생각하지 않음.

105 他山之石 (타산지석)

他 타	山 산	之 지	石 석
다를 타	메 산	갈 지	돌 석

다른 산의 거친(쓸모없는) 돌이라도 옥(玉)을 가는데에 소용이 된다는 뜻. 곧 ①다른 사람의 하찮은 언행일지라도 자기의 지식이나 인격을 닦는 데에 도움이 됨의 비유. ②쓸모없는 것이라도 쓰기에 따라 유용한 것이 될 수 있음의 비유.

106 泰山北斗

泰	山	北	斗
클 태	메 산	북녘 북	말 두

태산과 북두칠성을 가리키는 말. 곧 ①권위자. 제일인자. 학문·예술 분야의 대가. ②세상 사람들로부터 우러러 받듦을 받거나 가장 존경하는 사람.

107 兎死狗烹

兎	死	狗	烹
토끼 토	죽을 사	개 구	삶을 팽

토끼 사냥이 끝나면 사냥개는 삶아 먹힌다는 뜻. 곧 쓸모가 있을 때는 긴요하게 쓰이다가 쓸모가 없어지면 헌신짝처럼 버려진다는 말.

108 破竹之勢

破	竹	之	勢
깨뜨릴 파	대나무 죽	갈 지	기세 세

대나무를 쪼개는 기세라는 뜻. 곧 ①맹렬한 기세. ②세력이 강대하여 적대하는 자가 없음의 비유. ③무인지경을 가듯 아무런 저항도 받지 않고 진군함의 비유.

109 狐假虎威

狐	假	虎	威
여우 호	거짓 가	범 호	위엄 위

여우가 호랑이의 위세를 빌어 다른 짐승을 놀라게 한다는 뜻으로, 남의 권세를 빌어 위세를 부림의 비유.

110 浩然之氣

浩	然	之	氣
넓을 호	그럴 연	갈 지	기운 기

①하늘과 땅 사이에 가득 찬 넓고도 큰 원기. ②도의에 뿌리를 박고 공명정대하여 조금도 부끄러울 바 없는 도덕적 용기. ③사물에서 해방되어 자유롭고 즐거운 마음.

111 胡蝶之夢

胡	蝶	之	夢
호	접	지	몽
오랑캐 호	나비 접	갈 지	꿈 몽

나비가 된 꿈이란 뜻. 곧 ①물아일체(物我一體)의 경지. ②만물일체(萬物一體)의 심경. ③인생의 덧없음의 비유. ④꿈

112 紅一點

紅	一	點
홍	일	점
붉을 홍	한 일	점찍을 점

①여럿 가운데서 오직 하나 이채를 띠는 것. ②많은 남자들 틈에 오직 하나뿐인 여자. ③여러 하찮은 것 가운데 단 하나 우수한 것.

113 畵龍點睛

畵	龍	點	睛
화	룡	점	정
그림 화	용 룡	점찍을 점	눈동자 정

용을 그리는데 눈동자도 그려 넣는다는 뜻. 곧 ①사물의 가장 중요한 부분을 완성시킴. 끝손질을 함. ②사소한 것으로 전체가 돋보이고 활기를 띠며 살아남의 비유.

114 華胥之夢

華	胥	之	夢
화	서	지	몽
빛날 화	서로 서	갈 지	꿈 몽

화서의 꿈이란 뜻으로, 좋은 꿈이나 낮잠을 이르는 말.

115 後生可畏

後	生	可	畏
후	생	가	외
뒤 후	날 생 / 살 생	가히 가 / 옳을 가	두려울 외

젊은 후배들은 두려워할 만하다는 뜻. 곧 젊은 후배들은 선인(先人→先生)의 가르침을 배워 어떤 훌륭한 인물이 될지 모르기 때문에 가히 두렵다는 말.

색인

색인 (가나다 순) ※ 번체자 기준

가

價 값 가	157
可 옳을 가	264
加 더할 가	265
佳 아름다울 가	265
呵 꾸짖을 가	265
架 시렁 가	265
苛 매울 가/혹독할 가	265
家 집 가	265
假 거짓 가	265
街 거리 가	265
跏 책상다리할 가	265
嫁 시집갈 가	265
暇 틈 가	265
稼 심을 가	265

각

殼 껍질 각	158
各 각각 각	265
却 물리칠 각	265
角 뿔 각	265
刻 새길 각	265
脚 다리 각	265

간

揀 가릴 간	46
諫 간할 간	46
墾 개간할 간	92
懇 정성 간	92
幹 줄기 간	165
艱 어려울 간	180
干 방패 간/구할 간/간여할 간	265
刊 새길 간	266
奸 간사할 간	266
肝 간 간	266
看 볼 간	266

감

鑑 거울 감/거울삼을 감	101
鑒 거울 감/거울삼을 감	101
堪 견딜 감	266
敢 구태여 감/용감할 감	266
感 느낄 감	266
憾 섭섭해할 감	266
瞰 내려다볼 감	266

강

講 익힐 강/강론할 강	53
薑 생강 강	61
疆 지경 강	61
降 내릴 강	266
康 편안할 강	266
腔 속빌 강	266

개

蓋 덮을 개	116
個 낱 개	167
開 열 개	171
愾 성낼 개	185
改 고칠 개	266
慨 슬퍼할 개	266
漑 물댈 개	266
槪 대개 개/절개 개	266

갱

坑 구덩이 갱	266

거

據 기댈 거/증거 거	89
居 살 거	266
拒 막을 거	266
倨 거만할 거	267
距 떨어질 거	267

건

乾 마를 건/하늘 건	165
建 세울 건	267
健 건강할 건/군셀 건	267

걸

傑 호걸 걸/뛰어날 걸	125

겁

劫 으를 겁/겁 겁	267

게

揭 들 게	267

격

擊 칠 격	182
隔 막힐 격/멀 격	267
激 물부딪칠 격	267

견

繭 누에고치 견	64

牽 당길 견 91
堅 굳을 견 186
遣 보낼 견 267

결

潔 깨끗할 결 55

겸

兼 겸할 겸 267

경

驚 놀랄 경 86
競 다툴 경 90
瓊 옥 경/구슬 경 98
慶 경사 경 141
徑 지름길 경 190
脛 정강이 경 191
經 지날 경/지낼 경/글 경 191
輕 가벼울 경 192
耕 밭갈 경 267
景 볕 경/경치 경 267
敬 공경할 경 267
境 지경 경 267
警 경계할 경/깨우칠 경 267
痙 힘줄땅길 경 196
頸 목 경 192
剄 목벨 경 192

계

鷄 닭 계 110
係 맬 계/관계할 계 113
繫 맬 계 113
階 층계 계 153
啓 열 계 161
戒 경계할 계 267
械 기계 계 267
溪 시내 계 267

고

顧 돌아볼 고 81
固 굳을 고 267
孤 외로울 고 267
故 연고 고/죽을 고/일 고 268
苦 쓸 고/괴로울 고 268
鼓 북 고/칠 고 268
稿 볏짚 고/원고 고 268

곡

穀 곡식 곡 159
哭 울 곡 268

곤

壼 대궐안길 곤/문지방 곤 80

골

滑 익살스울 골 212
骨 뼈 골 268

공

鞏 묶을 공/굳을 공 148
龔 공손할 공/성씨 공 188
工 장인 공/일 공 268
公 공평할 공/관청 공/여러 공 268
功 공 공 268
共 함께 공/한가지 공 268
攻 칠 공 268
供 이바지할 공/줄 공 268
空 빌 공/하늘 공 268
恐 두려울 공 268
恭 공손할 공 268
控 당길 공/덜 공 268

과

過 지날 과/지나칠 과/허물 과 153
誇 자랑할 과 154
夥 많을 과 161
果 과실 과/결과 과 268
科 과목 과/부과할 과 268

관

觀 볼 관 146
顴 광대뼈 관 146
鸛 황새 관 147
管 대롱 관/주관할 관 269

괄

括 묶을 괄 269
刮 비빌 괄/닦을 괄 269

광

礦 쇳덩이 광/유황 황 128
廣 넓을 광 144
壙 구덩이 광/광 광 144
曠 텅빌 광/휑할 광 144
鑛 쇳덩이 광 144

괘

掛 걸 괘 197

괴

壞 무너질 괴 108
塊 덩어리 괴/흙덩어리 괴 109
怪 기이할 괴 269
拐 속일 괴 269

굉

轟	수레소리 굉	128

교

僑	붙어살 교/더부살이 교	54
嬌	아리따울 교/애교 교	54
橋	다리 교	54
矯	바로잡을 교	55
驕	교만할 교	55
膠	아교 교/풀 교	83
巧	공교로울 교/교묘할 교	269
校	학교 교/교정할 교/장교 교	269
敎	가르칠 교	269

구

構	얽을 구/집 구/건물 구	52
購	살 구	53
溝	도랑 구	53
懼	두려워할 구	86
龜	땅이름 구	112
舊	예 구	132
求	구할 구	269
究	연구할 구/다할 구	269
具	갖출 구	269
拘	잡을 구/거리낄 구	269
狗	개 구	269
苟	진실로 구/구차할 구	269
救	구제할 구/도울 구	269
球	공 구	269

국

局	판 국/부분 국	269
菊	국화 국	269

군

窘	막힐 군	269
群	무리 군	270

굴

屈	굽을 굴/굽힐 굴	270
掘	팔 굴	270
窟	굴 굴	270

궁

窮	다할 궁/궁할 궁	160

권

捲	걷을 권/말 권	124
權	권세 권	146
勸	권할 권	146
券	문서 권	270
卷	책 권	270
倦	게으를 권	270
拳	주먹 권	270
圈	우리 권/둘레 권	270

궐

蹶	넘어질 궐	270

궤

櫃	상자 궤/함 궤	47

귀

龜	거북 귀	112
歸	돌아올 귀/돌아갈 귀	132
鬼	귀신 귀	270

규

竅	구멍 규	76

균

龜	터질 균	112
均	고를 균	270

극

極	다할 극/끝 극/매우 극	48
劇	심할 극/연극 극	88
剋	찌를 극	131

근

僅	겨우 근	176
覲	뵐 근	176
謹	삼가 근	176
饉	굶주릴 근	177
近	가까울 근	270
根	뿌리 근	270
筋	힘줄 근	270
勤	부지런할 근/일할 근	270

금

金	쇠 금/돈 금	270
禁	금할 금	270
禽	새 금	270

급

急	급할 급	270

긍

矜	불쌍히여길 긍/자랑할 긍	271

기

棄	버릴 기	114
幾	몇 기	137
機	틀 기/기회 기	137
璣	구슬 기	137
譏	나무랄 기	137
饑	주릴 기	138
豈	어찌 기	154
企	꾀할 기/바랄 기	271
忌	꺼릴 기	271
技	재주 기	271
汽	김오를 기/증기 기	271

其 그 기 271	**노**	當 마땅할 당 153
奇 기이할 기/갑자기 기 271	努 힘쓸 노 272	唐 당나라 당/당돌할 272 당/당황할 당
祈 빌 기 271	怒 성낼 노 272	堂 집 당/정당할 당/ 272 친척 당
基 터 기 271	**농**	
寄 보낼 기/맡길 기/붙어 271 살 기	農 농사 농 141	**대**
期 기약 기/기간 기 271	**뇌**	臺 집 대/장부 대 139
器 그릇 기/기관(신체) 기 271	惱 괴로워할 뇌 61	隊 떼 대/무리 대 174
긴	腦 골 뇌/뇌 뇌 61	待 기다릴 대/대접할 대 272
緊 급할 긴/중요할 긴 89	**능**	對 대할 대/짝 대 113
길	能 능할 능 272	**댁**
吉 길할 길/좋을 길 271	**다**	宅 집 댁 235
김	茶 차 다 272	**도**
金 성 김 270	**단**	圖 그림 도/꾀할 도/책 51 도
끽	壇 터 단/단 단 108	塗 바를 도/진흙 도 84
喫 마실 끽/먹을 끽 271	斷 끊을 단 116	導 이끌 도/인도할 도 150
나	端 끝 단/바를 단/실 272 마리 단	徒 무리 도/걸을 도 272
那 어찌 나 271	**달**	桃 복숭아 도 272
懦 나약할 나 271	達 이룰 달/이를 달/ 148 통달할 달	逃 달아날 도 272
奈 나락 나 271	撻 매질할 달 148	渡 건널 도 272
난	**담**	盜 도둑 도 272
難 어려울 난 180	膽 쓸개 담 71	都 도읍 도/모두 도 272
暖 따뜻할 난 271	擔 멜 담 72	**독**
날	淡 묽을 담 272	獨 홀로 독 73
捺 누를 날 271	**답**	毒 독 독 272
내	答 대답할 답/갚을 답 272	督 감독할 독/재촉할 독 272
奈 어찌 내 271	**당**	**돈**
耐 견딜 내 271	黨 무리 당 66	豚 돼지 돈 272
녕		**돌**
寧 편안할 녕 181		突 부딪칠 돌/갑자기 돌/ 272 내밀 돌/당돌할 돌

동

動 움직일 동	42
棟 마룻대 동/집 동	91
鼕 북소리 동	134
冬 겨울 동	273
同 같을 동	273
童 아이 동	273
憧 그리워할 동	273

두

| 頭 머리 두 | 44 |

득

| 得 얻을 득 | 273 |

등

謄 베낄 등	72
騰 오를 등	72
燈 등불 등/등잔 등	142
鄧 나라이름 등	142
登 오를 등	273
等 무리 등/같을 등	273

라

| 羅 벌일 라/펼 라/비단 라 | 51 |
| 剌 수라 라 | 215 |

락

| 樂 즐길 락 | 138 |
| 落 떨어질 락 | 208 |

란

蘭 난초 란	45
攔 막을 란	45
闌 함부로 란/막을 란	45
瀾 물결 란	45
欄 난간 란	46
爛 빛날 란	46
亂 어지러울 란	111
卵 알 란	232

랄

| 剌 어그러질 랄 | 211 |

랍

蠟 밀 랍/초 랍	103
臘 납향제 랍/섣달 랍	104
摺 꺾을 랍	118

랑

浪 물결 랑	269
郞 사내 랑	266
朗 밝을 랑	262

래

| 來 올 래 | 163 |

랭

| 冷 찰 랭 | 262 |

략

| 略 간략할 략 | 261 |

량

輛 수레 량	95
兩 두 량	109
倆 재주 량	109
糧 양식 량	121
梁 들보 량	261
凉 서늘할 량	260
量 헤아릴 량	259

려

濾 거를 려	106
麗 아름다울 려/고울 려	109
驢 나귀 려/당나귀 려	110
勵 힘쓸 려	119
廬 오두막집 려	161
旅 나그네 려	259

력

轢 치일 력	138
礫 조약돌 력	138
曆 책력 력	173
歷 지낼 력	173

련

練 익힐 련	47
戀 사모할 련	58
攣 걸릴 련/오그라질 련	58
聯 잇닿을 련/짝 련	122
憐 불쌍히여길 련	124
鍊 단련할 련/익힐 련	253

렴

簾 발 렴	116
斂 거둘 렴	194
廉 청렴할 렴/값쌀 렴	253

렵

| 獵 사냥할 렵 | 103 |

령

嶺 재 령/고개 령	53
齡 나이 령	101
靈 신령 령	110
零 떨어질 령	248

례

| 隷 종 례/서체이름 례 | 49 |
| 例 본보기 례 | 238 |

로

虜 사로잡을 로	50
癆 중독 로	97
瀘 강이름 로	115
爐 화로 로	125
鹵 소금밭 로/염전 로	129
蘆 갈대 로	130
勞 일할 로/수고로울 로/위로할 로	131
盧 검을 로/밥그릇 로	184
露 이슬 로/드러날 로	238

록

錄	기록할 록	48
綠	푸를 록	48

론

論	말할 론/논할 론	179

롱

壟	밭두둑 롱	183
瓏	옥 소리 롱	183
籠	바구니 롱	183
弄	희롱할 롱	234
聾	귀먹을 롱	50

뢰

雷	우레 뢰	231

료

療	병고칠 료	164
遼	멀 료	164
瞭	눈 밝을 료	165
料	헤아릴 료/재료 료	230

룡

龍	용 룡	183

루

壘	진 루	74
纍	맬 루	74
樓	다락 루/누각 루	122
屢	자주 루/여러 루	123
淚	눈물 루	126
累	여러 루	226
漏	샐 루	226

류

類	같을 류/무리 류	62
劉	성씨 류/이길 류	127
瀏	맑을 류	127
留	머무를 류	223

륙

陸	뭍 륙	111

륜

侖	생각할 륜	178
倫	인륜 륜	178
淪	빠질 륜	178
綸	인끈 륜/다스릴 륜	179
輪	바퀴 륜	179

률

率	비율 률	220

름

稟	곳집 름	205

릉

凌	능가할 릉/업신여길 릉	220

리

離	떠날 리	90
籬	울타리 리	91
裏	속 리	129
梨	배 리	220
理	다스릴 리	216

린

鄰	이웃 린	130

림

臨	임할 림	69
林	수풀 림	274

립

立	설 립	214

마

麼	잘 마/어조사 마	168
痲	저릴 마	239
摩	문지를 마/만질 마	239
魔	마귀 마	239
漠	아득할 막	239
磨	갈 마	239

막

莫	말 막/없을 막	239
寞	쓸쓸할 막	239
幕	장막 막	239
膜	꺼풀 막	239

만

彎	굽을 만	57
蠻	오랑캐 만	57
灣	물굽이 만	58
娩	낳을 만	239
挽	당길 만	239
晚	늦을 만	239
慢	거만할 만	239
漫	질펀할 만/흩어질 만	239

말

襪	버선 말/양말 말	79
末	끝 말	239
抹	바를 말/없앨 말	240
沫	거품 말	240

망

妄	망령될 망/잊을 망	240
網	그물 망	154
忙	바쁠 망	240
忘	잊을 망	240
罔	없을 망	240
茫	아득할 망	240
望	바랄 망	240

매

賣	팔 매	43
買	살 매	44
邁	먼길갈 매/힘쓸 매	148
每	매양 매/늘 매	240
妹	손아래누이 매	240
枚	낱 매	240
昧	어두울 매	240

埋 묻을 매	240	
梅 매화 매	240	
媒 중매 매	240	
寐 잠잘 매	240	
煤 그을음 매	240	
罵 욕할 매/꾸짖을 매	240	
魅 도깨비 매	240	

맥
麥 보리 맥	162
脈 맥 맥/줄기 맥	240

맹
孟 맏 맹/맹랑할 맹	241
盲 눈멀 맹	241
猛 사나울 맹	241
盟 맹세할 맹	241

면
麵 국수 면/밀가루 면	92
免 면할 면	241
勉 힘쓸 면	241
眄 곁눈질할 면/애꾸눈 면	241
面 낯 면	241
眠 잠잘 면	241

멸
滅 멸할 멸	186
蔑 업신여길 멸/없을 멸	241

명
冥 어두울 명	181

모
牟 보리 모/소울 모	241
牡 수컷 모	241
侮 업신여길 모	241
冒 무릅쓸 모	241
帽 모자 모	241
募 부를 모	241
摸 찾을 모	241
貌 모양 모	241
慕 사모할 모	242
暮 저물 모	242
模 본뜰 모	242

목
牧 칠 목	242
睦 화목할 목	242

몰
沒 빠질 몰	242
歿 죽을 몰	242

몽
夢 꿈 몽	95
矇 청맹과니 몽/어리석을 몽	98
濛 가랑비올 몽	98
懞 어두울 몽	98
蒙 어릴 몽/어리석을 몽	242

묘
廟 사당 묘	124
畝 밭두둑 묘	160
妙 묘할 묘	242
杳 아득할 묘	242
苗 싹 묘	242
描 그릴 묘	242
猫 고양이 묘	242

무
霧 안개 무	122
務 힘쓸 무	134
無 없을 무	172
巫 무당 무	242
拇 엄지손가락 무	242
武 굳셀 무/싸울 무/호반 무	242
茂 무성할 무	242
舞 춤출 무	242

묵
墨 먹 묵	242

문
紊 어지러울 문	243

미
黴 곰팡이 미	102
彌 두루 미/오랠 미/꿰맬 미	136
味 맛 미	243
美 아름다울 미	243
迷 헤맬 미/미혹할 미	243
微 적을 미	243
靡 쓰러질 미/아름다울 미	243
眉 눈썹 미	243

민
敏 빠를 민/총명할 민	243

밀
密 빽빽할 밀/숨길 밀	243
蜜 꿀 밀	243

바
婆 할미 바(파)	236

박
樸 순박할 박/통나무 박	147
撲 칠 박	182
拍 손뼉칠 박	243
泊 묵을 박/배댈 박	243
迫 닥칠 박/핍박할 박	243
剝 벗길 박	243
舶 큰배 박	243
博 넓을 박	243
搏 칠 박	243
薄 엷을 박	243

반
伴 짝 반	243
盤 쟁반 반/소반 반	106
礬 백반 반	128
閼 주인 반	185
返 돌아올 반	243
叛 배반할 반	244
班 나눌 반	244
般 일반 반	244
斑 얼룩 반	244

발

發	쏠 발/필 발/떠날 발/일어날 발	139
髮	머리털 발	139
撥	다스릴 발/퉁길 발	140
潑	물뿌릴 발/성할 발	140
醱	술익을 발	140
拔	뺄 발	244

방

放	놓을 방	244
龐	클 방	186
坊	동네 방	244
妨	방해할 방	244
彷	거닐 방	244
邦	나라 방	244
防	막을 방	244
房	방 방	244
肪	비계 방	244
芳	꽃다울 방	244
傍	곁 방	244
膀	오줌통 방	244
幇	도울 방	192
彭	부풀 방	237

배

杯	잔 배	244
拜	절 배	244
背	등 배	244
胚	아이밸 배	245
倍	곱 배	245
俳	광대 배	245
配	짝 배/나눌 배	245
培	북돋을 배	245
徘	어정거릴 배	245
排	밀 배	245
陪	모실 배	245

백

伯	맏 백	245
帛	비단 백	245
魄	넋 백	245

번

番	차례 번	245
蕃	무성할 번/울타리 번	245
繁	많을 번/번성할 번	245
翻	뒤집을 번/번역할 번	245

벌

伐	칠 벌	245

범

範	모범 범/본보기 범	44
氾	넘칠 범	245
犯	범할 범	245
汎	뜰 범/넓을 범	245

벽

闢	열 벽	101
碧	푸를 벽	245
僻	후미질 벽/치우칠 벽	246
劈	쪼갤 벽	246
壁	벽 벽	246
璧	둥근옥 벽	246
癖	버릇 벽	246
霹	벼락 벽	246

변

變	변할 변	58
辨	분별할 변	246
便	똥.오줌 변	237
邊	가 변	162

별

別	다를 별/헤어질 별	246
瞥	언뜻볼 별	246

병

倂	아우를 병/합할 병	246
病	병들 병	246
並	아우를 병	246
屛	병풍 병	246
甁	병 병	246

보

報	알릴 보/갚을 보	118
補	기울 보/채울 보	161
甫	클 보	246
保	지킬 보	246
堡	작은성 보	246
普	넓을 보	246
菩	보살 보	246

복

復	반복할 복/회복할 복	71
複	겹칠 복	71
葍	무 복	165
僕	종 복	178
伏	엎드릴 복	246
服	옷 복/좇을 복/일할 복/약먹을 복	247
匐	길 복	247
腹	배 복	247
福	복 복	247
覆	엎을 복/뒤집을 복	247
匐	길 복	273

봉

鳳	봉황 봉	176
奉	받들 봉	247
封	봉할 봉/제후봉할 봉	247
俸	녹 봉	247
峯	봉우리 봉	247
烽	봉화 봉	247
逢	만날 봉	247
棒	몽둥이 봉	247
蜂	벌 봉	247

부

膚	살갗 부	41
復	다시 부	71
麩	밀기울 부	117
婦	며느리 부	158
付	줄 부	247
扶	도울 부	247
咐	분부할 부	247
府	마을 부/관청 부	247
附	붙을 부	247
赴	다다를 부	247
剖	쪼갤 부/가를 부	247
浮	뜰 부	248
副	버금 부/다음 부	248
符	증거 부/들어맞을 부	248
部	나눌 부/떼 부	248
孵	알깔 부	248

腐 썩을 부 248	臂 팔 비 249	數 자주 삭 121
敷 펼 부 248	譬 비유할 비 249	索 쓸쓸할 삭 252
簿 장부 부 248	**빈**	**산**
분	賓 손 빈 75	産 낳을 산 141
糞 똥 분 97	嬪 궁녀 빈 75	傘 우산 산 156
墳 무덤 분 108	殯 염할 빈 76	散 흩어질 산 251
奮 떨칠 분/성낼 분 127	牝 암컷 빈 241	算 셈할 산 251
吩 분부할 분 248	**빙**	酸 신맛 산 251
扮 꾸밀 분 248	憑 의지할 빙/기댈 빙 42	撒 뿌릴 산 251
奔 달릴 분/달아날 분 248	馮 탈 빙/오를 빙 43	**살**
盆 동이 분 248	氷 얼음 빙 249	殺 죽일 살 155
粉 가루 분 248	聘 부를 빙 250	**삼**
焚 불사를 분 248	**사**	森 수풀 삼/빽빽할 삼 251
雰 안개 분 197	捨 버릴 사 54	**삽**
불	瀉 쏟을 사 114	澁 떫을 삽 85
不 아닐 불 248	辭 말씀 사/사양할 사 120	揷 꽂을 삽 251
佛 부처 불 248	師 스승 사 133	**상**
拂 떨칠 불/지불할 불 248	仕 섬길 사/벼슬 사 250	喪 잃을 상/죽을 상 43
붕	司 맡을 사/관청 사 250	嘗 맛볼 상 65
朋 벗 붕 248	史 역사 사/사관 사 250	償 갚을 상 66
崩 무너질 붕 248	寺 절 사 250	傷 다칠 상 157
비	死 죽을 사 250	床 평상 상 251
備 갖출 비 40	些 적을 사 250	相 서로 상/모양 상/재상 상 251
憊 고달플 비 40	似 같을 사 250	桑 뽕나무 상 251
飛 날 비 166	沙 모래 사 250	商 장사 상 251
比 견줄 비 249	邪 간사할 사 250	常 항상 상 251
妃 왕비 비 249	事 일 사/섬길 사 250	爽 시원할 상 251
庇 덮을 비 249	使 부릴 사/하여금 사 250	祥 상서로울 상 251
批 비평할 비 249	祀 제사 사 250	象 코끼리 상/모양 상 251
卑 낮을 비 249	社 모일 사 250	想 생각 상 251
沸 끓을 비 249	思 생각 사 250	像 모양 상/형상 상 252
肥 살찔 비 249	査 볼 사/살필 사 250	裳 치마 상 252
非 아닐 비 249	唆 부추길 사 250	霜 서리 상 252
秘 숨길 비 249	射 쏠 사 250	**새**
悲 슬플 비 249	徙 옮길 사 250	塞 변방 새 252
扉 문짝 비/사립문 비 249	斜 기울 사 250	
脾 지라 비 249	蛇 뱀 사 251	
翡 비취 비/물총새 비 249	赦 용서할 사 251	
碑 비석 비 249	奢 사치할 사 251	
蜚 메뚜기 비/날 비 249	嗣 대이을 사 251	
鄙 더러울 비 249	**삭**	
鼻 코 비 249	削 깎을 삭 251	

색

嗇	아낄 색	117
索	찾을 색	252
塞	막을 색	252

생

省	덜 생	253

서

嶼	섬 서	154
書	글 서/쓸 서/책 서	174
徐	천천히 서	252
恕	용서할 서	252
庶	여러 서/무리 서	252
序	차례 서/실마리 서	252
敍	펼 서	252
逝	갈 서	252
婿	사위 서	252
棲	깃들일 서	252
暑	더울 서	252
鼠	쥐 서	252
署	관청 서	252
誓	맹세할 서	252

석

釋	풀 석	187
昔	예 석	252
席	자리 석	252
惜	아낄 석	252
潟	개펄 석	253

선

選	가릴 선/뽑을 선	70
宣	베풀 선	253
旋	돌 선/돌아올 선	253
船	배 선	253
善	착할 선	253
羨	부러워할 선	253
煽	부추길 선	253
腺	샘 선	253
線	줄 선	197
膳	반찬 선/선물 선	253

설

褻	속옷 설/더러울 설	97
舌	혀 설	253
泄	샐 설	253
洩	샐 설	253
雪	눈 설	253
齧	씹을 설	198

섬

纖	가는실 섬	87
殲	다죽일 섬	87

섭

攝	끌어당길 섭	99
囁	소곤거릴 섭/속닥일 섭	99
灄	강이름 섭	99
鑷	족집게 섭/털뽑을 섭	100
涉	건널 섭	253

성

聲	소리 성	108
成	이룰 성	253
姓	성 성	253
性	성품 성	253
省	살필 성	253
盛	성할 성	254
醒	술깰 성/깨달을 성	254
聖	성인 성/성스러울 성	115

세

勢	기세 세	87
歲	해 세/세월 세	155
洗	씻을 세	254
稅	세금 세/구실 세	254

소

簫	퉁소 소	50
蕭	쑥 소/쓸쓸할 소	50
蘇	소생할 소/깨어날 소	131
燒	불사를 소	143
掃	쓸 소	145
召	부를 소	254
所	바 소/곳 소	254
昭	밝을 소/소상할 소	254
消	끌 소	254
笑	웃을 소	254
素	흴 소	254
巢	새집 소	254
逍	거닐 소	254
疏	트일 소/드물 소	254
疎	드물 소	254
搔	긁을 소	254
遡	거스를 소	254
蔬	나물 소	254

속

屬	붙을 속	74
束	묶을 속	254
俗	풍속 속/세상 속	254
速	빠를 속	254

손

遜	겸손할 손	65
孫	손자 손	65

솔

率	거느릴 솔	220

송

鬆	더벅머리 송	47
松	소나무 송	255
悚	겁낼 송	255
送	보낼 송	255

쇄

灑	물뿌릴 쇄	56
曬	볕쬘 쇄	56
殺	감할 쇄/심할 쇄	155
刷	인쇄할 쇄/박을 쇄	255

쇠

衰	쇠할 쇠	255

수

鬚	수염 수	48
繡	수놓을 수	49
鏽	녹 수	49
雖	비록 수	69
隨	따를 수	96
獸	짐승 수	117

數 셈할 수/운수 수	121
帥 장수 수	132
守 지킬 수	255
收 거둘 수	255
秀 빼어날 수	255
受 받을 수	255
垂 드리울 수	255
狩 사냥할 수	255
修 닦을 수/고칠 수	255
殊 다를 수	255
授 줄 수	255
羞 부끄러워할 수/음식 수	255
愁 근심 수	255
搜 찾을 수	255
睡 졸 수	255
遂 이룰 수/다할 수	255
酬 갚을 수	255
嗽 기침할 수	256
蒐 모을 수	256
需 구할 수	256
瘦 파리할 수	256
髓 골수 수	256

숙

肅 엄숙할 숙	49
叔 아재비 숙	256
宿 잘 숙	256
淑 맑을 숙	256
熟 익을 숙	256

순

巡 돌아다닐 순	256
殉 따라죽을 순	256
脣 입술 순	256
循 돌 순	256
醇 도타울 순/진한술 순	256
瞬 눈깜짝일 순	256

술

術 재주 술	182
述 지을 술/말할 술	256

숭

崇 높을 숭/높일 숭	256

슬

膝 무릎 슬	256

습

濕 축축할 습	107
習 익힐 습	166
襲 엄습할 습/이을 습	188

승

勝 이길 승	72
繩 줄 승/새끼 승	105
蠅 파리 승	105
丞 도울 승/정승 승	256
承 이을 승	256
昇 오를 승	257
乘 탈 승	257
僧 중 승	257

시

施 베풀 시	257
猜 시기할 시	257

식

識 알 식	52
拭 닦을 식/씻을 식	257
植 심을 식	257
殖 불릴 식	257
熄 불꺼질 식	257

신

燼 깜부기불 신	151
腎 콩팥 신	185
辛 매울 신	257
迅 빠를 신	257
信 믿을 신/편지 신/표시 신	257
娠 아이밸 신	257
神 귀신 신/마음 신/신 신	257
愼 삼갈 신	257
新 새 신	257
辰 때 신	226

실

實 열매 실/사실 실/진실 실	115
室 집 실/아내 실	257

심

尋 찾을 심	150
審 살필 심/찾을 심/물을 심	159
瀋 즙 심/물이름 심	159
沈 성 심	234
甚 심할 심	257
深 깊을 심	257

십

什 열사람 십	227

쌍

雙 쌍 쌍	173

아

亞 버금 아	66
啞 벙어리 아	67
牙 어금니 아	257
芽 싹 아	258
阿 언덕 아/아첨할 아	258
俄 갑자기 아	258
娥 예쁠 아	258
雅 아담할 아/맑을 아	258

악

惡 악할 악	67
堊 흰흙 악	67
樂 풍류 악	138
愕 놀랄 악	258
握 잡을 악	258

안

按 누를 안	258
案 책상 안/생각할 안	258
眼 눈 안	258

알

斡 돌 알/주관할 알	258

암

庵 암자 암	258

暗 어두울 암	258	
癌 괴질 암	258	
巖 바위 암	258	

압

壓 누를 압	147
押 누를 압	258

앙

仰 우러를 앙	258
怏 원망할 앙	258
昂 높을 앙	258
殃 재앙 앙	258

애

愛 사랑 애	89
噫 트림할 애	215
隘 좁을 애	259

액

液 진 액	259

앵

鶯 꾀꼬리 앵	64

야

爺 아비 야	155
冶 불릴 야/대장간 야	259
耶 어조사 야/아버지 야	259
惹 일으킬 야	259
若 땅이름 야	259

약

藥 약 약	64
鑰 자물쇠 약	69
龠 부를 약	69
躍 뛸 약	93
若 같을 약/젊을 약/만약 약	259
弱 약할 약	259

양

養 기를 양	75
癢 가려울 양	75
樣 모양 양	81
釀 술빚을 양	101
陽 볕 양	151
揚 날릴 양	151
瘍 종기 양	151
讓 사양할 양	181
壤 흙 양	259
孃 아가씨 양	198
攘 물리칠 양	259

어

禦 막을 어	106
於 어조사 어	198
御 임금 어	259

억

億 억 억	168
憶 생각할 억	168

엄

嚴 엄할 엄	130
掩 가릴 엄	259

업

業 일 업/업 업	132

역

睪 엿볼 역	187
譯 번역할 역	187
疫 병 역	259
逆 거스를 역	259
域 지경 역	259

연

淵 못 연	107
延 끌 연/미룰 연	259
硏 갈 연	259
衍 퍼질 연	259
宴 잔치 연	259
捐 버릴 연	260
煙 연기 연	196
演 펼 연/행할 연	260
燃 탈 연	260
燕 제비 연	260

열

熱 뜨거울 열/더울 열	88
咽 목멜 열	264

염

鹽 소금 염	80
艶 고울 염	82
厭 싫을 염/싫어할 염	149
殮 염할 염	195
染 물들 염	260
焰 불꽃 염	260

엽

葉 잎사귀 엽	184

영

榮 영화 영	62
營 다스릴 영/경영할 영	63
塋 무덤 영	63
瑩 옥돌 영	63
迎 맞을 영	260
影 그림자 영	260

예

穢 더러울 예	94
譽 기릴 예/칭찬할 예	121
藝 재주 예	172
睿 슬기로울 예	206
叡 밝을 예	206
曳 끌 예	260
芮 풀날 예	260
裔 후손 예	260
豫 미리 예	260

오

襖 가죽옷 오/웃옷 오	60
惡 미워할 오	67
汚 더러울 오	260
娛 즐거워할 오	260
悟 깨달을 오	260
梧 오동나무 오	260
傲 거만할 오	260
奧 속 오/깊을 오	260
寤 잠깰 오	260

옥

沃	기름질 옥	261

온

穩	편안할 온	102
醞	술빚을 온	117

옹

擁	안을 옹	47
癰	등창(종기) 옹	90
翁	늙은이 옹	261
壅	막을 옹	261
甕	독 옹	196

와

窪	웅덩이 와	55
渦	소용돌이 와	193
窩	굴 와	193
蝸	달팽이 와	193
喎	입비뚤어질 와	194

완

宛	굽을 완/완연할 완	261
腕	팔 완	261

왕

旺	왕성할 왕	261
枉	굽을 왕	261

왜

歪	비뚤어질 왜	261
矮	난쟁이 왜	261

외

畏	두려워할 외	261

요

樂	좋아할 요	138
堯	높을 요	142
僥	요행 요	143
蟯	요충 요	143
擾	어지럽힐 요/요란한 요	157
妖	요망할 요	261
拗	비뚤 요/꺾을 요	261
窈	깊을 요/얌전할 요	261
搖	흔들 요	261
瑤	옥 요	261
遙	멀 요/거닐 요	261
窯	가마 요	196
邀	맞을 요	261
曜	빛날 요/요일 요	261
饒	넉넉할 요	120

욕

辱	욕될 욕	262
欲	하고자할 욕	262
慾	욕심 욕	262

용

傭	품팔 용	112
勇	날랠 용	262
容	얼굴 용/받아들일 용/그릇 용/쉬울 용	262
涌	물솟을 용	262
茸	무성할 용/녹용 용	262
庸	떳떳할 용	262
溶	녹을 용	262
慂	권할 용	192
踊	뛸 용	262

우

郵	우편 우	118
憂	근심 우	156
優	넉넉할 우/뛰어날 우	157
迂	멀 우/돌 우	262
祐	도울 우	262
偶	짝 우/허수아비 우/뜻밖 우	262
愚	어리석을 우	262
遇	만날 우	262

운

韻	운 운/울릴 운/운치 운	120
運	옮길 운/운수 운	163
雲	구름 운	172
耘	김맬 운	262

울

鬱	답답할 울/우거질 울	128

웅

雄	수컷 웅	262
熊	곰 웅	262

원

願	원할 원	102
園	동산 원	130
遠	멀 원	163
怨	원망할 원	263
苑	나라동산 원	263
援	도울 원	263
源	근원 원	263

월

越	넘을 월	263

위

衛	지킬 위	167
爲	할 위/위할 위	169
僞	거짓 위	169
韋	가죽 위	169
圍	둘레 위	170
偉	훌륭할 위	170
違	어길 위	170
緯	씨 위	170
威	위엄 위/으를 위	263
萎	시들 위	263
慰	위로할 위	263

유

籲	부를 유	69
猶	오히려 유/같을 유/망설일 유	112
幽	그윽할 유/어두울 유/저승 유	263
唯	오직 유	263
惟	생각할 유	263
悠	멀 유	263
喩	비유할 유	263
愉	기뻐할 유	263
揄	희롱할 유	263

裕 넉넉할 유	263	
楡 느릅나무 유	263	
遊 놀 유	263	
蹂 밟을 유	263	
鍮 놋쇠 유	263	
癒 병나을 유	264	

융
融 녹을 융/화합할 융	264

은
隱 숨을 은/숨길 은	96
慇 은근할 은	264

음
陰 그늘 음	153
淫 음란할 음	264

읍
泣 울 읍	264

응
應 응할 응	160
凝 엉길 응	264
膺 가슴 응/칠 응	264

의
擬 흉내낼 의/헤아릴 의	118
醫 의원 의	119
義 옳을 의/의로울 의/뜻 의	134
儀 거동 의/모범 의	134
宜 마땅할 의/편안 의	264
疑 의심할 의	264

이
爾 너 이/어조사 이	136
異 다를 이	158
弛 늦출 이	264
移 옮길 이	264

익
翌 다음날 익	264

인
認 알 인	169
咽 목구멍 인	264
姻 혼인할 인	264

일
逸 숨을 일/뛰어날 일/달아날 일	264
溢 넘칠 일	264

임
妊 아이밸 임	264

잉
孕 아이밸 잉	264
剩 남을 잉	264

자
藉 핑계할 자/위로할 자	84
子 아들 자	215
仔 자세할 자	215
字 글자 자	215
自 스스로 자/~부터 자	215
刺 찌를 자/수놓을 자	215
姉 손위누이 자	215
炙 고기구울 자	215
姿 모양 자/맵시 자	215
者 놈 자/사람 자	215
恣 방자할 자	215
疵 허물 자	216
瓷 사기그릇 자	216
紫 자주빛 자	216
慈 사랑 자	216
滋 불을 자/번식할 자	216
煮 삶을 자	216
雌 암컷 자	216
磁 자석 자	216
蔗 사탕수수 자	216
諮 물을 자	200

작
作 지을 작	216
昨 어제 작	216
炸 불터질 작	216
酌 술따를 작/짐작할 작	216
雀 참새 작	216
爵 벼슬 작	216
嚼 씹을 작	216

잔
殘 남을 잔	190
棧 잔교 잔	190
盞 잔 잔	190

잠
蠶 누에 잠	79

잡
雜 섞일 잡	156

장
壯 씩씩할 장/장할 장	76
將 장수 장/장군 장/장차 장	76
莊 별장 장/장엄할 장	77
裝 꾸밀 장	77
奬 권할 장	77
檣 상앗대 장	77
漿 미음(즙) 장	78
醬 간장 장	78
臟 내장 장/오장 장	78
贓 뇌물 장/장물 장	78
薔 장미 장	102
場 마당 장	152
腸 창자 장	152
丈 어른 장	216
仗 의장 장/무기 장	216
匠 장인 장	216
杖 지팡이 장/몽둥이 장	217
章 글 장/표지 장	217
掌 손바닥 장	217
葬 묻을 장/장사지낼 장	217
獐 노루 장	217
障 막힐 장	217

재
齋 집(방) 재/재계할 재/살필 재	91

災 재앙 재	114	
纔 겨우 재/비로소 재	166	
才 재주 재	217	
再 두 재	217	
在 있을 재	217	
材 재목 재	217	
宰 재상 재	217	
栽 심을 재	217	
裁 마를 재/재단할 재	217	
滓 찌꺼기 재	217	

쟁

爭 다툴 쟁	217
琤 옥소리 쟁	217

저

這 이 저	161
貯 쌓을 저	186
低 낮을 저	217
底 밑 저	217
咀 씹을 저	217
姐 누이 저	217
抵 막을 저	218
沮 막을 저	218
邸 큰집 저	218
猪 돼지 저	218
著 지을 저/나타날 저	218
箸 젓가락 저	218
躇 머뭇거릴 저	218

적

摘 가리킬 적/들추어낼 적	218
適 알맞을 적	70
敵 원수 적	70
積 쌓을 적	83
糴 쌀사들일 적	94
炙 고기구울 적	215
赤 붉을 적	218
的 과녁 적	218
迹 자취 적	218
寂 고요할 적	218
笛 피리 적	218
跡 발자취 적	218
嫡 정실 적/맏아들 적	218
滴 물방울 적	218
蹟 자취 적	218
籍 문서 적/올릴 적	218

전

戰 싸움 전	66
氈 모직물 전	70
澱 찌꺼기 전	85
專 오로지 전	171
纏 얽을 전/묶을 전	120
電 번개 전	132
傳 전할 전	171
轉 구를 전	171
戔 쌓을 전/적을 전	189
箋 쪽지 전/글 전	178
田 밭 전	218
全 온순할 전	218
典 책 전/법 전	219
前 앞 전	219
展 펼 전	219
悛 고칠 전	219
塡 메울 전	219
殿 대궐 전	219
煎 달일 전/전 전	219
廛 가게 전	219
篆 전자 전	219
錢 돈 전	189
顚 넘어질 전/정수리 전	195

절

竊 훔칠 절	56
癤 부스럼 절	160
節 마디 절/절개 절/때 절	182
切 끊을 절	219
折 꺾을 절	219
截 끊을 절	219

점

墊 빠질 점/잠길 점	62
占 점칠 점/차지할 점	219
店 가게 점	219
粘 끈끈할 점	219

접

摺 접을 접	118
接 접할 접/대접할 접	219
蝶 나비 접	219

정

鄭 나라이름 정/정중할 정	124
丁 장정 정/고무래 정	219
征 칠 정	219
亭 정자 정	219
政 정사 정	220
穽 함정 정	200
酊 술취할 정	220
庭 뜰 정	220
停 머무를 정	220
情 뜻 정/정 정	220
淨 깨끗할 정	201
晶 수정 정/맑을 정	220
程 길 정/법 정	220
睛 눈동자 정	220
艇 거룻배 정	220
靖 편안할 정/평정할 정	220
鼎 솥 정	220
精 찧을 정/자세할 정/날카로울 정/정신 정	220
整 가지런할 정	220
靜 고요할 정	201

제

製 지을 제/만들 제	40
際 끝 제/실제 제/사귈 제	111
劑 약지을 제	116
弟 아우 제/제자 제	220
制 억제할 제/법도 제	220
帝 임금 제	220
悌 공손할 제	220
除 덜 제/나눌 제/벼슬줄 제/섣달그믐날 제	221
梯 사닥다리 제	221
祭 제사 제	221
第 차례 제	221
堤 둑 제	221
提 들 제	221
蹄 발굽 제	221

조

棗 대추 조	44
趙 나라이름 조	62
糶 쌀내어팔 조	94
條 가지 조/조목 조	111
竈 부엌 조	162
弔 조상할 조	221
兆 억조 조/조짐 조	221

助	도울 조	221	鍾	술잔 종/종발 종	42	俊	뛰어날 준	224
阻	막힐 조	221	鐘	쇠북 종	42	准	승인할 준	224
俎	도마 조	221	從	좇을 종/따를 종	175	埈	높을 준/엄할 준	224
凋	시들 조	221	縱	세로 종	175	浚	깊을 준/칠 준	224
祖	할아비 조	221	慫	권할 종	175	竣	일마칠 준	224
租	구실 조/세금 조	221	宗	마루 종/으뜸 종	223	樽	술단지 준	224
彫	새길 조	221	踵	발꿈치 종	223	遵	좇을 준	224

좌

佐	도울 좌	223
坐	앉을 좌	223
座	자리 좌	223

죄

罪	허물 죄	223

주

晝	낮 주	93
籌	산가지 주/셈할 주	119
週	돌 주/주 주	126
州	고을 주	223
朱	붉을 주	223
舟	배 주	223
住	살 주	223
走	달릴 주	223
呪	빌 주/저주할 주	201
周	두루 주/둘레 주	223
宙	집 주/하늘 주	223
注	물댈 주	223
奏	아뢸 주/연주할 주	223
柱	기둥 주	223
洲	섬 주	224
株	그루 주	224
珠	구슬 주	224
酒	술 주	224
做	지을 주	224
註	주낼 주	224
嗾	부추길 주	224
廚	부엌 주	224

죽

竹	대 죽	224

준

準	법도 준/준할 준	90

(continued)

濬	깊을 준/칠 준	224
蠢	꿈틀거릴 준	224

중

中	가운데 중	224
仲	버금 중/거간 중	224
重	무거울 중/겹칠 중	225
衆	무리 중	193

즉

卽	곧 즉	225

즙

汁	진액 즙	225

증

症	증세 증	225
曾	일찍 증	225
蒸	찔 증	225
增	더할 증	225
憎	미워할 증	225

지

識	표시할 지	52
遲	더딜 지	164
祗	공경할 지/삼갈 지	184
之	갈 지	225
支	지탱할 지/갈릴 지/줄 지	225
止	그칠 지	225
只	다만 지	225
地	땅 지	225
旨	뜻 지/맛 지	225
池	못 지	225
至	이를 지/지극할 지	225
址	터 지	225
志	뜻 지	225
枝	가지 지	225

조 (continued from top-left)

眺	바라볼 조	221
窕	정숙할 조	222
粗	거칠 조	222
造	지을 조	222
朝	아침 조/조정 조	222
照	비칠 조	222
稠	빽빽할 조	222
漕	배저을 조	222
肇	시작할 조	222
嘲	조롱할 조	222
潮	조수 조	222
遭	만날 조	222
操	잡을 조	222
燥	마를 조	222
糟	지게미 조	222
藻	마름 조	222
躁	조급할 조	222
早	이를 조	221
曹	무리 조/나라이름 조/성씨 조	221
措	둘 조	221

족

足	발 족/넉넉할 족	222
族	겨레 족	222

존

存	있을 존	222
尊	높을 존	222

졸

卒	군사 졸/마칠 졸/갑자기 졸	223
拙	못할 졸	223
猝	갑작스러울 졸/갑자기 졸	223

종

種	씨 종/심을 종	41
腫	종기 종/부스럼 종	41

知 알 지	225	
肢 사지 지	226	
咫 짧을 지	226	
持 가질 지	226	
指 손가락 지/가리킬 지	226	
祉 복 지	226	
脂 비계 지	226	
智 슬기 지	226	

직
織 짤 직	52
職 맡을 직	52
直 곧을 직/바로 직	226

진
陳 묵을 진/말할 진/늘어놓을 진	129
盡 다할 진	150
塵 먼지 진	155
進 나아갈 진	163
塡 누를 진	219
辰 별 진	226
津 나루 진/진액 진/넘칠 진	226
珍 보배 진	226
振 떨칠 진/떨 진	226
眞 참 진	195
震 떨 진/우레 진	226
嗔 성낼 진	226

질
質 바탕 질/물을 질/볼모 질	43
帙 책갑 질	226
姪 조카 질	198
迭 바꿀 질	226
疾 병 질	226
秩 차례 질	227
窒 막힐 질	227
跌 넘어갈 질	227
嫉 시기할 질	227
桎 차꼬 질	226

짐
朕 나 짐/조짐 짐	227
斟 술따를 짐/헤아릴 짐	227

집
執 잡을 집	88
什 세간 집	227
集 모을 집	227

징
徵 부를 징	104
懲 징계할 징	104
癥 적취 징	104

차
且 또 차	227
次 다음 차	227
此 이 차	227
借 빌릴 차	227
差 어긋날 차/병나을 차/부릴 차	227
遮 가릴 차	227
蹉 넘어질 차	227
茶 차 차	272

착
鑿 뚫을 착	123
捉 잡을 착	227
窄 좁을 착	227
着 붙을 착	227
搾 짤 착	227

찬
贊 도울 찬/찬성할 찬	82
鑽 뚫을 찬/끌 찬	82
讚 기릴 찬/칭찬할 찬	83
竄 달아날 찬/숨을 찬	97
燦 빛날 찬	114
撰 글지을 찬	227
餐 밥 찬	228
簒 빼앗을 찬	228
纂 모을 찬	228

찰
刹 절 찰/짧은시간 찰	228
察 살필 찰	228
擦 문지를 찰	228

참
攙 찌를 참	85
饞 먹을 참/탐할 참	85
懺 뉘우칠 참	86
讖 예언서 참	87
站 역마을 참	228
讒 헐뜯을 참	196

창
倉 곳집 창/창고 창	59
瘡 부스럼 창	59
蒼 푸를 창	59
槍 창 창	59
愴 슬퍼할 창	60
滄 큰바다 창/푸를 창	60
創 지을 창/비롯할 창	60
暢 화창할 창	152
廠 공장 창/헛간 창	164
昌 창성할 창	228
昶 밝을 창	228
唱 노래부를 창	228
娼 노는계집 창	228
猖 미쳐날뛸 창	228
窓 창 창	228

채
采 캘 채/비단 채/채색 채	228
菜 나물 채	228

책
冊 책 책	228
策 꾀 책	228

처
處 곳 처/처리할 처	135
妻 아내 처	229
凄 쓸쓸할 처	229
悽 슬퍼할 처	229

척
拓 넓힐 척/박을 탁	229
擲 던질 척	95
齣 단락 척	133
隻 하나 척/척 척	184

滌 씻을 척 105	聽 들을 청 129	**총**
刺 찌를 척 215	廳 관청 청 173	聰 귀밝을 총 103
尺 자 척 229	靑 푸를 청 230	總 다 총/거느릴 총 103
斥 내칠 척/엿볼 척 229	淸 맑을 청 230	叢 모을 총/모일 총 133
剔 뼈바를 척 229	晴 갤 청 230	寵 사랑할 총 188
脊 등뼈 척 229	**체**	塚 무덤 총 199
陟 오를 척/나아갈 척 229	遞 번갈아들 체/역말 체/ 79	**찰**
戚 친척 척 229	보낼 체	撮 취할 찰 231
瘠 파리할 척/메마를 척 229	滯 막힐 체 107	**최**
천	切 모두 체 219	崔 높을 최/성 최 231
泉 샘 천 229	涕 눈물 체 230	最 가장 최 231
薦 천거할 천 64	替 바꿀 체 230	催 재촉할 최 231
遷 옮길 천 167	逮 잡을 체 230	衰 상복 최 255
韆 그네 천 167	**초**	**추**
淺 얕을 천 189	礎 주춧돌 초 82	鞦 그네 추 71
千 일천 천 229	初 처음 초 230	芻 꼴 추 135
川 내 천 229	抄 가릴 초/베낄 초 230	鄒 나라이름 추 135
天 하늘 천 229	肖 닮을 초/같을 초 230	皺 주름살 추 135
穿 뚫을 천 229	招 부를 초 230	趨 달릴 추 136
喘 헐떡일 천 229	炒 볶을 초 230	雛 병아리 추/새새끼 추 136
철	秒 분초 초 230	醜 추할 추 174
徹 통할 철 112	哨 망볼 초 230	墜 떨어질 추 185
哲 밝을 철 229	草 풀 초/시작할 초/ 231	抽 뽑을 추 231
撤 거둘 철 229	초잡을 초	秋 가을 추 231
첨	焦 탈 초 231	酋 두목 추 232
籤 제비 첨/쪽지 첨 86	貂 담비 초 231	追 따를 추/쫓을 추 232
尖 뾰족할 첨 229	超 넘을 초 231	推 밀 추 232
添 더할 첨 230	楚 초나라 초/매질할 초/ 231	椎 뭉치 추/등뼈 추 232
瞻 볼 첨 230	고울 초	
僉 다 첨/모두 첨 113	憔 파리할 초 231	
簽 서명할 첨/쪽지 첨 200	醋 초 초 231	
첩	樵 땔나무 초 231	**축**
妾 첩 첩 230	蕉 파초 초 231	築 쌓을 축 123
帖 문서 첩 230	礁 암초 초 231	丑 소 축 232
捷 이길 첩/빠를 첩 230	**촉**	畜 가축 축 232
牒 편지 첩 230	觸 닿을 촉 73	祝 빌 축 232
疊 포갤 첩/겹쳐질 첩 199	燭 촛불 촉 73	逐 쫓을 축 232
	囑 부탁할 촉 74	蹙 찌푸릴 축 232
	促 재촉할 촉 231	蹴 찰 축 232
청	**촌**	**춘**
	寸 마디 촌/촌수 촌 231	
	村 마을 촌 231	春 봄 춘 232

출

出	날 출	232

충

衝	부딪칠 충/찌를 충	141
充	채울 충	232
沖	어릴 충/빌 충	232
忠	충성 충	232
衷	속 충/정성 충	232

췌

悴	파리할 췌	232
萃	모을 췌	232
膵	췌장 췌	232

취

吹	불 취	233
取	가질 취	233
炊	불땔 취	233
脆	약할 취/무를 취	233
臭	냄새 취	233
娶	장가들 취	233
就	나아갈 취	233
聚	모을 취/모일 취	233
趣	뜻 취	233
醉	술취할 취	233

층

層	층계 층	110

치

幟	깃발 치	51
熾	성할 치	51
緻	촘촘할 치/밸 치	88
治	다스릴 치	233
侈	사치할 치	233
値	값 치	233
恥	부끄러울 치	233
致	이를 치/이룰 치	233
痔	치질 치	233
痴	어리석을 치	233
稚	어릴 치	233
置	둘 치	233
雉	꿩 치	233

칙

勅	조서 칙	234

친

親	어버이 친/친할 친	57
襯	속옷 친	57

칠

漆	옻 칠/옻칠할 칠	234

침

寢	잘 침	121
沈	잠길 침	234
枕	베개 침	234
侵	침범할 침	234
浸	잠길 침/적실 침	234
鍼	바늘 침/침 침	199

칩

蟄	숨을 칩	94

칭

稱	일컬을 칭/칭찬할 칭	84

쾌

快	쾌할 쾌/시원할 쾌	234

타

墮	떨어질 타	96
橢	길쭉할 타	105
他	다를 타	234
打	칠 타	234
妥	편안할 타	234
咤	꾸짖을 타	234
唾	침 타	234
惰	게으를 타	234

탁

濁	흐릴 탁	73
鐸	방울 탁	188
拓	박을 탁	229
卓	책상 탁/뛰어날 탁	234
託	부탁할 탁/맡길 탁	234
琢	쫄 탁	234
擢	뽑을 탁	234
濯	씻을 탁	234

탄

攤	펼 탄	100
灘	여울 탄	106
嘆	탄식할 탄	181
呑	삼킬 탄	234
坦	평탄할 탄	235
炭	숯 탄	235

탈

奪	빼앗을 탈	149
脫	벗을 탈	235

탐

眈	노려볼 탐	235
耽	즐길 탐	235
探	찾을 탐	235

탑

塔	탑 탑	235
搨	베낄 탑/박을 탑	235
搭	실을 탑/탈 탑	235

탕

湯	끓일 탕/끓을 탕	152
蕩	방탕할 탕	153
宕	호방할 탕	235

태

態	모양 태/태도 태	127
颱	태풍 태	139
怠	게으를 태	235
殆	위태로울 태	235
胎	아이밸 태	235
苔	이끼 태	235
笞	볼기칠 태	235

택

宅	집 택	235
擇	가릴 택	187

탱

撑	버틸 탱	235
撐	버틸 탱	235

토

吐	토할 토	235
兎	토끼 토	235

통

桶	통 통	235
通	통할 통	236
痛	아플 통	236
筒	대롱 통/대통 통	236

퇴

推	밀 퇴	232
退	물러날 퇴	236
堆	쌓일 퇴	236
腿	넓적다리 퇴	236
褪	빛바랠 퇴	236

투

鬪	싸울 투	168
投	던질 투	236
套	버릇 투/덮개 투	236
透	통할 투	236

특

特	특별할 특	236

파

擺	털 파/헤칠 파	100
罷	끝날 파/끝낼 파/파할 파	100
把	잡을 파	236
波	물결 파	236
爬	긁을 파	236
芭	파초 파	236
派	물갈래 파	236
破	깰 파	236
婆	할미 파	236
琶	비파 파	236
跛	절름발이 파	236
播	뿌릴 파/옮길 파	237

판

辦	힘쓸 판	174
判	판단할 판	237
阪	비탈 판/언덕 판	237
板	널 판	237
版	인쇄할 판	237

팔

叭	나팔 팔	237

패

佩	찰 패	237
悖	거스를 패	237
牌	패 패	237
覇	으뜸 패	237

팽

彭	땅이름 팽/성 팽	237
澎	물결부딪칠 팽	237
膨	부풀 팽	237
烹	삶을 팽	237

편

便	편할 편/소식 편	237
篇	책 편	237
鞭	채찍 편	237
偏	치우칠 편	237
遍	두루 편	237

평

萍	개구리밥 평	237

폐

吠	짖을 폐	238
肺	허파 폐	238
陛	섬돌 폐	238
弊	나쁠 폐/폐단 폐	238
蔽	가릴 폐	238
斃	죽어넘어질 폐	81
幣	폐백 폐/돈 폐	81

포

咆	으르렁거릴 포	238
庖	부엌 포	238
怖	두려워할 포	238
抱	안을 포	238
抛	던질 포	238
泡	거품 포	238
匍	길(기다) 포	238
哺	먹일 포	238
捕	잡을 포	238
浦	물가 포	238
砲	대포 포	200
脯	포(육포 등) 포	238
逋	달아날 포	238
葡	포도 포	238
褒	기릴 포	239
暴	사나울 포	239

폭

幅	폭 폭	239
暴	심할 폭/사나울 폭	239
瀑	폭포 폭	239
爆	터질 폭	239
暴	사나울 폭	239

표

標	표시할 표/표할 표	65
表	겉 표	205
豹	표범 표	205
票	표 표/쪽지 표	205
剽	빼앗을 표/표절할 표	205
慓	날랠 표/표독할 표	205
漂	뜰 표/빨래할 표	205
瓢	표주박 표	205
墓	무덤 표	242

품

品	물건 품	205
稟	바탕 품/여쭐 품	205

풍

豊	풍년 풍	175
風	바람 풍	177
楓	단풍나무 풍	177
諷	욀 풍	177

피

皮	가죽 피	205
彼	저 피	205
披	펼 피/헤칠 피	205
疲	피곤할 피/지칠 피	205
被	입을 피	205
避	피할 피	205

필

匹	짝 필	205
必	반드시 필	205
弼	도울 필	205
筆	붓 필	89
畢	다할 필/마칠 필	147

핍

乏	다할 핍/모자랄 핍	205
逼	닥칠 핍/핍박할 핍	205

하

蝦	새우 하	68
嚇	위협할 하	154
何	어찌 하	206
河	물 하	206
夏	여름 하	206
荷	짐 하/연꽃 하	206
瑕	옥티 하	206
遐	멀 하	206

학

瘧	학질 학	126
虐	사나울 학	206
壑	골짜기 학	206

한

漢	한수 한/한나라 한/사내 한	180
汗	땀 한	206
旱	가물 한	206
罕	드물 한	206
邯	땅이름 한	206
恨	한 한/뉘우칠 한	206
限	한정할 한	206
寒	찰 한	206
翰	편지 한	206

할

割	나눌 할/벨 할	206

함

艦	싸움배 함	84
鹹	짤 함	92
含	머금을 함	207
咸	다 함	207
喊	고함지를 함	207

합

合	합할 합/모을 합	207
盒	합 합(그릇)	207
蛤	조개 합	207

항

肮	살찔 항	126
亢	목 항/높을 항	207
抗	막을 항/겨룰 항	207
肛	똥구멍 항/항문 항	207
姮	항아 항	207
巷	거리 항	207
恒	항상 항	207
航	배 항	207
港	항구 항	207
行	항렬 항	208
降	항복할 항	266

해

亥	돼지 해	207
咳	기침 해	207
垓	지경 해/해자 해	207
孩	아이 해	207
害	해칠 해	207
海	바다 해	207
偕	함께 해	208
楷	본보기 해	208
懈	게으를 해	208
骸	뼈 해	208
邂	우연히 만날 해	208
醢	젓갈 해	208
解	풀 해	195

핵

劾	캐물을 핵	208
核	씨 핵	208

행

行	다닐 행/행할 행	208
杏	살구 행/은행(열매) 행	208
幸	다행 행	208
倖	요행 행	208

향

響	울릴 향	67
鄕	시골 향/고향 향	68
嚮	향할 향	68
饗	잔치할 향	68
向	향할 향	208
享	누릴 향	208
香	향기 향	208

허

虛	빌 허	208

헌

憲	법 헌	56
獻	드릴 헌/바칠 헌	99

헐

歇	쉴 헐/값쌀 헐	208

혁

嚇	꾸짖을 혁	154
革	가죽 혁/고칠 혁	208
赫	붉을 혁	208

현

縣	고을 현	93
懸	매달 현	93
顯	나타날 현	107
賢	어질 현	186
玄	검을 현	208
眩	어지러울 현	209

혈
穴	구멍 혈	209
血	피 혈	209

혐
嫌	싫어할 혐/의심할 혐	209

협
脅	으를 협	40
協	도울 협/화합할 협	41

형
螢	반딧불 형/개똥벌레 형	63
兄	형 형/맏 형	209
刑	형벌 형	209
亨	형통할 형	209
形	모양 형	209
型	틀 형	209
荊	가시 형	209
衡	저울 형	209
馨	향기로울 형	209

혜
彗	빗자루 혜/꼬리별 혜	209
惠	은혜 혜	209
慧	지혜 혜	209
醯	초 혜	209

호
壺	병 호	79
護	보호할 호/지킬 호	131
滬	강이름 호	159
互	서로 호	209
戶	집 호/지게 호	209
好	좋을 호/좋아할 호	209
呼	부를 호	209
弧	활 호	210
狐	여우 호	210
虎	범 호	210
胡	오랑캐 호	210
湖	물 호/호수 호	210
浩	넓을 호	210
扈	뒤따를 호/날뛸 호	210
毫	가는털 호/붓 호	210
皓	흴 호	210
瑚	산호 호	210
豪	호걸 호	210
糊	풀칠할 호	210
壕	해자 호	210

혹
或	아마 혹	210
惑	미혹할 혹/의심할 혹	210
酷	심할 혹/모질 혹	210

혼
魂	넋 혼	211
昏	어두울 혼	210
婚	혼인할 혼	210
混	섞을 혼	210

홀
忽	갑자기 홀	211
惚	황홀할 홀	211

홍
弘	넓을 홍/클 홍	211
洪	넓을 홍/클 홍	211
虹	무지개 홍	211

화
華	빛날 화	158
化	될 화	211
火	불 화	211
禾	벼 화	211
和	화목할 화	211
花	꽃 화	211
靴	신 화	211
譁	지껄일 화	211
禍	재앙 화	194

확
穫	거둘 확	80
確	굳을 확/확실할 확	123
擴	넓힐 확	145
攫	움켜쥘 확	211

환
環	고리 환	125
還	돌아올 환	125
歡	기뻐할 환	147
丸	둥글 환/알 환	211
幻	허깨비 환	211
宦	벼슬 환	211
桓	굳셀 환	211
患	근심 환	211
喚	부를 환	212
換	바꿀 환	212
煥	빛날 환	212

활
活	살 활	212
滑	미끄러질 활	212
猾	교활할 활	212

황
怳	멍할 황/황홀할 황	212
恍	항홀할 황	212
況	하물며 황/모양 황	212
皇	임금 황(황제 황)	212
荒	거칠 황	212
凰	봉황새 황	212
徨	거닐 황/어정거릴 황	212
惶	두려워할 황	212
隍	해자 황	212
黃	누를 황	212
慌	당황할 황/멍할 황	212
煌	빛날 황	212
遑	허둥거릴 황/다급할 황	212

회
懷	품을 회	162
匯	물돌 회/어음 회	179
回	돌 회	212
灰	재 회	213
廻	돌 회	213
徊	어정거릴 회	213
悔	뉘우칠 회	213
晦	그믐 회	213
淮	물이름 회	213

획
獲	얻을 획	80
劃	그을 획/계획할 획	142

횡
橫	가로 횡/뜻밖에 횡/사나울 횡	213

효
孝	효도 효	213
效	본받을 효	213
酵	술밑 효/술괼 효	213
曉	새벽 효	143

후
后	왕후 후/뒤 후	213
朽	썩을 후	213
吼	울 후/외칠 후	213
侯	임금 후/제후 후	213
厚	두터울 후	213
候	기다릴 후/기후 후/망볼 후	213
逅	우연히만날 후	213
喉	목구멍 후	213
嗅	냄새맡을 후	213

훈
熏	탈 훈/태울 훈	213
薰	향기 훈/온화할 훈	214
燻	연기낄 훈	214
勳	공 훈	214

훤
喧	시끄러울 훤	214

훼
喙	부리 훼	214
毁	헐 훼	214

휘
彙	모을 휘/무리 휘	180
麾	대장기 휘	214
徽	아름다울 휘/표지 휘	214

휴
虧	이지러질 휴	166
休	쉴 휴	214
携	들 휴/낄 휴	214

휼
恤	불쌍히여길 휼	214

흉
兇	흉악할 흉	200
匈	오랑캐 흉	214
恟	두려워할 흉	214
洶	용솟음칠 흉	214
胸	가슴 흉	214

흑
黑	검을 흑	214

흔
釁	틈 흔/피바를 흔	95
欣	기뻐할 흔	214
痕	흔적 흔	214
狠	사나울 흔/패려할 흔	206

흠
欠	하품 흠	215

흡
吸	마실 흡	215
恰	비슷할 흡/마치 흡	215
洽	두루미칠 흡/흡족할 흡	215

흥
興	흥할 흥/흥겨울 흥	140

희
犧	희생할 희	83
戲	놀 희/희롱할 희 연극 희	150
希	바랄 희	215
姬	계집 희	215
喜	기쁠 희	215
稀	드물 희	215
噫	한숨쉴 희	215

색 인 (획수 순) ※ 번체자 기준

2 획

丁 장정 정/고무래 정	219

3 획

干 방패 간/간여할 간/구할 간	265
工 장인 공/일 공	268
子 아들 자	215
丈 어른 장	216
才 재주 재	217
千 일천 천	229
川 내 천	229
寸 마디 촌/촌수 촌	231
丸 둥글 환/알 환	211

4 획

公 공평할 공/관청 공/여러 공	268
不 아닐 불	248
比 견줄 비	249
什 열사람 십	227
牙 어금니 아	257
弔 조상할 조	221
中 가운데 중	224
之 갈 지	225
支 지탱할 지/갈릴 지/줄 지	225
止 그칠 지	225
什 세간 집	227
尺 자 척	229
天 하늘 천	229
切 모두 체/끊을 절	219
丑 소 축	232
匹 짝 필	205
亢 목 항/높을 항	207
互 서로 호	209
戶 집 호/지게 호	209
化 될 화	211
火 불 화	211
幻 허깨비 환	211
凶 흉할 흉/흉년 흉	200
欠 하품 흠	215

5 획

可 옳을 가	264
加 더할 가	265
刊 새길 간	266
功 공 공	268
巧 공교로울 교/교묘할 교	269
冬 겨울 동	273
立 설 립	214
末 끝 말	239
氾 넘칠 범	245
犯 범할 범	245
付 줄 부	247
氷 얼음 빙	249
仕 섬길 사/벼슬 사	250
司 맡을 사/관청 사	250
史 역사 사/사관 사	250
召 부를 소	254
孕 아이밸 잉	264
仔 자세할 자	215
仗 의장 장/무기 장	216
田 밭 전	218
占 점칠 점/차지할 점	219
汁 진액 즙	225
只 다만 지	225
冊 책 책	228
斥 내칠 척/엿볼 척	229
出 날 출	232
他 다를 타	234
打 칠 타	234
叭 나팔 팔	237
皮 가죽 피	205
必 반드시 필	205
乏 다할 핍/모자랄 핍	205
穴 구멍 혈	209
兄 형 형/맏 형	209
弘 넓을 홍/클 홍	211
禾 벼 화	211
玄 검을 현	208
且 또 차	227

6 획

各 각각 각	265
奸 간사할 간	266
共 함께 공/한가지 공	268
企 꾀할 기/바랄 기	271
吉 길할 길/좋을 길	271
宅 집 댁/집 택	235
同 같을 동	273
妄 망령될 망/잊을 망	240
忙 바쁠 망	240
牟 보리 모/소울 모	241
伐 칠 벌	245
汎 뜰 범/넓을 범	245
并 아우를 병	246
伏 엎드릴 복	246
妃 왕비 비	249
牝 암컷 빈	241
寺 절 사	250
死 죽을 사	250
舌 혀 설	253
守 지킬 수	255
收 거둘 수	255
丞 도울 승	256
仰 우러를 앙	258
曳 끌 예	260
汚 더러울 오	260

弛 늦출 이 264	朽 썩을 후 213	妨 방해할 방 244
字 글자 자 215	休 쉴 휴 214	彷 거닐 방 244
自 스스로 자/~부터 자 215	兇 흉악할 흉 200	邦 나라 방 244
匠 장인 장 216	匈 오랑캐 흉 214	防 막을 방 244
再 두 재 217	却 물리칠 각 265	伯 맏 백 245
在 있을 재 217		別 다를 별/헤어질 별 246
全 온순할 전 218	## 7 획	甫 클 보 246
兆 억조 조/조짐 조 221	角 뿔 각 265	扶 도울 부 247
早 이를 조 221	肝 간 간 266	吩 분부할 분 248
存 있을 존 222	改 고칠 개 266	扮 꾸밀 분 248
州 고을 주 223	坑 구덩이 갱 266	佛 부처 불 248
朱 붉을 주 223	劫 으를 겁/겁 겁 267	庇 덮을 비 249
舟 배 주 223	戒 경계할 계 267	批 비평할 비 249
竹 대 죽 224	困 곤할 곤 268	似 같을 사 250
地 땅 지 225	攻 칠 공 268	沙 모래 사 250
旨 뜻 지/맛 지 225	求 구할 구 269	邪 간사할 사 250
池 못 지 225	究 연구할 구/다할 구 269	床 평상 상 251
至 이를 지/지극할 지 225	局 판 국/부분 국 269	序 차례 서/실마리 서 252
次 다음 차 227	均 고를 균 270	成 이룰 성 253
此 이 차 227	忌 꺼릴 기 271	束 묶을 속 254
尖 뾰족할 첨 229	技 재주 기 271	秀 빼어날 수 255
充 채울 충 232	汽 김오를 기/증기 기 271	巡 돌아다닐 순 256
宅 집 택 235	那 어찌 나 271	辛 매울 신 257
吐 토할 토 235	努 힘쓸 노 272	迅 빠를 신 257
汗 땀 한 206	卵 알 란 273	沈 성 심 234
合 합할 합/모을 합 207	冷 찰 랭 262	冶 불릴 야/대장간 야 259
亥 돼지 해 207	弄 희롱할 롱 274	延 끌 연/미룰 연 259
行 다닐 행/행할 행 항렬 항 208	忘 잊을 망 240	沃 기름질 옥 261
向 향할 향 208	每 매양 매/늘 매 240	妖 요망할 요 261
血 피 혈 209	牡 수컷 모 241	迂 멀 우/돌 우 262
刑 형벌 형 209	沒 빠질 몰 242	妊 아이밸 임 264
好 좋을 호/좋아할 호 209	妙 묘할 묘 242	作 지을 작 216
回 돌 회 212	巫 무당 무 242	壯 씩씩할 장/장할 장 76
灰 재 회 213	伴 짝 반 243	杖 지팡이 장/몽둥이 장 217
后 왕후 후/뒤 후 213	坊 동네 방 244	災 재앙 재 119
	足 발 족/넉넉할 족 222	材 재목 재 217
		低 낮을 저 217

한자	뜻/음	쪽
赤	붉을 적	218
弟	아우 제/제자 제	220
助	도울 조	221
佐	도울 좌	223
坐	앉을 좌	223
住	살 주	223
走	달릴 주	223
址	터 지	225
志	뜻 지	225
辰	별 진/때 신	226
初	처음 초	230
抄	가릴 초/베낄 초	230
肖	닮을 초/같을 초	230
村	마을 촌	231
沖	어릴 충/빌 충	232
吹	불 취	233
沈	잠길 침	234
快	쾌할 쾌/빠를 쾌	234
妥	편안할 타	234
吞	삼킬 탄	234
投	던질 투	236
把	잡을 파	236
判	판단할 판	237
阪	비탈 판/언덕 판	237
吠	짖을 폐	238
抛	던질 포	238
何	어찌 하	206
旱	가물 한	206
罕	드물 한	206
含	머금을 함	207
抗	막을 항/겨룰 항	207
肛	똥꾸멍 항/항문 항	207
杏	살구 행/은행(열매)행	208
亨	형통할 형	209
形	모양 형	209
孝	효도 효	213
吼	울 후/외칠 후	213
吸	마실 흡	215
希	바랄 희	215

8 획

한자	뜻/음	쪽
佳	아름다울 가	265
呵	꾸짖을 가	265
刻	새길 각	265
居	살 거	266
拒	막을 거	266
固	굳을 고	267
孤	외로울 고	267
供	이바지할 공/줄 공	268
空	빌 공/하늘 공	268
果	과실 과/결과 과	268
刮	비빌 괄/닦을 괄	269
怪	기이할 괴	269
拐	속일 괴	269
具	갖출 구	269
拘	잡을 구/거리낄 구	269
狗	개 구	269
屈	굽을 굴/굽힐 굴	270
券	문서 권	270
卷	책 권	270
近	가까울 근	270
金	쇠 금/돈 금/성 김	270
其	그 기	271
奇	기이할 기/갑자기 기	271
奈	나락 나/어찌 내	271
剌	수라 라	215
來	올 래	163
兩	두 량	109
例	본보기 례	274
侖	생각할 륜	178
林	수풀 림	214
抹	바를 말/없앨 말	240
沫	거품 말	240
罔	없을 망	240
妹	손아래누이 매	240
枚	낱 매	240
孟	맏 맹/맹랑할 맹	241
盲	눈멀 맹	241
免	면할 면	241
牧	칠 목	242
歿	죽을 몰	242
杳	아득할 묘	242
拇	엄지손가락 무	242
武	군셀 무/싸울 무/호반 무	242
味	맛 미	243
拍	손뼉칠 박	243
泊	묵을 박/배댈 박	243
返	돌아올 반	243
拔	뺄 발	244
放	놓을 방	244
房	방 방	244
肪	비계 방	244
芳	꽃다울 방	244
杯	잔 배	244
帛	비단 백	245
服	옷 복/좇을 복/일할 복/약 먹을 복	247
奉	받들 봉	247
咐	분부할 부	247
府	마을 부/관청 부	247
附	붙을 부	247
奔	달릴 분/달아날 분	248
拂	떨칠 불/지불할 불	248
朋	벗 붕	248
卑	낮을 비	249
沸	끓을 비	249
肥	살찔 비	249
非	아닐 비	249
些	적을 사	250
事	일 사/섬길 사	250

使 부릴 사/하여금 사 250	炙 고기구울 적/고기구울 자 215	卓 책상 탁/뛰어날 탁 234
祀 제사 사 250	的 과녁 적 218	坦 평탄할 탄 235
社 모일 사 250	戔 쌓을 전/적을 전 189	宕 호방할 탕 235
昔 예 석 252	典 책 전/법 전 219	兎 토끼 토 235
泄 샐 설 253	店 가게 점 219	波 물결 파 236
姓 성 성 253	征 칠 정 219	爬 긁을 파 236
性 성품 성 253	制 억제할 제/법도 제 220	芭 파초 파 236
所 바 소/곳 소 254	阻 막힐 조 221	板 널 판 237
松 소나무 송 255	卒 군사 졸/마칠 졸/갑자기 졸 223	版 인쇄할 판 237
刷 인쇄할 쇄/박을 쇄 255	拙 못할 졸 223	佩 찰 패 237
受 받을 수 255	宗 마루 종/으뜸 종 223	肺 허파 폐 238
垂 드리울 수 255	呪 빌 주/저주할 주 201	咆 으르렁거릴 포 238
叔 아재비 숙 256	周 두루 주/둘레 주 223	庖 부엌 포 238
承 이을 승 256	宙 집 주/하늘 주 223	怖 두려워할 포 238
昇 오를 승 257	注 물댈 주 223	抱 안을 포 238
亞 버금 아 71	枝 가지 지 225	泡 거품 포 238
芽 싹 아 258	知 알 지 225	表 겉 표 205
阿 언덕 아/아첨할 아 258	肢 사지 지 226	彼 저 피 205
押 누를 압 258	直 곧을 직/바로 직 226	披 헤칠 피 205
怏 원망할 앙 258	帙 책갑 질 226	河 물 하 206
於 어조사 어 198	刹 절 찰/짧은시간 찰 228	邯 땅이름 한 206
迎 맞을 영 260	昌 창성할 창 228	劾 캐물을 핵 208
芮 풀날 예 260	采 캘 채/비단 채/채색 채 228	幸 다행 행/다닐 행/항렬 항 208
宛 굽을 완/완연할 완 261	妻 아내 처 229	享 누릴 향 208
旺 왕성할 왕 261	拓 넓힐 척/박을 탁 229	和 화목할 화 211
枉 굽을 왕 261	妾 첩 첩 230	花 꽃 화 211
拗 비뚤 요/꺾을 요 261	帖 문서 첩 230	恍 멍할 황/황홀할 황 212
泣 울 읍 264	靑 푸를 청 230	況 하물며 황/모양 황 212
宜 마땅할 의/편안 의 264	招 부를 초 230	欣 기뻐할 흔 214
刺 찌를 자/수놓을 자 수라 라/찌를 척 215	炒 볶을 초 230	
姉 손위누이 자 215	抽 뽑을 추 231	### 9 획
爭 다툴 쟁 217	忠 충성 충 232	架 시렁 가 265
底 밑 저 217	取 가질 취 233	苛 매울 가/혹독할 가 265
咀 씹을 저 217	炊 불땔 취 233	看 볼 간 266
姐 누이 저 217	治 다스릴 치 233	降 내릴 강/항복할 항 266
抵 막을 저 218	侈 사치할 치 233	建 세울 건 267
沮 막을 저 218	枕 베개 침 234	剄 목벨 경 192
邸 큰집 저 218		係 맬 계/관계할 계 113

故 연고 고/죽을 고/일 고	268	盆 동이(항아리) 분	248	韋 가죽 위	169
苦 쓸 고/괴로울 고	268	飛 날 비	166	威 위엄 위/으를 위	263
科 과목 과/부과할 과	268	思 생각 사	250	幽 그윽할 유/어두울 유/저승 유	263
括 묶을 괄	269	査 볼 사/살필 사	250		
苟 진실로 구/구차할 구	269	削 깎을 삭	251	咽 목구멍 인/목멜 열	264
		相 서로 상/모양 상/재상 상	251	姻 혼인할 인	264
尅 찌를 극	131			咨 물을 자	215
急 급할 급	270	省 살필 성/덜 생	253	姿 모양 자/맵시 자	215
矜 불쌍히여길 긍/자랑할 긍	271	宣 베풀 선	253	者 놈 자/사람 자	215
		洩 샐 설	253	昨 어제 작	216
祈 빌 기	271	洗 씻을 세	254	炸 불터질 작	216
耐 견딜 내	271	昭 밝을 소/소상할 소	254	前 앞 전	219
怒 성낼 노	272	俗 풍속 속/세상 속	254	亭 정자 정	219
待 기다릴 대/대접할 대	272	帥 장수 수	133	政 정사 정	220
毒 독 독	272	狩 사냥할 수	255	穽 함정 정	220
突 부딪칠 돌/갑자기 돌/내밀 돌/당돌할 돌	272	述 지을 술/말할 술	256	酊 술취할 정	220
		施 베풀 시	257	帝 임금 제	220
		拭 닦을 식/씻을 식	257	俎 도마 조	221
剌 어그러질 랄	211	信 믿을 신/편지 신/표시 신	257	奏 아뢸 주/연주할 주	223
昧 어두울 매	240			柱 기둥 주	223
勉 힘쓸 면	241	室 집 실/아내 실	257	洲 섬 주	224
眄 곁눈질할 면/애꾸눈 면	241	甚 심할 심	257	俊 뛰어날 준	224
面 낯 면	241	俄 갑자기 아	258	重 무거울 중/겹칠 중	225
侮 업신여길 모	241	按 누를 안	258	卽 곧 즉	225
冒 무릅쓸 모	241	昻 높을 앙	258	咫 짧을 지	226
苗 싹 묘	242	殃 재앙 앙	258	持 가질 지	226
茂 무성할 무	242	耶 어조사 야/아버지 야	259	指 손가락 지/가리킬 지	226
美 아름다울 미	243	若 같을 약/젊을 약/만약 약/땅이름 야	259	祉 복 지	226
眉 눈썹 미	243			津 나루 진/진액 진/넘칠 진	226
迫 닥칠 박/핍박할 박	243	疫 병 역	259		
叛 배반할 반	244	衍 퍼질 연	259	珍 보배 진	226
拜 절 배	244	咽 목멜 열	264	姪 조카 질	198
背 등 배	244	染 물들 염	260	迭 바꿀 질	226
胚 아이밸 배	245	歪 비뚤어질 왜	261	昶 밝을 창	228
便 똥.오줌 변	237	畏 두려워할 외	261	泉 샘 천	229
保 지킬 보	246	勇 날랠 용	262	穿 뚫을 천	229
赴 다다를 부	247	怨 원망할 원	263	秒 분초 초	230
苑 나라동산 원	263			促 재촉할 촉	231
				秋 가을 추	231
				酋 두목 추	232

한자	뜻/음	페이지
春	봄 춘	232
勅	조서 칙	234
侵	침범할 침	234
咤	꾸짖을 타	234
炭	숯 탄	235
眈	노려볼 탐	235
怠	게으를 태	235
殆	위태로울 태	235
胎	아이밸 태	235
苔	이끼 태	235
派	물갈래 파	236
便	편할 편/소식 편/똥,오줌 변	237
匍	길(기다) 포	238
品	물건 품	205
風	바람 풍	177
虐	사나울 학	206
恨	한 한/뉘우칠 한	206
限	한정할 한	206
咸	다 함	207
姮	항아 항	207
巷	거리 항	207
恒	항상 항	207
咳	기침 해	207
垓	지경 해/해자 해	207
孩	아이 해	207
香	향기 향	208
革	가죽 혁/고칠 혁	208
型	틀 형	209
胡	오랑캐 호	210
洪	넓을 홍/클 홍	211
虹	무지개 홍	211
宦	벼슬 환	211
活	살 활	212
恍	황홀할 황	212
皇	임금황(황제황)	212
廻	돌 회	213
徊	어정거릴 회	213
侯	임금 후/제후 후	213
厚	두터울 후	213
恤	불쌍히여길 휼	214
恟	두려워할 흉	214
洶	용솟음칠 흉	214
狠	사나울 흔/패려할 흔	206
恰	비슷할 흡/마치 흡	215
洽	두루미칠 흡/흡족할 흡	215
姬	계집 희	215
封	봉할 봉/제후봉할 봉/봉우리 봉	247

10 획

한자	뜻/음	페이지
家	집 가	265
個	낱 개	172
倨	거만할 거	267
兼	겸할 겸	267
徑	지름길 경	195
耕	밭갈 경	267
高	높을 고	268
哭	울 곡	268
骨	뼈 골	268
恐	두려울 공	268
恭	공손할 공	268
校	학교 교/교정할 교 장교 교	269
倦	게으를 권	270
拳	주먹 권	270
鬼	귀신 귀	270
根	뿌리 근	270
豈	어찌 기	159
能	능할 능	272
唐	당나라 당/당돌할 당/당황할 당	272
徒	무리 도/걸을 도	272
桃	복숭아 도	272
逃	달아날 도	272
浪	물결 랑	269
郞	사내 랑	266
倆	재주 량	109
凉	서늘할 량	260
旅	나그네 려	259
料	헤아릴 료/재료 료	230
留	머무를 류	223
倫	인륜 륜	178
凌	능가할 릉/업신여길 릉	220
娩	낳을 만	239
挽	당길 만	239
茫	아득할 망	240
埋	묻을 매	240
脈	맥 맥/줄기 맥	240
眠	잠잘 면	241
冥	어두울 명	241
畝	밭두둑 묘	160
紊	어지러울 문	243
迷	헤맬 미/미혹할 미	243
剝	벗길 박	243
班	나눌 반	244
般	일반 반	244
倍	곱 배	245
俳	광대 배	245
配	짝 배/나눌 배	245
倂	아우를 병/합할 병	246
病	병들 병	246
俸	녹 봉	247
剖	쪼갤 부/가를 부	247
浮	뜰 부	248
粉	가루 분	248
秘	숨길 비	249
師	스승 사	133
唆	부추길 사	250
射	쏠 사	250
索	쓸쓸할 삭/찾을 색	252
桑	뽕나무 상	251
書	글 서/쓸 서/책 서	174
徐	천천히 서	252
峯	봉우리 봉	247

恕 용서할 서	252
席 자리 석	252
涉 건널 섭	253
消 끌 소	254
笑 웃을 소	254
素 흴 소	254
孫 손자 손	70
悚 겁낼 송	255
送 보낼 송	255
衰 쇠할 쇠/상복 최	255
修 닦을 수/고칠 수	255
殊 다를 수	255
殉 따라죽을 순	256
乘 탈 승	257
娠 아이밸 신	257
神 귀신 신/마음 신/신 신	257
娥 예쁠 아	258
案 책상 안/생각할 안	258
弱 약할 약	259
逆 거스를 역	259
宴 잔치 연	259
捐 버릴 연	260
娛 즐거워할 오	260
悟 깨달을 오	260
翁 늙은이 옹	261
窈 깊을 요/얌전할 요	261
辱 욕될 욕	262
容 얼굴 용/받아들일 용/그릇 용/쉬울 용	262
涌 물솟을 용	262
茸 무성할 용/녹용 용	262
祐 도울 우	262
耘 김맬 운	262
恣 방자할 자	215
酌 술따를 작/짐작할 작	216
宰 재상 재	217
栽 심을 재	217
迹 자취 적	218
展 펼 전	219
悛 고칠 전	219
庭 뜰 정	220
悌 공손할 제	220
除 덜 제/나눌 제/벼슬 줄 제/섣달그믐날 제	221
凋 시들 조	221
祖 할아비 조	221
租 구실 조/세금 조	221
座 자리 좌	223
株 그루 주	224
珠 구슬 주	224
酒 술 주	224
准 승인할 준	224
埈 높을 준/엄할 준	224
浚 깊을 준/칠 준	224
症 증세 증	225
祗 공경할 지/삼갈 지	189
脂 비계 지	226
振 떨칠 진/떨 진	226
眞 참 진	201
疾 병 질	226
秩 차례 질	227
桎 차꼬 질	226
朕 나 짐/조짐 짐	227
借 빌릴 차	227
差 어긋날 차/병나을 차/부릴 차	227
茶 차 다/차 차	272
捉 잡을 착	227
窄 좁을 착	227
站 역마을 참	228
倉 곳집 창/창고 창	64
凄 쓸쓸할 처	229
隻 하나 척/척 척	189
剔 뼈바를 척	229
脊 등뼈 척	229
陟 오를 척/나아갈 척	229
哲 밝을 철	229
涕 눈물 체	230
哨 망볼 초	230
草 풀 초/시작할 초/초잡을 초	231
甤 꼴 추	135
追 따를 추/쫓을 추	232
畜 가축 축	232
祝 빌 축	232
衷 속 충/정성 충	232
脆 약할 취/무를 취	233
臭 냄새 취	233
値 값 치	233
恥 부끄러울 치	233
致 이를 치/이룰 치	233
浸 잠길 침/적실 침	234
託 부탁할 탁/맡길 탁	234
耽 즐길 탐	235
退 물러날 퇴	236
套 버릇 투/덮개 투	236
特 특별할 특	236
破 깰 파	236
悖 거스를 패	237
陛 섬돌 폐	238
哺 먹일 포	238
捕 잡을 포	238
浦 물가 포	238
砲 대포 포	200
豹 표범 표	205
疲 피곤할 피/지칠 피	205
被 입을 피	205
夏 여름 하	206
航 배 항	207
害 해칠 해	207
海 바다 해	207
核 씨 핵	208
倖 요행 행	208
眩 어지러울 현	209
脅 으를 협	40
荊 가시 형	209
浩 넓을 호	210
桓 굳셀 환	211
荒 거칠 황	212

悔 뉘우칠 회	213	略 간략할 략	261	赦 용서할 사	251
效 본받을 효	213	梁 들보 량	261	蛇 뱀 사	251
候 기다릴 후/기후 후/망볼 후	213	鹵 소금밭 로/염전 로	129	産 낳을 산	141
逅 우연히 만날 후	213	淚 눈물 루	126	殺 죽일 살	155
胸 가슴 흉	214	累 여러 루	226	商 장사 상	251
梯 사닥다리 제	221	陸 뭍 륙	111	常 항상 상	251
		淪 빠질 륜	178	爽 시원할 상	251

11 획

		率 비율 률	220	祥 상서로 상/울 상	251
假 거짓 가	265	梨 배 리	220	庶 여러 서/무리 서	252
脚 다리 각	265	理 다스릴 리	216	敍 펼 서	252
康 편안할 강	266	莫 말 막/없을 막	239	逝 갈 서	252
乾 마를 건/하늘 건	165	望 바랄 망	240	惜 아낄 석	252
健 건강할 건/굳셀 건	267	梅 매화 매	240	旋 돌 선/돌아올 선	253
牽 당길 견	91	麥 보리 맥	162	船 배 선	253
堅 굳을 견	186	猛 사나울 맹	241	雪 눈 설	253
脛 정강이 경	191	務 힘쓸 무	134	掃 쓸 소	145
莖 줄기 경	191	敏 빠를 민/총명할 민	243	巢 새집 소	254
啓 열 계	161	密 빽빽할 밀/숨길 밀	243	逍 거닐 소	254
械 기계 계	267	婆 할미 바(파)	236	速 빠를 속	254
控 당길 공/덜 공	268	舶 큰배 박	243	率 거느릴 솔	220
掛 걸 괘	197	培 북돋을 배	245	殺 감할 쇄/심할 쇄	155
敎 가르칠 교	269	徘 어정거릴 배	245	授 줄 수	255
救 구제할 구/도울 구	269	排 밀 배	245	羞 부끄러워할 수/음식 수	255
球 공 구	269	陪 모실 배	245		
掘 팔 굴	270	屛 병풍 병	246	宿 잘 숙	256
捲 걷을 권/말 권	124	匐 길 복	273	淑 맑을 숙	256
圈 우리 권/둘레 권	270	烽 봉화 봉	247	脣 입술 순	256
基 터 기	271	逢 만날 봉	247	術 재주 술	182
寄 보낼 기/맡길 기/붙어살 기	271	婦 며느리 부	158	崇 높을 숭/높일 숭	256
		副 버금 부/다음 부	248	習 익힐 습	166
捺 누를 날	271	符 증거 부/들어맞을 부	248	猜 시기할 시	257
淡 묽을 담	272			深 깊을 심	257
堂 집 당/정당할 당/친척 당	272	部 나눌 부/떼 부	248	啞 벙어리 아	67
		崩 무너질 붕	248	堊 흰흙 악	67
豚 돼지 돈	272	捨 버릴 사	54	眼 눈 안	258
動 움직일 동	42	徙 옮길 사	250	庵 암자 암	258
得 얻을 득	273	斜 기울 사	250	液 진 액	259
朗 밝을 랑	262			御 임금 어	259
				掩 가릴 엄	259
				域 지경 역	259

研 갈 연	259	粗 거칠 조	222	脯 포(육포 등) 포	238
梧 오동나무 오	260	造 지을 조	222	逋 달아날 포	238
欲 하고자할 욕	262	族 겨레 족	222	票 표 표/쪽지 표	205
庸 떳떳할 용	262	猝 갑작스러울 졸/갑자기 졸	223	畢 다할 필/마칠 필	147
郵 우편 우	108	從 좇을 종/따를 종	175	荷 짐 하/연꽃 하	206
偶 짝 우/허수아비 우/뜻밖 우	262	晝 낮 주	93	盒 합 합(그릇)	207
偉 훌륭할 위	170	做 지을 주	224	烹 삶을 팽	237
唯 오직 유	263	陳 묵을 진/말할 진/늘어놓을 진	129	偕 함께 해	208
惟 생각할 유	263	窒 막힐 질	227	彗 빗자루 혜/꼬리별 혜	209
悠 멀 유	263	執 잡을 집	88	扈 뒤따를 호/날뜀 호	210
陰 그늘 음	153	唱 노래부를 창	228	毫 가는털 호/붓 호	210
淫 음란할 음	264	娼 노는계집 창	228	婚 혼인할 혼	210
異 다를 이	158	猖 미쳐날뜀 창	228	混 섞을 혼	210
移 옮길 이	264	窓 창 창	228	惚 황홀할 홀	211
翌 다음날 익	264	處 곳 처/처리할 처	135	患 근심 환	211
疵 허물 자	216	悽 슬퍼할 처	229	凰 봉황새 황	212
瓷 사기그릇 자	216	戚 친척 척	229	晦 그믐 회	213
雀 참새 작	216	淺 얕을 천	189	淮 물이름 회	213
將 장수 장/장군 장/장차 장	76	添 더할 첨	230	痕 흔적 흔	214
莊 별장 장/장엄할 장	77	捷 이길 첩/빠를 첩	230	**12 획**	
章 글 장/표지 장	217	淸 맑을 청	230	街 거짓 가	265
這 이 저	161	崔 높을 최/성 최	231	跏 책상다리할 가	265
寂 고요할 적	218	推 밀 추	232	殼 껍질 각	158
笛 피리 적	218	逐 쫓을 축	232	揀 가릴 간	46
專 오로지 전	171	悴 파리할 췌	232	堪 견딜 감	266
粘 끈끈할 점	219	娶 장가들 취	233	敢 구태여 감/용감할 감	266
接 접할 접/대접할 접	219	痔 치질 치	233	腔 속빌 강	266
停 머무를 정	220	唾 침 타	234	開 열 개	171
情 뜻 정/정 정	220	脫 벗을 탈	235	距 떨어질 거	267
淨 깨끗할 정	201	探 찾을 탐	235	傑 호걸 걸/뛰어날 걸	125
祭 제사 제	221	笞 볼기칠 태	235	揭 들 게	267
第 차례 제	221	桶 통 통	235	景 볕 경/경치 경	267
條 가지 조/조목 조	111	通 통할 통	236	痙 힘줄땅길 경	191
彫 새길 조	221	推 밀 퇴	232	階 층계 계	199
措 둘 조	221	堆 쌓일 퇴	236	菊 국화 국	269
曹 무리 조/나라이름 조/성씨 조	221	透 통할 투	236	窘 막힐 군	269
眺 바라볼 조	221	婆 할미 파	236	筋 힘줄 근	270
窕 정숙할 조	222	偏 치우칠 편	237		

棄 버릴 기	114	棒 몽둥이 봉	247	堯 높을 요	142
幾 몇 기	137	復 다시 부	71	雲 구름 운	172
期 기약 기/기간 기	271	焚 불사를 분	248	雄 수컷 웅	262
喫 마실 끽/먹을 끽	271	雰 안개 분	197	援 도울 원	263
惱 괴로워할 뇌	61	備 갖출 비	40	越 넘을 월	263
答 대답할 답/갚을 답	272	悲 슬플 비	249	圍 둘레 위	170
隊 떼 대/무리 대	174	扉 문짝 비/사립문 비	249	萎 시들 위	263
渡 건널 도	272	脾 지라 비	249	猶 오히려 유/같을 유/망설일 유	112
盜 도둑 도	272	憑 탈 빙/오를 빙	43		
都 도읍 도/모두 도	272	奢 사치할 사	251	喩 비유할 유	263
棟 마룻대 동/집 동	91	傘 우산 산	156	愉 기뻐할 유	263
童 아이 동	273	散 흩어질 산	251	揄 희롱할 유	263
登 오를 등	273	森 수풀 삼/빽빽할 삼	251	裕 넉넉할 유	263
等 무리 등/같을 등	273	揷 꽃을 삽	251	逸 숨을 일/뛰어날 일/달아날 일	264
量 헤아릴 량	259	喪 잃을 상/죽을 상	43		
勞 일할 로/수고로울 로/위로할 로	131	象 코끼리 상/모양 상	251	剩 남을 잉	264
		壻 사위 서	252	紫 자주빛 자	216
晩 늦을 만	239	棲 깃들일 서	252	滋 불을 자/번식할 자	216
買 살 매	44	善 착할 선	253	殘 남을 잔	190
媒 중매 매	240	盛 성할 성	254	棧 잔교 잔	190
寐 잠잘 매	240	稅 세금 세/구실 세	254	場 마당 장	152
帽 모자 모	241	疏 트일 소/드물 소	254	掌 손바닥 장	217
描 그릴 묘	242	疎 드물 소/섬길 소	254	裁 마를 재/재단할 재	217
猫 고양이 묘	242	循 돌 순	256	琤 옥소리 쟁	217
無 없을 무	172	勝 이길 승	72	貯 쌓을 저	186
博 넓을 박	243	植 심을 식	257	猪 돼지 저	218
斑 얼룩 반	244	殖 불릴 식	257	晶 수정 정/맑을 정	220
發 쏠 발/필 발/떠날 발/일어날 발	139	腎 콩팥 신	185	程 길 정/법 정	220
		尋 찾을 심	150	堤 둑 제	221
傍 곁 방	244	雅 아담할 아/맑을 아	258	提 들 제	221
幇 도울 방	192	惡 악할 악/미워할 오	67	棗 대추 조	44
彭 부풀 방	237	愕 놀랄 악	258	朝 아침 조/조정조	222
番 차례 번	245	握 잡을 악	258	尊 높을 존	222
報 알릴 보/갚을 보	118	陽 볕 양	151	週 돌 주/주 주	126
補 기울 보/채울 보	161	揚 날릴 양	151	註 주낼 주	224
堡 작은성 보	246	淵 못 연	107	竣 일마칠 준	224
普 넓을 보	246	焰 불꽃 염	260	衆 무리 중	193
菩 보살 보	246	渦 소용돌이 와	193	曾 일찍 증	225
復 반복할 복/회복할 복	71	喎 입비뚤어질 와	194	智 슬기 지	226
		腕 팔 완	261	進 나아갈 진	163
				跌 넘어질 질	227

集 모을 집	227
着 붙을 착	227
創 지을 창/비롯할 창	60
菜 나물 채	228
策 꾀 책	228
喘 헐떡일 천	229
晴 갤 청	230
替 바꿀 체	230
逮 잡을 체	230
焦 탈 초	231
貂 담비 초	231
超 넘을 초	231
最 가장 최	231
椎 뭉치 추/등뼈 추	232
萃 모을 췌	232
就 나아갈 취	233
惰 게으를 타	234
琢 쫄 탁	234
湯 끓일 탕/끓을 탕	152
痛 아플 통	236
筒 대롱 통/대통 통	236
琶 비파 파	236
跛 절름발이 파	236
牌 패 패	237
彭 땅이름 팽/성 팽/부풀 방	237
萍 개구리밥 평	237
幅 폭 폭	239
弼 도울 필	205
筆 붓 필	89
寒 찰 한	206
割 나눌 할/벨 할	206
喊 고함지를 함	207
蛤 조개 합	207
港 항구 항	207
虛 빌 허	208
惠 은혜 혜	209
壺 병 호	79
湖 물 호/호수 호	210
皓 흴 호	210
華 빛날 화	158
惑 미혹할 혹/의심할 혹	210
喚 부를 환	212
換 바꿀 환	212
徨 거닐 황/어정거릴 황	212
惶 두려워할 황	212
爲 할 위/위할 위	169
隍 해자 황	212
黃 누를 황	212
喉 목구멍 후	213
喧 시끄러울 훤	214
喙 부리 훼	214
黑 검을 흑	214
喜 기쁠 희	215
稀 드물 희	215

13 획

嫁 시집갈 가	265
暇 틈 가	265
幹 줄기 간	165
感 느낄 감	266
慨 성낼 개	185
隔 막힐 격/멀 격	267
經 지날 경/지낼 경/글 경	191
敬 공경할 경	267
溪 시내 계	267
鼓 북 고/칠 고	268
壼 대궐안길 곤/문지방 곤	80
滑 미끄러질 활/익살스러울 골	212
過 지날 과/지나칠 과/허물 과	148
誇 자랑할 과	149
塊 덩어리 괴/흙덩어리 괴	109
溝 도랑 구	53
群 무리 군	270
窟 굴 굴	270
極 다할 극/끝 극/매우 극	48
僅 겨우 근	176
勤 부지런할 근/일할 근	270
禁 금할 금	270
禽 새 금	270
暖 따뜻할 난	271
農 농사 농	141
腦 골 뇌/뇌 뇌	61
達 이룰 달/이를 달/통달할 달	148
當 마땅할 당	153
塗 바를 도/진흙 도	84
督 감독할 독/재촉할 독	272
落 떨어질 락	208
亂 어지러울 란	111
廉 청렴할 렴/값쌀 렴	253
零 떨어질 령	248
虜 사로잡을 로	50
雷 우레 뢰	231
廩 곳집 름	205
裏 속 리	129
痲 저릴 마	239
煤 그을음 매	240
盟 맹세할 맹	241
滅 멸할 멸	181
募 부를 모	241
睦 화목할 목	242
微 적을 미	243
搏 칠 박	243
甁 병 병	246
腹 배 복	247
蜂 벌 봉	247
碑 비석 비	249
聘 부를 빙	250
嗣 대이을 사	251
傷 다칠 상	157
想 생각 상	251
塞 변방 새/막을 새	252
嗇 아낄 색	117
暑 더울 서	252

한자	훈음	쪽
鼠	쥐 서	252
羨	부러워할 선	253
腺	샘 선	253
勢	기세 세	87
歲	해 세/세월 세	155
搔	긁을 소	254
愁	근심 수	255
搜	찾을 수	255
睡	졸 수	255
遂	이룰 수/다할 수	255
酬	갚을 수	255
肅	엄숙할 숙	49
愼	삼갈 신	257
新	새 신	257
暗	어두울 암	258
愛	사랑 애	89
隘	좁을 애	259
爺	아비 야	155
惹	일으킬 야	259
業	일 업/업 업	132
睪	엿볼 역	187
煙	연기 연	196
葉	잎사귀 엽	184
塋	무덤 영	63
裔	후손 예	260
傲	거만할 오	260
奧	속 오/깊을 오	260
矮	난쟁이 왜	261
搖	흔들 요	261
傭	품팔 용	112
溶	녹을 용	262
愚	어리석을 우	262
遇	만날 우	262
運	옮길 운/운수 운	163
園	동산 원	130
源	근원 원	263
違	어길 위	170
楡	느릅나무 유	263
遊	놀 유	263
義	옳을 의/의로울 의/뜻 의	134
溢	넘칠 일	264
慈	사랑 자	216
煮	삶을 자	216
盞	잔 잔	190
裝	꾸밀 장	77
腸	창자 장	152
葬	묻을 장/장사지낼 장	217
滓	찌꺼기 재	217
著	지을 저/나타날 저	218
跡	발자취 적	218
電	번개 전	132
傳	전할 전	171
塡	메울 전	219
殿	대궐 전	219
煎	달일 전/전 전	219
睛	눈동자 정	220
艇	거룻배 정	220
靖	편안할 정/평정할 정	220
鼎	솥 정	220
照	비칠 조	222
稠	빽빽할 조	222
腫	종기 종/부스럼 종	41
罪	허물 죄	223
準	법도 준/준할 준	90
嗔	성낼 진	226
塡	누를 진	219
嫉	시기할 질	227
斟	술따를 짐/헤아릴 짐	227
搾	짤 착	227
愴	슬퍼할 창	60
滄	큰바다 창/푸를 창	60
僉	다 첨/모두 첨	194
牒	편지 첩	230
楚	초나라 초/매질할 초/고울 초	231
塚	무덤 총	199
置	둘 치	233
雉	꿩 치	233
塔	탑 탑	235
催	재촉할 최	231
鄒	나라이름 추	135
痴	어리석을 치	233
稚	어릴 치	233
搨	베낄 탑/박을 탑	235
搭	실을 탑/탈 탑	235
遍	두루 편	237
葡	포도 포	238
剽	빼앗을 표/표절할 표	205
稟	바탕 품/여쭐 품	205
楓	단풍나무 풍	177
逼	닥칠 핍/핍박할 핍	205
瑕	옥티 하	206
遐	멀 하	206
楷	본보기 해	208
解	풀 해	195
鄕	시골 향/고향 향	68
歇	쉴 헐/값쌀 헐	208
嫌	싫어할 혐/의심할 혐	209
瑚	산호 호	210
靴	신 화	211
煥	빛날 환	212
猾	교활할 활	212
慌	당황할 황/멍할 황	212
煌	빛날 황	212
遑	허둥거릴 황/다급할 황	212
匯	물돌 회/어음 회	179
嗅	냄새맡을 후	213
毁	헐 훼	214
彙	모을 휘/무리 휘	180
携	들 휴/낄 휴	214
聖	성인 성/성스러울 성	115

14 획

한자	훈음	쪽
嘉	아름다울 가	265
歌	노래 가	265
蓋	덮을 개	116
慨	슬퍼할 개	266
漑	물댈 개	266

漢字	페이지
遣 보낼 견	267
輕 가벼울 경	192
境 지경 경	267
夥 많을 과	156
管 대롱 관/주관할 관	269
僑 붙어살 교/더부살이 교	54
構 얽을 구/집 구/건물 구	52
緊 급할 긴/중요할 긴	89
寧 편안할 녕	181
端 끝 단/바를 단/실마리 단	272
臺 집 대/장부 대	139
圖 그림 도/꾀할 도/책 도	51
摺 꺾을 랍	118
綠 푸를 록	48
屢 자주 루/여러 루	123
漏 샐 루	226
綸 인끈 륜/다스릴 륜	179
麼 잘 마/어조사 마	168
漠 아득할 막	239
寞 쓸쓸할 막	239
幕 장막 막	239
慢 거만할 만	239
漫 질펀할 만/흩어질 만	239
網 그물 망	154
摸 찾을 모	241
貌 모양 모	241
夢 꿈 몽	95
蒙 어릴 몽/어리석을 몽	242
舞 춤출 무	242
蜜 꿀 밀	243
膀 오줌통 방	244
碧 푸를 벽	245
複 겹칠 복	71
僕 종 복	178
福 복 복	247
孵 알깔 부	248
腐 썩을 부	248
翡 비취 비/물총새 비	249
蜚 메뚜기 비/날 비	249
鄙 더러울 비	249
鼻 코 비	249
賓 손 빈	75
算 셈할 산	251
酸 신맛 산	251
嘗 맛볼 상	65
像 모양 상/형상 상	252
裳 치마 상	252
署 관청 서	252
誓 맹세할 서	252
煽 부추길 선	253
遡 거스를 소	254
遜 겸손할 손	65
嗽 기침할 수	256
蒐 모을 수	256
需 구할 수	256
僧 중 승	257
熄 불꺼질 식	257
實 열매 실/사실 실/진실 실	115
斡 돌 알/주관할 알	258
瘍 종기 양	151
演 펼 연/행할 연	260
厭 싫을 염/싫어할 염	149
榮 영화 영	62
睿 슬기로울 예	206
寤 잠깰 오	260
窪 웅덩이 와	55
窩 굴 와	193
僥 요행 요	143
瑤 옥 요	261
遙 멀 요/거닐 요	261
慂 권할 용	197
踊 뛸 용	262
熊 곰 웅	262
遠 멀 원	163
僞 거짓 위	169
慇 은근할 은	264
疑 의심할 의	264
爾 너 이/어조사 이	136
認 알 인	169
雌 암컷 자	216
磁 자석 자	216
獐 노루 장	217
障 막힐 장	217
摘 가리킬 적/들추어낼 적	218
嫡 정실 적/맏아들 적	218
滴 물방울 적	218
箋 쪽지 전/글 전	189
截 끊을 절	219
墊 빠질 점/잠길 점	62
摺 접을 접	118
精 찧을 정/자세할 정 날카로울 정/정신 정	220
製 지을 제/만들 제	40
際 끝 제/실제 제/사귈 제	111
趙 나라이름 조	62
漕 배저을 조	222
肇 시작할 조	222

種 씨 종/심을 종	41
嗾 부추길 주	224
蒸 찔 증	225
盡 다할 진	150
塵 먼지 진	155
察 살필 찰	228
蒼 푸를 창	59
槍 창 창	59
暢 화창할 창	152
滌 씻을 척	105
遞 번갈아들 체/역말 체/보낼 체	79
滯 막힐 체	107
聚 모을 취/모일 취	233
漆 옻 칠/옻칠할 칠	234
寢 잘 침	121
稱 일컬을 칭/칭찬할 칭	84
奪 빼앗을 탈	149
態 모양 태/태도 태	127
颱 태풍 태	139
腿 넓적다리 퇴	236
慓 날랠 표/표독할 표	205
漂 뜰 표/빨래할 표	205
墓 무덤 묘	242
瘧 학질 학	126
漢 한수 한/한나라 한/사내 한	180
骯 살찔 항	126
赫 붉을 혁	208
滈 강 이름 호	159
豪 호걸 호	210
酷 심할 혹/모질 혹	210
魂 넋 혼	211
禍 재앙 화	194
劃 그을 획/계획할 획	142
酵 술밑 효/술괼 효	213
熏 탈 훈/태울 훈	213
對 대할 대/짝 대	113
鳳 봉황 봉	176

15 획

價 값 가	157
稼 심을 가	265
槪 대개 개/절개 개	266
潔 깨끗할 결	55
慶 경사 경	141
稿 볏짚 고/원고 고	268
穀 곡식 곡	159
鞏 묶을 공/굳을 공	145
廣 넓을 광	144
嬌 아리따울 교/애교 교	54
膠 아교 교/풀 교	83
窮 다할 궁/궁할 궁	160
劇 심할 극/연극 극	88
憧 그리워할 동	273
鄧 나라이름 등	142
輛 수레 량	95
練 익힐 련	47
憐 불쌍히 여길 련	124
論 말할 론/논할 론	179
樓 다락 루/누각 루	122
輪 바퀴 륜	179
鄰 이웃 린	130
摩 문지를 마/만질 마	239
膜 꺼풀 막	239
賣 팔 매	43
罵 욕할 매/꾸짖을 매/꾸짖을 마	240
魅 도깨비 매	240
蔑 업신여길 멸/없을 멸	241
慕 사모할 모	242
暮 저물 모	242
模 본뜰 모	242
廟 사당 묘	124
墨 먹 묵	242
撲 칠 박	182
盤 쟁반 반/소반 반	106

髮 머리털 발	139
撥 다스릴 발/퉁길 발	140
潑 물뿌릴 발/성할 발	140
魄 넋 백	245
範 모범 범/본보기 범	44
僻 후미질 벽/치우칠 벽	246
劈 쪼갤 벽	246
蔔 무 복	165
膚 살갗 부	41
麩 밀기울 부	117
敷 펼 부	248
墳 무덤 분	108
撒 뿌릴 살	251
潟 개펄 석	253
線 줄 선	197
數 셈할 수/운수 수/자주 삭	121
瘦 파리할 수	256
熟 익을 숙	256
醇 도타울 순/진한술 순	256
膝 무릎 슬	256
樂 풍류 악/즐길 락/좋아할 요	138
養 기를 양	75
樣 모양 양	81
億 억 억	168
熱 뜨거울 열/더울 열	88
瑩 옥돌 영	63
影 그림자 영	260
蝸 달팽이 와	193
窯 가마 요	196
慾 욕심 욕	262
憂 근심 우	156
衛 지킬 위	167
緯 씨 위	170
慰 위로할 위	263
儀 거동 의/모범 의	134
蔗 사탕수수 자	216

한자	훈음	쪽
奬	권할 장	77
檣	상앗대 장	77
漿	미음(즙) 장	78
箸	젓가락 저	218
適	알맞을 적	70
敵	원수 적	70
廛	가게 전	219
篆	전자 전	219
節	마디 절/절개 절/때 절	182
蝶	나비 접	219
鄭	나라이름 정/정중할 정	124
嘲	조롱할 조	222
潮	조수 조	222
遭	만날 조	222
慫	권할 종	175
廚	부엌 주	224
增	더할 증	225
憎	미워할 증	225
震	떨 진/우레 진	226
質	바탕 질/물을 질/볼모 질	43
徵	부를 징	104
遮	가릴 차	227
撰	글지을 찬	227
瘡	부스럼 창	59
廠	공장 창/헛간 창	167
瘠	파리할 척/메마를 척	229
遷	옮길 천	167
徹	통할 철	112
撤	거둘 철	229
憔	파리할 초	231
醋	초 초	231
撮	취할 촬	231
皺	주름살 추	135
墜	떨어질 추	185
衝	부딪칠 충/찌를 충	141
劉	성씨 류/이길 류	127
趣	뜻 취	233
醉	술취할 취	233
層	층계 층	110
幟	깃발 치	51
墮	떨어질 타	96
嘆	탄식할 탄	181
撑	버틸 탱	235
褪	빛바랠 퇴	236
罷	끝날 파/끝낼 파/파할 파	100
播	뿌릴 파/옮길 파	237
澎	물결부딪칠 팽	237
篇	책 편	237
弊	나쁠 폐/폐단 폐	238
幣	폐백 폐/돈 폐	81
褒	기릴 포	239
暴	심할 폭/사나울 포·폭	239
標	표시할 표/표할 표	65
蝦	새우 하	68
賢	어질 현	186
慧	지혜 혜	209
糊	풀칠할 호	210
確	굳을 확/확실할 확	123
麾	대장기 휘	214

16 획

한자	훈음	쪽
諫	간할 간	46
墾	개간할 간	92
憾	섭섭해할 감	266
據	기댈 거/증거 거	89
激	물부딪칠 격	267
頸	목 경	192
橋	다리 교	54
龜	땅이름 구/거북 귀/터질 균	112
機	틀 기/기회 기	137
璣	구슬 기	137
器	그릇 기/기관(신체) 기	271
壇	터 단/단 단	108
撻	매질할 달	148
擔	멜 담	72
導	이끌 도/인도할 도	150
獨	홀로 독	73
頭	머리 두	44
燈	등불 등/등잔 등	142
曆	책력 력	173
歷	지낼 력	173
隸	종 례/서체이름 례	49
盧	검을 로/밥그릇 로	184
錄	기록할 록	48
療	멀 료	164
龍	용 룡	183
磨	갈 마	239
樸	순박할 박/통나무 박	147
蕃	무성할 번/울타리 번	245
壁	벽 벽	246
辨	분별할 변	246
奮	떨칠 분/성낼 분	127
憊	고달플 비	40
憑	의지할 빙/기댈 빙	42
選	가릴 선/뽑을 선	70
膳	반찬 선/선물 선	253
醒	술깰 성/깨달을 성	254
燒	불사를 소	143
蔬	나물 소	254
隨	따를 수	96
噫	트림할 애	215
禦	막을 어	106
憶	생각할 억	168
燃	탈 연	260
燕	제비 연	260
叡	밝을 예	206
豫	미리 예	260
擁	안을 옹	47

甕 막을 옹	261
蹂 밟을 유	263
融 녹을 융/화합할 융	264
凝 엉길 응	264
諮 물을 자	200
積 쌓을 적	83
戰 싸움 전	66
澱 찌꺼기 전	85
錢 돈 전	189
整 가지런할 정	220
靜 고요할 정	201
劑 약지을 제	116
蹄 발굽 제	221
操 잡을 조	222
踵 발꿈치 종	223
樽 술단지 준	224
遵 좇을 준	224
遲 더딜 지	164
餐 밥 찬	228
樵 땔나무 초	231
蕉 파초 초	231
築 쌓을 축	123
膵 췌장 췌	232
熾 성할 치	51
緻 촘촘할 치/밸 치	88
親 어버이 친/친할 친	57
橢 길쭉할 타	105
濁 흐릴 탁	73
蕩 방탕할 탕	153
擇 가릴 택	187
辦 힘쓸 판	174
膨 부풀 팽	237
蔽 가릴 폐	238
瓢 표주박 표	205
翰 편지 한	206
懈 게으를 해	208
骸 뼈 해	208
憲 법 헌	56
縣 고을 현	93
螢 반딧불 형/개똥벌레 형	93
衡 저울 형	209
橫 가로 횡/뜻밖에 횡/사나울 횡	213
曉 새벽 효	143
勳 공 훈	214
興 흥할 흥/흥겨울 흥	140
噫 한숨쉴 희	215
諷 욀 풍	177

17 획

戲 놀 희/희롱할 희/연극 희	150
懇 정성 간	92
艱 어려울 간	180
瞰 내려다볼 감	266
講 익힐 강/강론할 강	53
薑 생강 강	61
擊 칠 격	182
矯 바로잡을 교	55
購 살 구	53
懦 나약할 나	271
膽 쓸개 담	71
謄 베낄 등	72
闌 함부로 란/막을 란	45
勵 힘쓸 려	119
聯 잇닿을 련/짝 련	122
鍊 단련할 련/익힐 련	253
斂 거둘 렴	194
嶺 재 령/고개 령	53
癆 중독 로	97
療 병고칠 료	164
瞭 눈 밝을 료	165
臨 임할 림	69
邁 먼길갈 매/힘쓸 매	148
濛 가랑비올 몽	98
懞 어두울 몽	98
彌 두루 미/오랠 미/꿰맬 미	136
薄 엷을 박	243
闆 주인 반	185
繁 많을 번/번성할 번	245
瞥 언뜻볼 별	246
糞 똥 분	97
臂 팔 비	249
嬪 궁녀 빈	75
澁 떫을 삽	85
償 갚을 상	66
霜 서리 상	252
嶼 섬 서	154
褻 속옷 설/더러울 설	97
聲 소리 성	108
蕭 쑥 소/쓸쓸할 소	50
雖 비록 수	69
瞬 눈깜짝할 순	256
濕 축축할 습	107
癌 괴질 암	258
壓 누를 압	149
殮 염할 염	195
營 다스릴 영/경영할 영	63
醞 술빚을 온	117
邀 맞을 요	261
優 넉넉할 우/뛰어날 우	157
鍮 놋쇠 유	263
隱 숨을 은/숨길 은	96
應 응할 응	160
膺 가슴 응/칠 응	264
擬 흉내낼 의/헤아릴 의	118
薔 장미 장	102
齋 집(방) 재/재계할 재/살필 재	91
氈 모직물 전	70
燥 마를 조	222
糟 지게미 조	222
鍾 술잔 종/종발 종	42
縱 세로 종	175
濬 깊을 준/칠 준	224
蹉 넘어질 차	227
燦 빛날 찬	114
攃 빼앗을 찬	228
擦 문지를 찰	228
薦 천거할 천	64
礁 암초 초	231

燭 촛불 촉	73
聰 귀밝을 총	103
總 다 총/거느릴 총	103
趨 달릴 추	122
醜 추할 추	174
鍼 바늘 침	199
蟄 숨을 칩	194
擢 뽑을 탁	234
濯 씻을 탁	234
避 피할 피	205
嚇 위협할 하/꾸짖을 혁	154
壑 골짜기 학	206
邂 우연히 만날 해	208
醢 젓갈 해	208
壕 해자 호	210
環 고리 환	125
還 돌아올 환	130
獲 얻을 획	80
徽 아름다울 휘/표지 휘	214
虧 이지러질 휴	166

18 획

壙 구덩이 광/광 광	144
舊 예 구	132
櫃 상자 궤/함 궤	47
歸 돌아올 귀/돌아갈 귀	132
竅 구멍 규	76
覲 뵐 근	176
謹 삼갈 근	176
斷 끊을 단	116
鼕 북소리 동	134
糧 양식 량	121
濾 거를 려	106
獵 사냥할 렵	103
壘 진 루	74
瀏 맑을 류	127
翻 뒤집을 번/번역할 번	245

璧 둥근옥 벽	246
癖 버릇 벽	246
覆 엎을 복/뒤집을 복	247
殯 염할 빈	76
瀉 쏟을 사	114
鬆 더벅머리 송	47
燼 깜부기불 신	151
瀋 즙 심/물이름 심	159
雙 쌍 쌍	173
穢 더러울 예	94
襖 가죽옷 오/웃옷 오	60
甕 독 옹	196
蟯 요충 요	143
擾 어지럽힐 요/요란한 요	157
曜 빛날 요/요일 요	261
癒 병나을 유	264
醫 의원 의	119
藉 핑계할 자/위로할 자	84
爵 벼슬 작	216
雜 섞일 잡	156
醬 간장 장	78
蹟 자취 적	218
轉 구를 전	171
織 짤 직	52
職 맡을 직	52
竄 달아날 찬/숨을 찬	97
擲 던질 척	95
瞻 볼 첨	230
礎 주춧돌 초	82
叢 모을 총/모일 총	133
鞦 그네 추	71
雛 병아리 추/새새끼 추	136
蹙 찌푸릴 축	232
擺 털 파/헤칠 파	100
鞭 채찍 편	237
斃 죽어 넘어질 폐	81
瀑 폭포 폭	239

豐 풍년 풍	175
擴 넓힐 확	145
薰 향기 훈/온화할 훈	214
燻 연기낄 훈	214

19 획

疆 지경 강	61
繭 고치 견	64
瓊 옥 경/구슬 경	98
繫 맬 계	113
壞 무너질 괴	108
蹶 넘어질 궐	270
譏 나무랄 기	137
難 어려울 난	180
羅 벌일 라/펼 라/비단 라	51
臘 납향제 랍/섣달 랍	104
麗 아름다울 려/고울 려	109
廬 오두막집 려	161
簾 발 렴	116
瀘 강이름 로	115
壟 밭두둑 롱	183
類 같을 류/무리 류	62
離 떠날 리	90
矇 청맹과니 몽/어리석을 몽	98
霧 안개 무	122
靡 쓰러질 미/아름다울 미	243
醱 술익을 발	140
龐 클 방	186
簿 장부 부	248
辭 말씀 사/사양할 사	120
簫 퉁소 소	50
繡 수놓을 수	49
獸 짐승 수	117
繩 줄 승/새끼 승	105
蠅 파리 승	105
識 알 식/표시할 지	52
藥 약 약	64

艶 고울 염	82
藝 재주 예	172
穩 편안할 온	102
韻 운 운/울릴 운/운치 운	120
願 원할 원	102
顚 넘어질 전/정수리 전	195
懲 징계할 징	104
贊 도울 찬/찬성할 찬	82
簽 서명할 첨/제비 첨	119
寵 사랑할 총	188
蹴 찰 축	232
覇 으뜸 패	237
爆 터질 폭	239
嚮 향할 향	67
醯 초 혜	209
譁 지껄일 화	211
穫 거둘 확	80
懷 품을 회	162
邊 가 변	162

20 획

競 다툴 경	90
警 경계할 경/깨우칠 경	267
礦 쇳덩이 광	128
勸 권할 권	146
饉 굶주릴 근	177
黨 무리 당	66
騰 오를 등	72
攔 막을 란	45
瀾 물결 란	45
礫 조약돌 력	138
齡 나이 령	101
爐 화로 로	125
蘆 갈대 로	130
瓏 옥 소리 롱	183
襪 버선 말/양말 말	79
麵 국수 면/밀가루 면	92

礬 백반 반	128
譬 비유할 비	249
釋 풀 석	187
蘇 소생할 소/깨어날 소	131
癢 가려울 양	75
壤 흙 양	259
孃 아가씨 양	198
攘 물리칠 양	259
嚴 엄할 엄	130
譯 번역할 역	187
躇 머뭇거릴 저	218
籍 문서 적/올릴 적	218
癤 부스럼 절	160
藻 마름 조	222
躁 조급할 조	222
鐘 쇠북 종	42
籌 산가지 주/셈할 주	119
癥 적취 징	104
纂 모을 찬	228
攙 찌를 참	86
懺 뉘우칠 참	86
齣 단락 척	133
觸 닿을 촉	73
鬪 싸울 투	168
艦 싸움배 함	84
鹹 짤 함	92
獻 드릴 헌/바칠 헌	99
懸 매달 현	93
馨 향기로울 형	209
犧 희생할 희	83

21 획

鷄 닭 계	110
顧 돌아볼 고	81
轟 수레소리 굉	128
懼 두려워할 구	86
饑 굶주릴 기	138
蘭 난초 란	45
欄 난간 란	46

爛 빛날 란	46
蠟 밀 랍/초 랍	103
露 이슬 로/드러날 로	238
纍 맬 루	74
魔 마귀 마	239
闢 열 벽	101
霹 벼락 벽	246
齧 씹을 설	198
殲 다죽일 섬	87
攝 끌어당길 섭	99
囁 소곤거릴 섭/속닥일 섭	99
灄 강이름 섭	99
屬 붙을 속	74
鏽 녹 수	49
鶯 꾀꼬리 앵	64
躍 뛸 약	93
譽 기릴 예/칭찬할 예	121
饒 넉넉할 요	120
嚼 씹을 작	216
贓 뇌물 장/장물 장	78
纏 얽을 전/묶을 전	120
竈 부엌 조	162
蠢 꿈틀거릴 준	224
襯 속옷 친	57
鐸 방울 탁	188
護 보호할 호/지킬 호	131

22 획

鑑 거울 감/거울삼을 감	101
龔 공손할 공/성씨 공	188
驕 교만할 교	60
權 권세 권	146
轢 치일 력	138
籠 바구니 롱	183
彎 굽을 만	57
灑 물뿌릴 쇄	56
鬚 수염 수	48

襲 엄습할 습/이을 습	188
臟 내장 장/오장 장	78
糴 쌀사들일 적	94
竊 훔칠 절	56
疊 포갤 첩/겹쳐질 첩	199
聽 들을 청	129
攤 펼 탄	100
灘 여울 탄	106
響 울릴 향	67
饗 잔치할 향	68
歡 기뻐할 환	147
聾 귀먹을 롱	50

23 획

驚 놀랄 경	86
戀 사모할 련	58
攣 걸릴 련/오그라질 련	58
黴 곰팡이 미	102
變 변할 변	58
纖 가는실 섬	87
曬 볕쬘 쇄	56
髓 골수 수	256
巖 바위 암	258
癰 등창(종기) 옹	90
纔 겨우 재/비로소 재	166
籤 제비 첨	195
顯 나타날 현	107
攫 움켜쥘 확	211

24 획

靈 신령 령	110
釀 술빚을 양	101
讓 사양할 양	181
鹽 소금 염	80
蠶 누에 잠	79
讖 예언서 참	87
讒 헐뜯을 참	196

韆 그네 천	167
囑 부탁할 촉	74

25 획

觀 볼 관	146
籬 울타리 리	91
蠻 오랑캐 만	57
灣 물굽이 만	58
鑰 자물쇠 약	69
糶 쌀내어팔 조	94
廳 관청 청	173

26 획

驢 나귀 려/당나귀 려	110
鑷 족집게 섭/털뽑을 섭	100
讚 기릴 찬/칭찬할 찬	83
饞 먹을 참/탐할 참	85
釁 틈 흔/피바를 흔	95

27 획

顴 광대뼈 관	146
鑽 뚫을 찬/끌 찬	82

28 획

鑿 뚫을 착	123

29 획

鸛 황새 관	147
鬱 답답할 울/우거질 울	128

32 획

籲 부를 약	69

MEMO

MEMO

MEMO

MEMO

SLHI 종합언어·인문학연구원
주요 간행물 소개

● **기존 간행물(동영상 교재 및 서적)**
- 정통 5,000한자(1996) / 세일교육사
- 일본어 전부문 동시 정복(1996) / 세일교육사
- 너무 쉬운 한자교실(1997) / STLI
- 일본어 문법 및 회화(동영상+오디오)(2000) / 대성학원
- 말로 쓰는 3천 한자(비디오)(2005) / 메아리영상
- 일본어 단어(4,000 단어, 서적)(2005) / 메아리영상
- 초특급 말로 쓰는 3천 한자(동영상 CD)(2007)
- 한자 알파벳 上·下(서적)(2007) / 랭기지플러스(시사일어사)
- 말로 쓰는 급수한자(동영상 CD)(2008) / 태일미디어
- 말로 쓰는 조각글자(동영상 CD)(2008) / 태일미디어
- 말로 쓰는 중국어 간체자(동영상 및 서적)(2012) / 진기획
- 문제풀이식 한자능력시험(동영상 및 서적)(2014) / 선학미디어
- 간체자 및 비간체자 자막정리용(발음편)(2014) / KS녹음실
- 말로 쓰는 중국어 단어 활용(2014) / KS녹음실

● **2015년 발간**
- 말로 쓰는 중국어 간체자(서적, 재발간)
- 말로 쓰는 톡톡 중국어 단어 4,500
- 말로 쓰는 톡톡 고사성어 한자(上·下)
- 말로 쓰는 톡톡 성경한자
- 한자·간체자 필기 및 구술 통합시험 대비 교재
- 말로 쓰는 톡톡 영어단어 7,000

● **2016년 발간**
- 말로 쓰는 한국사
- 말로 쓰는 톡톡 한국어(외국인용 학습교재)